미래와 통하는 책

동양북스 외국어
베스트 도서

700만 독자의 선택!

새로운 도서,
다양한 자료
동양북스
홈페이지에서
만나보세요!

www.dongyangbooks.com
m.dongyangbooks.com

※ 학습자료 및 MP3 제공 여부는 도서마다 상이하므로 확인 후 이용 바랍니다.

홈페이지 도서 자료실에서 학습자료 및 MP3 무료 다운로드

PC

❶ 홈페이지 접속 후 도서 자료실 클릭
❷ 하단 검색 창에 검색어 입력
❸ MP3, 정답과 해설, 부가자료 등 첨부파일 다운로드

 * 원하는 자료가 없는 경우 '요청하기' 클릭!

MOBILE

* 반드시 '인터넷, Safari, Chrome' App을 이용하여 홈페이지에 접속해주세요. (네이버, 다음 App 이용 시 첨부파일의 확장자명이 변경되어 저장되는 오류가 발생할 수 있습니다.)

❶ 홈페이지 접속 후 ≡ 터치

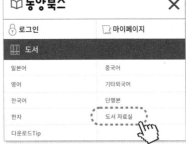

❷ 도서 자료실 터치

❸ 하단 검색창에 검색어 입력
❹ MP3, 정답과 해설, 부가자료 등 첨부파일 다운로드

 * 압축 해제 방법은 '다운로드 Tip' 참고

일 단 합 격 하 고 오 겠 습 니 다

ZERTIFIKAT DEUTSCH

독 일 어 능 력 시 험

실전모의고사

정은실 지음

B1

🔖 **동양북스**

일단 합격하고 오겠습니다

ZERTIFIKAT
DEUTSCH
독일어능력시험
실전모의고사 B1

초판 2쇄 발행 | 2023년 11월 25일

지은이 | 정은실
발행인 | 김태웅
기획 편집 | 김현아
마케팅 총괄 | 김철영
온라인 마케팅 | 김은진
제　작 | 현대순

발행처 | (주)동양북스
등　록 | 제 2014-000055호
주　소 | 서울시 마포구 동교로22길 14 (04030)
구입 문의 | 전화 (02)337-1737　팩스 (02)334-6624
내용 문의 | 전화 (02)337-1762　dybooks2@gmail.com

ISBN 979-11-5768-608-7 13750

이 도서의 국립중앙도서관 출판예정도서목록(CIP)은 서지정보유통지원시스템 홈페이지(http://seoji.nl.go.kr)와
국가자료공동목록시스템(http://www.nl.go.kr/kolisnet)에서 이용하실 수 있습니다.
(CIP제어번호:CIP2020010008)

A1, A2 단계를 넘어 B1 단계에 도달하신 것을 축하드립니다!

독일어능력시험(Zertifikat Deutsch; ZD)은 세계 모든 나라에서 인정되는 공식 독일어 자격시험입니다. 독일로 유학, 이민, 취업 및 사업 등의 다양한 목적으로 독일어를 공부하는 학생들이 합격해야만 하는 시험인 만큼 이 시험을 보다 체계적으로 준비하고, 성공적인 결과를 얻어내도록 도울 수 있는 수험서의 필요성을 느껴 지금까지 A1 단계와 A2 단계를 집필하고 이제 B1 단계를 집필하게 되었습니다.

ZD 시험 B1 단계는 중급 독일어 수준의 시험이며, 일상생활의 다양한 상황에서 적절한 어휘와 표현을 사용할 수 있는 수준의 실전 중심의 독일어를 요구합니다. 본 교재는 B1 단계의 자격을 필요로 하는 수험생들이 스스로 시험을 준비할 수 있도록 총 3회분의 실전 모의고사를 수록하였습니다.

실전 모의고사는 실제 시험과 동일한 4가지 영역인 Lesen(읽기), Hören(듣기), Schreiben(쓰기), Sprechen(말하기)로 구성되어 있으며 실제 시험장에서 받아보는 시험지와 최대한 동일한 형식으로 구성하였습니다. 본 교재는 또한 문제만 제공하지 않고 문제 풀이 부분과 스스로 연습할 수 있는 다양한 활동들을 추가하여 모의고사를 통해 자율 학습이 가능하도록 신경써서 구성하였습니다. 말하기 시험 대비 실제 시험 현장을 재구성한 모의 영상자료를 수록하여 시험 전에, 미리 시험 환경을 경험해 보면서 말하기 시험에 대한 두려움을 없앨 수 있도록 하였습니다.

기초가 조금 부족하다고 느끼는 분은 A2 단계의 〈일단 합격하고 오겠습니다 – 독일어 능력시험 A2〉와 〈일단 합격하고 오겠습니다 – 독일어능력시험 실전 모의고사 A2〉를 먼저 공부하신다면 B1 시험 대비가 더욱 수월할 것입니다.

이 책이 나올 수 있도록 도와주신 동양북스 김태웅 사장님과 일단 합격 시리즈를 함께 만들며 수고해주신 편집부 여러분들께 깊은 감사를 드립니다.

„Aller Anfang ist schwer."는 '시작이 반이다.'라는 독일 속담입니다. 시작은 어렵지만 본 교재로 차근히 준비한다면 B1 단계를 쉽게 획득하실 수 있을 것입니다. B1 실전 모의고사가 독일어 능력 향상에 도움이 되기를 바라며, 열심히 공부하셔서 좋은 결과 얻으시길 바랍니다. Toi Toi Toi!

저자 정은실

차례 Inhaltsverzeichnis

부록

〈책 속의 책〉 정답 및 해설

정답 및 해설 제1회

정답 및 해설 제2회

정답 및 해설 제3회

Goethe-Zertifikat 소개

Goethe-Zertifikat는 Goethe-Institut(독일문화원)에서 주관하는 독일어능력시험으로, 전 세계적으로 공신력을 인정받는 독일어 능력 평가시험입니다.

1. 종류

괴테자격증은 언어 분야의 유럽공통참조기준(CEFR)에 맞추어 각 수준별 단계에 따라 초보자 수준인 A1, A2 단계에서부터 중급 수준인 B1, B2 그리고 가장 높은 수준인 C1, C2 단계까지 총 6 단계의 자격증이 있습니다.

2. 원서 접수 및 결과 확인

- A1 – C2 단계의 독일어능력시험 접수는 온라인으로만 가능합니다.
- 온라인 신청 시 모든 정보는 알파벳으로 작성해야 합니다. (주한독일문화원은 올바르게 작성되지 않은 응시 원서에 대해 책임을 지지 않습니다.)
- 온라인 접수는 아래의 순서로 진행됩니다. 온라인 접수 → 접수 완료 메일 발송 → 수험료 입금 → 입금 확인 & 시험 안내 메일 발송 순으로 진행됩니다.
- 시험 결과는 공지된 일자에 온라인으로 직접 조회할 수 있습니다.

3. 준비물

- 유효한 신분증: 주민등록증, 운전 면허증, 기간 만료 전의 여권
- 수험표
- 허용된 필기도구(흑색 또는 청색 볼펜, 만년필)

Goethe-Zertifikat B1 소개

Goethe-Zertifikat B1은 성인을 위한 독일어 시험과 청소년을 위한 시험(Goethe-Zertifikat B1 Fit in Deutsch)으로 나뉩니다. 요즘은 청소년들도 일반 Deutsch B1 시험을 응시하는 추세입니다. B1 시험은 기본적인 어학 능력을 전제로 하며, 유럽공통참조기준이 정하는 총 6 단계의 능력 척도 중 세 번째 단계(B1)에 해당됩니다.

> **참고** B1의 성인 시험(SD B1)과 청소년 시험(Fit B1)은 난이도의 차이는 없으나, 시험 문제에서 다루는 주제의 차이는 있습니다. 청소년용 시험은 보통 만 12-16세 청소년을 위한 것이며, 시험의 합격증 형태는 성인의 것과 동일합니다. 요즘 국내에서는 청소년들도 SD(Start Deutsch) 시험을 치고 있는 추세입니다.

1. 응시 대상

Goethe-Institut(독일문화원)의 시험은 독일 국적 유무에 관계없이 누구나 응시할 수 있습니다. 기초 수준의 독일어 실력을 증명하고자 하는 자, B1 단계의 수료를 원하는 자, 혹은 세계적으로 인증된 공식 증명서를 원하는 자들이 응시할 수 있습니다. 시험의 난이도는 어려워지고 있는 추세입니다.

2. 시험 구성

Goethe-Zertifikat B1은 읽기, 듣기, 쓰기, 말하기로 구성되며, 시험은 전 세계 동일한 기준으로 시행되고 채점됩니다.

시험 과목	문제 형식	시간
읽기	블로그 게시물, 메일, 신문 기사, 광고 및 서면 지침 등을 읽고 그와 관련된 다양한 문제를 풉니다.	65분
듣기	안내 방송, 일상 대화, 비공식 인터뷰 및 라디오 토론 등을 듣고 그와 관련된 다양한 문제를 풉니다.	40분
쓰기	개인적이고 공식적인 메일/편지를 작성하고 공개 토론에 대한 자신의 입장을 표명하고 작성합니다.	60분
말하기	파트너와 여행과 같은 일상생활에 대한 주제를 가지고 이야기합니다. 질문에 대하여 반응하고 자신의 입장을 표명하고 제안을 합니다. 일상생활에 대한 주제를 가지고 자유롭게 프레젠테이션을 합니다. 그것에 관한 질문에 대답합니다.	약 15분

3. 채점 및 성적

- 시험은 2명의 시험관/채점관이 독립적으로 채점하여 성적을 산출합니다. 필기시험에서는 허용된 필기도구(흑색 또는 청색 볼펜, 만년필)만 사용해야 합니다. 작성된 표시 및 텍스트는 연필 등 그 외의 것으로 채점하지 않습니다.
- 응시자는 본 시험을 통해 직장/학교/여가시간 등 일상생활에서의 주요한 정보를 이해할 수 있음을 증명해야 합격할 수 있습니다. 또한 보편적인 주제나 관심 있는 분야에 대해 맥락에 맞게 표현할 수 있고 자신의 경험과 어떤 사건을 서술하고, 꿈/희망/목표를 설명하며, 간략한 원인과 설명을 덧붙일 수 있어야 합니다.
- 합격증은 2년간 유효합니다.

출처 https://www.goethe.de/ins/kr/ko/spr/prf/sd2.html

읽기 영역 정복하기

1. 읽기 영역 알아보기

읽기 영역은 5개의 유형으로 구성되어 있습니다. 읽기 영역의 문제를 풀기 위해서는 일상생활과 관련된 블로그 게시물, 메일 등의 본문을 읽고 정보를 이해하는 능력, 신문 기사, 광고 및 서면 지침 등의 본문을 읽고 이해할 수 있어야 합니다.

2. 유형 구분

읽기 문제는 총 5가지 유형으로 구성되어 있으며, 유형1과 유형2는 각각 6개, 유형3과 유형4는 각각 7개, 유형5는 4개의 문제로 총 30개의 문제가 주어집니다. 제한 시간은 60분입니다.

- **유형1 (6점)**
  하나의 블로그 게시물, 편지글과 함께 6개의 문제가 주어집니다. (0번은 예제입니다.)
  각 질문별로 알맞은 답에 X 표시를 합니다. (정답에 X 표를 하는 것이니 헷갈리지 마세요!)

- **유형2 (6점)**
  신문 기사나 잡지에서 발췌한 2개의 본문이 주어지고, 각 본문 당 3개의 문제, 총 6개의 문제가 주어집니다. 각 정보와 일치하는 답에 X 표시를 합니다.

- **유형3 (7점)**
  10개의 짧은 광고 글과 함께 7개의 문제가 주어집니다. 각 문제의 상황과 일치하는 광고문을 연결해야 합니다.

- **유형4 (7점)**
  한 가지 주제에 대해서 7명이 자신의 의견을 피력하는 문제가 주어집니다. 주제에 대한 각 사람의 의견을 파악하여 알맞은 답에 X 표시를 합니다.

- **유형5 (4점)**
  한 가지 주제에 대한 사용서 혹은 안내서가 본문과 함께 4개의 문제가 주어집니다. 사용법과 올바른 지침 등을 파악하여 알맞은 답에 X 표시를 합니다.

3. 읽기 영역 한눈에 보기

유형	영역	본문 유형	포인트	문제 유형	시간
1	정보 이해	블로그 게시물, 편지	세부적인 내용의 이해	Richtig/ Falsh 선택	10분
2	정보 이해	신문 기사, 잡지	새로운 정보 및 중요한 관점 위주로 이해	객관식	20분
3	방향성 이해	광고	주제를 파악하여 올바르게 연결	분류	10분
4	개인의 의견/ 견해 이해	잡지	주제에 대한 입장 표명을 이해하여 선택	Ja/Nein 선택	15분
5	안내서 이해	사용법, 지침서	안내, 규율, 지침 등을 바르게 이해하여 선택	객관식	10분

4. 시간 및 채점

- 시험 시간은 총 65분이며, 시간 내에 답안지를 기입해야 합니다.
- 읽기 영역은 총 30문제가 출제되며 각 문제당 1점으로 총 30점이 배정됩니다.
- 최종적으로 3.3의 환산 지수가 곱해져서 나온 변환 점수가 최종 점수가 됩니다.
- 각 본문마다 하나의 질문에 대답하게 되며, 사전, 핸드폰, 메모 등의 사용은 금지됩니다.

참고 이 책의 번역은 가능한 한 원문의 직역에 충실하였으며 우리말이 어색하지 않도록 의역을 사용한 부분도 있으므로 본문과 비교하면서 주의깊게 읽어야 합니다.

듣기 영역 정복하기

1. 듣기 영역 알아보기

듣기 영역은 4개의 유형으로 구성되어 있습니다. 듣기 영역의 문제를 풀기 위해서는 짧은 본문을 듣고 자주 사용되는 단어들을 빠르게 이해하는 능력이 요구됩니다. 간단한 인적 사항, 가족 관계, 직업, 쇼핑, 인간관계 등에 대한 정보들을 이해할 수 있어야 하며, 짧은 안내 방송을 듣고 이해할 수 있어야 합니다.

2. 유형 구분

듣기 문제는 총 4가지 유형으로 구성되어 있으며, 유형1은 10개, 유형2는 5개, 유형3은 7개, 유형4는 8개 총 30개의 문제가 주어집니다.

- **유형1 (10점)**
  5개의 지문(라디오 방송, 전화 통화 또는 기차역 안내 방송)이 나오며 각 지문마다 2개의 문제가 주어집니다. 첫 번째 문제는 제시된 문장이 옳은지, 틀린지를 구분해야 하고, 두 번째 문제에서는 각 지문의 내용과 일치하는 답을 골라 정답에 X 표시를 해야 합니다. 각 지문은 두 번씩 들려줍니다.

- **유형2 (5점)**
  한 사람이 지문을 읽습니다. 지문을 듣고 빠르고 정확하게 내용을 파악하여 알맞은 답에 X 표시를 해야 합니다. 지문은 한 번만 들려줍니다.

- **유형3 (7점)**
  하나의 주제를 가지고 대화식 인터뷰가 진행됩니다. 각 문제의 질문이 인터뷰 지문과 일치하면 옳다(Richtig)에, 일치하지 않으면 틀리다(Falsch)에 X 표시를 해야 합니다. 지문은 한 번만 늘려숩니다.

- **유형4 (8점)**
  라디오의 토론이 지문으로 제시됩니다. 8개의 문제가 주어지는데, 각 문제에 해당하는 의견을 지문에서 언급하거나 주장한 사람을 골라 X 표시를 해야 합니다. 지문은 두 번 들려줍니다.

3. 듣기 영역 한눈에 보기

유형	영역	본문 유형	문제 유형	점수
1	정보 파악	독백 (라디오 방송, 안내 방송, 자동응답기 등)	Richtig/Falsh 선택, 객관식	약 10분
2	안내 이해	청중/관객으로서 받는 안내 사항	객관식	약 5분
3	대화 이해	하나의 주제를 가진 대화 인터뷰	Richtig/Falsh 선택	약 8분
4	토론 이해	라디오 토론	분류	약 12분

4. 시간 및 채점

– 시험 시간은 총 40분이며, 시간 내에 답안지를 기입해야 합니다.

– 먼저 빠르게 질문들을 읽어 보세요. 그 다음 본문을 듣고 답하세요.

– 듣기 영역은 총 30문제가 출제되며 각 문제당 1점으로 총 30점이 배정됩니다.

– 최종적으로 3.3의 환산 지수가 곱해져서 나온 변환 점수가 최종 시험 점수가 됩니다.

– 각 본문마다 하나의 질문에 대답하게 되며, 사전, 핸드폰, 메모 등의 사용은 금지됩니다.

쓰기 영역 정복하기

1. 쓰기 영역 알아보기

쓰기 영역은 3개의 유형으로 구성되어 있습니다. 일상생활에서 자주 쓰는 간략하고 쉬운 회화 형식의 사과, 감사, 부탁을 표현하는 글쓰기나, 일상생활과 관련된 주제를 토론하는 글쓰기, 상황에 대해 설명하는 이메일이나 편지글 쓰기로 출제됩니다. 쓰기 영역은 수험자의 어휘력과 올바른 문법 사용 능력을 평가합니다.

2. 유형 구분

쓰기 문제는 총 3가지 유형으로 구성되어 있으며 유형마다 하나의 문제와 제시문이 주어집니다. (제한 시간은 60분입니다.)

- 유형1 (40점)

  3가지 제시문에 대한 내용으로 약 80개의 단어를 사용하여 사적인 글을 이메일 형식으로 작성하게 됩니다.

- 유형2 (40점)

  일상생활에 관련된 주제에 대한 토론으로 약 80개의 단어를 사용하여 자신의 입장을 표명하는 글을 작성합니다.

- 유형3 (20점)

  어떠한 상황에 대하여 이메일, 메모, 편지글을 40개의 단어를 사용하여 작성합니다.

3. 쓰기 영역 한눈에 보기

유형	영역	형태와 성격	시간
1	지인에게 내용을 전달하는 글쓰기 (상황을 묘사하고 제안에 대한 이유 작성)	자유롭게 글쓰기	20분
2	주제에 대한 입장을 표명하는 글쓰기 (주제에 대한 자신의 의견 작성)	자유롭게 글쓰기	25분
3	내용을 전달하는 글쓰기 (사과하거나 부탁하는 글을 작성하기)	자유롭게 글쓰기	15분

4. 시간 및 채점

- 시험 시간은 총 60분이며, 2개의 문제를 주어진 시간 내에 배분하여 작성해야 합니다.
- 쓰기 영역은 총 3문제가 출제되며 각 문제당 40점, 40점, 20점 만점으로 총 100점이 배정됩니다.

말하기 영역 정복하기

말하기 샘플영상 ▶

1. 말하기 영역 알아보기

말하기 시험은 2명의 시험 참가자와 2명의 시험관이 함께 진행합니다.

2명의 시험 참가자는 각기 다른 주제로 시험지를 받으며 약 5분 정도 준비 시간을 가진 후에 시험을 시작합니다.

2. 유형 구분

말하기 시험은 3가지의 유형으로 구성되어 있으며, 약 15분정도 진행됩니다.

· 유형1 (40점)

제시된 4개의 관점을 언급하고 무엇인가에 대한 계획을 세웁니다.

· 유형2 (40점)

제시된 5장으로 구성된 요점을 언급하고 프레젠테이션을 진행합니다.

· 유형3 (20점)

프레젠테이션에 대한 피드백을 제시하고 그것과 관련된 질문에 대답합니다.

3. 말하기 영역 한눈에 보기

유형	영역	말하기 유형	형태와 성격	시간
1	공동의 활동에 대한 협상	대화	제시된 4개의 관점 언급 및 계획하기	1~2분
2	프레젠테이션 하기	독백/대화	하나의 주제를 가지고 프레젠테이션 진행	3~4분
3	상황에 대해 대처하기	대화	피드백과 연관질문 및 대답하기	3~4분

4. 시간 및 채점

– 유형1은 약 1~2분, 유형2는 약 3~4분, 유형3은 약 3~4분으로, 말하기 시험은 약 15분 동안 진행됩니다.

– 총 3가지 유형으로 출제되며 각 유형 당 40점, 40점, 20점 만점으로 총 100점이 배정됩니다.

– 사전, 핸드폰, 메모 등의 사용은 금지됩니다.

이 책의 구성

Inhalt

실전 모의고사 3회분

실제 시험을 연습할 수 있는 동형 모의고사가 3회분 수록되어 있습니다.
영역별로 시간을 재면서 풀어야 실전 연습에 도움이 됩니다.

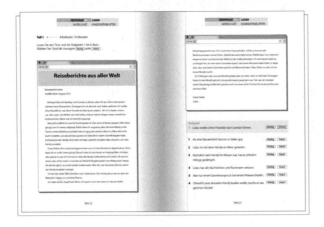

듣기 활동지

앞에서 풀었던 듣기 문제의 음원을 들으면서 빈칸을 채워 보는 듣기 활동지가 있습니다.
정확하게 듣고 쓸 수 있는 능력을 기르는 데 도움이 됩니다.

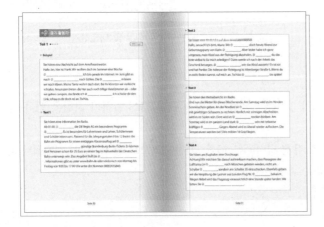

14

문항의 정답과 한국어 해석, 독일어 단어가 정리되어 있습니다.
틀린 부분을 반드시 확인하고 이해해야 실력이 향상됩니다.

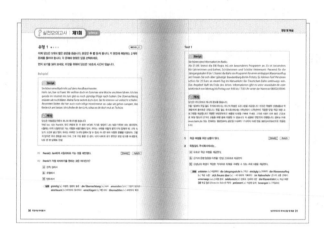

※이 책의 한국어 해석은 독일어의
어휘와 문법 구조를 최대한 살려
직역하였습니다.

별책부록

 +

MP3
원어민의 음성으로 녹음된 듣기, 말하기 영역 MP3가 무료 제공됩니다.
동양북스 홈페이지 (www.dongyangbooks.com) 자료실에서도 다운로드 받을 수 있습니다.

미니 핸드북
듣기 Skript와 말하기 예시 답안이 정리되어 있습니다. 가볍게 가지고 다니면서 음원을 들으며
어디에서나 공부할 수 있습니다.

이 책은 B1 모의고사 3회분으로 구성되어 있습니다.
모의고사 문제를 풀고 해설을 공부한 후 플래너에 기록해 보세요.
체크 칸에는 점수나 성취도를 표시해서 부족한 부분을 확인하세요.

1회차 학습	영역	1회			2회			3회		
		날짜	체크	복습	날짜	체크	복습	날짜	체크	복습
Lesen 오답 개수 ( )	Teil 1									
	Teil 2									
	Teil 3									
	Teil 4									
	Teil 5									
Hören 오답 개수 ( )	Teil 1									
	Teil 2									
	Teil 3									
	Teil 4									
	활동지									
Schreiben	Teil 1									
	Teil 2									
	Teil 3									
Sprechen	Teil 1									
	Teil 2									
	Teil 3									

복습은 선택이 아닌 필수!
틀린 문제를 다시 한 번 풀면서 공부해 보세요.
놓쳤던 표현과 단어를 꼼꼼하게 정리하면서 실력이 올라갑니다.

2회차 학습		1회			2회			3회		
	영역	날짜	체크	복습	날짜	체크	복습	날짜	체크	복습
Lesen 오답 개수 ( )	Teil 1									
	Teil 2									
	Teil 3									
	Teil 4									
	Teil 5									
Hören 오답 개수 ( )	Teil 1									
	Teil 2									
	Teil 3									
	Teil 4									
	활동지									
Schreiben	Teil 1									
	Teil 2									
	Teil 3									
Sprechen	Teil 1									
	Teil 2									
	Teil 3									

제1회

실전
모의고사

B1

Kandidatenblätter

Lesen
65 Minuten

Das Modul *Lesen* hat fünf Teile.
Sie lesen mehrere Texte und lösen Aufgaben
dazu. Sie können mit jeder Aufgabe
beginnen. Für jede Aufgabe gibt es nur eine
richtige Lösung.

Vergessen Sie bitte nicht, Ihre Lösungen
innerhalb der Prüfungszeit auf den
Antwortbogen zu schreiben.

Bitte schreiben Sie deutlich und verwenden
Sie keinen Bleistift.

Hilfsmittel wie z. B. Wörterbücher oder
Mobiltelefone sind nicht erlaubt.

Teil 1 ● ● ● ● ● Arbeitszeit: 10 Minuten

Lesen Sie den Text und die Aufgaben 1 bis 6 dazu.
Wählen Sie: Sind die Aussagen Richtig oder Falsch .

Reiseberichte aus aller Welt

Reisebericht Italien

Veröffentlicht: August 2013

Anfangs habe ich überlegt nach London zu fahren, aber ich war schon einmal dort
während einer Klassenfahrt. Deswegen bin ich diesmal nach Italien gefahren. Ich wollte
ohne Reiseführer und ohne Freunde ein Abenteuer erleben. Als ich in Italien ankam,
war alles super. Das Wetter war total schön, und vor meinen Augen waren unendliche
Horizontlinien. Daher war ich ziemlich aufgeregt.

Aber jetzt erzähle ich, was mir heute passiert ist. Das wird mir keiner glauben. Wie schon
gesagt, war ich etwas aufgeregt. Daher habe ich vergessen, dass ich mein Handy in die
Tasche meiner Badehose gesteckt habe. Ich ging also damit einfach ins Meer. Könnt Ihr
euch vorstellen, was als nächstes passiert ist? Obwohl ich relativ schnell reagiert habe,
funktionierte das Handy nicht mehr. Ich habe natürlich trotzdem alles versucht, um mein
Handy zu retten.

Zuerst habe ich es auseinandergenommen und mit dem Handtuch abgetrocknet. Dann
habe ich es in die Sonne gelegt. Danach habe ich das Handy im Hotel geföhnt. Ich habe
alles gemacht, was ich tun konnte. Aber das Handy funktionierte nicht mehr. Ich war mir
sicher, dass nichts mehr zu machen sei. Plötzlich klingelte jedoch am Mittag mein Handy.
Ich dachte gleich, es würde wieder funktionieren. Aber das war das letzte Zeichen, bevor
das Handy komplett versagte.

Ich konnte weder SMS schreiben noch telefonieren. Das Handy ging zwar an, aber der
Bildschirm zeigte nur verwirrte Pixel an.

Ich hatte keinen Zugriff aufs Menü. Ich ärgerte mich sehr, dass mir das am ersten

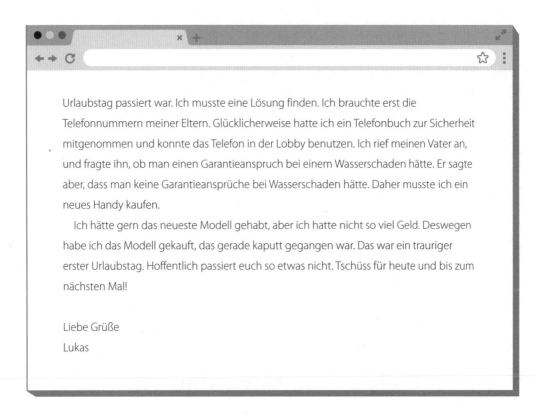

Urlaubstag passiert war. Ich musste eine Lösung finden. Ich brauchte erst die Telefonnummern meiner Eltern. Glücklicherweise hatte ich ein Telefonbuch zur Sicherheit mitgenommen und konnte das Telefon in der Lobby benutzen. Ich rief meinen Vater an, und fragte ihn, ob man einen Garantieanspruch bei einem Wasserschaden hätte. Er sagte aber, dass man keine Garantieansprüche bei Wasserschaden hätte. Daher musste ich ein neues Handy kaufen.

Ich hätte gern das neueste Modell gehabt, aber ich hatte nicht so viel Geld. Deswegen habe ich das Modell gekauft, das gerade kaputt gegangen war. Das war ein trauriger erster Urlaubstag. Hoffentlich passiert euch so etwas nicht. Tschüss für heute und bis zum nächsten Mal!

Liebe Grüße
Lukas

Beispiel

0 Lukas wollte ohne Freunde nach London fahren. | Richtig | ~~Falsch~~ |

1 Als eine Klassenfahrt fand er in Italien gut. | Richtig | Falsch |

2 Lukas ist mit dem Handy ins Meer gelaufen. | Richtig | Falsch |

3 Nachdem sein Handy im Wasser war, hat es plötzlich mittags geklingelt. | Richtig | Falsch |

4 Lukas hat alle Nachrichten und Nummern verloren. | Richtig | Falsch |

5 Er hat einen Garantieanspruch bei einem Wasserschaden. | Richtig | Falsch |

6 Obwohl Lukas aktuelles Handy kaufen wollte, kaufte er das gleichen Modell. | Richtig | Falsch |

Teil 2 • • • • • Arbeitszeit: 20 Minuten

Lesen Sie den Text aus der Presse und die Aufgaben 7 bis 9 dazu.
Wählen Sie bei jeder Aufgabe die richtig Lösung [a] , [b] oder [c] .

Es gab eine Umfrage, wo über tausende Hotelmanager befragt wurden. Man kam zu dem Ergebnis, dass die Japaner die beliebtesten Touristen auf der ganzen Welt waren. Sie kamen auf den ersten Platz, da sie sehr höflich und freundlich sind. Weiterhin sollte man sich bemühen, in der Tourismusbranche beschwert haben. Amerikaner und Deutsche fallen oft auf, da sie sich stillos kleiden. Viele erwähnten, dass die Deutschen die Angewohnheit hätten, im Hochsommer zu Sommerschuhen weiße Socken zu tragen. Aufgrund dieser Besonderheit können Touristen leicht unterschieden

Welche Touristen sind am sympathischsten?

in der Sprache des Reiselandes zu kommunizieren. Genau das tun die Japaner auf Reisen.

Außerdem ergab die Studie, dass deutsche Touristen für ihre Sauberkeit gelobt wurden und dass sich viele Reisegäste aus Südamerika über aufgeregte Kritik der Angestellten werden. Ganz anders sind die Österreicher. Sie fallen kaum auf, weder positiv noch negativ.

Ich finde die Leute aus verschiedenen Ländern haben einen individuellen Charakter, dadurch ist es möglich etwas über deren Kultur zu erfahren, ohne in ihrem Land gewesen zu sein

aus einer österreichischen Zeitung

Beispiel

0   **Hotelmanager wurden befragt,**

    a wohin sie am liebsten reisen.

    ☒ welche Touristen sie am sympathischsten finden.

    c wo sie gern arbeiten würden.

7   **In diesem Text geht es darum,...**

    a was für Touristen aus verschiedenen Ländern typisch ist.

    b aus welchem Land die meisten Reisende kommen.

    c wie gut man als Tourist die Sprache des Reiselandes beherrscht.

8   **Die Deutschen erkennt man...**

    a nicht, weil sie nicht so auffällig sind.

    b an den weißen Socken, weil Deutsche sie sehr gern tragen.

    c an der Kombination von weißen Socken und Sommerschuhen.

9   **Österreicher...**

    a sind bei Hotelmanagern beliebter als Deutsche und Amerikaner.

    b machen keinen besonderen Eindruck auf die Hotelmanager.

    c fallen, sowohl positiv als auch negativ auf.

noch **Teil 2** • • • • •

Lesen Sie den Text aus der Presse und die Aufgaben 10 bis 12 dazu.
Wählen Sie bei jeder Aufgabe die richtig Lösung ⓐ , ⓑ oder ⓒ .

Es ist wieder soweit, das Schokoladenmuseum in Köln am Rhein hat einzigartige Veranstaltungen für den Winter vorbereitet. Endlich beginnt die süße Verführung. Über 100 verschiedene Schokoladensorten können Sie hier kennen lernen. Hier wird seit 2011 die Kölner Schokolade produziert. Das Rezept dieser speziellen

Anschließend lernen die Kinder, wie man Schokolade in verschiedenen Geschmacksrichtungen herstellen kann. Zum Beispiel weiße-, Haselnuss-, Vollmilchschokolade usw... Sie können alles, was sie selbst gemacht haben nach Hause nehmen.

Am Ende des zweistündigen Workshops schreiben die Kinder ihre Namen auf

Tipp für die Kinder: Schokoladenmuseum wie ein Märchenland.

Schokolade wurde von einem bestimmten Chocolatier entwickelt. Ab kommenden Montag gibt es wieder Kinderworkshops. Diese dauern zwei Stunden. Kinder im Alter von fünf bis zehn Jahren können hier verschiedene Schokoladensorten probieren und etwas über das Leben der Chocolatier erfahren.

Danach bekommen die Kinder ein Stückchen Schokoladenkuchen.

ein Etikett, so dass sie ihre Schokolade markieren können. Termine: Montag, 05. Mai, Montag, 12. Mai, Montag, 19. Mai. Die Workshops finden nur statt, wenn mindestens zehn Leute zusammen kommen. Informieren Sie sich einen Tag vor der Veranstaltung darüber, ob der Workshop stattfinden wird.

Telefon: 49 21133342852

aus einer deutschen Zeitung

10 In diesem Text geht es darum,...

[a] einen Kinderworkshop, bei dem man Schokoladenkuchen backen kann.

[b] einen Vortrag, wie man die Süßigkeiten gesünder ernähren kann.

[c] ein Veranstaltungsangebot des Schokoladen-Museums.

11 Man kann...

[a] im Museum alle Schokoladensorten probieren.

[b] hier die Schkoladen günstig kaufen.

[c] ein Stück Schokoladenkuchen gratis bekommen.

12 Der Workshop...

[a] findet einmal pro Woche von 9 bis 18 Uhr statt.

[b] findet nur statt, wenn sich genügend Kinder dafür anmelden.

[c] findet jeden Montag zweistündig statt.

Teil 3 • • • • •   Arbeitszeit: 10 Minuten

Lesen Sie die Situationen 13 bis 19 und die Anzeigen a bis j aus verschiedenen deutschsprachigen Medien. Welche Anzeige passt zu welcher Situation?
Sie können jede Anzeige nur einmal verwenden.
Die Anzeige aus dem Beispiel können Sie nicht mehr verwenden. Für eine Situation gibt es **keine passende Anzeige**. In diesem Fall schreiben Sie **0**.

Nach dem Ende Ihres gemeinsamen Deutschkurses möchten einige Ihrer Kolleginnen und Kollegen weiter Deutsch lernen und suchen dafür passende Möglichkeiten.

Einige Ihrer Bekannten möchten Sprachen lernen und suchen dafür passende Möglichkeiten.

	Beispiel	
0	Frau Bauer hat in der Schule Französisch gelernt. Aufgrund ihres Berufs muss sie nun ihren mündlichen Ausdruck verbessern.	Anzeige: j

13	Nicko will schnell Französisch lernen, weil er im August mit seiner Ehefrau nach Paris zieht.	Anzeige: ___
14	Christoph war wegen des Schulaustausches ein Jahr lang in Frankreich. Er möchte nun in seiner Freizeit seine Sprachkenntnisse pflegen und Kontakt zu Land und Kultur halten.	Anzeige: ___
15	Herr Schülz besucht einen Englischkurs. Auf Englisch zu schreiben, fällt ihm schwer. Das muss er üben.	Anzeige: ___
16	Sabine und Niklaus planen dieses Jahr eine Reise nach Griechenland und möchten dabei auch ein wenig Griechisch lernen.	Anzeige: ___
17	Olivia möchte Spanisch lernen. Sie lernt aber nicht gerne in einer Gruppe.	Anzeige: ___
18	Rachel kann nicht so gut Englisch sprechen. Sie denkt, dass man eine Fremdsprache am besten im Land lernt, wo sie gesprochen wird.	Anzeige: ___
19	Giesela und Antonia haben an der Universität als Wahlpflichtfach Spanisch gewählt. Deswegen haben Sie beschlossen, im Sommer gemeinsam eine Sprachreise nach Spanien zu unternehmen.	Anzeige: ___

a

Europa Sprachreisen

– Testvorbereitungskurse
– Ferienkurse für Erwachsene,
  Jugendliche, für die ganze Familie
  in Frankreich, Polen, Spanien,
  Russland.

Immermannstr. 24
68237 Frankfurt
sprachreise@bildungsförderung.de

b

Seit sechs Monaten lerne ich Deutsch
und suche nun Muttersprachler, die Lust
darauf haben, mir Deutsch zu Lehren
und Französisch als Gegenleistung
lernen wollen.

Wir können uns einfach mal treffen und
uns erstmal unterhalten!

Ich warte auf jemanden, der Französisch
lernen will.

0172/4335 3425

c

Sprachen lernen
in Düsseldorf

Intensiv-Tageskurs
auf Englisch, Französisch, Italienisch
2 Wochen täglich 8 Stunden
04.07-18.07

– Schülerkurse in den Sommerferien:
  2 Wochen täglich 2 Stunden
  11.07 - 25.07

Wir haben Kurse für alle Stufen:
in Englisch / Französisch / Italienisch

Neu!! Spanisch und Griechsch

Tel 030/09115025

d

Einfach gute Noten!

2 Probestunden GRATIS

Wir bieten Privatnachhilfen zu
Hause für die Abivorbereitung
im Fach Deutsch und in anderen
Fremdsprachen an.

Info und Anmeldung
034/ 8597558

www.sprachprima.de

e

Englisch Lernen mit uns!

Möchten Sie Sprachreisen
unternehmen?

Englisch ist die Weltsprache. Auch im
Beruf ist es wichtig geworden, Englisch
gut zu beherrschen.

Wir bieten einen Sprachkurs in einem
englischsprachigen Land.
Alle unsere Reiseziele wählen wir
sorgfältig aus, damit wir für all Ihre
Interessen ein passendes Angebot
haben.
Melden Sie sich bei uns an!

----

unter: 0221 29372 16
info@lernen-reisen.de

f

Marina, 23 Jahre alt,
aus der Schweiz

Hallo, ich bin Marina und komme aus
der Schweiz. Ich interessiere mich für
Fremdsprachen.

Ich kann ein wenig Französisch und
Englisch. Ich möchte gerne eine
andere Kultur erkunden und Leute
aus anderen Ländern kennenlernen.

g

▸ Ich suche einen Nachhilfelehrer für meine Tochter.
▸ Für das Fach Französisch.
▸ 15 Euro pro Stunde.

Es wäre gut, wenn der Unterricht bei uns zu Hause stattfinden könnten.

Email: franz@yahoo.de

Jetzt im Urlaub eine Sprache lernen.

– Neue faszinierende Methode!
– Allein oder mit Freunden, in einer Gruppe oder mit Ihrem Partner.

Sie können im Urlaub nicht nur Griechisch, sondern auch viel über Griechenland lernen.

Besuchen Sie zusammen die berühmtesten Sehenswürdigkeiten.

www.urlaubsprache.de

h

i

Seit 10 Jahren unterrichte ich Spanisch.
In welchem Bereich haben Sie Schwierigkeiten? Sie können alles in Privatunterricht bei mir lernen. Wie zum Beispiel Lese- und Hörverstehen oder schriftlichen Ausdruck!

Wir können uns je nach Bedarf flexibel treffen.

Bei Interesse rufen Sie mich einfach an. Tel. 0786755723 (Herr Weber)

Durch das Online-Magazin „Perfekt Französisch" können fortgeschrittene Französischlerner ihre Kenntnisse perfektionieren.

Sie werden unsere Videos wie eine Fernsehserie genießen, damit können Sie die Sprachfähigkeit verbessern.

Info und Anmeldung
036 922234342
ch.hidding@video.de

Teil 4 ● ● ● ● ●   Arbeitszeit: 15 Minuten

Lesen Sie die Texte 20 bis 26. Wählen Sie: Ist die Person **für eine zweisprachige Erziehung von Kindern?** Antworten Sie mit ⬚Ja oder ⬚Nein.

In einer Zeitschrift lesen Sie Kommentare zu einem Artikel über zweisprachige Kinder und die mehrsprachige Erziehung.

Beispiel

0   Jaqueline   ⬚Ja ⬚~~Nein~~

20   Marie   ⬚Ja ⬚Nein   **24**   Lilly   ⬚Ja ⬚Nein

21   Patrik   ⬚Ja ⬚Nein   **25**   Hans   ⬚Ja ⬚Nein

22   Klaus   ⬚Ja ⬚Nein   **26**   Matilda   ⬚Ja ⬚Nein

23   Angelika   ⬚Ja ⬚Nein

Leserbriefe

Beispiel   Wäre es nicht toll, wenn unsere Kinder nicht jeden Tag länger als eine Stunde vor dem Tisch sitzen müssten, um etwas zu lernen, was sie nie bis jetzt in ihrem Leben gehört haben, um dann ihre Eltern damit zufrieden zu stellen.
Wenn man zwei Sprachen richtig gut kann, ist das zwar ein Vorteil, aber für Kinder ist es nicht so günstig.
Ich habe noch nie Kinder gesehen, die beide Sprachen richtig gut beherrschen können.

Jaqueline, 35 Jahre, Rosenheim

20   Wer entscheidet eigentlich, dass es verboten wird? Es gibt doch auch positive Seiten, die negative Seiten überwiegen können.
Ich habe in einer Zeitung gelesen, dass das Gehirn durch frühe Spracherziehung gut trainiert wird. Und man kann durch Sprachen auch leichter fremde Kulturen kennenlernen. Das ist auch sehr nützlich und man wird sich weiterentwickeln.
Ich finde Verbote immer schlecht, wenn wirklich an die Kinder gedacht wird.

Marie, 48 Jahre, Basel

21 Ich kenne einige zweisprachige Freunde. Sie sind in der Lage Deutsch und ihre Muttersprache zu sprechen. Leider kann ich die Sprachfähigkeit in ihrer Muttersprache nicht beurteilen, aber mit Deutsch haben sie kein Problem. Es ist sogar perfekt.
Daher kann ich mir vorstellen, dass sie in der Lage sind, ihre Muttersprache besser zu sprechen als Deutsch.
Es ist ein großer Vorteil, um zwei Sprachen beherrschen zu können!

Patrik, 17 Jahre, Uelzen

22 Hier hört man oft viele Sprachen. Aber warum soll man zwei Sprachen können?
Wenn man als Übersetzer arbeiten will, dann muss man das können.
Es reicht aus, Deutsch zu können, um hier zu leben. Ich finde es ist nicht notwendig, unpraktisch, sich zu bemühen, und eine andere Sprache zu lernen.

Klaus, 23 Jahre, Salzburg

23 Ein Kind, dessen Eltern aus zwei Ländern stammen, muss sich mit den Verwandten von beiden Seiten unterhalten können, ansonsten ist es nicht möglich sie zu verstehen.
Nur eine Sprache zu können wäre für das Kind ein Nachteil. So gut wie im Kindesalter kann man nie wieder eine Sprache lernen, besonders die Aussprache und den Akzent. Im Erwachsenalter lässt sich das schwer korrigieren.
Deshalb beginnt ja auch in der Schule der Sprachunterricht schon so früh. Alle Kinder sollen möglichst früh mit mindestens zwei Sprachen vertraut werden.

Angelika, 38 Jahre, Zürich

24 Für mich waren Fremdsprachen die schwersten Fächer. Und ich habe da oft schlechte Noten bekommen, obwohl ich mich sehr bemüht habe. Außerdem glaube ich nicht, dass sich die Regeln durchsetzen werden. Die Kinder sind einfach zu klein, um selbstständig nachzudenken und zu sagen, was sie wollen.
Es gibt noch eine wichtige Frage. Wer soll es eigentlich bezahlen? Es gibt reiche, aber auch arme Eltern, die sich es nicht leisten können.

Lilly, 26 Jahre, Köln

25 In dem Artikel wird als Beispiel ein Kindergarten genannt, in dem Kinder mitbestimmen können, welche Sprache sie lernen wollen. Wenn man sich auf eine gemeinsame Fremdsprache einigen kann, finde ich prima.
Aber allerdings denke ich, dass man anfangs erstmal eine gute Basis in der Muttersprache haben muss und danach ist es auch nicht so schwer eine andere Sprache zu lernen.

Hans, 62 Jahre, Graz

26 Ein Kind hat keine Chance, seine Muttersprache selbst auszuwählen. Warum soll ein Kind wegen den Eltern zwei Sprachen sprechen? Dadurch kann das Kind seine Identität verlieren. Einen Satz auf Deutsch und einen Satz in einen einer anderen Sprache, sie bringen alles durcheinander.
Deshalb halte ich davon nichts.

Matilda, 22 Jahre, Potsdam

Teil 5 • • • • •   Arbeitszeit: 10 Minuten

Lesen Sie die Aufgaben 27 bis 30 und den Text dazu.
Wählen Sie zu jeder Aufgabe die richtig Lösung Ⓐ, Ⓑ oder Ⓒ.

Sie lesen eine Informationsbroschüre über das Citybike Wien, da Sie bald nach Wien fahren werden.

27 Mit dem Citybike...

Ⓐ kann man höchstens 120 Minuten pro Tag fahren.

Ⓑ kann man umsonst fahren, solange man möchte.

Ⓒ ist man nicht vom Ort abhängig.

28 Die erste Fahrt des City-bikes...

Ⓐ kostet nur 1.00 Euro.

Ⓑ kostet nichts, aber nach einer Stunde bezahlt man etwas.

Ⓒ kann nicht nur bar bezahlt werden, sondern auch mit Kreditkarte.

29 Um ein Citybike fahren zu können,...

Ⓐ muss man sich vor einem Tag an einem Terminal anmelden.

Ⓑ muss man sich für das Rad, das man ausleihen will, nur im Internet anmelden.

Ⓒ muss man die Citybike-Card benutzen.

30 Die Fahrräder der Firma Citybike,...

Ⓐ sind umweltfreundlicher als traditionelle Räder.

Ⓑ müssen an einer bestimmten Station zurückgegeben werden.

Ⓒ können an mehr als 100 Bikestationen abgeholt und abgegeben werden.

Durch die Stadt mit dem Citybike

Information über das System

Das Citybike-System kommt ursprünglich aus Wien. Das ist ein innovatives und umweltfreundliches Verkehrsmittel, und es ist ganz anders im Gegensatz zum traditionellen Radverleih.

In Wien befinden sich 120 Bikestationen. Das Besondere daran ist, dass die Rückgabe an jeder beliebigen Station möglich ist. Das heißt, man muss nicht zu der Station zurückfahren, wo die Fahrt begonnen hat. Sie können jederzeit mit Ihrem Smartphone das System, wann immer Sie wollen benutzen.

Benutzer Anmeldung

Dafür bedarf es einer einmaligen Anmeldung. Melden Sie sich jetzt im Internet an. Sie können die Anmeldung auch an jedem Citybike-Terminal vornehmen. Für jede Anmeldung benötigen Sie eine von den unten angeführten Karten. Wenn Sie mehrere Citybikes gleichzeitig ausleihen möchten, benötigen Sie mehrere Karten. Die erste Stunde der Fahrt ist gratis. Natürlich muss man für weitere Stunden bezahlen. Die Anmeldung erfordert eine einmalige Gebühr von 1,00 Euro. Diese wird Ihnen nach erfolgreicher Anmeldung für Ihre Fahrten gutgeschrieben.

Citybike-Card

Sie erhalten eine eigene Zugangskarte damit Sie Citybike benutzen können. Der Betrag wird über Bankeinzug berechnet. Die Zusendung der Karte dauert ca. 2 Wochen. Österreichische Bankkarten und alle Kreditkarten lassen sich ganz unkompliziert benutzen. Wenn Sie Apps herunterladen, können Sie viele Sachen einfacher erledigen, sich anmelden, E-Karte ausstellen und Geld aufladen.

(Weitere Informationen und Tarife unter: www.citybikewien.at)

Kandidatenblätter

Hören
40 Minuten

Das Modul Hören besteht aus vier Teilen.
Sie hören mehrere Texte und lösen
Aufgaben dazu.

Lesen Sie jeweils zuerst die Aufgaben und
hören Sie dann den Text dazu.

Für jede Aufgabe gibt es nur eine richtige
Lösung.

Vergessen Sie bitte nicht, Ihre Lösungen auf
den **Antwortbogen** zu übertragen.
Dazu haben Sie nach dem Hörverstehen
fünf Minuten Zeit.

Hilfsmittel wie z. B. Wörterbücher oder
Mobiltelefone sind nicht erlaubt.

Teil 1 ● ● ● ●   MP3 01_01

Sie hören nun fünf kurze Texte. Sie hören jeden Text **zweimal**. Zu jedem Text lösen Sie zwei Aufgaben. Wählen Sie für jede Aufgabe die richtige Lösung. Lesen Sie zuerst das Beispiel. Dazu haben Sie 10 Sekunden Zeit.

Beispiel

01 Frank schlägt Jan vor, nach Sizilien zu fliegen.   ~~Richtig~~   Falsch

02 Wo möchte Frank am liebsten übernachten?

- a bei Verwandten
- b im Hotel
- ☒ im Zelt

Text 1

1 Es gibt ein Angebot für eine Klassenfahrt.   Richtig   Falsch

2 Die DB Regio AG bietet...

- a einen kostenlosen Klassenausflug an.
- b einer Person für 25 Euro ein Tagesticket für den Nahverkehr an.
- c ein Programm an, wo die Lehrerinnen und Lehrer, Schülerinnen und Schüler preiswert ein Ticket besorgen können.

Text 2

3 Marie hat vergessen, dass sie heute zur Geburtstagsparty eingeladen ist.   Richtig   Falsch

4 Marie hat Janosch gebeten,...

- a das Geschenk zu besorgen.
- b ein Kleid mit Punkten zu kaufen.
- c ihr Kleid von der Reinigung abzuholen.

Text 3

5 An der Nordsee treten gewittrige Schauer auf.

Richtig   *Falsch*

6 Am Sonntag wird es...

[a] überall stark bewölkt sein.

[b] sehr kalt und frostig werden.

[c] im Süden sonnig werden.

Text 4

7 Der Lufthansa Flug LH 767 nach München hat Verspätung.

Richtig   *Falsch*

8 Die Lyonair aus London...

[a] hat wegen Regen Verspätung.

[b] hat Verspätung, da es neblig ist.

[c] wird es eine halbe Stunde später landen.

Text 5

9 Tim und Cage treffen sich an der Haltestelle vor dem Dom.

Richtig   *Falsch*

10 Cage muss...

[a] bis zur Joachimstalerstraße kommen und auf Tim warten.

[b] nicht vorm Hotel auf Tim warten, sondern an der Werdernerstraße.

[c] allein direkt zur Haltestelle vor dem Kölner Dom kommen.

Teil 2 ● ● ● ○

MP3 01_02

Sie hören einen Text. Sie hören den Text **einmal**. Dazu lösen Sie fünf Aufgaben.
Wählen Sie für jede Aufgabe die richtige Lösung ⓐ, ⓑ oder ⓒ.
Lesen Sie jetzt die Aufgaben 11 bis 15. Dazu haben Sie 60 Sekunden Zeit.

*Sie besuchen das BMW-Museum. Bevor die Führung anfängt, erhalten Sie einige
Informationen.*

11 In der „BMW Welt" kann man...

- ⓐ die Endmontage des Autos besichtigen.
- ⓑ alte Autos auf vier „Inseln" Slideshows besichtigen.
- ⓒ das Auto selbst montieren.

12 Die BMW Museum...

- ⓐ hat mehr Besucher als das deutsche Museum.
- ⓑ wird von ungefähr 250.000 Menschen pro Monat besucht.
- ⓒ wird von weniger Besuchern als der Pinakothek der Moderne besucht.

13 Die Besucher können nach der Führung...

- ⓐ Autorennen besichtigen.
- ⓑ kleine Autofiguren in der „BMW Welt" kaufen.
- ⓒ essen bestellen und Souvenirs kaufen.

14 Bis wann kann man warmes Essen bestellen?

- ⓐ bis 18 Uhr
- ⓑ bis 18.30 Uhr
- ⓒ bis 19 Uhr

15 Wo fangen die Besucher die Museumstour an?

- ⓐ Im Obergeschoss
- ⓑ Im Untergeschoss
- ⓒ Am Eingang

Teil 3 ● ● ● ●

MP3 01_03

Sie hören nun ein Gespräch. Sie hören das Gespräch **einmal**. Dazu lösen Sie sieben Aufgaben. Beantworten Sie: Sind die Aussagen Richtig oder Falsch? Lesen Sie jetzt die Aufgaben 16 bis 22. Dazu haben Sie 60 Sekunden Zeit.

Sie sind an einer Straßenbahnhaltestelle und hören, wie sich eine ältere Frau mit einem Studenten über ihr Leben als Rentnerin unterhält.

16 Frau Anke ist zufrieden, eine Rentnerin zu sein.　　Richtig　Falsch

17 Zurzeit hat Frau Anke Angst davor, ohne Arbeit zu leben.　　Richtig　Falsch

18 Heute scheint Frau Anke richtig fit zu sein.　　Richtig　Falsch

19 Der Sportverein ist ganz anstrengend.　　Richtig　Falsch

20 Dirk hat den Studienplatz nicht bekommen.　　Richtig　Falsch

21 Vor einem Jahr hat sie gedacht, dass ein pensioniertes Leben langweilig ist.　　Richtig　Falsch

22 Frau Anke hat keine Lust, bei dem Projekt mitzumachen.　　Richtig　Falsch

Teil 4 ● ● ● ●

MP3 01_04

Sie hören nun eine Diskussion. Sie hören die Diskussion **zweimal**.
Dazu lösen Sie acht Aufgaben. Ordnen Sie die Aussagen zu: **Wer sagt was?**
Lesen Sie jetzt die Aussagen 23 bis 30.
Dazu haben Sie 60 Sekunden Zeit.

Die Moderatorin der Radiosendung „Aktuelle Themen" diskutiert mit dem Modeberater Dominik Rim und der 14-jährigen Schülerin Elena Müller über Mode in unserem Leben.

		Moderatorin	Dominik Rim	Elena Müller
Beispiel				
0	Modeberater ist ein interessanter Job für Jugendliche.	☒	b	c
23	Als Modeberater hat man viel zu tun.	a	b	c
24	Viele Jugendliche achten auf die Mode, aber das gilt nicht für alle.	a	b	c
25	Man beurteilt jemanden nicht an seinem Kleidungstill.	a	b	c
26	Das Aussehen spielt eine wichtige Rolle für den Gesamteindruck.	a	b	c
27	Es kostet sehr viel, wenn man seinen Modestil oft verändert.	a	b	c
28	Man kann nicht genau wissen, ob die Klamotten aus China mit Schadstoffen hergestellt werden.	a	b	c
29	Die teure Markenkleidung wird auch oft kritisiert.	a	b	c
30	Natürliche Stoffe eignen sich für jeden Hauttyp.	a	b	c

Kandidatenblätter

Schreiben
60 Minuten

Das Modul Schreiben besteht aus drei Teilen.
In den **Aufgaben 1** und **3**
schreiben Sie E-Mails.
In **Aufgabe 2**
schreiben Sie einen Diskussionsbeitrag.

Sie können mit jeder Aufgabe beginnen.
Schreiben Sie Ihre Texte auf die
Antwortbogen.

Bitte schreiben Sie deutlich und verwenden
Sie keinen Bleistift.

Hilfsmittel wie z. B. Wörterbücher oder
Mobiltelefone sind nicht erlaubt.

Aufgabe 1 ● ● ●   Arbeitszeit: 20 Minuten

Sie ziehen nächste Woche in Ihre neue Wohnung. Schreiben Sie einem Freund / einer Freundin, dass Sie Hilfe brauchen, weil Sie kein Auto haben und die neue Wohnung im 4. Stock liegt und es keinen Aufzug gibt.

– Beschreiben Sie Ihre Situation: Was ist Ihr Problem?
– Begründen Sie: Warum Sie Hilfe brauchen?
– Machen Sie einen Vorschlag, wie Ihr/e Freund/in Ihnen helfen kann.

> Schreiben Sie eine Email (circa 80 Wörter).
> Schreiben Sie etwas zu allen drei Punkten.
> Achten Sie auf den Textaufbau (Anrede, Einleitung, Reihenfolge der Inhaltspunkte, Schluss).

Aufgabe 2 ● ● ●   Arbeitszeit: 25 Minuten

Sie haben im Fernsehen eine Diskussionssendung zum Thema „Freundschaft" gesehen. Im Online-Gästebuch der Sendung finden Sie die folgende Meinung:

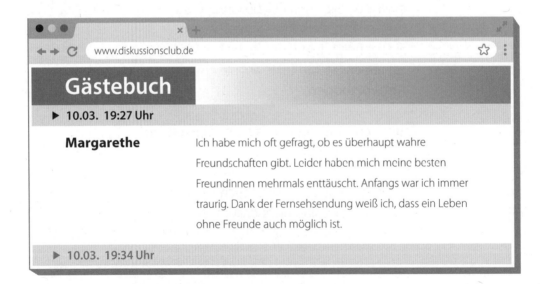

www.diskussionsclub.de

Gästebuch

▶ 10.03. 19:27 Uhr

Margarethe   Ich habe mich oft gefragt, ob es überhaupt wahre Freundschaften gibt. Leider haben mich meine besten Freundinnen mehrmals enttäuscht. Anfangs war ich immer traurig. Dank der Fernsehsendung weiß ich, dass ein Leben ohne Freunde auch möglich ist.

▶ 10.03. 19:34 Uhr

Schreiben Sie nun Ihre Meinung. (circa 80 Wörter)

Aufgabe 3 • • •   Arbeitszeit: 15 Minuten

Sie haben nächsten Freitag eine Verabredung mit Ihrer alten Kollegin, Frau Kirsten. Sie können aber nicht hingehen.

Schreiben Sie an Frau Kirsten. Erklären Sie ihr höflich, warum Sie an dem Tag nicht treffen können und schlagen Sie einen neuen Termin vor.

> Schreiben Sie eine Email (ca. 40 Wörter).
> Vergessen Sie nicht die Anrede und den Gruß am Schluss.

Kandidatenblätter

Sprechen
15 Min. für zwei
Teilnehmende

Das Modul Sprechen besteht aus drei Teilen.

In **Teil 1** planen Sie etwas gemeinsam mit
Ihrem Partner/Ihrer Partnerin
(circa 3 Minuten).
In **Teil 2** präsentieren Sie ein Thema
(circa 3 Minuten). Wählen Sie ein Thema
(Thema 1 oder Thema 2) aus.
In **Teil 3** sprechen Sie über Ihr Thema und
das Ihres Partners/Ihrer Partnerin
(circa 2 Minuten).

Ihre Vorbereitungszeit beträgt 15 Minuten.
Sie bereiten sich allein vor.
Sie dürfen sich zu jeder Aufgabe Notizen
machen. In der Prüfung sollen Sie frei
sprechen.

Hilfsmittel wie z. B. Wörterbücher oder
Mobiltelefone sind nicht erlaubt.

Teil 1 • • •   **Etwas gemeinsam planen**   Dauer: circa drei Minuten

Sie erwarten einen gemeinsamen Freund, der für ein Wochenende in Ihre Heimatstadt kommt. Er kennt Ihre Stadt noch nicht und Sie möchten den Aufenthalt für ihn planen. Unterhalten Sie sich darüber, was Sie gemeinsam unternehmen können.

Sprechen Sie über die Punkte unten, machen Sie Vorschläge und reagieren Sie auf die Vorschläge Ihres Gesprächspartners / Ihrer Gesprächspartnerin. Planen und entscheiden Sie gemeinsam, was Sie tun möchten.

Besuch eines Freundes am Wochenende planen

– Wo und wann treffen?

– Welche Verkehrsmittel benutzen? (Bus, Taxi ...)

– Welche Sehenswürdigkeiten besuchen?

– Wohin am Abend gehen?

– ...

Teil 2 ● ● ● Ein Thema präsentieren Dauer: circa drei Minuten

Wählen Sie ein Thema (Thema 1 oder Thema 2) aus.

Sie sollen Ihren Zuhörern ein aktuelles Thema präsentieren. Dazu finden Sie hier fünf Folien. Folgen Sie den Anweisungen links und schreiben Sie Ihre Notizen und Ideen rechts daneben.

Thema 1

Stellen Sie Ihr Thema vor. Erklären Sie den Inhalt und die Struktur Ihrer Präsentation.

„*Muss ich jetzt zu Fuß gehen?*"
Stadtzentrum ohne Auto?

Folie 1

....

....

....

....

Berichten Sie von Ihrer Situation oder einem Erlebnis im Zusammenhang mit dem Thema.

Stadtzentrum ohne Auto?

Meine persönlichen Erfahrungen.

Folie 2

....

....

....

....

Berichten Sie von der Situation in Ihrem Heimatland und geben Sie Beispiele.

Stadtzentrum ohne Auto?

Die Situation in meinem Heimatland.

Folie 3

....

....

....

....

Nennen Sie die Vor- und Nachteile und sagen Sie dazu Ihre Meinung, Geben Sie auch Beispiele.

Stadtzentrum ohne Auto?

Für und gegen das Stadtzentrum ohne Auto & meine Meinung.

Folie 4

....

....

....

....

Beenden Sie Ihre Präsentation und bedanken Sie sich bei den Zuhörern.

Stadtzentrum ohne Auto?

Abschluss & Dank

Folie 5

....

....

....

....

Teil 3 ● ● ● Siehe nächste Seite unten

Teil 2 ● ● ● Ein Thema präsentieren   Dauer: circa drei Minuten

Sie sollen Ihren Zuhörern ein aktuelles Thema präsentieren. Dazu finden Sie hier fünf Folien. Folgen Sie den Anweisungen links und schreiben Sie Ihre Notizen und Ideen rechts daneben.

Thema 2

Stellen Sie Ihr Thema vor. Erklären Sie den Inhalt und die Struktur Ihrer Präsentation.

„Wie viele Freunde hast du?"
Ist Instagram oder Facebook nützlich?

Folie 1

Berichten Sie von Ihrer Situation oder einem Erlebnis im Zusammenhang mit dem Thema.

Ist Instagram oder Facebook nützlich?

Meine persönlichen Erfahrungen.

Folie 2

Berichten Sie von der Situation in Ihrem Heimatland und geben Sie Beispiele.

Ist Instagram oder Facebook nützlich?

Die Situation in meinem Heimatland.

Folie 3

Nennen Sie die Vor- und Nachteile und sagen Sie dazu Ihre Meinung, Geben Sie auch Beispiele.

Ist Instagram oder Facebook nützlich?

Für und gegen SNS & meine Meinung.

Folie 4

Beenden Sie Ihre Präsentation und bedanken Sie sich bei den Zuhörern.

Ist Instagram oder Facebook nützlich?

Abschluss & Dank

Folie 5

Teil 3 ● ● ●   Über ein Thema sprechen

Nach Ihrer Präsentation:

Reagieren Sie auf die Rückmeldungen und auf Fragen der Prüfer/-innen und des Gesprächspartners/der Gesprächspartnerin.

Nach der Präsentation Ihres Partners/Ihrer Partnerin:

a) Geben Sie eine Rückmeldung zur Präsentation Ihres Partners/Ihrer Partnerin (z. B. wie Ihnen die Präsentation gefallen hat, was für Sie neu oder besonders interessant war usw.).

b) Stellen Sie auch eine Frage zur Präsentation Ihres Partners/Ihrer Partnerin.

Teil 1 • • • •

▶ **Beispiel**

Sie hören eine Nachricht auf dem Anrufbeantworter.

Hallo Jan, hier ist Frank. Wir wollten doch im Sommer eine Woche

① _____ _____ _____ Ich bin gerade im Internet: im Juni gibt es noch

② _____ _____ _____ Flüge nach Sizilien. Die ③ _____

müssen wir noch klären. Meine Tante wohnt doch dort. Bei ihr könnten wir

vielleicht schlafen. Ansonsten bieten die hier auch noch billige Hotelzimmer an

– oder wir gehen campen, das fände ich ④ _____ _____ . Ich schicke dir

den Link, schau es dir doch ml an. Tschüs.

▶ **Text 1**

Sie hören eine Information im Radio.

Ab 01.09. ① _____ die DB Regio AG ein besonderes Programm

② _____ . Es ist besonders für Lehrerinnen und Lehrer, Schülerinnen

und Schüler interessant. Passend für die Jahrgangsstufen 9 bis 12 bietet die

Bahn ein Programm für einen eintägigen Klassenausflug an! ③ _____

_____ _____ _____ günstige Brandenburg-Berlin-Tickets. Es können

fünf Personen schon für 25 Euro an einem Tag im Nahverkehr der Deutschen

Bahn unterwegs sein. Das Angebot läuft bis ④ _____ _____ _____

. Informationen gibt es unter www.bahn.de oder telefonisch von Montag bis

Freitag von 9.00 bis 17.00 Uhr unter der Nummer 08002435840.

▶ **Text 2**

Sie hören eine Nachricht auf dem Anrufbeantworter.

Hallo, Janosch! Ich bin's, Marie. Wir ① _____ doch heute Abend zur Geburtstagsparty von Karin ② _____. Aber leider habe ich ganz vergessen, mein Kleid aus der Reinigung abzuholen. ③ _____ du das bitte vielleicht für mich erledigen? Dann werde ich nach der Arbeit das Geschenk besorgen. ④ _____ _____, wie das Kleid aussieht? Es ist rot und hat Punkte. Die Adresse der Reinigung ist Altenberger Straße 6. Wenn du es nicht finden kannst, ruf mich an. Tschüss ⑤ _____ _____, bis später!

▶ **Text 3**

Sie hören den Wetterbericht im Radio.

Und nun das Wetter für dieses Wochenende. Am Samstag wird es im Norden Sonnenschein geben. An der Nordsee ist ① _____ _____ _____ mit gewittrigen Schauern zu rechnen. Herrlich mit sonnigen Abschnitten wird es im Süden sein. Dort wird es ② _____ trocken bleiben. Am Sonntag wird es im ganzen Land stark ③ _____ sein mit teilweise kräftigen ④ _____. Gegen Abend wird es überall wieder auflockern. Die Temperaturen werden bei 5 bis milden 16 Grad liegen.

▶ **Text 4**

Sie hören am Flughafen eine Durchsage.

Achtung! Wir möchten Sie darauf aufmerksam machen, dass Passagiere der Lufthansa LH ① _____ nach München gebeten werden, nicht am Schalter ② _____, sondern am Schalter 35 einzuchecken. Ebenfalls geben wir die Verspätung der Lyonair aus London Flug Nr. ③ _____ bekannt. Wegen Nebel wird das Flugzeug voraussichtlich eine Stunde später landen. Wir bitten Sie ④ _____ _____ _____.

▶ **Text 5**

Sie hören eine Nachricht auf dem Anrufbeantworter.

Hi, Cage! Hier ist Tim. Ich ① _____ dich wie abgemacht zur Stadtrundfahrt

um 11.30 Uhr vom Hotel ② _____ . Aber ich ③ _____ leider vorher

etwas ④ _____ . Besser wäre es, wenn wir uns direkt an der Haltestelle

vor dem Kölner Dom treffen. Ich erkläre dir kurz, wie du dort hinkommst. Das

ist ganz einfach. Geh die Hauptstraße entlang bis zur Joachimstalerstraße. Dort

⑤ _____ du an der Ampel nach links ⑥ _____ . Laufe dann weiter

zum Museum Ludwig. Dort gehst du rechts bis zur Hohenzollernbrücke. Den

Kölner Dom solltest du dann auf der linken Straßenseite sehen. Für den Weg

brauchst du circa 10 Minuten ⑦ _____ _____ . Da wir zehn Minuten vor

Abfahrt an der Bushaltestelle sein sollten, wäre es gut, wenn wir uns dort um

viertel vor 12 treffen. Ach ja, ⑧ _____ deine Kamera nicht, ⑨ _____

du schöne Fotos machen kannst.

Sie besuchen das BMW-Museum. Bevor die Führung anfängt, erhalten Sie einige Informationen.

Guten Tag, ① _____ _____ _____ _____, und liebe Kinder! Ich begrüße Sie ganz herzlich im BMW-Museum in München. Sie haben sich für eine Automobilführung entschieden. In der „BMW Welt" können Sie die neuesten Auto- und Motorrädermodelle sehen, und wie sie produziert werden. Insbesondere werden wir Ihnen die Endmontage der Autos zeigen.

② _____ _____ _____ _____ können Sie in beiden Gebäuden Souvenirs erwerben.

Vor Ihrem Rundgang möchte ich Ihnen ein paar Hintergrundinformationen mitteilen. Das BMW Museum hat nach dem Deutschen Museum und Pinakothek der Moderne Museum, die höchste Besucherzahl in München. Ungefähr 250.000 Besucher gibt es pro Jahr. Das Museum wurde 1973 gegründet. Von 2004 bis 2008 wurde es während des Baus der direkt gegenüberliegenden „BMW Welt" renoviert.

③ _____ _____ _____ _____ wurde das Museum, in dem wir uns hier befinden, wiedereröffnet.

Der Eingang ist im Erdgeschoss. Dort befinden sich die Garderobe und die Rezeption. Im Inneren des Gebäudes befinden sich auf vier „Inseln" Slideshows und kleine Ausstellungen, die sich näher mit bestimmten Themen beschäftigen.

Weiterhin können Sie neue und historische Modelle und Rennfahrzeuge der BMW Gruppe besichtigen. Außerdem werden hier zahlreiche technische Neuheiten sowie die Geschichte der Firma erklärt. In die Hauptausstellung gelangen Sie, wenn Sie in das Obergeschoss gehen. Im Kinosaal befindet sich die Ausstellung zum Thema Technik, wo Sie sich interaktive Modelle anschauen können.

④ _____ _____ _____ wird Sie eine Rolltreppe zum Ausgangspunkt zurück führen. Wenn Sie sich nach Ihrem Rundgang erfrischen möchten, können Sie das gern bis 18.00 Uhr in unserer Cafeteria tun. Dort bieten wir köstlichen Kaffee und Snacks an.

Bei größerem Hunger, können Sie das Restaurant in der BMW Welt besuchen. Das Restaurant ist bis 19.00 Uhr geöffnet und bietet verschiedene Spezialitäten der Region an. Warmes Essen gibt es allerdings nur bis 18.30 Uhr.

⑤ _____ _____ _____ _____ _____ dann noch unseren Museumsshop, der bis 18.00 Uhr geöffnet hat. Nun verteile ich die Audio-Guides und wünsche Ihnen viel Vergnügen! Dann fangen wir am Eingang an.

Sie sind an einer Straßenbahnhaltestelle und hören, wie sich eine ältere Frau
mit einem Studenten über ihr Leben als Rentnerin unterhält.

Dirk   Ich grüße Sie, Frau Anke. Wie geht es Ihnen? Schön, dass ich Sie
treffe.

Fr. Anke   Hallo, Dirk. Danke, mir geht es gut. ① _____ _____ _____
_____ _____ _____?

Dirk   Mir fällt es schwer, mich auf das Studium zu konzentrieren. Aber
nach den Prüfungen kommen endlich die Sommerferien. Ich werde
mein Bestes geben, damit ich mich in den Ferien gut ausruhen kann.

Fr. Anke   Das klingt gut.

Dirk   Ich habe gehört, dass Sie seit zwei Monaten pensioniert sind.
② _____ _____ _____ _____? Ist es angenehm für Sie?

Fr. Anke   Ehrlich gesagt, bin ich froh, dass der Stress weg ist. Ich kann jetzt
den Tag so gestalten, wie ich möchte. Es fühlt sich an, wie eine neu
gewonnene Freiheit. Ich hatte vorher immer viel zu tun. Zwar habe
ich während der Arbeit viele Erfahrungen machen können, aber ich
hatte überhaupt keine Zeit, mich vom Stress zu erholen. Aber jetzt
bin ich zufrieden.

Dirk   Das freut mich. Sie sehen auch richtig gut und fit aus. Aber ich kann
mich erinnern, dass Sie das mit der Pension letztes Jahr gar nicht so
positiv gesehen haben. Hatten Sie Angst davor?

Fr. Anke   Ja, stimmt. Am Anfang war es ganz schön schwer. Mir hat die Arbeit
gefehlt. Und es war schrecklich langweilig, ohne Arbeit nur vor dem
Fernseher zu sitzen.

Dirk   ③ _____ _____ _____ _____ _____ _____?

Fr. Anke   Eine Freundin hat mich dazu überredet, mit ihr zu einem Treffen von
ihrem Sportverein mitzukommen.

Dirk   Gibt es einen Sportverein für Rentner?

Fr. Anke   Ja, das Treffen war sehr nett. Natürlich machen wir nicht nur Sport.

	Wir laufen erst eine Stunde und danach gehen alle ins Vereinshaus
	zum Kaffeetrinken. Jeder kann Freunde mitbringen. Das macht
	wirklich Spaß.
Dirk	Ich wusste gar nicht, dass Sie so sportlich sind.
Fr. Anke	Ja, beim Sportverein hält man sich nicht nur gesund, sondern man
	kann dort auch sehr nette Bekanntschaften machen. Ich fühle mich
	jetzt fit, verspüre Energie und Liebe in mein Leben.
Dirk	Na, das ist ja toll. Frau Anke, ich wollte Sie schon die ganze Zeit etwas
	fragen.
Fr. Anke	Ja, ④ _____ _____ _____.
Dirk	Wir beginnen im Herbst ein neues Projekt. Einmal im Monat wollen
	wir einen Büchernachmittag anbieten unter dem Titel „Lesen bei
	Oma". Da werden Studenten Bücher vorstellen, und Gedichte
	vorlesen.
Fr. Anke	Tolle Idee! Vielleicht kann ich dabei helfen.
Dirk	⑤ _____ _____ _____ _____. Herzlichen Dank!
Fr. Anke	Aber gerne! Da ist meine Straßenbahn. Ruf mich morgen
	Nachmittag an, dann sprechen wir noch mal drüber. Servus, Dirk.
Dirk	Auf Wiederschauen, Frau Anke.

Die Moderatorin der Radiosendung „Aktuelle Themen" diskutiert mit dem Modeberater Dominik Rim und der 14-jährigen Schülerin Elena Müller über Mode in unserem Leben.

Moderatorin Hallo. ① _____ _____ _____ _____ „Aktuelle Themen". Heute geht es um die Mode in unserem Leben und wie wichtig sie ist. Das ist ja stets ein aktuelles Thema! Im Studio begrüße ich Herrn Rim, ein Experte in Sachen Mode und Elena Müller.

Elena Müller Hallo!

Dominik Rim Guten Tag und vielen Dank für die Einladung.

Moderatorin Herr Rim, Sie sind von Beruf „Modeberater", ein Beruf, der bei jungen Leuten sehr beliebt ist. Haben Sie schon gehört, dass besonders unsere jüngeren Zuhörer an dem Beruf interessiert sind?

Dominik Rim Ja, ich habe davon gehört.

Moderatorin Sie sind also hauptsächlich für die Beratung der Kunden in Modegeschäften zuständig. ② _____ _____ _____ _____ _____ _____ _____?

Dominik Rim Ja, noch eine ganze Menge: Zu meinen Aufgaben gehören, den Kunden Modeartikel nach ihren Bedürfnissen vorzuschlagen oder Auskunft zur Pflege der verschiedenen Stoffe zu geben. Ich muss aber auch Organisatorisches, wie z.B. Bestellungen, erledigen.

Moderatorin Ist Mode so wichtig, wie viele behaupten? Welche Rolle spielt sie für Jugendliche? Elena, was denkst du darüber?

Elena Müller Mode ist schon wichtig, aber nicht für alle. Ich ziehe mich an, wie es mir passt. Aber das muss nicht jedem gefallen. Ich bin auch davon überzeugt, dass man sich nicht wegen seiner Kleidung bei dem einen oder anderen beliebter oder unbeliebter macht. Was zählt, ist der Gesamteindruck. Wie man sich verhält und so weiter.

Dominik Rim Ja sicher, niemand macht sich Freunde, nur weil er modisch gekleidet ist. Das würde ich auch nie behaupten. Ich glaube aber trotzdem: Kleider machen Leute. Denn das Aussehen spielt beim Gesamteindruck doch eine Rolle. ③ _____ _____ _____ _____ _____ _____ _____.

Moderatorin Wenn man Mode wichtig findet, kann das ganz schön teuer werden. Vor allem auch, weil die Mode sich ständig ändert.

Dominik Rim Tja, ④ _____ _____ _____ _____ _____. Aber wer kauft nur das, was er oder sie wirklich braucht? Das gilt nicht nur für die Kleidung, sondern für alle Dinge. Ich finde nicht, dass man jeder Moderichtung hinterherlaufen sollte. Modisches Aussehen geht auch ohne viel Geld. Hauptsache, man hat seinen eigenen persönlichen Stil.

Elena Müller Bei vielen ist es zurzeit auch beim Einkaufen wichtig, ob es Markenkleidung ist oder nicht. Wenn man Markenklamotten kauft, gibt man eine Menge Geld aus, weil Markenprodukte als Statussymbole gesehen werden.

Moderatorin Wir dürfen Markenprodukte nicht vergessen. Kritik an teurer Markenkleidung ist nicht selten, da der Markenname mitbezahlt wird. Herr Rim, stimmt es, dass viel Geld für Markenprodukte ausgegeben wird? Warum ist das eigentlich so?

Dominik Rim ⑤ _____ _____ _____ _____ _____ _____. Manchmal wählt man bestimmte Produkte, weil man sich davon gute Qualität verspricht. Und genau das ist der Punkt. Aber manche kaufen es nur wegen dem Namen und als Statussymbol usw. Man sollte mehr auf die Qualität, als auf den Namen achten.

Elena Müller Ich und meine Freundinnen kaufen alle keine teure Sachen, aber krank ist noch keiner geworden.

Dominik Rim Ich habe auch nicht gesagt, dass nur teure Kleidungsstücke gut sind und nicht jeder braucht sie. Aber diejenigen, die eine empfindliche Haut haben, sollten sich spezielle Produkte besorgen.

Moderatorin Herr Rim, Sie haben gerade über empfindliche Haut geredet. Können Sie unseren Zuhörern ein paar Tipps zum Thema „Qualität von Kleidung" geben?

Dominik Rim Also, ⑥ _____ _____ _____ _____ _____ _____ _____ _____. Die sind für jeden Hauttyp geeignet. Wer ganz sicher sein will, kann natürlich echte Bio-Produkte kaufen. Aber da steigen die Preise wieder.

Elena Müller Die Klamotten aus China sind meistens sehr billig. Ich weiß nicht genau , ob die mit Schadstoffen hergestellt werden, aber ich glaube, die Industrie denkt sich immer wieder was Neues aus, um Geld zu verdienen.

Moderatorin Das war sehr interessant. Die junge Generation hat eine eigene Vorstellung von Mode. Das finde ich gut. Elena, ich hätte jetzt eine andere Frage. Unter Jugendlichen sieht man manchmal Leute mit einem ganz verrückten Outfit. Und nicht selten beobachtet man sogar ganze Cliquen, in denen fast alle gleich gekleidet sind. Das kritisieren die Erwachsenen oft, richtig?

Elena Müller Die Erwachsenen verstehen doch gar nicht, worum es geht. Es ist toll, wenn man seinen Modestil mit Freunden teilen kann. Meinen Sie, wir mögen die Kleidung unserer Eltern? Die ziehen sich monoton und langweilig an.

Moderatorin Was meinen Sie dazu, Herr Rim?

Dominik Rim Für junge Leute ist es besonders wichtig, sich von ihren Eltern abzugrenzen, sich total anders zu kleiden. Sie wollen auf sich aufmerksam machen und manchmal sogar auch provozieren. ⑦ _____ _____ _____ _____ _____ und gehört zu diesem Lebensabschnitt.

Moderatorin Das haben Sie gut zusammengefasst. Leider ist unsere Zeit nun zu Ende. Herr Rim, Elena, vielen Dank für das sehr interessante Gespräch. Liebe Hörerinnen und Hörer, vielen Dank für Ihr Interesse. Bis zur nächsten Sendung: Auf Wiederhören.

Teil 1 • • • •

▶ **Beispiel**

정답 ① ans Meer fahren
② günstige Flüge
③ Übernachtung
④ am besten

어휘 **ans Meer** 바다로 ┃ **günstige Flüge** 저렴한 비행 ┃ **die Übernachtung** [n.] 숙박 ┃ **am besten** 가장 좋은 것은

▶ **Text 1**

정답 ① bietet
② an
③ Freuen Sie sich über
④ Ende des Jahres

어휘 **anbieten** [v.] 제공하다 ┃ **sich freuen über** [v.] ~에 대하여 기뻐하다 ┃ **Ende des Jahres** 연말

▶ **Text 2**

정답 ① sind
② eIngeladen
③ Könntest
④ Weißt du
⑤ mein Schatz

어휘 **eingeladen** [p.a] 초대된 ┃ **könnten** [m.v] ~해 주실 수 있나요 (können의 접속법2식) ┃ **wissen** [v.] 알다 ┃ **der Schatz** [n.] 내사랑 (사랑하는 사람에 대한 호칭)

정답
① bei dichten Wolken
② tagsüber
③ bewölkt
④ Regenfällen

어휘 **dicht** [a.] 짙은 | **tagsüber** [adv.] 온종일, 낮에 | **bewölkt** [a.] 흐린 | **der Regenfall** [n.] 강우

▶ **Text 4**

정답
① 767
② 26
③ 131
④ um Ihr Verständnis

어휘 **sechsundzwanzig** 26 | **das Verständnis** [n.] 양해

▶ **Text 5**

정답
① wollte
② abholen
③ muss
④ erledigen
⑤ musst
⑥ abbiegen
⑦ zu Fuß
⑧ vergiss
⑨ damit

어휘 **wollten** [m.v] ~하고 싶었다 (wollen의 과거) | **abholen** [v.] 데리러 가다 | **müssen** [m.v] ~해야만 한다 | **erledigen** [v.] 처리하다 | **abbiegen** [v.] (꺾어) 굽히다, 방향을 바꾸다 | **zu Fuß** 걸어서 | **vergessen** [v.] 잊다 | **damit** [cj.] ~할 수 있도록

Teil 2 •••

정답 ① meine Damen und Herren

② Am Ende des Rundgangs

③ Am 21. Juni 2008

④ Nach dem Rundgang

⑤ Zum Schluss empfehle ich Ihnen

어휘 **meine Damen und Herren** 숙녀 그리고 신사 여러분 | **am Ende** 끝에 | **der Rundgang** [n.] 순회 | **zum Schluss** 끝으로 | **empfehlen** [v.] 추천하다

Teil 3 •••

정답 ① Wie läuft es mit deinem Studium?

② Wie fühlen Sie sich?

③ Wie haben Sie das denn überwunden?

④ dann frag doch

⑤ Schön das zu hören

어휘 **laufen** [v.] 진행되다 | **sich fühlen** [v.] 느끼다 | **haben...überwunden** [v.] 극복했다 (überwinden의 현재완료) | **fragen** [v.] 묻다 | **hören** [v.] 듣다

Teil 4 ● ● ● ●

① Willkommen zu unserer Sendung

② Welche Aufgaben gehören noch zu diesem Beruf

③ Kleidung kann viel über eine Person aussagen

④ das ist ganz schön viel

⑤ Die Antwort ist nicht so einfach

⑥ Kleidung aus natürlichen Stoffen ist immer am besten

⑦ Das ist aber völlig normal

Willkommen zu unserer Sendung 저희 프로그램을 찾아 주신 것을 환영합니다 | **gehören** [v.] 속하다 | **zu diesem Beruf** 이 직업에 | **aussagen** [v.] 진술하다 | **der Stoff** [n.] 원료, 옷감, 천 | **völlig** [a.] 완전히 | **normal** [a.] 보통의, 일반적인

제2회

실전
모의고사

B1

Kandidatenblätter

Lesen
65 Minuten

Das Modul *Lesen* hat fünf Teile.
Sie lesen mehrere Texte und lösen Aufgaben
dazu. Sie können mit jeder Aufgabe
beginnen. Für jede Aufgabe gibt es nur eine
richtige Lösung.

Vergessen Sie bitte nicht, Ihre Lösungen
innerhalb der Prüfungszeit auf den
Antwortbogen zu schreiben.

Bitte schreiben Sie deutlich und verwenden
Sie keinen Bleistift.

Hilfsmittel wie z. B. Wörterbücher oder
Mobiltelefone sind nicht erlaubt.

Teil 1 • • • • •   Arbeitszeit: 10 Minuten

Lesen Sie den Text und die Aufgaben 1 bis 6 dazu.
Wählen Sie: Sind die Aussagen ⌐Richtig⌐ oder ⌐*Falsch*⌐ .

Betreff: Gruß aus der Schweiz

An: Patrick.messner@gmx.de

Hallo Patrick,

tut mir leid, dass ich mich erst jetzt melde, aber ich hatte in letzter Zeit sehr viel zu tun.
Ich musste mich um verschiedene Sachen kümmern, deshalb schreibe ich erst jetzt. Ich
vermisse dich und alle anderen, aus dem Studentenwohnheim sehr. Wie du weißt, hatte
ich Angst vor dem Studium, aber bei der Einschreibung hat alles gut geklappt. Vor einem
Monat hat mein Studium angefangen.

Zurzeit bin ich sehr selten zu Hause und verbringe die meiste Zeit in der Uni. Aber
das ist nicht der eigentliche Grund, warum ich so lange nicht schreiben konnte. Die
Wohnungssuche hat sehr viel Zeit in Anspruch genommen und war sehr stressig. Du
kannst es dir gar nicht vorstellen, wie anstrengend es war. Ich dachte, dass ich in Frankfurt
schnell etwas finden würde. Hier gibt es wohl nur ein Studentenwohnheim.

Und dafür muss man mindestens ein Jahr warten, weil viele Studenten natürlich dort
wohnen wollen, um Geld zu sparen. Ich konnte es nicht glauben. Frankfurt ist ja die
Bankmetropole von Europa, was als Mainhatten sehr bekannt ist.

Naja, aber ich bin selbst schuld, weil ich nicht schon früher daran gedacht habe. Ich habe
mir einige möblierte 1-Zimmer-Wohnungen angeschaut. Aber die Mietpreise waren
unglaublich hoch. Das kann sich ein Student nicht leisten. Diese Wohnungen sind, für
Leute, die schon einen richtigen Job haben. Nach einer unheimlich langen Suche habe ich
endlich ein Zimmer in einer WG gefunden.

Das ist zwar bezahlbar, aber schon teurer als ein Studentenwohnheim. Und mein Zimmer
war natürlich nicht möbliert. Aber das ist in Ordnung, ich kann die Möbel vielleicht später
dem Nachmieter übergeben.

Gestern habe ich gleich alle notwendigen Möbel gekauft.

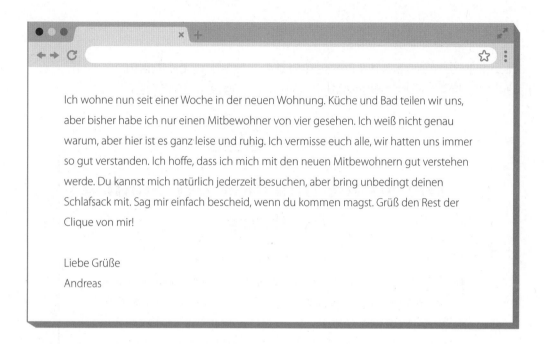

Ich wohne nun seit einer Woche in der neuen Wohnung. Küche und Bad teilen wir uns, aber bisher habe ich nur einen Mitbewohner von vier gesehen. Ich weiß nicht genau warum, aber hier ist es ganz leise und ruhig. Ich vermisse euch alle, wir hatten uns immer so gut verstanden. Ich hoffe, dass ich mich mit den neuen Mitbewohnern gut verstehen werde. Du kannst mich natürlich jederzeit besuchen, aber bring unbedingt deinen Schlafsack mit. Sag mir einfach bescheid, wenn du kommen magst. Grüß den Rest der Clique von mir!

Liebe Grüße
Andreas

Beispiel

0   Andreas hatte mit Patrick zusammen gewohnt.   ~~Richtig~~ | Falsch |

1   Andreas hat gerade mit dem Studium angefangen. | Richtig | | Falsch |

2   Die Wohnungssuche war auch in Frankfurt nicht so einfach. | Richtig | | Falsch |

3   Die Miete der möblierten 1-Zimmer Wohnung ist bezahlbar. | Richtig | | Falsch |

4   Bisher hatte Andreas nur einen Mitbewohner gesehen, obwohl hier vier Leute zusammen wohnen. | Richtig | | Falsch |

5   Alle Mitbewohner verstehen sich gut. | Richtig | | Falsch |

6   Patrick soll sich rechtzeitig melden, ansonsten kann er nicht bei Andreas in der WG übernachten. | Richtig | | Falsch |

Teil 2 ● ● ● ● ●   Arbeitszeit: 20 Minuten

Lesen Sie den Text aus der Presse und die Aufgaben 7 bis 9 dazu.
Wählen Sie bei jeder Aufgabe die richtig Lösung a , b oder c .

Die Straßenmusiker der Stadt Freiburg

In der Stadt Freiburg gibt es besonders im Frühling viele Musiker auf den Straßen. Daher ist Freiburg als das Mekka der Straßenmusiker bekannt. Im Frühling kann man überall in der Stadt Musikanten sehen. Nicht alle kommen ursprünglich aus Freiburg. Bands aus dem peruanischen Hochgebirge und Musiker der klassischen Musik teilen sich die Freiburger Freilichtbühne. Während des Folkloretreffens tritt ein Trio aus Ecuador in sämlichen Cafes in der Nähe von Fußgängerzone auf. Manchmal waren es zu viele Straßenmusiker. Daher hat die Stadt einige Regeln für die Musiker eingeführt.

Die Musiker dürfen unter der Woche von 11 bis 12:30 Uhr und von 16:30 bis 21 Uhr auf den Straßen spielen. Am Samstag ist das Musizieren von 9 Uhr bis 21 Uhr und am Sonntag von 11 bis 20 Uhr erlaubt.

Die Musiker dürfen nur in der Fußgängerzone spielen, welche in vier Zonen aufgeteilt ist. Die Künstler dürfen jeweils nicht länger als eine halbe Stunde spielen. Danach müssen sie in eine andere Zone gehen. Sie können in eine Zone nur einmal spielen. Lautsprecher sind verboten und Fußgänger dürfen nicht behindert werden.

aus einer deutschen Zeitung

Beispiel

0   **In Freiburg gibt es**
    _____ viele
    Straßenmusiker.

ⓐ nicht mehr

ⓑ schon immer

☒ meistens von März bis Mai

7   **Die Musiker, die in Freiburg**
    spielen,...

ⓐ haben meistens Musik studiert.

ⓑ kommen aus der ganzen Welt.

ⓒ sind vor allem aus der näheren
    Umgebung.

8   **Die Freiburger**
    Bevölkerung...

ⓐ findet, dass es ab und zu zu viele
    Straßenmusiker in Freiburg gibt.

ⓑ ist Stolz auf die Straßenmusiker.

ⓒ denkt, dass es sich lohnt, den
    Straßenmusikern Geld zu geben.

9   **Die Straßenmusiker dürfen...**

ⓐ halbe Stunde am Tag vor Geschäften
    spielen.

ⓑ am Wochenende überall spielen, wo
    sie spielen möchten.

ⓒ nur an bestimmten Orten spielen.

noch **Teil 2** • • • • •

Lesen Sie den Text aus der Presse und die Aufgaben 10 bis 12 dazu.
Wählen Sie bei jeder Aufgabe die richtig Lösung a , b oder c .

Sollten Solarien verboten werden?

In Österreich dürfen Jugendliche unter 16Jahren das Solarium nicht betreten. Das verlangt nun ein Gesetz. Darüber freuen sich die Ärzte jedoch im Gegenteil dazu nicht die Sonnenstudiobesitzer. Obwohl Jugendliche ab 16 Jahren Alkohol trinken dürfen, dürfen sie nicht ins Solarium gehen? Darüber wundern sich auch die Betroffenen selbst.

Äußerst positiv sehen nur Dermatologen dieses Gesetz. Viele wissen nicht, dass sich Hautschäden verschlechtern, je früher sie mit ultravioletten Strahlen in Berührung kommen. Ob die Strahlen von der Sonne oder vom Solarium kommen, spielt eigentlich keine Rolle. Fachleute haben schon seit langem vor Hautkrebs gewarnt. Am gefährlichsten sind die Sonnenstrahlen für die Hautalter, im Kindesalter und Jugendalter. Die Fachleute haben schon seit langem vor den Risikofaktoren für die Entstehung des Melanoms gewarnt.

Deshalb finden sie es gut, dass die Jugendlichen davor geschützt werden. Da Jugendliche nur selten an den Folgen ihres Verhaltens denken und nicht damit rechnen, dass sie später krank werden und Hautkrebs bekommen könnten. Jugendliche sollten wissen, dass es außer dem Sonnenstudio die Möglichkeit gibt Selbstbräuner zu benutzen. Das heißt, sie können sich ohne Sonne oder Solarium bräunen. Selbstbräuner sind Cremes, die nur durch das Auftragen die Haut bräunen. Der einzige Nachteil ist, dass die Bräune aus der Tube nur wenige Tage anhält.

aus einer österreichischen Zeitung

10 In diesem Text geht es darum,...

a was österreichische Jugendliche gegen Solarium tun sollen.

b warum das Solarium für Jugendliche schädlich ist.

c wie man sich von Solarium und Alkohol ablenken kann.

11 Die Ärzte...

a empfehlen den Jugendlichen eine Creme, die selbst bräunt.

b wollen alle Sonnenstudiobesitzer vor der Entstehung des Melanoms warnen.

c meinen, dass Jugendliche daran denken sollten, was später passieren könnte.

12 Die Sonne...

a schadet Jugendlichen weniger als Erwachsenen.

b schützt der Haut der Kinder vor dem Melanoms

c kann der Haut genauso, wie das Solarium schaden.

Teil 3 • • • • •   Arbeitszeit: 10 Minuten

Lesen Sie die Situationen 13 bis 19 und die Anzeigen a bis j aus verschiedenen deutschsprachigen Medien. Welche Anzeige passt zu welcher Situation? **Sie können jede Anzeige nur einmal** verwenden. Die Anzeige aus dem Beispiel können Sie nicht mehr verwenden. Für eine Situation gibt es **keine passende Anzeige**. In diesem Fall schreiben Sie **0**.

Ihre Bekannten, brauchen Hilfe bezüglich ihrer Wohnung und suchen nach passenden Möglichkeiten.

Beispiel

0   Ihre Freundin sucht für ein halbes Jahr eine kleine, verkehrsgünstig   Anzeige: b
     gelegene Wohnung.

13   Ein Student hat eine Wohnung mit Balkon am Stadtrand. Sein   Anzeige: ___
      Mitbewohner ist ausgezogen und er sucht nach einen männlichen
      Mitbewohner.

14   Für Ihre Hochzeitsfeier möchten Sie Ihren Garten besonders schön   Anzeige: ___
      dekorieren und suchen nach Ideen.

15   Ihr Vermieter will die Miete erhöhen. Und Sie wissen nicht, was Sie   Anzeige: ___
      tun sollen.

16   Familie Kaiser ist glücklich über ihr neues Haus mit Garten. Aber die   Anzeige: ___
      Bäume sind noch sehr klein und die Kinder können nicht darauf
      klettern.

17   Ihr Bruder hat eine neue Wohnung gefunden und will sie   Anzeige: ___
      renovieren lassen.

18   Ihre Mutter will eine Wohnung kaufen, die sich in der Nähe von   Anzeige: ___
      ⊨ einem See befindet.

19   Ein Ehepaar wird im Dezember die Schweiz besuchen. Deshalb   Anzeige: ___
      wollen sie während dieser Zeit ihre Wohnung in München
      vermieten.

a

Mieterschutz online

Wir helfen Ihnen, damit Wohnen bezahlbar bleibt.

Melden Sie sich jetzt bei uns an.

Wir helfen Ihnen sofort über unsere Onlineberatung. Unsere Rechtanwälte übernehmen für Sie den Schriftverkehr mit Ihrem Vermieter.

mieterschutz@förderung.d

b

Köln Zentrum

2-Zimmer, möbliert, für sechs bis neun Monate zu vermieten.
Dusche / WC / Küche

Miete 460 Euro + 80 Euro Nebenkosten, U-Bahnstation in der Nähe

Kontakt: 0171/2233/2211

c

Max, der Mathematikstudent, sucht ein Zimmer in einer Wohngemeinschaft.

„Ich bin 23 Jahre alt, unkompliziert und habe WG-Erfahrung.
Die Lage muss nicht zentral sein."

0303/09115025

d

Genießen Sie Ihren Leben!

▷ *Appartmernts von 32 bis 96 Quadratmeter ab 1420 Euro monatlich*

Mittagessen inklusive
Keine Nebenkosten
Schwimmbad
Internet und Computerraum

Medizinische Badeabteilung
Ärztliche Betreuung
Seniorenresidenz

**Wiwaldy, Bonn Königstraße
Tel. Auskunft 0711/7778875**

e

Privatverkauf

Schöne helle 3-Zimmer Wohnung

In einer traumhaften Lage am See
Küche / Bad / WC
53-Quadradmeter

Info 0201/3333423422

f

30% Rabatt

Kletterseil und Strickleiter, Reckstange für Kinder bis zu 12 Jahren geeignet

– **Kinderspielanlage für zu Hause**
– **Schaukeln und Türme**

*Unser Geschäft: Alfredusbadstr.7
53263 Frankfurt
www.garten-spiel.de*

g

Wir (Robert und Anetta) wollen an Weihnachten in Bayern verbringen. Daher suchen wir eine Unterkunft. Am besten eine Privatwohnung mit Kochmöglichkeit.

Handy: 0176/22331443

h

Basteln Sie schöne Dekorationen für Ihr Haus, bauen Sie individuellen Gartenmöbeln oder konstruieren Sie praktisches Gartenzubehör?

Das alles können Sie dokumentieren und als Anleitung bei unserem neuen Gartenwettbewerb einreichen.

Teilnahme kostenlos
Einsendeschluss 02.05
E-Mail: mus@mit.de

i

Spedition Meyer

– Preiswert und zuverlässig
– 365 Tage arbeiten
– Alle Umzüge, privat und
  gewerblich
– Einpackservice gegen Aufpreis

www.spedion-meyer.d

j

Hilfe nach dem Umzug?

Wir machen sämtliche Handwerkerarbeiten für Sie.

– Laminat
– Streichen
– Möbel aufbauen
– Zuverlässiger Service
– von Montag bis Sonntag

Teil 4 ● ● ● ●   Arbeitszeit: 15 Minuten

Lesen Sie die Texte 20 bis 26.
Wählen Sie: Ist die Person für Biolebensmittel? Antworten Sie mit
Ja oder Nein .

In einer Zeitung lesen Sie Kommentare zu einem Artikel über die Vor- und Nachteile von Biolebensmittel.

Beispiel

0	Franz	Ja ⨯	20	Luisa	Ja	Nein	24	Otto	Ja	Nein
			21	Stefan	Ja	Nein	25	Jens	Ja	Nein
			22	Sven	Ja	Nein	26	Lena	Ja	Nein
			23	Lucy	Ja	Nein				

Leserbriefe

Beispiel   Ich denke, das ist nicht für jeden, sondern nur für Wohlhabende. Ich habe nie so viel Geld für Lebensmittel ausgegeben.
Wenn man will, kann man so leben. Aber für mich ist das nichts. Und ich weiß nicht genau, ob Bio-Lebensmittel gesünder sind.

Franz 34, Düsseldorf

20   Wenn man einmal Bio-Nahrungsmittel gegessen hat, weiß man, warum man dafür Geld ausgibt. Da gute Ernährung garantiert wird, kann man einfach Zeit sparen, die man damit verbringt um gute Produkte auszuwählen.
Es kostet zwar mehr, aber es lohnt sich. Die Leute werden sich schnell an den Preis gewöhnen.
Ich empfehle, die bekannten Bio-Marken regelmäßig zu kaufen.
mir ist es klar, dass es ein guter Versuch ist, auch wenn es nicht ausreicht.

Luisa, 42, Krefeld

21 Es ist naiv, zu glauben, dass man mit Bio-Produkte viel ändern kann. Ich will Koch werden. Unter den Fachleuten gibt es immer wieder Meinungsunterschiede darüber, ob die Produkte von Bauern wirklich gesünder sind und besser schmecken. Aber ich bevorzuge biologische Lebensmittel für meine Gerichte. Ich finde, dass es ein sinnvoller Anfang ist. Und es hat geklappt. Das haben Erfahrungen in Norwegen und Schweden gezeigt.

Stefan, 20, Dortmund

22 Bisher kann keiner genau beweisen, dass die Menschen, die sich nur vom Bio essen ernähren, gesünder sind. Es mag ja sein, dass Bio-Essen gut für die Gesundheit ist. Aber das sollte erstmal untersucht werden. Ansonsten braucht man darüber gar nicht diskutieren.

Sven 26, Tübingen

23 Man sollte sich zuerst darüber Gedanken machen, was für sich selbst gut ist. Ich habe erst nicht verstanden, warum ich so viel Geld fürs Essen ausgeben sollte. Und ich finde, dass Bio-Nahrungsmittel nicht schmecken. Aber wegen einer Allergie habe ich angefangen Bio-Produkte zu mir zu nehmen. Jetzt weiß ich selbst, warum Bio-Lebensmittel für die Gesundheit gut sind. Die normalen Produkte haben ein langes Haltbarkeitsdatum. Darüber sollte man sich überlegen.

Lucy, 29, Berlin

24 Das ist wieder so ein Trend, der mir nichts bringt. Ist es besser, alles vom Bauernhof direkt zu bekommen? Das kann ja ganz frisch sein, aber man kann nicht wissen, ob sie ihre Felder wirklich gut halten und alle Regeln beachten. Und ich bin mir unsicher, ob es da eine Garantie gibt oder nicht.

Otto, 27, Bamberg

25 Seit langem wollte ich wissen, ob die Bio-Produkte wirklich anders sind. Deshalb habe ich mit Freunden alle Gerichte aus biologischem Anbau bestellt. Aber ich fand, dass es alles nicht so gut geschmeckt hat. Ich will lieber etwas Leckeres essen, solange die Bio-Lebensmittel viel teurer als die anderen Lebensmittel sind.

Jens, 22, Frankfurt

26 Nun gibt es in den normalen Supermärkten auch viele Bio-Waren. Wenn das wirklich so viel besser für uns ist, wäre es doch gut, alle Lebensmittel biologisch zu produzieren, und nur diese zu kaufen. Aber macht das kostentechnisch wirklich Sinn? Ob die Leute sich gesünder mit Bio-Sachen ernähren würden, weiß ich nicht. Denn viele Menschen verdienen nicht genug, um sich Bio-Lebensmittel leisten zu können.

Lena, 34, Eisenach

Teil 5 ● ● ● ● ●   Arbeitszeit: 10 Minuten

Lesen Sie die Aufgaben 27 bis 30 und den Text dazu.
Wählen Sie zu jeder Aufgabe die richtig Lösung a , b oder c .

Sie informieren sich über die Benutzersordnung der Stadtbibliothek Berlin, da Sie bald
für einige Zeit in Berlin leben werden.

27 Man darf die
Bibliothekkarte...

- a als Familiekarte benutzen.
- b als Ersatz für Ausweis bezutzen.
- c keinem übertragen.

28 Die Ausleihdauer...

- a ist flexibel aber reservierte Artikeln muss man in einer Woche abholen.
- b beträgt meistens 4 Wochen aber es ist für einige Medien unterschiedlich.
- c beträgt 2-4 Wochen, weil der Besuch flexibel festlegt werden kann.

29 Wenn man etwas
reservieren will,...

- a muss man den Artikel eine Woche vorher bestellen.
- b kann man das umsonst telefonisch machen.
- c muss man dafür einen Betrag zahlen.

30 Bei Beschädigung des
Bibliothekseigentums,...

- a muss man es selbst reparieren.
- b muss man eine Bearbeitungsgebühr bezahlen.
- c darf man nichts mehr ausleihen.

Benutzerordnung der Stadt-Bibliothek

Einschreibung
Die Bibliotheken der Stadtbibliothek Berlin steht allen Interessenten zur Benutzung offen. Eine persönliche Bibliothekskarte wird ausgestellt, die jedesmal beim Ausleihen vorgezeigt werden muss. Die Bibliothekskarte ist nicht übertragbar, auch nicht innerhalb der Familie. Bei Personen ohne dauerhaften Wohnsitz in Berlin kann das Ausleihen eingeschränkt werden.

Benutzung
Es können maximal 5 Medien (Bücher, Zeitschriften, CDs oder DVDs) gleichzeitig ausgeliehen werden. Die Ausleihdauer beträgt in der Regel 4 Wochen. Für bestimmte Medien (wie beispielsweise DVDs) kann die Bibliothek Leihfristen flexibel festlegen.

Eine zweimalige Verlängerung ist möglich. Eine Ausnahme sind reservierte Artikeln. Die Verlängerung kann in der Bibliothek, telefonisch oder online via Internet erfolgen. Ausgeliehene Medien können reserviert werden. Sobald die reservierten Artikeln verfügbar sind, wird dies telefonisch oder per SMS mitgeteilt. Die Artikel sind dann innerhalb einer Woche abzuholen. Für Reservierungen wird eine Gebühr erhoben. Ebenso können gegen eine Gebühr Medien, die nicht im lokalen Bestand vorhanden sind, bei einer anderen Bibliothek der *PBZ zur Ausleihe besorgt werden, mit Ausnahme von DVDs.

Verboten
Was man in der Bibliothek nicht machen darf: Rauchen, Essen, Trinken und mobiles Telefonieren. Man sollte andere Bibliotheksbesucher nicht stören und deswegen sollte, lautes Reden vermieden werden.

Haftung
Alle Kunden und Kundinnen sind für die ausgeliehenen Medien verantwortlich und zu schonenden Umgang mit dem Bibliothekseigentum verpflichtet. Bei Beschädigung oder Verlust werden neben den Kosten für Reparatur oder Ersatz auch Bearbeitungsgebühren verrechnet. Schäden dürfen nicht selbst repariert werden.
Wer die Bestimmungen der Bibliothek nicht beachtet oder sich nicht daran hält, kann vorübergehend oder gänzlich von der Benutzung ausgeschlossen werden.

*PBZ: Eigentliche Name einer Bibliothek in Österreich

Kandidatenblätter

Hören
40 Minuten

Das Modul Hören besteht aus vier Teilen.
Sie hören mehrere Texte und lösen
Aufgaben dazu.

Lesen Sie jeweils zuerst die Aufgaben und
hören Sie dann den Text dazu.

Für jede Aufgabe gibt es nur eine richtige
Lösung.

Vergessen Sie bitte nicht, Ihre Lösungen auf
den **Antwortbogen** zu übertragen.
Dazu haben Sie nach dem Hörverstehen
fünf Minuten Zeit.

Hilfsmittel wie z. B. Wörterbücher oder
Mobiltelefone sind nicht erlaubt.

Teil 1 ● ● ● ●　　　　　　　　　　　　　(MP3 02_01)

Sie hören nun fünf kurze Texte. Sie hören jeden Text **zweimal**. Zu jedem Text lösen Sie zwei Aufgaben. Wählen Sie für jede Aufgabe die richtige Lösung. Lesen Sie zuerst das Beispiel. Dazu haben Sie 10 Sekunden Zeit.

Beispiel

01　Herr Thomas informiert Frau Brahms über　　| Richtig |　[~~Falsch~~]
　　　neue Versicherungstarife.

02　Herr Thomas...　　　　　　　　　　　　　ⓐ　möchte, dass Frau Brahms
　　　　　　　　　　　　　　　　　　　　　　　　einen neuen Vertrag
　　　　　　　　　　　　　　　　　　　　　　　　abschließt.
　　　　　　　　　　　　　　　　　　　　　　☒　braucht Zeugnisse von Frau
　　　　　　　　　　　　　　　　　　　　　　　　Brahms.
　　　　　　　　　　　　　　　　　　　　　　ⓒ　ruft später noch einmal an.

Text 1

1　Suji schlägt Tim vor, nach Paris zu fliegen.　| Richtig |　| Falsch |

2　Wo möchte Tim am liebsten übernachten?　　ⓐ　bei Verwandten, die in
　　　　　　　　　　　　　　　　　　　　　　　　Frankreich wohnen.
　　　　　　　　　　　　　　　　　　　　　　ⓑ　im billigen Hotel.
　　　　　　　　　　　　　　　　　　　　　　ⓒ　auf einem Campingplatz.

Text 2

3　Passagiere nach München müssen noch　　| Richtig |　| Falsch |
　　　30 Minuten warten.

4　Transitreisende mit dem Ziel Hamburg...　　ⓐ　müssen zum Ausgang A30
　　　　　　　　　　　　　　　　　　　　　　　　gehen.
　　　　　　　　　　　　　　　　　　　　　　ⓑ　müssen in München
　　　　　　　　　　　　　　　　　　　　　　　　umsteigen.
　　　　　　　　　　　　　　　　　　　　　　ⓒ　müssen ungefähr halbe
　　　　　　　　　　　　　　　　　　　　　　　　Stunde warten.

Text 3

5 Das Auto von Claudia wurde repariert. 　　| Richtig | *Falsch* |

6 Claudia soll...

    a das Auto abholen.

    b sich melden, ob sie es selbst abholt oder nach Hause geliefert werden soll.

    c noch 255 Euro bezahlen.

Text 4

7 Die Passagiere mit Kindern sollten am Ende ins Flugzeug einsteigen. 　　| Richtig | *Falsch* |

8 Die Premiumgäste...

    a müssen zuerst einsteigen.

    b dürfen spät hineingehen.

    c können jederzeit einsteigen.

Text 5

9 Herr Orechov ist mit der Terminänderung einverstanden. 　　| Richtig | *Falsch* |

10 Wenn Herr Orechov am Dienstag keine Zeit hat,

    a wird die Firma nach seinem Anruf einen anderen Weg finden.

    b findet das Vorstellungsgespräch in einer Woche wieder statt.

    c soll er der Firma eine Email schreiben.

Teil 2 ● ● ● ●

MP3 02_02

Sie hören einen Text. Sie hören den Text **einmal**. Dazu lösen Sie fünf Aufgaben.
Wählen Sie bei jeder Aufgabe die richtige Lösung a , b oder c .
Lesen Sie jetzt die Aufgaben 11 bis 15. Dazu haben Sie 60 Sekunden Zeit.

Sie sind in Dresden und bekommen von der Reiseleiterin erste Informationen.

11 Maria...
- a ist nach Dresden gekommen, um eine Stadtführung zu machen.
- b ist hier in Dresden geboren und lebt in der Innenstadt.
- c hat früher in Dresden gewohnt, daher kennt sie sich in der Stadt gut aus.

12 Einige Sehenswürdigkeiten...
- a sind im Krieg gar nicht zerstört worden.
- b kann man nicht mehr besichtigen, weil sie nicht wieder aufgebaut wurden.
- c wurden nach dem letzten Krieg wieder aufgebaut.

13 Nach dem Mittagessen...
- a fahren alle zusammen nach Berlin.
- b machen die Leute eine kleine Pause, in der sie Souvenirs kaufen können.
- c machen sie einen kleinen Spaziergang an der Elbe entlang.

14 Die Semperoper...
- a wurde nach dem berühmten Architekten Gottfried Semper benannt.
- b wird nicht besichtigt, weil heute keine Veranstaltung stattfindet.
- c kennen die Leute nicht, denn es gibt in Dresden so viele Sehenswürdigkeiten.

15 Man wird am Abend...
- a circa 10 Minuten einen Spaziergang machen.
- b Späzialitäten genießen.
- c Sauerkraut mit Kartoffeln essen.

Teil 3 ● ● ● ●

(MP3 02_03)

Sie hören nun ein Gespräch. Sie hören das Gespräch **einmal**. Dazu lösen Sie sieben Aufgaben. Beantworten Sie: Sind die Aussagen Richtig oder *Falsch* ? Lesen Sie jetzt die Aufgaben 16 bis 22. Dazu haben Sie 60 Sekunden Zeit.

Sie sitzen in einem Restaurant und hören, wie sich Eltern mit ihrem Sohn über den Einkauf im Internet oder im Geschäft unterhalten.

16 Die ganze Familie war im Konzert.   Richtig   *Falsch*

17 Das Hemd von Michael war sowohl guter Qualität, als auch billig.   Richtig   *Falsch*

18 Leodardo findet, dass man etwas Ähnliches im Internet günstiger einkaufen kann.   Richtig   *Falsch*

19 Michael und Rachel hatten ein paar mal gute Erfahrungen gemacht. Nun denken sie, dass man so eine Qualität nur im Internet günstig kaufen kann.   Richtig   *Falsch*

20 Michael hatte auch schon einmal auf einer Internetseite bestellt.   Richtig   *Falsch*

21 Für ältere Leute ist es nicht mehr schwierig, im Onlineshop einzukaufen.   Richtig   *Falsch*

22 Nach dem Essen wollen sie im Internet einkaufen.   Richtig   *Falsch*

Teil 4 ● ● ● ●

`MP3 02_04`

Sie hören nun eine Diskussion. Sie hören die Diskussion **zweimal**.
Dazu lösen Sie acht Aufgaben. Ordnen Sie die Aussagen zu: **Wer sagt was?**
Lesen Sie jetzt die Aussagen 23 bis 30.
Dazu haben Sie 60 Sekunden Zeit.

Die Moderatorin der Radiosendung „Diskussion am Abend" diskutiert mit den Eltern Stiller und Florian Bauer zum Thema „Sollen kleine Kinder in die Kindertagesstätte gehen?"

		Moderatorin	Frau Stiller	Florian Bauer
Beispiel				
0	Für ein Kind sind die ersten drei Jahre von großer Bedeutung.	a	☒	c
23	Kinder können in der Kindertagesstätte soziales Verhalten lernen.	a	b	c
24	Wenn man wegen Kinder drei Jahre Pause macht, verliert man nicht nur drei Jahre sondern auch den Job.	a	b	c
25	Wenn einem die Karriere wichtiger ist als die Kinder, braucht man keine Kinder zu bekommen.	a	b	c
26	Von Vorteil der Kinderstätte ist, dass Kinder an viele verschiedene Aktivitäten teilnehmen können.	a	b	c
27	Die Erzieherinnen von einigen Kindertagesstätte haben nicht genug Zeit für einzelne Kinder.	a	b	c
28	Im Kindergarten gibt es viele Spielsachen, mit denen alle Kinder sehr gern spielen.	a	b	c
29	Einige Kindertagesstätten haben finanzielle Probleme.	a	b	c
30	Jeder hat eine unterschiedliche Meinung zu Kindertagesstätten.	a	b	c

Kandidatenblätter

Schreiben
60 Minuten

Das Modul Schreiben besteht aus drei Teilen.
In den **Aufgaben 1** und **3**
schreiben Sie E-Mails.
In **Aufgabe 2**
schreiben Sie einen Diskussionsbeitrag.

Sie können mit jeder Aufgabe beginnen.
Schreiben Sie Ihre Texte auf die
Antwortbogen.

Bitte schreiben Sie deutlich und verwenden
Sie keinen Bleistift.

Hilfsmittel wie z. B. Wörterbücher oder
Mobiltelefone sind nicht erlaubt.

Aufgabe 1 • • •   Arbeitszeit: 20 Minuten

Sie waren am Samstag in einem Konzert und Sie schreiben einem Freund / einer Freundin darüber.

– Beschreiben Sie Ihre Situation: Was für ein Konzert haben Sie besucht?
– Begründen Sie: Wie hat Ihnen das Konzert gefallen?
– Machen Sie Ihrer Freundin/Ihren Freund den Vorschlag, gemeinsam zum nächsten Konzert zu gehen.

> Schreiben Sie eine Email (circa 80 Wörter).
> Schreiben Sie etwas zu allen drei Punkten.
> Achten Sie auf den Textaufbau (Anrede, Einleitung, Reihenfolge der Inhaltspunkte, Schluss).

Aufgabe 2 • • •   Arbeitszeit: 25 Minuten

Sie haben im Radio eine Diskussionssendung zum Thema „Rauchen" gehört. Im Online- Gästebuch der Sendung finden Sie folgende Meinung.

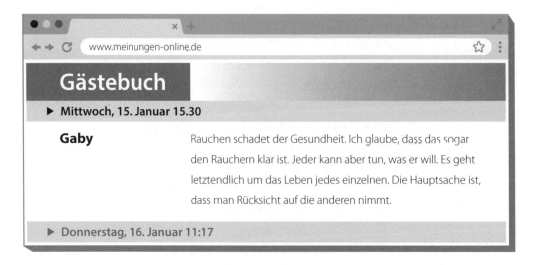

www.meinungen-online.de

Gästebuch

▶ **Mittwoch, 15. Januar 15.30**

Gaby   Rauchen schadet der Gesundheit. Ich glaube, dass das sogar den Rauchern klar ist. Jeder kann aber tun, was er will. Es geht letztendlich um das Leben jedes einzelnen. Die Hauptsache ist, dass man Rücksicht auf die anderen nimmt.

▶ **Donnerstag, 16. Januar 11:17**

Schreiben Sie nun Ihre Meinung. (circa 80 Wörter)

Aufgabe 3 • • •   Arbeitszeit: 15 Minuten

In Ihrem Deutschkurs wurde gestern ein Test geschrieben, aber Sie waren nicht da. Schreiben Sie an Ihren Kursleiter, Herrn Fischer. Entschuldigen Sie sich höflich für Ihr Fehlen und bitten Sie um einen Termin, an dem Sie den Test nachschreiben können.

Schreiben Sie eine E-Mail. (ca. 40 Wörter)
Vergessen Sie nicht die Anrede und den Gruß am Schluss.

Kandidatenblätter

Sprechen
15 Min. für zwei
Teilnehmende

Das Modul Sprechen besteht aus drei Teilen.

In **Teil 1** planen Sie etwas gemeinsam mit
Ihrem Partner/Ihrer Partnerin
(circa 3 Minuten).
In **Teil 2** präsentieren Sie ein Thema
(circa 3 Minuten). Wählen Sie ein Thema
(Thema 1 oder Thema 2) aus.
In **Teil 3** sprechen Sie über Ihr Thema und
das Ihres Partners/Ihrer Partnerin
(circa 2 Minuten).

Ihre Vorbereitungszeit beträgt 15 Minuten.
Sie bereiten sich allein vor.
Sie dürfen sich zu jeder Aufgabe Notizen
machen. In der Prüfung sollen Sie frei
sprechen.

Hilfsmittel wie z. B. Wörterbücher oder
Mobiltelefone sind nicht erlaubt.

Teil 1 ● ● ●   Etwas gemeinsam planen   Dauer: circa drei Minuten

Ihre Freundin aus dem Deutschkurs hat bald Geburtstag. Sie haben mit anderen zusammen vor, an ihrem Geburtstag eine Überraschungsparty zu machen. Dafür müssen Sie einiges organisieren und auch zusammen überlegen, was Sie Ihrer Freundin zum Geburtstag schenken.

Sprechen Sie über die Punkte unten, machen Sie Vorschläge und reagieren Sie auf die Vorschläge Ihres Gesprächspartners / Ihrer Gesprächspartnerin. Planen und entscheiden Sie gemeinsam, was Sie tun möchten.

Party organisieren und Geschenk aussuchen

– *Wann feiern?*

– *Wo feiern?*

– *Was mitbringen? (z.B. Essen)*

– *Was schenken?*

– *...*

Teil 2 ● ● ● Ein Thema präsentieren Dauer: circa drei Minuten

Wählen Sie ein Thema (Thema 1 oder Thema 2) aus.

Sie sollen Ihren Zuhörern ein aktuelles Thema präsentieren. Dazu finden Sie hier fünf Folien. Folgen Sie den Anweisungen links und schreiben Sie Ihre Notizen und Ideen rechts daneben.

Thema 1

Stellen Sie Ihr Thema vor. Erklären Sie den Inhalt und die Struktur Ihrer Präsentation.

> „Nach dem Abi an die Uni?"
> **Muss jeder studieren?**
>
> Folie 1

Berichten Sie von Ihrer Situation oder einem Erlebnis im Zusammenhang mit dem Thema.

> *Muss jeder studieren?*
>
> **Meine persönlichen Erfahrungen.**
>
> Folie 2

Berichten Sie von der Situation in Ihrem Heimatland und geben Sie Beispiele.

> *Muss jeder studieren?*
>
> **Die Situation in meinem Heimatland.**
>
> Folie 3

Nennen Sie die Vor- und Nachteile und sagen Sie dazu Ihre Meinung, Geben Sie auch Beispiele.

> *Muss jeder studieren?*
>
> **Für und gegen jeder zu studieren & meine Meinung.**
>
> Folie 4

Beenden Sie Ihre Präsentation und bedanken Sie sich bei den Zuhörern.

> *Muss jeder studieren?*
>
> **Abschluss & Dank**
>
> Folie 5

Teil 3 ● ● ● Siehe nächste Seite unten

Teil 2 • • •   Ein Thema präsentieren   Dauer: circa drei Minuten

Sie sollen Ihren Zuhörern ein aktuelles Thema präsentieren. Dazu finden Sie hier fünf Folien. Folgen Sie den Anweisungen links und schreiben Sie Ihre Notizen und Ideen rechts daneben.

Thema 2

Stellen Sie Ihr Thema vor. Erklären Sie den Inhalt und die Struktur Ihrer Präsentation.

> „Hotel Mama"
> **Ist es besser bei ihren Eltern zu wohnen?**
>
> Folie 1

....
....
....
....

Berichten Sie von Ihrer Situation oder einem Erlebnis im Zusammenhang mit dem Thema.

> Ist es besser bei ihren Eltern zu wohnen?
>
> **Meine persönlichen Erfahrungen.**
>
> Folie 2

....
....
....
....

Berichten Sie von der Situation in Ihrem Heimatland und geben Sie Beispiele.

> Ist es besser bei ihren Eltern zu wohnen?
>
> **Die Situation in meinem Heimatland.**
>
> Folie 3

....
....
....
....

Nennen Sie die Vor- und Nachteile und sagen Sie dazu Ihre Meinung, Geben Sie auch Beispiele.

> Ist es besser bei ihren Eltern zu wohnen?
>
> **Für und gegen Hotel Mama & meine Meinung.**
>
> Folie 4

....
....
....
....

Beenden Sie Ihre Präsentation und bedanken Sie sich bei den Zuhörern.

> Ist es besser bei ihren Eltern zu wohnen?
>
> **Abschluss & Dank**
>
> Folie 5

....
....
....
....

Teil 3 ● ● ●   Über ein Thema sprechen

Nach Ihrer Präsentation:

Reagieren Sie auf die Rückmeldungen und auf Fragen der Prüfer/-innen und des Gesprächspartners/der Gesprächspartnerin.

Nach der Präsentation Ihres Partners/Ihrer Partnerin:

a) Geben Sie eine Rückmeldung zur Präsentation Ihres Partners/Ihrer Partnerin (z.B. wie Ihnen die Präsentation gefallen hat, was für Sie neu oder besonders interessant war usw.).

b) Stellen Sie auch eine Frage zur Präsentation Ihres Partners/Ihrer Partnerin.

Teil 1 ● ● ● ●

MP3 02_01

▶ **Beispiel**

Sie hören eine ① _____ auf dem Anrufbeantworter.

Hallo Frau Brahms, Ulf Thomas hier von der HGB Versicherung. Sie haben sich
bei uns als Verkaufsleiterin beworben, doch leider fehlen in Ihren Unterlagen
zwei Zeugnisse, die für die Bewerbung sehr wichtig sind. Es geht um
② _____ _____ für die besuchten Computerund Englischkurse. Die
haben Sie zumindest so in Ihrem ③ _____ genannt. Ähm, ich bitte Sie,
diese Unterlagen so schnell wie möglich an uns zu schicken oder mich
④ _____ _____ anzurufen. Vielen Dank!

▶ **Text 1**

Sie hören eine Nachricht auf dem Anrufbeantworter.

Hallo Suji, hier ist Tim. Wir wollten doch im Winter eine Woche
① _____ _____ fahren. Ich habe im Internet gesucht: Im November
gibt es noch ② _____ _____ nach Lyon. Übernachten können wir bei
meiner Cousine, die dort wohnt. Das wäre am besten. Oder wir nehmen uns
ein billiges Hotelzimmer. Ansonsten gehen wir campen. Ich schicke dir den
Link zu einem Hotel, das ich ③ _____ _____. Schau es dir doch mal an.
Tschüss.

▶ **Text 2**

Sie hören am Flughafen eine Durchsage.

Sehr geehrte Fluggäste. ① _____ _____ _____ werden wir in Frankfurt landen. Transitreisende mit dem Ziel ② _____, gebucht auf LH 4392 begeben sich bitte zum Ausgang C7. Passagiere mit dem Reiseziel ③ _____, gebucht auf LH 1328, gehen zum Ausgang A13. Das Flugzeug wird voraussichtlich 30 Minuten später landen. Achten Sie bitte auch auf die aktuellen ④ _____. Wir bitten um Ihr Verständnis.

▶ **Text 3**

Sie hören eine Nachricht auf dem Anrufbeantworter.

Guten Morgen Frau Claudia Schierz, hier ist Leonie Ranke von der Autofirma „Mini". Ihr Auto ist fertig. Sie können es abholen. Falls Sie keine Zeit haben, können wir es Ihnen nach Hause bringen. Schreiben Sie uns ① _____ Ihre Adresse und die Uhrzeit, zu der Sie den Wagen benötigen. Dafür müssen Sie ② _____ eine Zusatzgebühr bezahlen. ③ _____ Lieferung wäre dann der Gesamtpreis 255 Euro. Wenn Sie den Wagen selbst abholen, zahlen Sie nur 150 Euro. Bitte melden Sie sich ④ _____ _____!

▶ **Text 4**

Sie hören am Flughafen eine Durchsage.

Alle Fluggäste, gebucht auf den Flug SW 172 ① _____ _____ _____ , werden gebeten, sich umgehend zum Gate B7 zu begeben. Ihr Flugzeug ist nun einsteigebereit und wir werden in wenigen Minuten ② _____ _____ _____ beginnen. Wir bitten die Passagiere mit Kindern zuerst ③ _____. Die First-, Business- und Premiumgäste können jederzeit boarden. Wir wünschen unseren Fluggästen einen ④ _____ _____.

► **Text 5**

Sie hören eine Nachricht auf dem Anrufbeantworter.

Hallo, Herr Orechov, hier ist Jan Bergstein von der Firma Care-Konzept.

Wir ① _____ Sie zu einem Vorstellungsgespräch ② _____.

Aber leider müssen wir den Termin verschieben und zwar auf Dienstag um

14:00 Uhr. Wenn Sie damit einverstanden sind, schreiben Sie uns bitte eine

Email. Falls Sie ③ _____ _____ nicht wahrnehmen können, rufen Sie

uns bitte an, dann werden wir eine ④ _____ _____ finden. Vielen

Dank und ⑤ _____ _____!

Sie sind in Dresden und bekommen von der Reiseleiterin erste Informationen.

Liebe Gäste, ich begrüße Sie im Namen der Stadt Dresden ganz herzlich in unserer Stadt. Mein Name ist Maria Becker, ich bin Dresdnerin und wohne hier in der Innenstadt. ① _____ _____ _____ _____ _____ _____ _____, Sie durch meine Heimatstadt zu führen. Das Wetter ist heute wunderbar. Wir können also bei strahlend blauem Himmel die Stadt genießen.

Zuerst besichtigen wir die Frauenkirche. Sie wurde im Krieg von den Bomben zerstört, und die Kirche wurde von 1994-2005 restauriert.

② _____ _____ _____ _____ _____ _____ _____, dass es kaum möglich ist, alle Orte z.B. Kirchen und Museen an einem Tag zu besuchen. Nach der Besichtigung der Kirche werden wir in das Museum der Altstadt gehen. Das Museum wurde auch nach dem letzten Krieg wieder aufgebaut. Von dort werden wir durch die Altstadt bummeln und danach zum „Paolo" gehen, wo wir gemeinsam ein gutes Mittagessen einnehmen werden. Gleich nach dem Essen werden wir einen kleinen Spaziergang entlang der Elbe machen. Dort können Sie sich romantische Orte anschauen und die wunderschöne Landschaft genießen.

③ _____ _____ _____ _____ _____ _____ _____ _____.
Dort werden wir einen weiteren Höhepunkt unseres Rundgangs, und zwar die Semperoper, besuchen. Sie wurde nach dem berühmten Architekten Gottfried Semper benannt. Anschließend werde ich Sie zurück zu Ihrem Hotel begleiten, so dass Sie sich vor dem Abendessen noch etwas ausruhen können. Unser Theaterbesuch findet erst morgen statt. Heute treffen wir uns um 19:00 Uhr im Hotel und gehen gemeinsam in ein Restaurant.

Vom Hotel gehen wir zu Fuß zum Restaurant.

④ _____ _____ _____ _____ _____. Dort lassen wir uns mit Spezialitäten aus der Region verwöhnen. Ich empfehle Ihnen einen Sauerbraten oder eine Kartoffelsuppe zu bestellen.

Natürlich werden Sie dort auch Fischspezialitäten finden. Morgen um 9:00 Uhr fahren wir dann mit dem Bus nach Berlin, der Hauptstadt von Deutschland. Folgen Sie mir bitte jetzt in die Kirche.

Sie sitzen in einem Restaurant und hören, wie sich Eltern mit ihrem Sohn über den Einkauf im Internet oder im Geschäft unterhalten.

Michael   Hier sind schon mal die Getränke. Zwei Apfelschorlen für euch und ein Bier für mich.

Leonie   Danke, ① _____ _____! Lass uns die Getränke genießen bis unser Essen kommt.

Michael   Du warst doch heute auf einem Konzert. Wie war das Konzert? ② _____ _____ _____. Ich bin so neugierig.

Leonie   Es war unglaublich. So was habe ich noch nie erlebt. Das war eine richtige Erholung. Die brauchte ich dringend. Ich habe alles andere vergessen und es genossen.

Michael   Dann gehen wir nächtes Mal zusammen dort hin.

Leonie   Ja, gut. Du, Papa, ③ _____ ____ ____ _____ ____ _____ _____?

Michael   Na, das habe ich im Kaufhof gekauft. Warum bist du daran so interessiert?

Leonie   Das finde ich so toll. Sieht auch nach einer guten Qualität aus. Wie teuer war es denn?

Michael   Moment, ich habe es nicht mehr im Kopf. Aber ich denke es waren über 200 Euro. Das war ziemlich teuer, weil es ein Markenhemd ist.

Rachel   Ja, stimmt. Das ist teurer als ich gedacht habe. Für ein Hemd ist es etwas zu viel. Man könnte für das Geld ein ganzes Outfit kaufen.

Leonie   ④ _____ ____ _____ ____ _____? Ich dachte, es hätte nicht mehr als 50 Euro gekostet.

Michael   Ach, Leonaie, so günstig kann man so etwas nicht kaufen. So eine Qualität für unter 50 Euro gibt es doch gar nicht.

Leonie   Doch. Ich habe im Internet was ähnliches gesehen. Das kostete nur 40 Euro. Warum kaufst du nicht im Internet ein? Das ist doch viel günstiger und es gibt auch immer Rabattaktionen.

Rachel   Das sehe ich anders. Ich finde, dass man im Internet nicht so gut einkaufen kann, weil viele Artikel auf den Fotos ganz anders aussehen, ⑤ _____ _____ _____?

Michael   Ja, Rachel hat Recht. Wir wissen auch, dass man im Internet günstiger einkaufen kann. Aber ich habe nur schlechte Erfahrungen gemacht. Zum Beispiel, hatte ich letztes Jahr zwei Hosen auf einer Internetseite bestellt. Aber in Wirklichkeit waren sie anders als auf dem Bild. Sie waren ziemlich eng, und die Farbe war auch nicht gleich. Daher habe ich sie deinem Bruder gegeben, Leonie. ⑥ _____ _____ _____ _____?

Leonie   Ja, klar. Aber die beiden Hosen standen ihm gut. Ich kaufe meistens im Internet, weil ich mir dort viele Angebote anschauen kann. ⑦ _____ _____ _____ _____ _____. Wie schon gesagt, werden die Sachen zu günstigeren Preisen als in den Geschäften angeboten. Und als Mitglied bekommst du es für noch günstiger.

Michael   Ja, ich habe auch einmal versucht, im Internet einzukaufen. Aber für ältere Leute ist das schwieriger, als du denkst. Da man nicht anprobieren kann, weiß man nicht genau, ob die Sachen passen oder nicht. Man ist immer unsicher bei der Größe und vergreift sich sehr oft.

Rachel   Ja, ich kaufe auch lieber im Laden. Erst anprobieren, ob es mir überhaupt steht. Dann bleibt mir ein Umtausch erspart.

Leonie   Ja, ⑧ _____ _____ _____ _____. Ich bin auch nicht dagegen. Man kann selbst entscheiden, wo und was man kauft. Naja, Mama, ich möchte gern neue Sachen haben. Es ist Zeit, meine alten Sachen zu entsorgen.

Rachel   Warum nicht, dann essen wir zuerst, und gehen dann eine Runde shoppen.

Michael   Ja, gerne! Das wird bestimmt Spaß machen.

Leonie   Ach, hier kommt unser Essen. Ich habe großen Hunger. Lasst uns loslegen!

Die Moderatorin der Radiosendung „Diskussion am Abend" diskutiert mit
den Eltern Stiller und Florian Bauer zum Thema „Sollen kleine Kinder in die
Kindertagesstätte gehen?"

Moderatorin	Liebe Hörerinnen und Hörer, hallo und willkommen bei der „Diskussion am Abend"! Das ist heute unser Thema. „Sollten Kinder in die Kindertagesstätte gehen oder nicht?". Dazu haben wir Herrn Bauer und Frau Stiller eingeladen. Könnten Sie sich zuerst vorstellen, Frau Stiller?
Fr. Stiller	Ich habe zwei Kinder zu Hause, die 2 und 5 Jahre alt sind. Ich habe als Verkäuferin in einem Schuhgeschäft gearbeitet. ① _____ _____ _____ ____ _____ die Woche, verteilt auf sechs Tage.
Moderatorin	Außerdem ist Herr Bauer bei uns. Stellen Sie sich zunächst kurz vor.
Hr. Bauer	Ich und meine Frau sind beide vollzeitbeschäftigt. Unsere Kinder sind jetzt 4 und 5 Jahre alt.
Moderatorin	Frau Stiller, warum schicken Sie Ihre Kinder nicht in die Kindertagesstätte? ② _____ _____ _____ _____?
Fr. Stiller	Als ich arbeitete, habe ich am Anfang morgens die Kinder in die Kindertagesstätte gebracht, aber das wurde zunehmend schwieriger. Ich habe in der Zeitung gelesen, dass die ersten drei Jahre für Kinder sehr wichtig sind. In dieser Zeit brauchen Kinder eine feste Bezugsperson. Ich wünschte mir viel mehr Unterstützung für die Mütter. Danach habe ich mit der Arbeit direkt aufgehört. Ich würde nicht wollen, dass meine Kinder zur Erzieherin „Mama" sagen..
Moderatorin	Tun Ihre Kinder das denn, Herr Bauer?
Hr. Bauer	Nein, natürlich nicht. Wenn einer von uns zu Hause wäre, ③ _____ _____ _____ _____.

	Leider können wir keine Hilfe von meinen Eltern oder Schwiegereltern bekommen, da sie sehr weit weg wohnen. Deshalb gehen unsere Kinder in den Kindergarten. Aber unsere Kinder wissen genau, wer ihre „Mama" ist. Sie lernen dort soziales Miteinander usw.
Fr. Stiller	Ich finde, dass ein Kind seine ersten Jahren bei der Familie verbringen sollte, also bei - Mama, Papa, Oma, Opa, die den Kindern viel Aufmerksamkeit schenken. Das soziale Miteinander lernen die Kinder sowieso später.
Moderatorin	Kinder bis drei Jahre beschäftigen sich meist auch gut mit sich selbst und spielen lieber mit Gegenständen als mit anderen Kindern. ④ _____ ____ ____ _____ ____ ____ _____ _____, Kinder in die Kindertagesstätte zu schicken, damit die Eltern arbeiten können? Herr Bauer, wie ist das bei Ihnen?
Hr. Bauer	Es ist weniger eine finanzielle Frage als einfach die Tatsache, dass weder ich noch meine Frau aus dem Beruf aussteigen können. Stellen Sie sich vor, Sie arbeiten drei oder vier Jahre nicht und wollen dann weiter Karriere machen. Dann gehen die 3 Jahre verloren, in denen Sie hart gearbeitet haben.
Fr. Stiller	Warum haben Sie überhaupt Kinder bekommen, wenn Ihnen Ihre Karriere so wichtig ist? Kinder sollten doch das Wichtigste in Ihrem Leben sein.
Hr. Bauer	⑤ _____ _____ _____. Aber muss man wirklich das Eine für das Andere aufgeben oder austauschen? Warum kann man nicht beides haben? Meine Frau und ich waren als Kind selber in der Kindertagesstätte und es hat uns nicht geschadet. Ich würde sehr gerne zu Hause bei meinen Söhnen bleiben, aber leider verdienen wir nicht genug. Heute ist alles so teuer.
Moderatorin	Ein Vorteil einer Kindertagesstätte, den Sie da ansprechen, ist, dass die Kinder beschäftigt sind, Spiele kennenlernen und Erfahrungen machen, die Eltern ihren Kindern zu Hause vielleicht nicht bieten können.

	Haben Sie dem etwas entgegenzusetzen, Frau Stiller?
Fr. Stiller	Nun ja, in einer idealen Kindertagesstätte wäre das vielleicht wirklich so. Aber ist es nicht eher so, dass die Erzieherinnen bei so vielen Kindern gar keine Zeit für jedes einzelne Kind haben? Mit mehr Zeit und Phantasie kann ich meinen Kindern deutlich mehr bieten, als die zwei Erzieherinnen mit den 10 Kindern in einer Gruppe.
Hr. Bauer	Das ist bei unserer Kindertagesstätte eigentlich kein Problem. Unsere Kinder sind in einer Gruppe mit 6 Kindern und bekommen genug Aufmerksamkeit. Sie sollen ja gerade lernen, sich allein zu beschäftigen und sich nur an die Erwachsenen zu wenden, wenn sie Hilfe brauchen. ⑥ _____ _____ _____ _____ _____ _____, einen Garten mit Spielplatz und alles, was sie brauchen.
Fr. Stiller	Es kommt also auch auf die Kindertagesstätte an!
Hr. Bauer	Ja, das denke ich auch. In einige Kindertagesstätten gibt es schon Probleme. Bei uns in der Stadt ist das nicht so schlimm, aber in so manchen Kindertagesstätten fehlt die finanzielle Unterstützung. Ich kenne einige Kindertagesstätten, in denen die Eltern Materialien, wie Papier oder Bücher selbst besorgen müssen, damit die Kinder malen oder lesen können. Da fragt man sich, woran noch gespart wird!
Moderatorin	Also sollten Kindertagesstätten finanziell besser gefördert werden! Frau Stiller, wie stehen Sie dazu? Ist es sinnvoll, dass Kindertagesstätten von unseren Steuern bezahlt werden?
Fr. Stiller	Nun ja, ⑦ _____ _____ _____ _____ _____ _____ _____. Wer nicht genug Geld hat, um zu Hause zu bleiben, soll ja trotzdem Kinder kriegen können. Daher würde ich den Bau und die Finanzierung von Kindertagesstätten nicht ablehnen, denn das kommt der ganzen Gesellschaft zugute. Aber ich finde es nicht gut, wenn Kinder in die Kindertagesstätte abgeschoben werden, damit die Eltern ihre persönlichen Ziele erreichen können.

Hr. Bauer	Wir schieben sie ja nicht ab! Die Kinder verbringen den ganzen Tag in einer kinderfreundlichen, bequemen pädagogischen Einrichtung mit anderen Kindern, anstatt sich zu Hause mit uns zu langweilen.
Moderatorin	⑧ _____ _____ _____ _____ _____. Der Eine möchte die ersten Jahre seines Kindes intensiv miterleben, der Andere möchte oder kann nicht auf seine Arbeit verzichten und will dennoch dem Kind eine schöne Kindheit bieten. Über dieses Thema könnten wir noch ewig weiter diskutieren, aber leider ist unsere Sendung nun zu Ende.
Fr. Stiller/Hr. Bauer	Mmmm... Ja, richtig.
Moderatorin	Herr Bauer, Frau Stiller, ich danke Ihnen für das interessante Gespräch. Meine lieben Hörerinnen und Hörer, ich wünsche Ihnen noch einen schönen Abend!

듣기 활동지 정답

Teil 1 ● ● ● ●

▶ **Beispiel**

정답 ① Nachricht

② die Zertifikate

③ Lebenslauf

④ bei Rückfragen

어휘 **die Nachricht** [n.] 뉴스, 소식 | **das Zertifikat** [n.] 수료증, 자격증 | **das Lebenslauf** [n.] 이력서, 경력 |
die Rückfrage [n.] 재질문, 재심문

▶ **Text 1**

정답 ① nach Frankreich

② günstige Flüge

③ herausgesucht habe

어휘 **nach Frankreich** 프랑스로 | **günstig** [a.] 저렴한, 유익한 | **haben...herausgesucht** [v.] 선발했다
(heraussuchen의 현재완료)

▶ **Text 2**

정답 ① In wenigen Minuten

② München

③ Hamburg

④ Durchsagen

어휘 **in wenigen Minuten** 몇 분 안에, 몇 분 후에 | **München** 뮌헨 (고유지명) | **Hamburg** 함부르크 (고유지명) |
die Durchsage [n.] 안내 방송

▶ **Text 3**

① einfach

② allerdings

③ Inklusive

④ bei uns

einfach [a.] 간단히 ⏐ **allerdings** [adv.] 당연히, 물론 ⏐ **inklusive** [adv.] ～을 포함하여 ⏐ **bei uns** 우리에게

▶ **Text 4**

① in die Schweiz

② mit dem Boarding

③ einzusteigen

④ angenehmen Flug

in die Schweiz 스위스로 ⏐ **mit dem Boarding** 탑승을 ⏐ **einsteigen** [v.] 탑승하다 ⏐ **angenehm** [a.] 쾌적한, 즐거운

▶ **Text 5**

① hatten

② eingeladen

③ diesen Termin

④ andere Möglichkeit

⑤ auf Wiederhören

hatten...eingeladen [v.] 초대했었다 (einladen의 과거완료) ⏐ **der Termin** [n.] 일정 ⏐ **die Möglichkeit** [n.] 가능성

Teil 2 ●●●●

정답 ① Es ist eine große Freude für mich

② Die Stadt hat wirklich so viele Sehenswürdigkeiten

③ Nach einer Stunde gehen wir zurück zum Theaterplatz

④ Das dauert etwa 10 Minuten

어휘 **die Freude** [n.] 기쁨 | **die Stadt** [n.] 도시 | **die Sehenswürdigkeit** [n.] 관광지 | **der Theaterplatz** [n.] 극장 광장 | **dauern** [v.] ~ 걸리다

Teil 3 ●●●●

정답 ① zum Wohl

② Erzähl doch mal

③ wo hast du eigentlich das Hemd gekauft?

④ War es wirklich so teuer

⑤ findest du nicht

⑥ Erinnerst du dich daran

⑦ Ich war bisher immer zufrieden

⑧ das macht auch Spaß

어휘 **zum Wohl** 건배 | **erzählen** [v.] 말하다 | **haben...gekauft** [v.] 구매했다 (kaufen의 현재완료) | **sich erinnern** [v.] 기억하다 | **zufrieden** [a.] 만족한

Teil 4 ••••

① Die Arbeitszeit betrug 40 Stunden

② Was ist der Grund?

③ wäre das sicher besser

④ Aber ist das nicht eher eine finanzielle Frage

⑤ Das mag sein

⑥ Außerdem gibt es dort gute Spiele

⑦ das finanzielle Argument sehe ich schon ein

⑧ Jeder hat eine andere Einstellung

어휘 **die Arbeitszeit** [n.] 근무시간 | **betrug** [v.] 어느 수치에 달했다 (betragen의 과거) | **finanziell** [a.] 재정상의 | **das mag sein** 그럴 수도 있다 | **außerdem** [adv.] 그밖에, 이외에 | **das Argument** [n.] 논증 | **die Einstellung** [n.] 입장

제3회

실전
모의고사

B1

Kandidatenblätter

Lesen
65 Minuten

Das Modul *Lesen* hat fünf Teile.
Sie lesen mehrere Texte und lösen Aufgaben
dazu. Sie können mit jeder Aufgabe
beginnen. Für jede Aufgabe gibt es nur eine
richtige Lösung.

Vergessen Sie bitte nicht, Ihre Lösungen
innerhalb der Prüfungszeit auf den
Antwortbogen zu schreiben.

Bitte schreiben Sie deutlich und verwenden
Sie keinen Bleistift.

Hilfsmittel wie z. B. Wörterbücher oder
Mobiltelefone sind nicht erlaubt.

Teil 1 ● ● ● ● ●   Arbeitszeit: 10 Minuten

Lesen Sie den Text und die Aufgaben 1 bis 6 dazu.
Wählen Sie: Sind die Aussagen Richtig oder Falsch .

MiasAlltagsBlog.de
Mein Alltag, meine Gedanken, mein Leben...

Hallo Leute,

ich habe zum ersten Mal eine schlechte Erfahrung beim Onlineshoppen gemacht. In den

letzten drei Jahren habe ich schon oft im Internet eingekauft, und ich war immer ganz

zufrieden. Aber dann passierte das, was ich bisher nur in den Nachrichten gehört habe.

Ich hätte nie gedacht, dass es mir passieren könnte. Vor einem Monat bin ich auf einen

Onlineshop gestoßen, bei dem man Markenartikel günstig kaufen kann.

Man kann dort ohne ein Benutzerkonto Waren bestellen. Wenn man aber

Preisvergünstigungen erhalten möchte, muss man sich registrieren. Ich wollte natürlich

günstig einkaufen, daher habe ich mich registriert. Es gab die Möglichkeit, für 5 Euro

ein Abonnement abzuschließen, wofür man versandkostenfrei einkaufen konnte.

Normalerweise muss man bei jeder Bestellung Versandkosten zahlen, außer bei

Bestellungen von mehr als 100 Euro. Nach sorgfältiger Überlegung habe ich mich für das

Abonnement entschieden, und ein schönes preiswertes Kleid für nur 19 € bestellt.

Ich wartete auf das Paket, aber es kam nie an. Ich fragte die Nachbarn, ob sie mein Paket

gesehen hätten. Aber keiner wusste von dem Paket. Nach 3 Tagen habe ich eine Rechnung

per E-Mail bekommen, obwohl ich noch kein Paket erhalten hatte. Ich war sehr überrascht,

denn die Rechnung erhielt eine Zahlungsaufforderung von über 50 Euro.

In der Rechnung stand, dass ich einen Abonnenmentvertrag abgeschlossen hätte und

einen Betrag über 50 Euro überweisen müsse. Ich ärgerte mich sehr und schrieb dem

Anbieter. Ich sagte ihnen, dass ich das Abonnement über die angegebenen 5 Euro

abgeschlossen hätte.

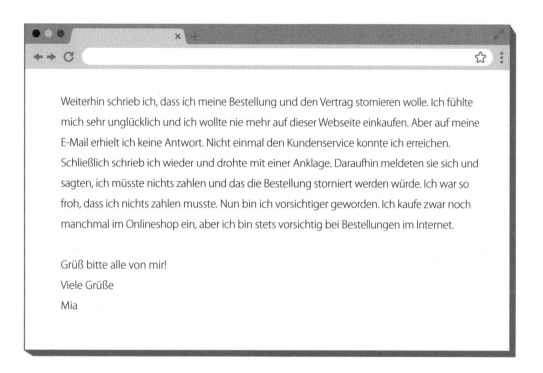

Weiterhin schrieb ich, dass ich meine Bestellung und den Vertrag stornieren wolle. Ich fühlte mich sehr unglücklich und ich wollte nie mehr auf dieser Webseite einkaufen. Aber auf meine E-Mail erhielt ich keine Antwort. Nicht einmal den Kundenservice konnte ich erreichen. Schließlich schrieb ich wieder und drohte mit einer Anklage. Daraufhin meldeten sie sich und sagten, ich müsste nichts zahlen und das die Bestellung storniert werden würde. Ich war so froh, dass ich nichts zahlen musste. Nun bin ich vorsichtiger geworden. Ich kaufe zwar noch manchmal im Onlineshop ein, aber ich bin stets vorsichtig bei Bestellungen im Internet.

Grüß bitte alle von mir!
Viele Grüße
Mia

Beispiel

0   Mia hatte bis jetzt alles im Onlineshop bestellt.   Richtig   ~~Falsch~~

1   Mia wollte sich nicht als Benutzer registrieren.   Richtig   Falsch

2   Sie wollte den Abonnementvertrag abschließen, damit sie ihre Lieferung erhalten kann.   Richtig   Falsch

3   Als Mia die Nachbarn fragte, ob sie ihr Paket gesehen haben, hat sie keine Antwort bekommen.   Richtig   Falsch

4   Der Onlineshop war telefonisch nicht erreichbar.   Richtig   Falsch

5   Mia kauft jetzt nur in Geschäften, die sie schon kennt.   Richtig   Falsch

6   Nun hat Mia davor Angst, im Onlineshop einzukaufen.   Richtig   Falsch

Teil 2 ● ● ● ● ●   Arbeitszeit: 20 Minuten

Lesen Sie den Text aus der Presse und die Aufgaben 7 bis 9 dazu.
Wählen Sie bei jeder Aufgabe die richtig Lösung a , b oder c .

Lasst uns zusammen spielen!

Wissen Sie, wann man begonnen hat Spiele zu spielen? Spielen gehört zum Leben dazu. Und manche Spiele, dass wir heute noch lieben, haben die Menschen schon vor 4000 Jahren entwickelt. Das ist eigentlich kein Wunder, weil schon unsere Vorfahren begeisterte Spieler waren. Selbst die kleinen Tierfiguren, die man in Steinzeithöhlen gefunden hat, sehen wie Spielzeuge aus.

Des Weiteren behaupten manche Philosophen, dass Spiele von Menschen für Menschen gemacht wurden. Das zeigt sich daran, dass sich unsere Spiele über Jahrtausende zu dem entwickelt haben, was wir jetzt noch spielen: Brettspiele wie Mühle und andere Spiele, die von Spiele-Forschern schon in Gräbern in China, Troja, Sri Lanka und Ägypten gefunden wurden.

Die Bilder auf antiken Vasen beweisen, dass die alten Griechen, schon vor 2.500 Jahren mit Jo-Jos gespielt haben. Das Spielen ist wie ein Instinkt, der bei den Menschen genau wie bei den Tieren angeboren ist. Tiere spielen, um sich auf den Ernstfall im Kampf oder bei der Jagd vorzubereiten. Auch Kinder sollen spielen, damit sie sich auf ihr späteres Leben vorbereiten können. Oft merkt man nicht, wie wichtig Spielen für die Entwicklung des Kindes ist. Im Spiel mit der Babypuppe lernen Kinder, wie man ein Baby pflegt. Mit Bauklötzchen lernen wir komplizierte Bewegungsabläufe. Spielen hilft bei der Entwicklung lebensnotwendiger Fähigkeiten.

aus einer deutschen Zeitung

Beispiel

0   Einige Spiele,...

a sind verboten.

☒ wurden seit 4000 Jahren gespielt.

c sind für die Kinder geeignet.

7   In diesem Text geht es darum,...

a dass Spiele schon sehr lange existieren.

b dass Kinder im Spiel mit der Babypuppe lernen müssen, wie man beim Spielen ein Baby pflegt.

c welche Spiele für Kinder am besten sind.

8   Antike Vasen...

a kann man gewinnen, wenn man das Spiel gewonnen hat.

b zeigen, dass es früher gespielt wurde.

c waren immer für ein Spiel wichtig.

9   Tierbabys spielen,...

a um ihre Existenz zu sichern.

b damit sie von ihren Eltern keinen Ärger bekommen.

c um sich auf ihr Leben vorzubereiten.

noch **Teil 2** ● ● ○ ○ ○

Lesen Sie den Text aus der Presse und die Aufgaben 10 bis 12 dazu.
Wählen Sie bei jeder Aufgabe die richtig Lösung a , b oder c .

Wo ist Ihr Glück?

Haben Sie schon einmal darüber nachgedacht, wo die glücklichsten Menschen leben? Das Ergebnis einer Länderstudie zeigt, dass man dort am glücklichsten ist, wo Reichtum und Armut gleichmäßig verteilt sind. Bei der Studie der Rotterdamer Erasmus-Universität kam heraus, dass Deutschland im Mittelbereich liegt.

Die Glücklichsten sind der Umfrage zufolge die Mexikaner. An zweiter Stelle werden die Dänen genannt. Fast 95 Prozent der Dänen sagen, sie seien „sehr oder ziemlich glücklich." Im Vergleich dazu waren nur 76 Prozent der Griechen zum Zeitpunkt der Umfrage „sehr oder ziemlich glücklich."

Das subjektive Glücksempfinden und Lebenserwartung der Dänen ist stärker, als in den anderen Industrieländern. Die Dänen rauchen und trinken im Durchschnitt mehr als andere Europäer. Vielleicht sind die Dänen glücklicher, weil sie überwiegend in ländlichen Gebieten leben und weil sie sozial besser abgesichert sind.

aus einem österreichen Magazin

10 Nach einer Umfrage

- a sind die Mexikaner auf der ganzen Welt am glücklichsten.
- b denken fast 95 Prozent der Mexikaner, dass sie „sehr oder ziemlich glücklich" sind.
- c reiche Menschen einen stärkeren Glücksempfinden.

11 Die Dänen sind sehr zufrieden,...

- a weil sie leben, wie sie wollen.
- b weil sie relativ stärke Glücksempfinden an das Leben haben.
- c obwohl sie im Gegensatz zu anderen Europäern nicht so lange leben.

12 Die Umfrage zeigt, dass...

- a 76% der Griechen sich für glücklicher halten als die Dänen.
- b die meisten Dänen sich für glücklich halten.
- c Deutschland weit hinten in der Liste liegt.

Teil 3 ● ● ● ● ●   Arbeitszeit: 10 Minuten

Lesen Sie die Situationen 13 bis 19 und die Anzeigen a bis j aus verschiedenen deutschsprachigen Medien. Welche Anzeige passt zu welcher Situation? **Sie können jede Anzeige nur einmal** verwenden. Die Anzeige aus dem Beispiel können Sie nicht mehr verwenden. Für eine Situation gibt es **keine passende Anzeige**. In diesem Fall schreiben Sie **0**.

Ihre Bekannten wollen reisen und suchen dafür nach passenden Möglichkeiten.

Beispiel

0   Miriam war letztes Jahr in Athen und möchte dieses Mal eine andere Region von Griechenland kennenlernen.   Anzeige: d

13   Anna hat dieses Jahr so viel zu tun, deshalb würde sie gern etwas Besonderes für ihre Gesundheit tun.   Anzeige: ___

14   Tina hat beschlossen mit 10 Freunden zusammen nach Berlin zu fahren. Aber eine Flugreise ist für alle zu teuer.   Anzeige: ___

15   Jara ist eine romantische Person. Sie will gemeinsam mit ihrer Familie im Juni Urlaub machen und auch unbekannte Orte in Europa entdecken.   Anzeige: ___

16   Lilly will eine exotische Reise unternehmen.   Anzeige: ___

17   Lena und Jan aus Wien möchten nach Berlin fahren. Wegen der Entfernung kommt aber eine Bahnreise für sie nicht in Frage.   Anzeige: ___

18   Herr Schneider möchte dieses Jahr mit seinen Schülern nach Griechenland. Er sucht ein Angebot für Flug und Unterkunft.   Anzeige: ___

19   Frau Wagner sucht für ihre Tochter ein Angebot, bei dem man etwas über das Thema Umwelt lernen kann.   Anzeige: ___

Supersonderangebot:

149 Euro pro Person
London

– Busreise - 5 Tage
– Übernachtung in Mehrbettzimmer
inkl. Frühstücksbüffet
– Bus vor Ort inkl. für Ausflüge
– 2 stündige Stadtrundfahrt

Gültig nur von November bis Februar
Buchung 0213-34243-532

Athen - Flugreise CHF 245 pro Pers. 5 Tage

– Die beliebtesten Orte in
Griechenland
– Hin und Rückflug (Steuern und
Gebühren inkl.)
– Bustransfer vom Flughafen zum
Hotel
– 4 x Übernachtung in einem Hotel
im Zentrum von Athen inkl.
Frühstück

Info & Beratung (0213-34243-532)

Nur 229 Euro pro Person

– Flugreise 5 Tage in Berlin
– Hin- und Rückflug (Steuern /
Gebühren inkl.)
– 4 x Übernachtung mit
Frühstücksbuffet
– 3 stündige Stadtführung

www.reise-werden.de

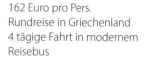

162 Euro pro Pers.
Rundreise in Griechenland
4 tägige Fahrt in modernem
Reisebus

Thessaloniki - vergina-
Pindosgebirge-Thesalloniki

3 Nächte Frühstück inbegriffen

Hansalle 12, 65327 Frankfurt
0211-34243-532

Berlin-Bahnreise

– *Hin und Rückfahrt*
(Reservierungsgebühren inkl.)
– *4 Nächte mit Frühstück*
– *2 stündige Stadtführung*

129 Euro pro Person (aber ab 10
Personen)

www.klassen-reise.de
+42343242333

Vietnam

Pionier-Reise
Bootsfahrt im Halong Bay.
Trekking im Bergland des Südens.
Dschungel

▶ Besuch relativ unbekannte Märkte
▶ In kleiner Gruppe

Beratung & Buchung (0213-34243-532)

g

Romantischen Bauernhof

Im Ortskern Grunern mit großem
Innenhof und Außenbereich.

- Grundstück 1.107 m2
- Bj.1959 (sanierungsbedürftig)
- Ideal für Handwerker
- 0213-34243-532

h

München - Klassenfahrt

nur 99 Euro pro Person

- Sehenswürdigkeiten, die Ihre
  Schüler interessieren werden
- günstige Hotels
- günstige Restaurants
- mit Frühstück

Info & Buchung
www.prima.klassenreise.de

i

Mallorca

Romantisches Ferienhaus
„Märchenland" auf der Insel.

Frei von Mai bis Juni

Für 900 Euro pro Woche

Infos unter www.maison-de

j

Urlaub am Meer

Erholen Sie sich im Hotel &
Medical Spa.

Nachhaltiges Wohlfühlen
bei Wellness unter ärztlicher
Beaufsichtigung:
Akupunktur, Osteopathie,
Sauerstoff-Therapie, Naturkosmetik

Beratung 0176/23043823

Teil 4 ● ● ● ●   Arbeitszeit: 15 Minuten

Lesen Sie die Texte 20 bis 26. Wählen Sie: **Ist die Person für die benutzung von Plastiktüten?** Antworten Sie Ja oder Nein .

In einer Zeitschrift lesen Sie Kommentare zur Umweltverschmutzung, die durch Plastik entsteht.

Beispiel

0	Marius			20	Oskar	Ja	Nein	24	Franz	Ja	Nein
	Ja ⊠			21	Anna	Ja	Nein	25	Luisa	Ja	Nein
				22	Miriam	Ja	Nein	26	Tim	Ja	Nein
				23	Charlotte	Ja	Nein				

Leserbriefe

Beispiel Lässt sich die reduzierte Nutzung von Plastiktüten gesetzlich vorschreiben? Mit Plastiktüten verursacht man nicht nur viel Müll, sondern sie bringen uns auch um! Jeder muss für sich selbst entscheiden, wie man sich für die Umwelt einsetzen will.

Marius, 37, Hamburg

20 Ist das Verbot der Tüten die beste Lösung?
Man könnte die Geschäfte dazu zwingen, sie nicht mehr kostenlos rauszugeben, so wie in den Supermärkten.
Dann werden sich viele Leute genau überlegen, ob jede Tüte in jedem Geschäft wirklich sein muss oder ob sie lieber darauf verzichten möchten.
Ich würde mich freuen, wenn auf dem Gebiet des Umweltschutzes endlich etwas geschieht.

Oskar, 26, Berlin

21 In diesem Artikel steht, dass der Vorschlag von der Europäischen Union kommt. Das ist mal wieder typisch EU. Warum erfinden die etwas Neues, anstatt die Bürger zu fragen, was ihre Meinung ist?
Ich denke, es geht nur ums Geld. Wenn es keine Plastiktüten mehr gibt, werden andere Taschen verkauft. Z.B. Stofftaschen oder Papiertaschen usw. Natürlich bin ich damit einverstaden, dass man weniger Plastiktüten benutzen sollte. Aber jedes Mal zum Markt Taschen mitnehmen muss, finde ich auch ein bisschen Unsinn. Das macht doch keinen Sinn.

Anna, 22, Bamberg

22 Den Plastiktüten den Kampf anzusagen, finde ich lächerlich. Was sollen wir benutzen, wenn Plastiktüten schlecht für die Umwelt sind?
Viele sagen, dass sie gerne etwas für den Umweltschutz tun möchten. Warum also nicht einmal beim Einkaufen anfangen, an die Umwelt zu denken?
Darum habe ich mich wirklich bemüht, immer eine kleine Tasche dabei zu haben. Anfangs war es wirklich stressig. Aber jetzt ist es schon eine Gewohnheit geworden. Man braucht sowieso etwas, um Dinge zu transportieren. Wir können eine Kleinigkeit für die Umwelt beitragen.

Miriam, 17, Frankfurt

23 Ich habe Fotos von Delfinen und Wasserschildkröten gesehen, die an Plastiktüten erstickt sind. Spätestens dann sollte jedem klar sein, dass wir uns umstellen müssen und andere Formen der Verpackung benutzen sollten.
Es gibt heutzutage ganz andere Umweltprobleme. Ist es dann besser Tüten aus Papier herzustellen?

Wären Papiertüten wirklich besser? Das ist auch nicht gut, weil dafür viele Bäume gefällt werden.
Es ist besser Plastiktüten zu benutzen, als dass es in Deutschland keine Bäume mehr gibt.

Charlotte, 19, Salzburg

24 Früher wurden die Plastiktüten in den Supermärkten praktisch vollständig als Mülltüten weiter verwendet.
Seit es sie nicht mehr kostenlos gibt, muss man sich nun Mülltüten kaufen, um den Müll wegwerfen zu können.
Im Vergleich zu dem ganzen anderen Plastikmüll sind die Tüten übrigens nur ein relativ kleiner Teil.
Darum sollte nicht so viel Wirbel gemacht werden. Die paar Geschäfte, die Plastiktüten noch so raus geben, können das meiner Meinung nach weiterhin tun.

Franz, 50, Erlangen

25 In Deutschland wird der Verpackungsmüll gründlich gesammelt, weiter verarbeitet und zu Blumenkübeln, Gartenbänken oder anderen Gegenständen gepresst.
Deshalb liegen Strände und Wiesen bei uns nicht voller Tüten. Also ist das hier kein großes Problem. Noch ein Gesetz dafür brauchen wir nicht.
Luisa, 46, Köln

26 Vor ein paar Tagen habe ich gelesen, dass es Leute gibt, die Plastik ganz aus ihrem Leben verbannt haben. Sie haben also zu Hause keinen einzigen Gegenstand mehr aus Plastik. Ich denke, das sollte unser Ziel sein. So können wir sowohl die Umwelt schützen, als auch die Rohstoffe der Erde sparen. Ein Verbot von Plastiktüten wäre ein erster Schritt in die richtige Richtung.
Tim, 27, Essen

Teil 5 ● ● ● ● ●   Arbeitszeit: 10 Minuten

Lesen Sie die Aufgaben 27 bis 30 und den Text dazu.
Wählen Sie zu jeder Aufgabe die richtig Lösung a , b oder c .

Da Sie an einer Sprachprüfung teilnehmen wollen, lesen Sie die Prüfungsordnung.

27 Die Prüfungsteilnehmer müssen den Ausweis...

   a während der Prüfung auf dem Tisch liegen lassen.

   b nicht dabei haben, sondern eine Kopie davon mitbringen.

   c vor Prüfungsbeginn abgeben.

28 Die Aufgabenblätter,...

   a gehören zu den Antwortbogen.

   b kann man nach der Prüfung nach Hause mitnehmen.

   c müssen mit dem Antwortbogen abgeben werden.

29 Man...

   a kann als Hilfsmittel nur persönliche Aufzeichnungen benutzen.

   b darf unerlaubte Hilfsmittel nicht in den Prüfungsraum bringen.

   c benutzt nur verteilte Stifte und Notizpapier vom Prüfungszentrum.

30 Werden unerlaubte Hilfsmittel benutzt,...

   a muss man die Prüfung in anderem Raum alleine schreiben.

   b kann man keine Note bekommen.

   c muss man nach der Prüfung direkt den Prüfungsraum verlassen.

Prüfungsordnung

Feststellung der Identität

1. Alle Prüfungsteilnehmer und -teilnehmerinnen müssen vor dem Einlass in den Prüfungsraum einen Ausweis vorlegen, so dass die Namen und persönlichen Angaben mit der Liste der Anmeldungen kontrolliert werden können. Die Identität muss zweifelsfrei festgestellt werden.

2. Während der Prüfung muss der Ausweis für den Lehrer jederzeit einsehbar am Platz liegen

Prüfungsunterlagen

Man darf die Aufgabenblätter nicht nach Hause mitnehmen. Bevor die Teilnehmer und Teilnehmerinnen den Platz verlassen, muss die Vollständigkeit der Unterlagen überprüft werden.

Unerlaubte Hilfsmittel

1. Während der Prüfung darf man selbstverständlich keine unerlaubten Hilfsmittel benutzen. Auf den Tischen dürfen nur lediglich Aufgabenblätter, Antwortbogen, Stifte und Notizpapier (Diese werden vom Prüfungszentrum verteilt) liegen.

2. Als unerlaubte Hilfsmittel gelten auch persönliche Aufzeichnungen, Druckerzeugnisse, Wörterbücher, sowie Geräte, die zur Speicherung oder Übermittlung von Informationen geeignet sind (elektronische Kalender, Mobiltelefone, Kameras u. ä.).

Täuschung

Wer bei der Prüfung unerlaubte Hilfsmittel verwendet, und versucht von anderen Teilnehmern abzuschreiben, wird sofort von der Prüfung ausgeschlossen. In diesem Fall werden die Prüfungsleistungen nicht bewertet. Jeder Täuschungsversuch wird protokolliert. Der Ausschluss von der Prüfung ist unter Angaben der Gründe, die zum Ausschluss geführt haben, ausführlich vom Lehrer auf dem Prüfungsprotokoll zu vermerken. Wenn es zur Verwendung unerlaubter Hilfsmittel, zu einer Täuschung oder zu einer anderen Störung des Prüfungsablaufs gekommen ist, wird die jeweilige Prüfungsleistung nachträglich für ungültig erklärt.

Kandidatenblätter

Hören
40 Minuten

Das Modul Hören besteht aus vier Teilen.
Sie hören mehrere Texte und lösen
Aufgaben dazu.

Lesen Sie jeweils zuerst die Aufgaben und
hören Sie dann den Text dazu.

Für jede Aufgabe gibt es nur eine richtige
Lösung.

Vergessen Sie bitte nicht, Ihre Lösungen auf
den **Antwortbogen** zu übertragen.
Dazu haben Sie nach dem Hörverstehen
fünf Minuten Zeit.

Hilfsmittel wie z. B. Wörterbücher oder
Mobiltelefone sind nicht erlaubt.

Teil 1 ● ● ● ●　　（MP3 03_01）

Sie hören nun fünf kurze Texte. Sie hören jeden Text **zweimal**. Zu jedem Text lösen Sie zwei Aufgaben. Wählen Sie bei jeder Aufgabe die richtige Lösung. Lesen Sie zuerst das Beispiel. Dazu haben Sie 10 Sekunden Zeit.

Beispiel

01　Frank schlägt Jan vor, nach Sizilien zu fliegen　　~~Richtig~~　☐ Falsch

02　Wo möchte Frank am liebsten übernachten?
　　ⓐ bei Verwandten
　　ⓑ im Hotel
　　☒ im Zelt

Text 1

1　Die Sendung informiert uns über einige Filme.　　☐ Richtig　☐ Falsch

2　Am Mittwoch, den 03.10...
　　ⓐ kann man Oscar-nominierten Film sehen.
　　ⓑ wird „The green Papa" vorgeführt.
　　ⓒ kann man das Ticket günstig kaufen.

Text 2

3　Es kann heute bis zu minus 2 Grad kalt werden.　　☐ Richtig　☐ Falsch

4　Am Dienstag...
　　ⓐ kann die Temperatur ansteigen.
　　ⓑ ist mit Schneefall zu rechnen.
　　ⓒ ist die höchste Temperatur 6 Grad.

Text 3

5 Frau Schülz sollte die Größe wechseln.

6 Das Hemd, das Frau Schülz bestellt hat,...

[Richtig] [*Falsch*]

[a] muss sie selbst abholen, um es umzutauschen.

[b] wird leider nicht mehr hergestellt.

[c] ist zerrissen, deshalb kann sie 20% Rabatt erhalten.

Text 4

7 Zahnarztpraxis Dr. Berner ist beim Notfall nicht erreichbar.

8 Nach dem Urlaub...

[Richtig] [*Falsch*]

[a] kann man am Freitag von 9.00 Uhr bis 16.30 einen Termin vereinbaren.

[b] kann man freitags und samstags im Notfall anrufen.

[c] sind die Sprechzeiten von Montag bis Donnerstag.

Text 5

9 Heute ist der Zug ICE 5322 ausgefallen.

10 Der ICE 5322 nach Berlin...

[Richtig] [*Falsch*]

[a] hat 20 Minuten Verspätung.

[b] fährt heute über Würzburg.

[c] wird heute von Gleis 8 abfahren.

Teil 2 ●●●●

MP3 03_02

Sie hören einen Text. Sie hören den Text **einmal**. Dazu lösen Sie fünf Aufgaben. Wählen Sie zu jeder Aufgabe die richtige Lösung a , b oder c . Lesen Sie jetzt die Aufgaben 11 bis 15. Dazu haben Sie 60 Sekunden Zeit.

Sie nehmen an der Beethoven-City-Tour teil und hören vor der Besichtigung einen Vortrag.

11 Heute macht sie die Führung...

- a früher als geplant.
- b anderthalb Stunden lang.
- c eine Viertelstunde später.

12 Ludwig van Beethoven...

- a ist in Bonn geboren und hat in Wien 20 Jahre gelebt.
- b lebte vor dem Umzug nach Wien ca. 20 Jahre in Bonn.
- c hatte gern im Beethovens Konzerthalle gespielt.

13 In Beethovens Konzerthalle...

- a werden meistens die Werke von Beethoven gespielt.
- b gibt es keinen Rabatt.
- c werden heute die Stücke von Beethoven gespielt.

14 Robert Schumann...

- a ist neben Beethoven als Komponist bekannt.
- b hatte einmal Bonn besucht, um Ludwig van Beethoven zu treffen.
- c ist in Wien beerdigt worden.

15 Man...

- a liebt seit 70 Jahren Haribo.
- b kann in Beethovens Konzerthalle die Partituren von Beethoven sehen.
- c kann bei Rundfahrten einige Information über Souvenirs bekommen.

Teil 3 ● ● ● ●

MP3 03_03

Sie hören nun ein Gespräch. Sie hören das Gespräch **einmal**. Dazu lösen Sie sieben Aufgaben. Beantworten Sie: Sind die Aussagen ⎡Richtig⎤ oder ⎡ *Falsch* ⎤? Lesen Sie jetzt die Aufgaben 16 bis 22. Dazu haben Sie 60 Sekunden Zeit.

Sie sind an einer Bushaltestelle und hören, wie sich ein junger Mann und eine junge Frau über Beruf und Studium unterhalten.

16 Julia hat nächste Woche Prüfungen.   ⎡Richtig⎤   ⎡*Falsch*⎤

17 Julias Praktikum geht bis nächstes Jahr.   ⎡Richtig⎤   ⎡*Falsch*⎤

18 Julia muss für die Prüfung wie früher Mathe und Physik lernen.   ⎡Richtig⎤   ⎡*Falsch*⎤

19 Beim Abitur hat David eine nicht ausreichende Durchschnittnote bekommen.   ⎡Richtig⎤   ⎡*Falsch*⎤

20 David hat den Studienplatz nicht bekommen.   ⎡Richtig⎤   ⎡*Falsch*⎤

21 In letzter Zeit ist das Abitur schwieriger geworden.   ⎡Richtig⎤   ⎡*Falsch*⎤

22 David will im Krankenhaus Praktikum machen.   ⎡Richtig⎤   ⎡*Falsch*⎤

Teil 4 • • • •

MP3 03_04

Sie hören nun eine Diskussion. Sie hören die Diskussion **zweimal**.
Dazu lösen Sie acht Aufgaben. Ordnen Sie die Aussagen zu: **Wer sagt was?**
Lesen Sie jetzt die Aussagen 23 bis 30. Dazu haben Sie 60 Sekunden Zeit.

*Die Moderatorin der Radiosendung „Themen Umwelt" diskutiert mit Günther
Wagner und der 17-jährigen Umweltschützerin Lisa Fischer über das Thema
„Was kann man für eine bessere Welt tun."*

		Moderatorin	Lisa Fischer	Günther Wagner
Beispiel				
0	Umwelt ist ein wichtiges Thema in unserem Leben.	☒	b	c
23	Als Energiebeauftragte passst man darauf auf, ob das Licht im Raum ausgeschaltet wurde und die Heizungen heruntergedreht waren.	a	b	c
24	Man muss deutlich machen, dass jeder die Verantwortung für den Umweltschuz haben und sich überlegen.	a	b	c
25	In einer Gruppe stellen aktive Jugendliche unabhängig für die Umwelt an.	a	b	c
26	Es ist wichtig, die junge Leute über das Thema Umwelt und Politik nachzudenken, worum es geht.	a	b	c
27	Strom-sparen ist nicht so schwierig, um auszuführen.	a	b	c
28	Wenn man sich für die Greenpeace-Jugend einschreibt, kann man für seine Meinung gut einsehen.	a	b	c
29	Je mehr man in das Thema Umweltschutz diskutiert, desto weniger tut man, weil er schwierig findet.	a	b	c
30	Es ist der richtige Weg, über das Brauchen des Autos und der Plastiktüten nachzudenken.	a	b	c

Teil 4 번외편 ● ● ● ●

MP3 03_04_02

Sie hören nun eine Diskussion. Sie hören die Diskussion **zweimal**.
Dazu lösen Sie acht Aufgaben. Ordnen Sie die Aussagen zu: **Wer sagt was?**
Lesen Sie jetzt die Aussagen 23 bis 30. Dazu haben Sie 60 Sekunden Zeit.

Die Moderatorin der Radiosendung „Treffpunkt Berlin" spricht mit den Besuchern einer Gesundheitsmesse, Sabine Lauren und Alexander Pfeiffer über das Thema „So führen Sie ein gesundes Leben".

	Moderatorin	Sabine Lauren	Alexander Pfeiffer
Beispiel			
0 Man konnte neue Ideen für ein gesundes Leben auf der Messe bekommen.	☒	b	c
23 Als Lehrer muss man sich mehr als Verantwortungen sorgen.	a	b	c
24 Auf der Messe ging es auch um „Das gesunde Klassenzimmer".	a	b	c
25 Über gesunde Ernährung gibt es zurzeit doch keine Neuigkeiten.	a	b	c
26 Obwohl man weiß, was eine gute Ernährung bedeutet, tut man das Gegenteil.	a	b	c
27 Jeder weiß, dass viele Menschen sich im Alltag nicht gesund ernähren.	a	b	c
28 In unserer Kantine gibt es nur gesundes Essen.	a	b	c
29 Über die alternativen Methoden kann man in einer anderen Sendung diskutieren.	a	b	c
30 Ein „zufriedenes Leben" gehört zu einem Medizin.	a	b	c

Kandidatenblätter

Schreiben
60 Minuten

Das Modul Schreiben besteht aus drei Teilen.
In den **Aufgaben 1** und **3**
schreiben Sie E-Mails.
In **Aufgabe 2**
schreiben Sie einen Diskussionsbeitrag.

Sie können mit jeder Aufgabe beginnen.
Schreiben Sie Ihre Texte auf die
Antwortbogen.

Bitte schreiben Sie deutlich und verwenden
Sie keinen Bleistift.

Hilfsmittel wie z. B. Wörterbücher oder
Mobiltelefone sind nicht erlaubt.

Aufgabe 1 ● ● ●   Arbeitszeit: 20 Minuten

Sie haben gestern jemanden kennengelernt. Sie fanden ihn/sie sehr nett und haben auch Handynummern ausgetauscht. Berichten Sie einem Freund / einer Freundin darüber.

– Beschreiben Sie Ihre Situation: Wo und wie haben Sie ihn/sie kennengelernt?
– Begründen Sie: Was hat Ihnen an ihm/ihr sofort gut gefallen?
– Bitten Sie um Rat, was Sie jetzt machen sollen.

> Schreiben Sie eine Email (circa 80 Wörter).
> Schreiben Sie etwas zu allen drei Punkten.
> Achten Sie auf den Textaufbau (Anrede, Einleitung, Reihenfolge der Inhaltspunkte, Schluss).

Aufgabe 2 ● ● ●   Arbeitszeit: 25 Minuten

Sie haben im Internet einen Artikel zum Thema „Fernsehwerbung für Kinder" gelesen. Im Gästebuch der Internetseite finden Sie folgende Meinung.

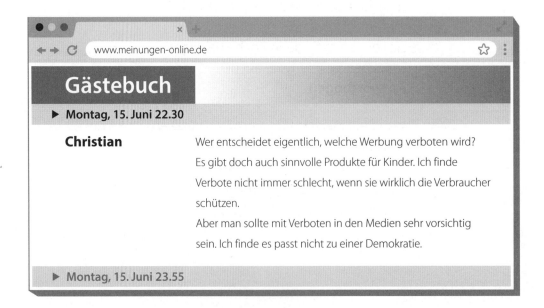

> www.meinungen-online.de
>
> ## Gästebuch
>
> ▶ **Montag, 15. Juni 22.30**
>
> **Christian** Wer entscheidet eigentlich, welche Werbung verboten wird? Es gibt doch auch sinnvolle Produkte für Kinder. Ich finde Verbote nicht immer schlecht, wenn sie wirklich die Verbraucher schützen.
> Aber man sollte mit Verboten in den Medien sehr vorsichtig sein. Ich finde es passt nicht zu einer Demokratie.
>
> ▶ **Montag, 15. Juni 23.55**

Schreiben Sie nun Ihre Meinung. (circa 80 Wörter)

Aufgabe 3 • • •   Arbeitszeit: 15 Minuten

An der Bushaltestelle haben Sie in einer Vermisstenanzeige gelesen, dass das
Ehepaar Börlach seinen Hund verloren hat. Heute Morgen haben Sie den Hund
gefunden.
Schreiben Sie an Herrn und Frau Börlach. Berichten Sie, wo Sie den Hund
gefunden haben und teilen Sie dem Ehepaar höflich mit, wie und wann Sie
erreicht werden können.

> Schreiben Sie eine Email. (circa 40 Wörter)
> Vergessen Sie nicht die Anrede und den Gruß am Schluss.

Kandidatenblätter

Sprechen
15 Min. für zwei
Teilnehmende

Das Modul Sprechen besteht aus drei Teilen.

In **Teil 1** planen Sie etwas gemeinsam mit
Ihrem Partner/Ihrer Partnerin
(circa 3 Minuten).
In **Teil 2** präsentieren Sie ein Thema
(circa 3 Minuten). Wählen Sie ein Thema
(Thema 1 oder Thema 2) aus.
In **Teil 3** sprechen Sie über Ihr Thema und
das Ihres Partners/Ihrer Partnerin
(circa 2 Minuten).

Ihre Vorbereitungszeit beträgt 15 Minuten.
Sie bereiten sich allein vor.
Sie dürfen sich zu jeder Aufgabe Notizen
machen. In der Prüfung sollen Sie frei
sprechen.

Hilfsmittel wie z. B. Wörterbücher oder
Mobiltelefone sind nicht erlaubt.

Teil 1 ● ● ●   Etwas gemeinsam planen   Dauer: circa drei Minuten

Der Deutschkurs geht zu Ende und Sie sollen für die Abschiedsparty etwas organisieren.
Sie möchten die Party mit Ihren Mitschülern aus dem Deutschkurs gemeinsam organisieren. Zur Party werden ungefähr 30 Leute kommen. Überlegen Sie, welche Vorbereitungen Sie besprechen müssen.

Sprechen Sie über die Punkte unten, machen Sie Vorschläge und reagieren Sie auf die Vorschläge Ihres Gesprächspartners/Ihrer Gesprächspartnerin.
Planen und entscheiden Sie gemeinsam, was Sie tun möchten.

Für die Mitschüler einen Abend planen

– *Was machen?*

– *Wo und wann?*

– *Was besorgen?*

– *Wer übernimmt was?*

– *...*

Teil 2 ● ● ● **Ein Thema präsentieren** Dauer: circa drei Minuten

Wählen Sie ein Thema (Thema 1 oder Thema 2) aus.

Sie sollen Ihren Zuhörern ein aktuelles Thema präsentieren. Dazu finden Sie hier fünf Folien. Folgen Sie den Anweisungen links und schreiben Sie Ihre Notizen und Ideen rechts daneben.

Thema 1

Stellen Sie Ihr Thema vor. Erklären Sie den Inhalt und die Struktur Ihrer Präsentation.

> *„Schokolade macht mich glücklich."*
> Essen wir zu viele Süßigkeiten?
> Folie 1

Berichten Sie von Ihrer Situation oder einem Erlebnis im Zusammenhang mit dem Thema.

> Essen wir zu viele Süßigkeiten?
> **Meine persönlichen Erfahrungen.**
> Folie 2

Berichten Sie von der Situation in Ihrem Heimatland und geben Sie Beispiele.

> Essen wir zu viele Süßigkeiten?
> **Die Situation in meinem Heimatland.**
> Folie 3

Nennen Sie die Vor- und Nachteile und sagen Sie dazu Ihre Meinung, Geben Sie auch Beispiele.

> Essen wir zu viele Süßigkeiten?
> **Für und gegen zu viele Süßigkeiten essen & meine Meinung.**
> Folie 4

Beenden Sie Ihre Präsentation und bedanken Sie sich bei den Zuhörern.

> Essen wir zu viele Süßigkeiten?
> **Abschluss & Dank**
> Folie 5

Teil 3 ● ● ● Siehe nächste Seite unten

Teil 2 ● ● ●   **Ein Thema präsentieren**   Dauer: circa drei Minuten

Ein Thema präsentieren
Sie sollen Ihren Zuhörern ein aktuelles Thema präsentieren. Dazu finden Sie hier
fünf Folien. Folgen Sie den Anweisungen links und schreiben Sie Ihre Notizen
und Ideen rechts daneben.

Thema 2

Stellen Sie Ihr Thema vor.
Erklären Sie den Inhalt
und die Struktur Ihrer
Präsentation.

„*Mama kauft nur teuere
Bio Sachen ein*"
„Ist Bio Essen viel besser?"

Folie 1

....
....
....
....

Berichten Sie von Ihrer
Situation oder einem
Erlebnis im Zusammenhang
mit dem Thema.

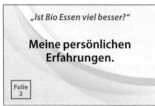

„*Ist Bio Essen viel besser?*"

**Meine persönlichen
Erfahrungen.**

Folie 2

....
....
....

Berichten Sie von der
Situation in Ihrem
Heimatland und geben Sie
Beispiele.

„*Ist Bio Essen viel besser?*"

**Die Situation
in meinem
Heimatland.**

Folie 3

....
....
....

Nennen Sie die Vor- und
Nachteile und sagen Sie
dazu Ihre Meinung, Geben
Sie auch Beispiele.

„*Ist Bio Essen viel besser?*"

**Für und gegen
Bio Essen & meine
Meinung.**

Folie 4

....
....

Beenden Sie Ihre
Präsentation und bedanken
Sie sich bei den Zuhörern.

„*Ist Bio Essen viel besser?*"

**Abschluss
&
Dank**

Folie 5

....
....
....
....

Teil 3 ● ● ●   Über ein Thema sprechen

Nach Ihrer Präsentation:

Reagieren Sie auf die Rückmeldungen und auf Fragen der Prüfer/-innen und des Gesprächspartners/der Gesprächspartnerin.

Nach der Präsentation Ihres Partners/Ihrer Partnerin:

a) Geben Sie eine Rückmeldung zur Präsentation Ihres Partners/Ihrer Partnerin (z.B. wie Ihnen die Präsentation gefallen hat, was für Sie neu oder besonders interessant war usw.).

b) Stellen Sie auch eine Frage zur Präsentation Ihres Partners/Ihrer Partnerin.

Teil 1 ● ● ● ●

▶ **Beispiel**

Sie hören eine Nachricht auf dem Anrufbeantworter.

Hallo Jan, hier ist Frank. Wir ① _____ doch im Sommer eine Woche ans Meer fahren. Ich bin gerade im Internet: im Juni gibt es noch

② _____ _____ nach Sizilien. Die Übernachtung müssen wir noch klären. Meine Tante wohnt doch dort. Bei ihr könnten wir vielleicht schlafen.

③ _____ bieten die hier auch noch billige Hotelzimmer an – oder wir gehen campen, das fände ich ④ _____ _____ . Ich schicke dir den Link, schau es dir doch mal an. Tschüs

▶ **Text 1**

Sie hören eine Werbung im Radio.

① _____ _____ _____, geben wir wie immer 5 Vorschläge für unsere Zuhörer, die mal wieder ins Kino gehen möchten. Montag am 01.10. um 15 Uhr im Cinemaxx am Berlinerplatz 6 läuft „Sprich mit ihr", ein für das beste Drehbuch Oscar-nominierter Film.

Dieser läuft auch in der Abendvorstellung um 20:30 Uhr. Am Dienstag gibt es drei Vorstellungszeiten für „The green Papa", eine Action-Komödie in 3-D, um 10:45 Uhr, 16:45 Uhr und 19:45 Uhr im Plaza am Breitscheidplatz. Versäumen Sie nicht am Mittwoch, den 03.10., den Film „I can speak", ausgezeichnet mit dem

② _____ _____. Der Vorstellungsbeginn ist um 15:15 Uhr, 18:00 Uhr und 20:25 Uhr am Rimmbecker Platz im „Area Kino". Für diesen Film bekommen Sie 30% ③ _____.

► **Text 2**

Sie hören den Wetterbericht im Radio.

Am Montagmorgen ist es ① _____. Um die Mittagszeit ist mit

② _____ zu rechnen. Die Tagestemperaturen liegen zwischen -2 und

6 Grad. Am Dienstag ③ _____ es sich im Laufe des Tages auf und

zeitweise zeigt sich die Sonne. Danach wird ein leichter Temperaturanstieg

④ _____.

► **Text 3**

Sie hören eine Nachricht auf dem Anrufbeantworter.

Hallo Frau Schülz, hier spricht Peter Bauer vom Modehaus „Ecke".

① _____ ist das Hemd, das Sie gestern in ② _____ _____

bestellt haben, nicht mehr lieferbar. Der Hersteller hat schon mit der

Winterkollektion begonnen, ③ _____ ist es nicht mehr produzierbar.

Wir bedauern das sehr und wir möchten Ihnen die Möglichkeit geben, ein

anderes Modell bei uns auszusuchen. Da Sie eine ④ _____ sind, würden

wir Ihnen einen Nachlass von 20% gewähren, wenn Sie ein anderes Modell

nehmen. Bis bald!

► **Text 4**

Sie hören eine Ansage auf dem Anrufbeantworter einer Arztpraxis.

Hier ist Zahnarztpraxis Dr. Berner. Die Praxis ① _____ im Moment wegen

der Sommerferien ② _____. Die Praxis ist vom 1.9. bis 8.9. geschlossen.

Nach den Ferien sind wir wieder von 9:00 Uhr bis 16:30 Uhr erreichbar.

③ _____ _____ _____ wenden Sie sich bitte wie immer an unseren

Vertreter, Dr. Wittek, Tel. 0223 998 83 79. Unsere Praxis bleibt Freitag und

Samstag geschlossen. Termine nur nach telefonischer ④ _____.

▶ **Text 5**

Sie hören eine Durchsage am Bahnhof.

Achtung, Achtung an Gleis 6. ① _____ _____ _____ des ICE 5322

von Frankfurt nach Berlin, planmäßige Abfahrtszeit 9:56 Uhr von Gleis 6, bitten

wir Sie, sich umgehend an das gegenüberliegende Gleis 8 zu begeben. Der

ICE 5322 nach Berlin über Hannover wird in ② _____ _____ _____

von Gleis 8 abfahren. Auf Gleis 6 erwarten wir die Durchfahrt des ICE 545 nach

Würzburg. Seien Sie bitte vorsichtig! ③ _____ _____ ....

Sie nehmen an der Beethoven-City-Tour teil und hören vor der Besichtigung einen Vortrag.

Liebe Gäste, ich darf Sie herzlich zur Beethoven-City-Tour begrüßen.
① _____ _____ _____ _____ _____. Wir gehen heute eine Viertelstunde früher als geplant los. Mein Name ist Linda Strauss und ich begleite Sie auf der circa dreistündigen Reise, durch Bonn, auf der Sie alle wichtigen Sehenswürdigkeiten der Stadt sehen werden. Auf den Spuren von Ludwig van Beethoven erfahren Sie alles Wissenswerte aus dem Leben des berühmtesten Sohnes der Stadt. In 5 Minuten werden wir zuerst Beethovens Denkmal besichtigen. Anschließend besuchen wir Beethovens Wohnhaus. Dort kann man viele Dinge besichtigen, die Beethoven zu Lebzeiten benutzt hat, zum Beispiel sein Klavier und seine Partituren. Wie schon gesagt, ② _____ _____ _____ _____ _____ Ludwig van Beethoven.
Er lebte über 20 Jahre in Bonn, bevor er nach Wien zog. Den Abschluss unserer Tour bildet der Besuch von Beethovens Konzerthalle. Diese wurde im Jahr 1959 von den Bürgern der Stadt gegründet. Wenn Sie heute Abend ein Konzert besuchen möchten, sagen Sie mir bitte gleich Bescheid. Heute gibt es ein Konzert, bei dem Werke von Beethoven gespielt werden.
③ _____ _____ _____ _____ _____ _____ _____.
Beethoven ist nicht der einzige Komponist, der in Bonn gewohnt hat. Robert Schumann ist neben Beethoven ein weltbekannter Musiker und Komponist, dem Bonn den Ruf einer Musikstadt zu verdanken hat. Robert Schumann ist auf dem Alten Friedhof in Bonn beerdigt worden. ④ _____ _____ _____ _____ _____. Aber wenn Sie wollen, können Sie diesen später besuchen. Aber dort kann man nicht zu Fuß hingehen. Nehmen Sie lieber den Bus Nr 3. Jetzt können Sie die Rundfahrt auf dem Fluss Rhein genießen.
Und nun einige Informationen über die Souvenirs von Bonn! In Bonn können Sie den Haribo-Fabrikverkauf besuchen.

Dort finden Sie Klassiker und Neuheiten aus anderen europäischen Ländern. Haribo wurde 1920 von Hans Riegel gegründet und der Name Haribo stammt auch von ihm. Hans Riegel hat Haribo 70 Jahre lang geleitet. Für zu Hause haben wir auch ein kleines Geschenk für Sie vorbereitet. Das wäre im Moment alles. ⑤ _____ _____ _____ _____!

Sie sind an einer Bushaltestelle und hören, wie sich ein junger Mann und eine junge Frau über Beruf und Studium unterhalten.

David Hi, Julia. Wie geht's? Wo warst du? Letzte Woche habe ich dich gar nicht gesehen.

Julia Ich hatte in den letzten Wochen keine Zeit fürs Training.
① _____ _____ _____ _____ _____ _____.

David Welche Prüfungen? Setz dich zu mir, hast du Zeit?

Julia Ja aber nur kurz, ich mach zurzeit eine Ausbildung als Friseurin und nächste Woche sind die Prüfungen.

David Ach so, dann hast du wahrscheinlich viel zu tun. Dauert es noch lange, bis du mit der Ausbildung fertig bist?

Julia Nö, ② _____ _____ _____ _____ _____ _____.
Die Ausbildung ist ganz schön anstrengend, aber Friseurin zu werden ist echt toll. Da ich sehr gerne lerne, hatte ich bis jetzt gute Noten.

David Warst du in der Schule auch immer so fleißig?

Julia Nee, dann wäre ich nicht auf die Hauptschule gegangen. Ich fand Schule immer blöd. Erst in der Ausbildung habe ich Spaß am Lernen bekommen. Hier ist alles viel praktischer. Ich brauche nicht wie früher Mathe oder Physik zu lernen.

David Na dann, viel Glück!

Julia Danke. Aber sag mal. Wie läuft es denn bei dir? Piona hat mir erzählt, dass du dein Abitur bestanden hast.

David Das Abitur war super. Ich hab einen Notendurchschnitt von 1.0 bekommen.

Julia Wow, das reicht ja dann fürs Medizinstudium. ③ _____ _____ _____ _____ _____ _____, nicht wahr?

David	Ja. Das will ich auch immer noch. Aber heutzutage machen sehr viele Leute ein sehr gutes Abitur, weil die Prüfungen nicht mehr so schwer sind wie früher.
Julia	Ist das ein Problem?
David	Ja klar, die Studienplätze werden verlost, weil viele sehr gute Noten haben. Daher gibt es ein Losverfahren. Leider hatte ich kein Glück.
Julia	Das ist doch ungerecht. Bist du nicht sauer?
David	Schon, aber ich kann dagegen nichts machen. Ich hoffe nur, dass ich nächstes Jahr mehr Glück habe.
Julia	Und was machst du jetzt?
David	Ich mache ein Praktikum in einem Krankenhaus. Das ist auch interessant.
Julia	Ach, da kommt mein Bus. Wenn die Prüfungen vorbei sind, komme ich auch wieder zum Training.
David	Ja, bis dann. Tschüs! Und noch mal, ④ _____ _____!
Julia	Okay. Mach's gut. Ich rufe dich an.

Die Moderatorin der Radiosendung „Themen Umwelt" diskutiert mit dem Modeberater Günther Wagner und der 17-jährigen Umweltschützerin Lisa Fischer über das Thema „Was kann man für eine bessere Welt tun."

Moderatorin Hallo, liebe Zuhörerinnen und Zuhörer! Willkommen zu unserer heutigen Sendung „Themen Umwelt".

① _____ _____ _____ _____ _____, die ganz wichtig in unserem Leben ist. Dazu haben wir als Gäste, Herr Günther Wagner, ein Lehrer im Gymnasium und Lisa Fischer, die schon vieles versucht hat, eingeladen.

Lisa Wagner, Hallo!

Moderatorin Lisa, ich habe gehört, dass Sie schon seit langem versucht haben, die Umwelt zu schützen. ② _____ _____ _____ _____ _____?

Lisa Unsere Schule war eine von etwa 30 Umweltschulen in Europa, weil an meiner Schule sich viel um den Umweltschutz dreht. Daher haben wir den Titel bisher jedes Jahr verliehen bekommen.

Moderatorin Ach so. Das ist sehr interessant. ③ _____ _____ _____ _____? Erzählen Sie ein bisschen mehr darüber.

Lisa Es geht darum, die Schülern über Umweltthemen zu informieren. Zum Beispiel so viel CO2 wie möglichst einzusparen u.s.w. Zuerst würde ich über meine Erfahrung erzählen. Drei Jahre lang war ich eine Energiebeauftragte. Es gab zwei Energiebeauftragten pro Klasse und ich war eine davon. Es hat mir von Anfang an gut gefallen, dabei zu helfen, die Klassen über Umweltverschmutzung aufzuklären und Recycling-Schulhefte zu verkaufen. Darüber hinaus habe ich darauf geachtet, ob das Licht im Raum ausgemacht wurde und die Heizungen heruntergedreht und die Fenster geschlossen waren.

Moderatorin   Herr Wagner, nun zu Ihnen ④ _____ _____ _____

                            _____ _____ .

Wagner   Ich bin Lehrer. Und jeden Tag versuche ich mit meinen
Schülern viele Dinge für die Umwelt zu probieren und zu
schaffen. Ich finde es wichtig, zu tun, was wir können. Zum
Beispiel, wenn wir mehr laufen, werden wir fit. Das ist doch
ganz logisch. Und wir stoßlüften stündlich für einige Minuten.
So heizt man nicht zum Fenster raus, die Schüler können
sich aber trotzdem weiterhin gut konzentrieren, und es wird
im Klassenzimmer nicht zu kalt. Vielleicht muss man sich
manchmal klarmachen, dass jeder die Verantwortung dafür
trägt und umdenken muss, dass es nicht nur für die großen
Konzerne gilt.

Moderatorin   Da stimme ich zu. ⑤ _____ _____ _____ _____

                  _____ _____ _____ , dass sich junge Leute auch für
den Umweltschutz und die Politik interessieren. Was für eine
Meinung haben Sie noch?

Wagner   Ich denke auch genau so wie Sie, weil wir genau die
Generation sind, die schon bald die wichtigen Entscheidungen
treffen wird. Es kommt darauf an, ob man Bescheid weiß oder
nicht, was gerade passiert.

Lisa   ⑥ _____ _____ _____ _____ , deshalb wollte ich
bei Greenpeace mitmachen. Meine Eltern haben mir auch
empfohlen, dass ich bei Greenpeace mitmache.
Sie haben mit mir immer viel über Nachhaltigkeit gesprochen.
Sie stimmen zu, dass ich was tun soll, was ich machen kann.
Daher fanden sie es natürlich toll, dass ich zu Greenpeace
gegangen bin. Und sie sind immer darauf gespannt, was ich
als Nächstes vorhabe.

Moderatorin   Herr Wagner, machen Sie auch so etwas wie Lisa?

Wagner   Ja, klar. ⑦ _____ _____ _____ _____ _____ _____

                  _____ , die sich jede Woche trifft, um über aktuelle
Themen und Aktionen zu diskutieren.

	Circa 20 aktive Jugendliche geben mir immer positive Energie, danach kochen wir oft selbst und versuchen, Vegetarisch zu essen. Sie organisieren sich selbst, werden nicht von Erwachsenen geleitet. Wenn wir zum Beispiel eine Aktion gegen Kohlekraft machen wollen, planen wir alle Schritte gemeinsam
Moderatorin	Gibt es sonst noch etwas, das wir beachten sollten?
Wagner	Strom sparen und keinen Müll in den Wald werfen- es sind keine großen Gesten. Oder wir können einen Teil vom Taschengeld dem Umweltschutz spenden.
Lisa	Ja, das ist auch eine gute Idee. Aber ich bin die einzige, die sich bei Greenpeace engagiert, obwohl es in meiner Schule tausende von Schülern gibt. Wie schon erwähnt finde ich es schade, dass sich so wenige Jugendliche für den Umweltschutz engagieren.
Moderatorin	Eben! Erzählen Sie bitte ein bisschen mehr davon!
Lisa	Durch mein Engagement bei der Greenpeace-Jugend bin ich in meinem Auftreten selbstsicherer geworden. Und ich traue mir inzwischen mehr zu, weil ich dort gelernt habe, für meine Meinung einzustehen. ⑧ _____ _____ _____ _____ _____ _____ _____ _____ _____ _____. Ich war anfangs in der Gruppe relativ schüchtern, aber man kann dort lernen, seine Meinung deutlich zu äußern.
Wagner	Je tiefer man in das Thema Umweltschutz einsteigt, desto schwieriger wird es, nichts zu tun. Wir müssen lernen, dass unsere täglichen Entscheidungen den Unterschied machen um sie in die Praxis umzusetzen.
Moderatorin	Muss ich unbedingt Auto nutzen? ⑨ _____ _____ _____ _____ _____? Sollte ich versuchen, vegetarisch zu essen? Wer sich diese Fragen stellt, ist aus meiner Sicht schon auf dem richtigen Weg. Was könnten wir noch sagen? Wir könnten ja noch viel darüber sprechen. Aber die Zeit ist leider um. Meine Damen und Herren, ich bedanke mich und wünsche Ihnen noch einen schönen Nachmittag!

Die Moderatorin der Radiosendung „Treffpunkt Berlin" spricht mit den Besuchern einer Gesundheitsmesse, Sabine Lauren und Alexander Pfeiffer über das Thema „So führen Sie ein gesundes Leben".

Moderatorin	Hallo, liebe Zuhörerinnen und Zuhörer! Herzlich willkommen zu unserer heutigen Sendung „Treffpunkt Berlin", der täglichen Nachmittagssendung mit interessanten Themen aus und über Berlin. Während der jetzt laufenden Gesundheitsmesse präsentieren wir eine Sondersendung zum Thema ① „_____ _____ _____ _____ _____ _____". Dazu haben wir als Gäste, die Ernährungsberaterin einer großen Firma Sabine Lauren, und den Lehrer Alexander Pfeiffer eingeladen. Frau Lauren, woher kennen Sie die Gesundheitsmesse?
Fr. Lauren	Aus beruflichen Gründen. Ich habe im Internet gelesen, dass die Gesundheitsmesse stattfindet. Ich arbeite in meiner Firma als Ernährungsberaterin. Daher versuche ich, den Kollegen deutlich zu machen, wie wichtig es ist, gesund zu leben. Was man dafür tun kann und soll, dazu habe ich mir neue Ideen von der Messe geholt.
Moderatorin	② _____ _____ _____ _____ _____ _____ _____ _____ _____. Herr Pfeiffer, nun zu Ihnen: Sie kommen ja aus einem anderen Berufsfeld, nicht wahr?
Hr. Pfeiffer	Richtig. Ich unterrichte in einem Gymnasium, die achte Klasse. Als Lehrer trage ich für meine Schülerinnen und Schüler nicht nur die Verantwortungen für einen guten Unterricht, sondern auch für ihre Gesundheit bei.
Fr. Lauren	③ _____ _____ _____ _____ _____ _____ _____ _____, dass die Schülerinnen und Schüler leistungsfähig, motiviert und gesund bleiben.

	Und was haben Sie dazu auf der Gesundheitsmesse erfahren?
Hr. Pfeiffer	Ich fand die Messe sehr interessant. Vieles war natürlich bekannt, besonders die Präsentationen zum Thema „Das gesunde Klassenzimmer": rückenfreundliche Stühle und Schreibtische, gute Ernährungsgewohnheiten usw. Das sind Dinge, auf die wir in unserer Schule schon lange achten. Das finde ich super, denn wir sitzen heutzutage viel zu viel und das ist nicht gut für den Rücken und auch schlecht für die Konzentration.
Moderatorin	Herr Pfeiffer, Gymnastik und Entspannungsübungen während des normalen Unterrichts, ④ _____ _____ _____ _____ _____ _____ _____ _____?
Hr. Pfeiffer	Ja, natürlich!
Moderatorin	Ein anderer wichtiger Punkt auf der Messe war die gesunde Ernährung! Eigentlich gibt es heutzutage doch kaum noch Neuigkeiten in diesem Gebiet, oder?
Fr. Lauren	Stimmt, eigentlich wissen die meisten Menschen heute, wie wichtig gute Ernährung ist und was das bedeutet. Aber im Alltag verhalten sie sich trotzdem oft anders. Da siegt meistens der billige Snack vom Imbiss an der Ecke. An gesundes Essen wird da weniger gedacht. Wir haben mal versucht in der Kantine gesündere Gerichte, mit weniger Fleisch und mehr Gemüse und Salat anzubieten, aber das fanden viele Mitarbeiter nicht gut.
Hr. Pfeiffer	Also in unserer Schule waren wir erfolgreicher. Wir haben in unserer Kantine dafür gesorgt, dass den Schülern nur gesunde Speisen und Getränke angeboten werden: viel Obst und Gemüse, nicht so viel Fleisch, keine Pommes, Mineralwasser und Obstsäfte statt Limonade.
Fr. Lauren	Und ⑤ _____ _____ _____ _____ _____?
Hr. Pfeiffer	Ich glaube ja.
Moderatorin	Noch einmal zurück zur Messe: Gab es noch etwas wirklich Neues für Sie?

Hr. Pfeiffer	Bei mir ja! Ich habe eine Menge merkwürdige Methoden gesehen, zum Beispiel: „Leben nach der „Lachtherapie", „Märchen Therapie" usw. Ich fand das auch nicht total negativ. Aber ich halte diese Dinge einfach nicht für sinnvoll. Man muss doch nicht alles ausprobieren.
Fr. Lauren	Ich glaube da irren Sie sich. Ich denke, dass es ein Fehler ist, wenn man im Leben nicht auch mal etwas Neues ausprobiert.
Moderatorin	Ja, die alternativen Methoden wären ganz sicher ein Diskussionsthema für eine ganze Sendung, aber wir müssen leider langsam zum Ende kommen. Können Sie beide uns zum Schluss noch sagen, welche Ratschläge Sie persönlich zum Thema „Gesund leben" haben? Frau Lauren, ⑥ _____ _____ _____?
Fr. Lauren	Gerne. Also ich meine ein „zufriedenen Leben" ist die beste Medizin. Vor allem ist es wichtig, dass man Zeit für Erholung an den Abenden, am Wochenende und im Urlaub haben sollte. ⑦ _____ _____ _____ _____ _____ _____ _____, aber dabei sollte man nicht so streng sein.
Hr. Pfeiffer	Die Freizeit gehört auch zu einem zufrieden Leben. Man sollte sich die Zeit so einteilen, dass man nicht nur seine Arbeit, sondern auch Dinge macht, die Spaß machen. Und dazu immer in Bewegung sein.
Moderatorin	Ich sehe schon, da gibt es noch einiges, worüber wir noch sprechen könnten, aber die Zeit ist leider um. Wir müssen jetzt Schluss machen. Bis zur nächsten Sendung, auf Wiederhören!

듣기 활동지 정답

Teil 1 ● ● ● ●

▶ **Beispiel**

정답 ① wollten

② günstige Flüge

③ Ansonsten

④ am besten

어휘 **wollten** [m.v] ~하기를 원했다 (wollen의 과거) | **günstige Flüge** 저렴한 항공편 | **ansonsten** [adv.] 그렇지 않으면 | **am besten** 가장 좋은 것은

▶ **Text 1**

정답 ① In unserer Sendung

② Koreanischen Filmpreis

③ Ermäßigung

어휘 **die Sendung** [n.] 방영 프로그램 | **der Filmpreis** [n.] 영화상 | **die Ermäßigung** [n.] 할인

▶ **Text 2**

정답 ① bewölkt

② Schneefall

③ lockert

④ erwartet

어휘 **bewölkt** [a.] 흐린 | **der Schneefall** [n.] 강설 | **auflockern** [v.] 풀어지다 | **erwarten** [v.] 기대되다

▶ **Text 3**

① Leider

② Größe 38

③ deswegen

④ Stammkundin

leider [adv.] 유감스럽게도 ｜ **die Größe** [n.] 사이즈 ｜ **deswegen** 그래서 ｜ **die Stammkundin** [n.] (여자) 단골고객

▶ **Text 4**

① ist

② geschlossen

③ In dringenden Fällen

④ Vereinbarung

geschlossen [a.] 닫힌 ｜ **dringend** [a.] 위급한 ｜ **die Vereinbarung** [n.] 협의

▶ **Text 5**

① Wegen der Verspätung

② etwa 10 Minuten

③ Ich wiederhole

wegen [prp.] ~ 때문에 (2격 전치사) ｜ **die Minute** [n.] 분 ｜ **wiederholen** [v.] 반복하다

Teil 2 ••••

① Alle Touristen sind schon da
② Bonn ist die Geburtsstadt von
③ Bei uns können Sie eine Ermäßigung bekommen
④ Wir gehen heute nicht dorthin
⑤ Genießen Sie die Reise

die Geburtsstadt [n.] 출생 도시 | **die Ermäßigung** [n.] 할인 | **bekommen** [v.] 받다 | **genießen** [v.] 즐기다

Teil 3 ••••

① Ich musste mich auf Prüfungen vorbereiten
② das sind jetzt die letzten Prüfungen
③ Du wolltest doch immer Arzt werden
④ viel Glück

mussten [m.v] ~해야만 했다 (müssen의 과거) | **vorbereiten** [v.] 준비하다 | **letzt** [a.] 마지막 | **wollten** [m.v] ~을 원했다 (wollen의 과거)

Teil 4 ••••

정답
① Heute geht es um Umwelt

② Wie haben Sie daran gedacht?

③ Was braucht man dafür?

④ Stellen Sie sich mal vor

⑤ Meiner Meinung nach ist es extrem wichtig

⑥ Damit bin ich einverstanden

⑦ In der Schule haben wir eine Gruppe

⑧ Kommen Sie dieses Jahr und schreiben Sie sich ein

⑨ Brauche ich wirklich Plastiktüten

어휘 **die Umwelt** [n.] 환경 | **haben...gedacht** [v.] 생각했다 (denken의 현재완료) | **sich vorstellen** [v.] 상상하다 | **extrem** [a.] 극도로 | **einverstanden** [a.] 동의한 | **die Plastiktüte** [n.] 비닐봉지

Teil 4 번외편 ••••

정답
① So führen Sie ein gesundes Leben

② Auf die neuen Ideen kommen wir später noch zurück

③ Deshalb müssen Sie als Lehrer auch dafür sorgen

④ wäre das auch für Sie in der Schule interessant?

⑤ sind die Schüler damit zufrieden?

⑥ wollen Sie anfangen?

⑦ Außerdem sollte man gut essen und trinken

어휘 **führen** [v.] 이끌다 | **sorgen** [v.] 근심하다, 염려하다 | **interessant** [a.] 흥미있는 | **zufrieden** [a.] 만족한 | **anfangen** [v.] 시작하다 | **essen** [v.] 먹다 | **trinken** [v.] 마시다

부록

— 특정 전치사와 결합하는 동사
— 강변화 및 불규칙 동사표

특정 전치사와 결합하는 동사

동사가 특정 전치사와 결합하면 다양한 의미를 갖게 되는데, 때때로 전혀 다른 뜻을 가지게 되는 경우도 있으므로 특정 전치사와 결합된 동사의 의미는 다양한 예문을 통하여 학습하고 외우는 것이 가장 좋습니다.

동사는 자동사와 타동사로 나누어집니다. 자동사는 직접적으로는 목적어가 올 수 없으며, 타동사는 직접적인 목적어가 와야만 합니다. "antworten"과 "beantworten"을 예를 들어 구체적으로 설명해 보도록 하겠습니다. "antworten"은 자동사이므로 전치사가 없이는 목적격이 올 수가 없습니다. 그렇기 때문에 "Ich antworte die Frage."는 올바른 표현이 아닙니다.
"antworten"에 목적어를 사용할 때에는 전치사 auf와 명사가 결합된 전치사 구를 사용하여 "Ich antworte auf die Frage." – "나는 그 질문에 대답한다."라고 해야 올바른 표현이 됩니다. 다시 말해 자동사의 의미를 구체화하고자 할 때는 전치사구와 자동사를 연결하는 방법을 사용해야 합니다.
반면에 beantworten은 타동사이므로 "Ich beantworte die Frage." – "나는 그 질문에 대답한다." 이렇게 문장이 형성됩니다.

※1격 Nominativ, 2격 Genetiv, 3격 Dativ, 4격 Akkusativ

▶ **denken an + A** [누구를/무엇을] 생각하다, 상기하다, 기억하다

Bitte denk an Mutters Geburtstag nächsten Sonntag.
다음 주 일요일에 있는 엄마의 생일을 기억해 줘.

▶ **sich erinnern an + A** [누구를/무엇을] 기억하다, 생각하다

Ich erinnere mich gern an die Zeit in Spanien.
나는 스페인에서의 시간을 기억하는 것을 좋아해.

▶ **sich gewöhnen an + A** [무엇에] 대해 적응하다

Ich kann mich an das Klima hier nicht gewöhnen.
나는 이곳의 기후에 적응할 수가 없어.

▶ **glauben an + A** [누구를/무엇을] 믿다

Glauben Sie an Horoskope?
점성술을 믿으시나요?

▶ **schicken an + A** ～에게 보내다

Ich habe Postkarten an meine Freunde geschickt.
나는 친구들에게 엽서를 보냈다.

▶ **schreiben an + A** ～에게 쓰다

Sie haben einen Brief an den Bürgermeister geschrieben.
당신은 시장에게 편지를 썼습니다.

▶ **senden an + A** ～로 보내다

Bitte senden Sie die Formulare an meine Privatadresse.
양식을 저의 개인 주소로 보내 주세요.

▶ **sich wenden an + A** ～에게 의논하다, 의지하다

An wen muss ich mich wegen des Stipendiums wenden?
장학금을 위해서 제가 누구에게 의논해야만 하나요?

▶ **arbeiten an + D** [무엇을] 연구하다

Er arbeitet zurzeit an seiner Doktorarbeit.
그는 현재 박사 학위 논문을 연구 중이다.

▶ **ändern an + D** [무엇을] 바꾸다

An diesem Prüfungstermin kann man leider nichts ändern.
이 시험 날짜는 유감스럽게도 아무것도 변경할 수 없다.

▶ **sich beteiligen an + D** ～에 참여하다

Alle beteiligten sich lebhaft an der Diskussion.
모두가 활발하게 토론에 참여했다.

▶ **erkennen an + D** ～로 인식하다

Ich habe ihn an seiner Stimme erkannt.
나는 그의 목소리로 그를 인식했다.

▶ **hindern an + D** [무엇을] 방해하다

Neugierige hinderten den Krankenwagen an der Weiterfahrt.
호기심이 많은 사람들이 구급차가 지나가는 것을 방해했다.

▶ **interessiert an + D** ～에 관심 있다

Sind Sie an Informationsmaterial interessiert?
당신은 정보 자료에 관심이 있습니까?

▶ **leiden an + D** [어떠한 질병에] 걸리다

Er litt jahrelang an einer schweren Krankheit.
그는 여러 해 동안 심각한 질병에 걸려있었다.

▶ **liegen an + D** ～의 책임이다

An wem liegt es, dass ihr euch immer streitet?
너희가 항상 싸우는 것은 누구의 책임이니?

▶ **sterben an + D** ～로 인해 죽다

Schließlich starb er an einem Herzinfarkt.
마침내 그는 심근경색으로 죽었다.

▶ **teilnehmen an + D** ～에 참여하다

Ich habe an einem Italienischkurs teilgenommen.
나는 이탈리아어 수업에 참여했다.

▶ **zweifeln an + D** [누구를/무엇을] 의심하다

Die Polizei zweifelte an seinen Aussagen.
그 경찰은 그의 진술을 의심했다.

▶ **achten auf + A** [누구를/무엇을] 조심하다

Autofahrer müssen besonders auf spielende Kinder achten.
운전자는 놀고 있는 아이들을 특별히 조심해야만 한다.

▶ **ankommen auf + A** ～에게 달려 있다

Bei Kritik kommt es immer auf den Ton an.
비판할 때 항상 어조에 달려 있다.

▶ **antworten auf + A** ～에 대해 답하다

Haben Sie schon auf seinen letzten Brief geantwortet?
당신은 이미 그의 마지막 편지에 답장했나요?

▶ **aufpassen auf + A** [누구를/무엇을] 돌보다, 주의하다

Sie musste immer auf ihren kleinen Bruder aufpassen.
그녀는 항상 그녀의 남동생을 돌봐야만 했다.

▶ **eingehen auf + A** ～에 응하다, 동의하다

Die Hoteldirektion ist auf alle unsere Wünsche eingegangen.
호텔 관리자는 우리의 모든 요구에 응했다.

▶ **sich freuen auf + A** ～을 (즐거움으로 삼고) 기다리다

Ich freue mich auf das Wochenende.
나는 주말을 기대한다.

▶ **hinweisen auf + A** ～을 가르쳐 주다

Der Verkehrsfunk weist regelmäßig auf die Verkehrslage hin.
교통 정보는 정기적으로 교통 상황을 가르쳐 준다.

▶ **hoffen auf + A** ～을 바라다

Wir hoffen auf gutes Wetter am Wochenende.
우리는 주말 날씨가 좋기를 바란다.

▶ **reagieren auf + A** ～에 대해 민감하다, 반응하다

Die Touristen haben nicht auf die Warnung reagiert.
여행객은 경고에 민감하지 않았다.

▶ **schimpfen auf + A** ～에게 욕하다, 꾸짖다

Autofahrer schimpfen oft auf die Polizei.
운전자는 자주 경찰에게 욕을 한다.

▶ **sich verlassen auf + A** [누구를/무엇을] 믿다, 의지하다

Auf die Wettervorhersage kann man sich meist verlassen.
대부분의 사람들이 일기예보를 믿는다.

▶ **verzichten auf + A** ~을 포기하다

Auf seinen Urlaub möchte niemand gern verzichten.
아무도 휴가를 포기하고 싶어 하지 않는다.

▶ **sich vorbereiten auf + A** ~을 준비하다

Haben Sie sich gut auf die Prüfung vorbereitet?
당신은 시험을 잘 준비했나요?

▶ **warten auf + A** [누구를/무엇을] 기다리다

Ich warte auf einen Brief von zu Hause.
나는 집에서 오는 편지를 기다린다.

▶ **zugehen auf + A** ~를 향해 행동하다

Lisa geht immer freundlich auf alle Leute zu.
Lisa는 항상 모든 사람들에게 친절하게 행동한다.

▶ **basieren auf + D** ~에 기초를 두다

Die Theorie basiert auf wissenschaftlichen Erkenntnissen.
이 이론은 학술적인 연구 결과에 기초를 두고 있다.

▶ **bestehen auf + D** ~을 고집하다, 주장하다

Er bestand auf einer Entschuldigung.
그는 사과하는 것을 고집했다.

▶ **bestehen aus + D** ~로 구성되다

Die Prüfung besteht aus drei Teilen.
시험은 세 부분으로 구성된다.

▶ **entnehmen aus + D** (편지, 말에서) 추측하다

Aus dem Brief kann man entnehmen, dass sie keine Zeit hat.
편지에서 그녀가 시간이 없다는 추측할 수 있다.

▶ **helfen bei + D** ~에게 대해 도움을 주다

Niemand hat mir bei meinem Referat geholfen.
아무도 나의 발표에 도움을 주지 않았다.

sich bedanken bei + D für + A ~에게 [무엇을] 감사하다

Ich möchte mich bei Ihnen für Ihre freundliche Hilfe bedanken.
나는 당신의 친절한 도움에 감사하고 싶다.

sich entschuldigen bei + D für + A ~에게 [무엇을] 사과하다

Der Ober entschuldigte sich bei dem Gast für das kalte Essen.
웨이터는 손님에게 차가운 음식에 대하여 사과했다.

sich beschweren bei + D über + A
~에게 ~에 대하여 불평하다, 불만을 호소하다

Der Gast beschwerte sich bei dem Ober über das kalte Essen.
손님은 웨이터에게 차가운 음식에 대하여 불평했다.

ausgeben für + A ~을 위해 지출하다

Für die Freizeit gibt man bei uns relativ viel Geld aus.
우리는 여가를 위하여 상대적으로 많은 돈을 지출한다.

danken für + A [무엇을] 고마워하다

Sie hat ihm für die Hilfe vielmals gedankt.
그녀는 그에게 여러 번 도움을 준 것에 대해 감사했다.

sich entscheiden für + A ~을 결정하다

Ich habe mich diesmal für eine Bildungsreise entschieden.
나는 이번에는 교육 여행을 하기로 결정했다.

halten für + A ~으로 생각하다, ~라고 여기다

Touristen halten den Rhein für einen romantischen Fluss.
관광객은 라인강을 낭만적인 강이라고 생각한다.

sich halten für + A 스스로 ~라고 생각하다

Er hält sich für intelligent.
그는 스스로 지적이라고 생각한다.

▶ **sich interessieren für + A** ~에 관심을 가지다

Interessieren Sie sich für Politik?
당신은 정치에 관심이 있나요?

▶ **kämpfen für + A** ~을 위해 싸우다

Die Gewerkschaften kämpfen nicht nur für höhere Löhne.
노동조합은 더 높은 임금만을 위해 싸우는 것은 아니다.

▶ **sein für + A** ~에 대해 찬성하다

Sind Sie für die 32 Stunden Woche?
당신은 주당 32시간 근무에 찬성하십니까?

▶ **sorgen für + A** [누구를/무엇을] 돌보다

Eltern müssen für ihre Kinder sorgen.
부모는 그의 자녀를 돌보아야만 한다.

▶ **sich entscheiden gegen + A** [무엇을] 결정하다

Er hat sich gegen den Kauf des Hauses entschieden.
그는 주택을 구입하는 것으로 결정했다.

▶ **kämpfen gegen + A** ~대항하여 싸우다

Frauen müssen im Beruf oft gegen Vorurteile kämpfen.
여성은 직업에서 자주 고정관념에 대항하여 싸워야만 한다.

▶ **protestieren gegen + A** ~에 대해 항의하다

Die Autofahrer protestierten gegen die Benzinpreise.
운전자는 휘발유 가격에 대해 항의했다.

▶ **sein gegen + A** ~에 대하여 반대하다

Die Arbeitgeber sind gegen die 32 Stunden Woche.
고용주는 주당 32시간 근무에 반대한다.

▶ **sich verlieben in + A** ~와 사랑에 빠지다

Die Prinzessin verliebte sich in einen Frosch.
공주는 개구리와 사랑에 빠졌다.

▶ **anfangen mit + D** [무엇을] 시작하다

Wann fangen Sie mit dem Unterricht an?
당신은 언제 수업을 시작합니까?

▶ **aufhören mit + D** [무엇을] 멈추다

Wann hören Sie mit dem Unterricht auf?
당신은 언제 수업을 그만둡니까?

▶ **beginnen mit + D** ~을 시작하다

Die Prüfung beginnt mit einer Textwiedergabe.
시험은 텍스트 재생으로 시작됩니다.

▶ **sich beschäftigen mit + D** ~에 전념하다, 집중하다

Ich habe mich intensiv mit Deutsch beschäftigt.
나는 독일어에 집중적으로 전념했다.

▶ **rechnen mit + D** [무엇을] 기대하다

Wir rechnen mit einem schönen Sommer.
우리는 아름다운 여름을 기대한다.

▶ **telefonieren mit + D** ~와 통화하다

Ich habe gestern mit meinem Vater telefoniert.
나는 어제 나의 아버지와 통화했다.

▶ **sich verabreden mit + D** ~와 만나는 약속을 잡다

Um wie viel Uhr hast du dich mit Peter verabredet?
몇 시에 너는 Peter와 만나는 약속을 잡았니?

▶ **vergleichen mit + D** ~와 필적하다, 견주다

Man kann Brecht nicht mit Goethe vergleichen.
Brecht와 Goethe를 견줄 수 없다.

▶ **sich verstehen mit + D** ~와 관계가 좋다

Sie versteht sich mit ihrer Schwiegermutter nicht gut.
그녀는 시어머니와 관계가 좋지 않다.

▶ **zusammenhängen mit + D** ~와 관계가 있다

Seine Müdigkeit hängt mit seiner Krankheit zusammen.
그의 피곤함은 그의 병과 관련이 있다.

▶ **reden mit + D... / über + A** ~와 ~에 대하여 이야기하다

Er will mit ihr über ihre Beziehung reden.
그는 그녀와 그들의 관계에 대하여 이야기하기를 원한다.

▶ **sprechen mit + D / über + A** 누구와 ~에 대해 말하다

Er hat mit seinem Chef über sein Gehalt gesprochen.
그는 상사와 월급에 관해 이야기했다.

▶ **sich streiten mit + D / über + A** 누구와 ~에 대해 논쟁하다

Ich möchte mich mit Ihnen nicht über gutes Benehmen streiten.
나는 당신과 좋은 에티켓에 대해서 논쟁하고 싶지 않습니다.

▶ **sich unterhalten mit + D / über + A** 누구와 ~에 대해 이야기하다

Ich habe mich mit ihr über das Schulsystem in Polen unterhalten.
나는 그녀와 폴란드의 학교 제도에 대해 이야기했다.

▶ **sich treffen mit + D / zu + D** 누구와 ~을 하려고 만나다

Wir treffen uns um 8 Uhr mit Freunden zu einem Glas Wein.
우리는 친구들과 8시에 함께 와인 한 잔을 하려고 만난다.

▶ **aussehen nach + D** ~같이 보이다

Es sieht nach Regen aus.
비가 올 것 같이 보인다.

▶ **sich erkundigen nach + D** ~에 대해 문의하다

Ich möchte mich nach Mitfahrgelegenheiten erkundigen.
나는 동승 기회에 대해 문의하고 싶다.

▶ **fragen nach + D** ~에게 질문하다

Ach, Herr Berg, der Chef hat schon nach Ihnen gefragt.
아, Berg씨, 사장님이 당신에 대해 벌써 물어보셨습니다.

▶ **riechen nach + D** ～의 냄새가 나다

Hier riecht es nach Fisch.
여기에서 생선 냄새가 난다.

▶ **schmecken nach + D** ～의 맛이 나다

Das Fleisch schmeckt nach nichts.
그 고기는 아무 맛도 나지 않는다.

▶ **sich ärgern über + A** ～에 대해 화나다

Ärgern Sie sich auch über rücksichtslose Autofahrer?
당신도 배려가 없는 운전자에 대해 화가 납니까?

▶ **sich aufregen über + A** ～에 대해 흥분하다, 격분하다

Heute regt man sich kaum noch über unverheiratete Paare auf.
오늘날 사람들은 미혼 커플에 대하여 전혀 흥분하지 않는다.

▶ **sich beklagen über + A** ～에 대해 불평하다

Oft beklagen sich Studenten über das Essen in der Mensa.
대학생들은 학생 식당에 음식에 대해 자주 불평한다.

▶ **berichten über + A** ～에 대해 보고하다

Berichten Sie bitte über das Experiment.
실험에 대해 보고하세요.

▶ **diskutieren über + A** ～에 대해 토론하다

Wir haben über die Probleme des Energiesparens diskutiert.
우리는 에너지 절약 문제에 대하여 토론했다.

▶ **sich einigen über + A** 누구와 ～에 대해 합의하다

Über den Preis müssen wir uns noch einigen.
우리는 아직 가격에 대해 합의해야만 한다.

▶ **erschrecken über + A** ～에 대해 놀라다

Erschrecken Sie nicht über die hohe Rechnung.
비싼 계산서에 대해 놀라지 마세요.

▶ **erzählen über + A** ～에 대해 설명하다

Erzählen Sie uns etwas über Ihre Familie.
당신의 가족에 대해 우리에게 조금 설명해 주세요.

▶ **erzählen von + D** ～에 대해 설명하다

Sie erzählte ihrem Mann von dem Unfall.
그녀는 자기 남편의 사고에 대해 설명했다.

▶ **sich freuen über + A** ～에 대해 기쁘다

Über Ihr Geschenk habe ich mich sehr gefreut.
나는 당신의 선물에 대해 매우 기뻤습니다.

▶ **sich informieren über + A** ～에 대해 조사하다, 정보를 수집하다

Ich möchte mich über Charter-Flüge informieren.
나는 전세 항공편에 대하여 알고 싶습니다.

▶ **klagen über + A** ～에 대해 호소하다

Bei schlechtem Wetter klagen viele Leute über Schmerzen.
좋지 않은 날씨 때문에 많은 사람이 고통을 호소합니다.

▶ **lachen über + A** ～에 대해 웃다

Über solche Witze kann ich nicht lachen.
이런 농담에 대해 나는 웃을 수가 없다.

▶ **nachdenken über + A** ～을 숙고하다

Über dieses Problem habe ich lange nachgedacht.
나는 이 문제를 오랫동안 숙고했다.

▶ **reden über + A** ～에 대해 이야기하다

Warum reden die Leute immer über das Wetter?
사람들은 왜 항상 날씨에 대하여 이야기를 하는가?

▶ **sagen über + A** ～에 대해 말하다

Können Sie mir etwas Positives über ihn sagen?
당신은 나에게 그에 대해 긍정적인 무언가를 말해 주실 수 있습니까?

▶ **schimpfen über + A**   ～을 비난하다

Die Autofahrer schimpfen über die Benzinpreiserhöhung.
운전자는 휘발유 가격 상승을 비난한다.

▶ **sprechen über + A**   ～에 대해 이야기하다

Professor Messner spricht über moderne Literatur.
Messner교수는 현대문학에 대해 이야기한다.

▶ **verhandeln über + A**   ～에 대해 협상하다

Sie verhandelten lange über die Verkaufsbedingungen.
그들은 오랫동안 판매 조건에 대해 협상했다.

▶ **wissen über + A**   ～에 대해 알다

Was weißt du über die australischen Ureinwohner?
너는 호주 원주민에 대하여 무엇을 알고 있니?

▶ **sich wundern über + A**   ～에 대해 놀라다

Sie wunderten sich über die hohen Hotelpreise.
그들은 비싼 호텔 가격에 놀랐다.

▶ **sich bemühen um + A**   ～을 위해 노력하다

Man muss sich um gute Kontakte zu Mitstudenten bemühen.
동료 학생들과 좋은 관계를 유지하기 위해 노력해야만 한다.

▶ **sich bewerben um + A**   ～에 지원하다

Ich habe mich um einen Wohnheimplatz beworben.
나는 기숙사 방에 지원했다.

▶ **bitte um + A**   ～을 부탁하다

Darf ich Sie um einen Gefallen bitten?
제가 당신에게 호의를 부탁해도 될까요?

▶ **gehen um + A**   ～에 대한 것이다

Es geht um Ihren Reisepass, Herr Berg.
당신의 여권에 관련된 것입니다. Berg 씨.

▶ **sich handeln um + A** ~에 관련되다

Hier handelt es sich ganz klar um ein Verbrechen.
여기는 분명 확실히 범죄와 관련되어 있다.

▶ **sich kümmern um + A** ~을 신경쓰다

Ich kümmere mich nicht um die Meinung der Leute.
나는 사람들의 의견에 신경을 쓰지 않는다.

▶ **fallen unter + A** ~로 간주되다

Etwas zu essen stehlen fällt unter Kleinkriminalität.
먹는 것을 훔치는 것은 사소한 범죄로 간주된다.

▶ **leiden unter + D** ~으로 고통받다, 괴로워하다

Sie litt unter den schlechten Arbeitsbedingungen.
그녀는 나쁜 노동 조건으로 고통 받았다.

▶ **verstehen unter + D** ~으로 이해하다

Was versteht man eigentlich unter einem „Fettnäpfchen"?
"심술"이 실제로 의미하는 것이 무엇입니까?

▶ **sich vorstellen unter + D** ~에 대하여 생각하다

Unter „Sozialismus" stellt sich fast jeder etwas anderes vor.
거의 모두가 "사회주의"에 대하여 다르게 생각한다.

▶ **abhängen von + D** ~에 달려있다, ~에 의존하다

Es hängt vom Wetter ab, ob das Konzert im Freien stattfindet.
콘서트가 야외에서 열리는지에 대한 여부는 날씨에 달려있다.

▶ **abgesehen von + D** ~을 제외하고

Abgesehen von einigen sprachlichen Fehlern ist die Arbeit gut.
몇 개의 언어적인 실수를 제외하고 그 작업은 훌륭하다.

▶ **ausgehen von + D** ~로 알다, ~로 발산되다

Ich gehe davon aus, dass Sie die Prüfungsbedingungen kennen.
나는 당신이 시험 조건을 알고 있다고 생각한다.

▶ **erfahren von + D**   ~을 알게 되다, 인지하다

Von seinem Tod habe ich erst durch die Zeitung erfahren.
나는 신문에서 그의 죽음을 알게 되었다.

▶ **sich erholen von + D**   ~로 부터 회복되다

Er erholte sich nur langsam von seiner schweren Krankheit.
그는 중한 질병으로부터 서서히 회복되었다.

▶ **handeln von + D**   ~에 관한 것이다

Der Film handelt vom Zweiten Weltkrieg.
그 영화는 2차 세계대전에 관한 것이다.

▶ **hören von + D**   ~에 대해 듣다

Ich habe lange nichts von meinem Bruder gehört.
나는 오랫동안 나의 오빠에 대해 아무것도 듣지 못했다.

▶ **reden von + D** ~에 대해 말하다

Reden wir nicht vom Geld!
우리 돈에 대하여 말하지 말자!

▶ **sehen von + D**   ~으로 보이다

Von den Folgen des Krieges sieht man fast nichts mehr.
전쟁의 결과로 거의 아무것도 보이지 않는다.

▶ **träumen von + D**   ~을 꿈꾸다

Viele Leute träumen von einem großen Lottogewinn.
많은 사람은 크게 복권에 당첨되기를 꿈꾼다.

▶ **sich trennen von + D**   ~와 이혼하다

Sie hat sich von ihrem Mann getrennt.
그녀는 자기 남편과 이혼했다.

▶ **sich überzeugen von + D**   ~에 대해 확인하다, ~을 확신하다

Er wollte sich selbst von der Lage des Hotels überzeugen.
그는 호텔의 위치를 확인하고 싶었다.

▶ **sich unterscheiden von + D** ~와 다르다, ~와 구별되다

Im Charakter unterscheidet er sich stark von seinem Bruder.
그는 성격상 그의 형과 구별되어진다.

▶ **sich verabschieden von + D** ~에게 작별인사 하다

Ich möchte mich von Ihnen verabschieden.
나는 당신에게 작별인사를 하고 싶다.

▶ **verstehen von + D** ~에 대해서 잘 알다

Er versteht nichts von Computern.
그는 컴퓨터에 대해서 전혀 알지 못한다.

▶ **wissen von + D** ~에 대해 알다

Von deiner Türkei-Reise wusste ich ja gar nichts.
나는 너의 터키 여행에 대하여 전혀 몰랐어.

▶ **sich fürchten vor + D** ~을 두려워하다

Ich fürchte mich vor Schlangen.
나는 뱀을 두려워한다.

▶ **sich schützen vor + D** ~으로부터 보호하다

Vor ansteckenden Krankheiten muss man sich schützen.
전염병으로부터 자신을 보호해야만 한다.

▶ **warnen vor + D** ~을 조심[경계]하라고 말하다

Er hat mich vor dem Hund gewarnt.
그는 나에게 개를 조심하라고 말했다.

▶ **einladen zu + D** ~에 초대하다

Darf ich Sie zu einer Tasse Kaffee einladen?
제가 당신에게 커피 한 잔을 대접해도 될까요?

▶ **sich entschließen zu + D** ~하기로 결심하다

Ich habe mich zu einem Studium im Ausland entschlossen.
나는 해외 유학을 결심했다.

▶ **gratulieren zu + D** ～에 대해 축하하다

Ich gratuliere dir zum Führerschein!
운전면허증 취득한 것에 대해 축하해!

▶ **kommen zu + D** ～에 참석하다, ～에 방문하다

Ich bin noch nicht zum Konzert gekommen.
나는 아직 콘서트에 가지 않았다.

▶ **sagen zu + D** ～에 대해 말하다

Was sagen Sie zu diesem Skandal?
당신은 이 스캔들에 대해 하실 말씀이 있으신가요?

▶ **überreden zu + D** ～을 권유하다, 설득하다

Kann ich dich zu einer Tasse Kaffee überreden?
내가 너에게 커피 한 잔을 권유해도 될까?

▶ **werden zu + D** ～가 되다

Tennis ist zu einem Volkssport geworden.
테니스는 국민운동이 되었다.

▶ **zwingen zu + D** ～을 강요하다

Man kann niemanden zu seinem Glück zwingen.
누구에게도 행복을 강요할 수는 없다.

강변화 및 불규칙 동사표

동사는 부정형(Infinitiv), 과거형(Imperfekt), 과거분사형(Partizip) 이렇게 3가지 기본 형태가 있습니다. 동사에 따라 규칙적으로 변화하는 동사와 불규칙적으로 변화하는 동사로 나눠집니다. 불규칙으로 변화하는 동사는 여러 번 그 단어를 사용해서 외워 두어야 합니다.

※ 2, 3인칭 단수의 현재형에서 동사가 불규칙으로 변화는 동사는 부정형 오른쪽 괄호 속에 변화형을 제시하였습니다.
　예 sprechen (spricht) → ich spreche, du sprichst, er spricht

※ 과거분사형에서 sein과 결합하는 동사는 앞에 ist로 표기하고, haben과 결합하는 동사는 표기하지 않았습니다.
　예 ankommen → ist angekommen, anrufen → angerufen

부정형 (3인칭 단수현재)	과거	과거분사	뜻
abhängen	hing...ab	abgehangen	~에 달려있다
abnehmen (nimmt...ab)	nahm...ab	abgenommen	줄어들다, 벗다
anbieten	bot...an	angeboten	권하다
anerkennen	erkannte...an	anerkannt	승인하다
anfangen (fängt...an)	fing...an	angefangen	시작하다
ankommen	kam...an	**ist** angekommen	도착하다
anrufen	rief...an	angerufen	전화하다
ansehen (sieht...an)	sah...an	angesehen	주시하다
anziehen	zog...an	angezogen	옷을 입다
aufgeben (gibt...auf)	gab...auf	aufgegeben	포기하다, 부치다
aufschreiben	schrieb...auf	aufgeschrieben	기록하다
aufstehen	stand...auf	**ist** aufgestanden	일어나다
ausgeben (gibt...aus)	gab...aus	ausgegeben	지출하다
ausgehen	ging...aus	**ist** ausgegangen	외출하다
aussehen (sieht...aus)	sah...aus	ausgesehen	~처럼 보이다
aussprechen (spricht...aus)	sprach...aus	ausgesprochen	발음하다
aussteigen	stieg...aus	**ist** ausgestiegen	하차하다
ausziehen	zog...aus	ausgezogen	옷을 벗다
backen (bäckt)	buk	gebacken	빵을 굽다
bedürfen (bedarf)	bedurfte	bedurft	필요로 하다

부정형 (3인칭 단수현재)	과거	과거분사	뜻
befehlen (befiehlt)	befahl	befohlen	명령하다
beginnen	begann	begonnen	시작하다
beißen	biß	gebissen	깨물다
bekommen	bekam	bekommen	받다, 얻다
besitzen	besaß	besessen	소유하다
bestehen	bestand	bestanden	합격하다
betrügen	betrog	betrogen	속이다
bewegen	bewog	bewogen	움직이다
beweisen	bewies	bewiesen	증명하다
bewerben (bewirbt)	bewarb	beworben	지원하다
biegen	bog	gebogen	구부리다
bieten	bot	geboten	제공하다
binden	band	gebunden	매다
bitten	bat	gebeten	청하다
blasen (bläst)	blies	geblasen	불다
bleiben	blieb	ist geblieben	머무르다
bleichen	blich	geblichen	(빛)바라다, (머리)세다
brechen (bricht)	brach	gebrochen	부수다
brennen	brannte	gebrannt	타다
bringen	brachte	gebracht	가져오다
denken	dachte	gedacht	생각하다
dringen	drang	gedrungen	돌진하다
dürfen (darf)	durfe	gedurft	해도 좋다
einladen (lädt...ein)	lud...ein	eingeladen	초대하다
einschlafen (schläft...ein)	schlief...ein	**ist** eingeschlafen	잠들다
einsteigen	stieg...ein	**ist** eingestiegen	승차하다
eintreten (tritt...ein)	trat...ein	**ist** eingetreten	안으로 걸어가다
empfangen (empfängt)	empfing	empfangen	맞아들이다
enthalten (enthält)	enthielt	enthalten	참다, 포함하다, 향유하다
entscheiden	entschied	entschieden	결정하다
entschließen	entschloß	entschloßen	결심하다
erfahren (erfährt)	erfuhr	erfahren	경험하다
erfinden	erfand	erfunden	발명하다

부정형 (3인칭 단수현재)	과거	과거분사	뜻
erlöschen (erlischt)	erlosch	erloschen	끄다, 꺼지다
erkennen	erkannte	erkannt	인식하다
erscheinen	erschien	ist erschienen	나타나다
erschrecken (erschrickt)	erschrank	ist erschrocken	놀라다
ertrinken	ertrank	ist ertrunken	익사하다
erwerben (erwirbt)	erwarb	erworben	얻다, 벌다
erziehen	erzog	erzogen	교육을 시키다
essen (ißt)	aß	gegessen	먹다
fahren (fährt)	fuhr	ist gefahren	타고 가다
fallen (fällt)	fiel	ist gefallen	떨어지다
fangen (fängt)	fing	gefangen	붙잡다
fechten (ficht)	focht	gefochten	싸우다
fernsehen (sieht...fern)	sah...fern	ferngesehen	텔레비전을 시청하다
finden	fand	gefunden	발견하다
fliegen	flog	ist geflogen	날다
fliehen	floh	ist geflohen	달아나다
fließen	floß	ist geflossen	흐르다
fressen (frißt)	fraß	gefressen	(짐승이) 먹다
frieren	fror	gefroren	얼다
gebären (gebiert)	gebar	geboren	낳다
geben (gibt)	gab	gegeben	주다
gedeihen	gedieh	gediehen	번영하다
gefallen (gefällt)	gefiel	gefallen	마음에 들다
gehen	ging	ist gegangen	가다
gelingen	gelang	ist gelungen	성공하다
gelten (gilt)	galt	gegolten	유효하다
genesen	genas	ist genesen	낫다
genießen	genoß	genossen	누리다
geschehen (geschieht)	geschah	ist geschehen	발생하다
gewinnen	gewann	gewonnen	이기다
gießen	goß	gegossen	붓다
gleichen	glich	geglichen	같다
gleiten	glitt	ist geglitten	미끄러지다

부정형 (3인칭 단수현재)	과거	과거분사	뜻
graben (gräbt)	grub	gegraben	파다
greifen	griff	gegriffen	잡다, 쥐다
haben (hat)	hatte	gehabt	가지다
halten (hält)	hielt	gehalten	멈추다
hängen (hängt)	hing	gehangen	걸려 있다
hauen	hieb	gehauen	건초를 베다
heben	hob	gehoben	올리다
heißen	hieß	geheißen	~라고 부르다
helfen (hilft)	half	geholfen	돕다
hinterlassen (hinterläßt)	hinterließ	hinterlassen	유산으로 남기다
kennen	kannte	gekannt	알다
klingen	klang	geklungen	울리다
kommen	kam	ist gekommen	오다
können (kann)	konnte	gekonnt	~할 수 있다
kriechen	kroch	ist gekrochen	기다
laden (lädt)	lud	geladen	싣다
lassen (läßt)	ließ	gelassen	~하게 하다
laufen (läuft)	lief	ist gelaufen	달리다
leiden	litt	gelitten	~에 시달리다
leihen	lieh	geliehen	빌려 주다
lesen (liest)	las	gelesen	읽다
liegen	lag	gelegen	놓여 있다
lügen	log	gelogen	거짓말하다
mahlen	mahlte	gemalen	빻다
meiden	mied	gemieden	피하다
melken (milkt)	molk	gemolken	젖을 짜다
messen (mißt)	maß	gemessen	재다
mögen (mag)	mochte	gemocht	좋아하다
müssen (muß)	mußte	gemußt	~를 해야 하다
nachdenken	dachte...nach	nachgedacht	심사숙고하다
nehmen (nimmt)	nahm	genommen	잡다, 가지다
nennen	nannte	genannt	~라고 부르다
pfeifen	pfiff	gepfiffen	휘파람을 불다

부정형 (3인칭 단수현재)	과거	과거분사	뜻
pflegen	pflog	gepflogen	맡다
preisen	pries	gepiesen	칭찬하다
quellen (quillt)	quoll	gequollen	솟다
raten (rät)	riet	geraten	충고하다
reiben	rieb	gerieben	비비다
reiten	ritt	**ist** geritten	말을 타다
rennen	rannte	**ist** gerannt	달리다
riechen	roch	gerochen	냄새를 맡다
ringen	rang	gerungen	격투하다
rufen	rief	gerufen	부르다
saufen (säuft)	soff	gesoffen	동물이 마시다
saugen	sog	gesogen	빨아들이다
schaffen	schuf	geschaffen	창조하다
scheinen	schien	geschienen	빛나다, ～로 보이다
schelten (schilt)	schalt	gescholten	꾸짖다
scheren (schiert)	schor	geschoren	베다
schieben	schob	geschoben	밀다
schießen	schoß	geschossen	쏘다
schlafen (schläft)	schlief	geschlafen	잠자다
schlagen (schlägt)	schlug	eschlagen	때리다
schleichen	schlich	**ist** geschlichen	살금살금 걷다
schleifen	schliff	geschliffen	닦다 ,갈다
schließen	schloß	geschlossen	닫다
schmelzen (schmilzt)	schmolz	geschmolzen	녹다
schneiden	schnitt	geschnitten	자르다
schreiben	schrieb	geschrieben	쓰다
schreien	schrie	geschrie(r)n	외치다
schreiten	schritt	**ist** geschritten	걷다
schwären (schwiert)	schwor	geschworen	곪다
schweigen	schwieg	geschwiegen	침묵하다
schwimmen	schwamm	**ist** geschwommen	헤엄치다
schwinden	schwand	**ist** geschwunden	사라지다
schwingen	schwang	geschwungen	흔들다

부정형 (3인칭 단수현재)	과거	과거분사	뜻
schwören	schwor	geschworen	맹세하다
sehen (sieht)	sah	gesehen	보다
sein (ist)	war	ist gewesen	~이다, 있다
senden	sandte	gesandt	보내다
singen	sang	gesungen	노래하다
sinken	sank	ist gesunken	가라앉다
sinnen	sann	gesonnen	생각하다
sitzen	saß	gesessen	앉아 있다
sollen (soll)	sollte	gesollt	마땅히~해야 하다
spinnen	spann	gesponnen	잣다(실을)
sprechen (spricht)	sprach	gesprochen	말하다
springen	sprang	gesprungen	뛰어 오르다
stattfinden	fand...statt	stattgefunden	최하다
stechen (sticht)	stach	gestochen	찌르다
stecken (stickt)	stak	gesteckt	꽂혀 있다
stehen	stand	gestanden	서 있다
stehlen (stiehlt)	stahl	gestohlen	훔치다
steigen	stieg	ist gestiegen	오르다
sterben (stirbt)	starb	ist gestorben	죽다
stoßen (stößt)	stieß	gestoßen	밀다, 찌르다
streichen	strich	gestrichen	쓰다듬다
streiten	stritt	gestritten	다투다
teilnehmen (nimmt...teil)	nahm...teil	teilgenommen	참가하다
tragen (trägt)	trug	getragen	나르다, 입다
treiben	trieb	gretrieben	몰다
treten (tritt)	trat	ist getreten	밟다, 걷다
trinken	trank	getrunken	마시다
tun	tat	getan	하다
unterbrechen (unterbricht)	unterbrach	unterbrochen	중단하다
untergehen	ging...unter	ist untergegangen	지다
unterhalten (unterhält)	unterhielt	unterhalten	담소하다
unterscheiden	unterschied	unterschieden	구별하다
unterschreiben	unterschrieb	unterschrieben	서명하다

부정형 (3인칭 단수현재)	과거	과거분사	뜻
überweisen	überwies	überwiesen	돈을 부치다
verbieten	verbot	verboten	금지하다
verbinden	verband	verbunden	연결하다
verbringen	verbrachte	verbracht	시간을 보내다
vergehen	verging	ist vergangen	시간이 지나가다
vergessen (vergißt)	vergaß	vergessen	잊어버리다
vergleichen	verglich	verglichen	비교하다
verlassen (verläßt)	verließ	verlassen	떠나다
verlieren	verlor	verloren	잃다
vermeiden	vermied	vermieden	피하다
verschreiben	verschrieb	verschrieben	처방하다
verschwinden	verschwand	ist verschwunden	사라지다
versprechen (verspricht)	versprach	versprochen	약속하다
verstehen	verstand	verstanden	이해하다
verzeihen	verzieh	verziehen	용서하다
vorkommen	kam…vor	ist vorgekommen	나타나다
vorlesen (liest…vor)	las…vor	vorgelesen	낭독하다
wachsen (wächst)	wuchs	ist gewachsen	자라다
waschen (wäscht)	wusch	gewaschen	씻다
weisen	wies	gewiesen	가리키다
wenden	wandte	gewandt	돌리다
werben	warb	geworben	~을 얻으려고 애쓰다
werden (wird)	wurde	ist geworden	~이 되다
werfen (wirft)	warf	geworfen	던지다
wiegen	wog	gewogen	달다
winden	wand	gewunden	감다
wissen (weiß)	wußte	gewußt	알다
wollen (will)	wollte	gewollt	~을 원하다
zerreißen	zerriß	zerrissen	찢다
ziehen	zog	gezogen	끌다
zwingen	zwang	gezwungen	강요하다

일 단 합 격 하 고 오 겠 습 니 다

모의
답안지

die Einführung

- 괴테 독일어능력시험 모의 답안지입니다.
- 3회분의 모의고사를 풀어볼 수 있도록 3세트 수록되어 있습니다.
- 시험 문제와 답안지 견본은 괴테 인스티튜트 홈페이지에서 볼 수 있습니다.

Goethe-Zertifikat B1

Lesen

Nachname, Vorname

Institution, Ort

Geburtsdatum

PS

PTN-Nr.

A   Erw.
B   Jug.

Teil 1

	Richtig	Falsch
1		
2		
3		
4		
5		
6		

Teil 2

	a	b	c
7			
8			
9			
10			
11			
12			

Teil 3

	a	b	c	d	e	f	g	h	i	j	O
13											
14											
15											
16											
17											
18											
19											

Teil 4

	Richtig	Falsch
20		
21		
22		
23		
24		
25		
26		

Teil 5

	a	b	c
27			
28			
29			
30			

Punkte Teile 1 bis 5   / 30

Gesamtergebnis:
(nach umrechnung)   / 100

Unterschrift Bewertende/r 1   Unterschrift Bewertende/r 2   Datum

※ 연습용 답안지입니다.

Goethe-Zertifikat B1

Hören

Nachname, Vorname

Institution, Ort

PS

A Erw.
B Jug.

Geburtsdatum

PTN-Nr.

Teil 1

	Richtig	Falsch		Richtig	Falsch
1			7		
	a b c			a b c	
2			8		
3	Richtig Falsch		9	Richtig Falsch	
	a b c			a b c	
4			10		
5	Richtig Falsch				
6	a b c				

Teil 2

	a	b	c
11			
12	a b c		
13	a b c		
14	a b c		
15	a b c		

Markieren Sie so: ☒

NICHT so:

Fullen Sie zur Korrektur das Feld aus: ■

Markieren Sie das richtige Feld neu: ☒

Teil 3

	Richtig	Falsch
16		
17		
18		
19		
20		
21		
22		

Teil 4

	a	b	c
23			
24			
25			
26			
27			
28			
29			
30			

Punkte Teile 1 bis 4

/ 3 0

Gesamtergebnis: (nach umrechnung)

/ 1 0 0

Unterschrift Bewertende/r 1

Unterschrift Bewertende/r 2

Datum

※ 연습용 답안지입니다.

Goethe-Zertifikat B1

Schreiben

Nachname, Vorname [ ][ ][ ][ ][ ][ ][ ][ ][ ][ ][ ][ ][ ][ ] , [ ][ ][ ][ ][ ][ ] PS [ ][ ][ ] □ A □ Erw.
□ B □ Jug.

Institution, Ort [ ][ ][ ][ ][ ][ ][ ][ ][ ][ ][ ] Geburtsdatum [ ][ ] . [ ][ ] . [ ][ ][ ][ ] PTN-Nr. [ ][ ][ ][ ][ ][ ][ ]

Teil 1

Erfüllung der Aufgabe	Kohärenz		Wort-schatz	Strukturen

Fortsetzung von Teil 1 auf nächster Seite ...

※ 연습용 답안지입니다.

Fortsetzung von Teil 1 ...

Erfüllung der Aufgabe	Kohärenz		Wort-schatz	Strukturen

... Ende von Teil 1.

Teil 2

Fortsetzung von Teil 2 auf nächster Seite ...

Goethe-Zertifikat B1

Schreiben

Fortsetzung von Teil 2 ...

Erfüllung der Aufgabe	Kohärenz		Wort-schatz	Strukturen

... Ende von Teil 2.

※ 연습용 답안지입니다.

Teil 3

Erfüllung der Aufgabe	Kohärenz		Wort- schatz	Strukturen

... Ende von Teil 3.

※ 연습용 답안지입니다.

Nachname, Vorname [　　　　　　　　　　　　] , [　　　　　] PS [　　　] □A □Erw. □B □Jug.

Institution, Ort [　　　　　　　] Geburtsdatum [　　] . [　] . [　　] PTN-Nr. [　　　　　]

Teil 1

	Richtig	Falsch
1	□	□
2	□	□
3	□	□
4	□	□
5	□	□
6	□	□

Teil 2

	a	b	c
7	□	□	□
8	□	□	□
9	□	□	□
10	□	□	□
11	□	□	□
12	□	□	□

Markieren Sie so: ☒

NICHT so: ☓ ☒ ☒ □ ☑ Ｏ

Fullen Sie zur Korrektur das Feld aus: ■

Markieren Sie das richtige Feld neu: □

Teil 3

	a	b	c	d	e	f	g	h	i	j	O
13	□	□	□	□	□	□	□	□	□	□	□
14	□	□	□	□	□	□	□	□	□	□	□
15	□	□	□	□	□	□	□	□	□	□	□
16	□	□	□	□	□	□	□	□	□	□	□
17	□	□	□	□	□	□	□	□	□	□	□
18	□	□	□	□	□	□	□	□	□	□	□
19	□	□	□	□	□	□	□	□	□	□	□

Teil 4

	Richtig	Falsch
20	□	□
21	□	□
22	□	□
23	□	□
24	□	□
25	□	□
26	□	□

Teil 5

	a	b	c
27	□	□	□
28	□	□	□
29	□	□	□
30	□	□	□

Punkte Teile 1 bis 5 [　　] / 30

Gesamtergebnis: (nach umrechnung) [　　　] / 100

[　　] . [　] . [　　]

_____ Unterschrift Bewertende/r 1 _____ Unterschrift Bewertende/r 2 Datum

Goethe-Zertifikat B1

Hören

Nachname, Vorname [ ][ ][ ][ ][ ][ ][ ][ ][ ][ ][ ][ ][ ], [ ][ ][ ][ ][ ][ ][ ] PS [ ][ ][ ] ☐A ☐Erw. ☐B ☐Jug.

Institution, Ort [ ][ ][ ][ ][ ][ ][ ][ ][ ] Geburtsdatum [ ][ ].[ ][ ].[ ][ ][ ][ ] PTN-Nr. [ ][ ][ ][ ][ ][ ][ ]

Teil 1

	Richtig	Falsch			Richtig	Falsch
1	☐	☐	7		☐	☐

	a	b	c			a	b	c
2	☐	☐	☐	8		☐	☐	☐

	Richtig	Falsch			Richtig	Falsch
3	☐	☐	9		☐	☐

	a	b	c			a	b	c
4	☐	☐	☐	10		☐	☐	☐

	Richtig	Falsch
5	☐	☐

	a	b	c
6	☐	☐	☐

Teil 2

	a	b	c
11	☐	☐	☐
12	☐	☐	☐
13	☐	☐	☐
14	☐	☐	☐
15	☐	☐	☐

Markieren Sie so: ☒

NICHT so: ☒ ☐ ☒ ☒ ☑ ⦰

Fullen Sie zur Korrektur das Feld aus: ■

Markieren Sie das richtige Feld neu: ☒

Teil 3

	Richtig	Falsch
16	☐	☐
17	☐	☐
18	☐	☐
19	☐	☐
20	☐	☐
21	☐	☐
22	☐	☐

Teil 4

	a	b	c
23	☐	☐	☐
24	☐	☐	☐
25	☐	☐	☐
26	☐	☐	☐
27	☐	☐	☐
28	☐	☐	☐
29	☐	☐	☐
30	☐	☐	☐

Punkte Teile 1 bis 4 [ ][ ] / 3 0

Gesamtergebnis: (nach umrechnung) [ ][ ][ ] / 1 0 0

[ ][ ].[ ][ ].[ ][ ][ ][ ]

_____ _____ Datum

Unterschrift Bewertende/r 1   Unterschrift Bewertende/r 2

※ 연습용 답안지입니다.

Goethe-Zertifikat B1

Schreiben

Nachname, Vorname | | | | | | | | | | | | | | | | | | | | | PS | | | | ☐ A ☐ Erw.
☐ B ☐ Jug.

Institution, Ort | | | | | | | | | | | Geburtsdatum | | | . | | | . | | | | PTN-Nr. | | | | | | | |

Teil 1

Erfüllung der Aufgabe | Kohärenz

Wort-schatz | Strukturen

Fortsetzung von Teil 1 auf nächster Seite ...

Goethe-Zertifikat B1

Schreiben

Fortsetzung von Teil 1 ...

... Ende von Teil 1.

Teil 2

Fortsetzung von Teil 2 auf nächster Seite ...

※ 연습용 답안지입니다.

Goethe-Zertifikat B1

Schreiben

Fortsetzung von Teil 2 ...

Erfüllung der Aufgabe	Kohärenz		Wort-schatz	Strukturen

... Ende von Teil 2.

Teil 3

Erfüllung der Aufgabe | Kohärenz | Wort-schatz | Strukturen

... Ende von Teil 3.

Goethe-Zertifikat B1

Lesen

Nachname, Vorname

,

PS

☐ A ☐ Erw.
☐ B ☐ Jug.

Institution, Ort

Geburtsdatum

. .

PTN-Nr.

Teil 1

	Richtig	Falsch
1	☐	☐
2	☐	☐
3	☐	☐
4	☐	☐
5	☐	☐
6	☐	☐

Teil 2

	a	b	c
7	☐	☐	☐
8	☐	☐	☐
9	☐	☐	☐
10	☐	☐	☐
11	☐	☐	☐
12	☐	☐	☐

Markieren Sie so: ☒

NICHT so: ☒ ☒ ☐ ☐ ✓ ◯

Fullen Sie zur Korrektur das Feld aus: ■
Markieren Sie das richtige Feld neu: ☐

Teil 3

	a	b	c	d	e	f	g	h	i	j	O
13	☐	☐	☐	☐	☐	☐	☐	☐	☐	☐	☐
14	☐	☐	☐	☐	☐	☐	☐	☐	☐	☐	☐
15	☐	☐	☐	☐	☐	☐	☐	☐	☐	☐	☐
16	☐	☐	☐	☐	☐	☐	☐	☐	☐	☐	☐
17	☐	☐	☐	☐	☐	☐	☐	☐	☐	☐	☐
18	☐	☐	☐	☐	☐	☐	☐	☐	☐	☐	☐
19	☐	☐	☐	☐	☐	☐	☐	☐	☐	☐	☐

Teil 4

	Richtig	Falsch
20	☐	☐
21	☐	☐
22	☐	☐
23	☐	☐
24	☐	☐
25	☐	☐
26	☐	☐

Teil 5

	a	b	c
27	☐	☐	☐
28	☐	☐	☐
29	☐	☐	☐
30	☐	☐	☐

Punkte Teile 1 bis 5   / 30

Gesamtergebnis:
(nach umrechnung)   / 100

_____ _____   . .
Unterschrift Bewertende/r 1   Unterschrift Bewertende/r 2   Datum

※ 연습용 답안지입니다.

Goethe-Zertifikat B1

Hören

Nachname, Vorname |⬜⬜⬜⬜⬜⬜⬜⬜⬜⬜⬜⬜⬜⬜| , |⬜⬜⬜⬜⬜⬜⬜| PS |⬜⬜⬜| ⬜A ⬜Erw. ⬜B ⬜Jug.

Institution, Ort |⬜⬜⬜⬜⬜⬜⬜⬜⬜⬜⬜| Geburtsdatum |⬜⬜|.|⬜⬜|.|⬜⬜⬜⬜| PTN-Nr. |⬜⬜⬜⬜⬜⬜⬜|

Teil 1

	Richtig	Falsch			Richtig	Falsch
1	⬜	⬜		7	⬜	⬜

	a	b	c			a	b	c
2	⬜	⬜	⬜		8	⬜	⬜	⬜

	Richtig	Falsch			Richtig	Falsch
3	⬜	⬜		9	⬜	⬜

	a	b	c			a	b	c
4	⬜	⬜	⬜		10	⬜	⬜	⬜

	Richtig	Falsch
5	⬜	⬜

	a	b	c
6	⬜	⬜	⬜

Teil 2

	a	b	c
11	⬜	⬜	⬜
12	⬜	⬜	⬜
13	⬜	⬜	⬜
14	⬜	⬜	⬜
15	⬜	⬜	⬜

Markieren Sie so: ☒

NICHT so: ☒ ⬜ ⬜ ⬜ ☑ ⬭

Fullen Sie zur Korrektur das Feld aus: ■

Markieren Sie das richtige Feld neu: ☒

Teil 3

	Richtig	Falsch
16	⬜	⬜
17	⬜	⬜
18	⬜	⬜
19	⬜	⬜
20	⬜	⬜
21	⬜	⬜
22	⬜	⬜

Teil 4

	a	b	c
23	⬜	⬜	⬜
24	⬜	⬜	⬜
25	⬜	⬜	⬜
26	⬜	⬜	⬜
27	⬜	⬜	⬜
28	⬜	⬜	⬜
29	⬜	⬜	⬜
30	⬜	⬜	⬜

Punkte Teile 1 bis 4

|⬜⬜| / |3|0|

Gesamtergebnis: (nach umrechnung)

|⬜⬜⬜| / |1|0|0|

|⬜⬜|.|⬜⬜|.|⬜⬜⬜⬜|

_____
Unterschrift Bewertende/r 1

_____
Unterschrift Bewertende/r 2

Datum

Nachname, Vorname

, PS

☐ A ☐ Erw.
☐ B ☐ Jug.

Institution, Ort

Geburtsdatum

PTN-Nr.

Teil 1

Erfüllung der Aufgabe

Kohärenz

Wort-schatz

Strukturen

Fortsetzung von Teil 1 auf nachster Seite ...

※ 연습용 답안지입니다.

Fortsetzung von Teil 1 ...

Erfüllung der Aufgabe   Kohärenz   Wort-schatz   Strukturen

... Ende von Teil 1.

Teil 2

Fortsetzung von Teil 2 auf nächster Seite ...

Fortsetzung von Teil 2 ...

Erfüllung der Aufgabe	Kohärenz		Wort-schatz	Strukturen

... Ende von Teil 2.

※ 연습용 답안지입니다.

Teil 3

Erfüllung der Aufgabe | Kohärenz | | Wort-schatz | Strukturen

... Ende von Teil 3.

일 단 합 격 하 고 오 겠 습 니 다

ZERTIFIKAT DEUTSCH

독일어능력시험

실전모의고사

정은실 지음

정답 및 해설

B1

동양북스

일 단 합 격 하 고 오 겠 습 니 다

ZERTIFIKAT DEUTSCH

독 일 어 능 력 시 험

실전모의고사

정은실 지음

정답 및 해설

B1

동양북스

차례 Inhaltsverzeichnis

제1회

실전모의고사
정답 및 해설

B1

유형 1 •••••

본문과 1~6번까지의 문제를 읽으세요.
다음 진술이 옳은지 틀린지 선택하세요.

Reiseberichte aus aller Welt

Reisebericht Italien
Veröffentlicht: August 2013

Anfangs habe ich überlegt nach London zu fahren, aber ich war schon einmal dort während einer Klassenfahrt. Deswegen bin ich diesmal nach Italien gefahren. Ich wollte ohne Reiseführer und ohne Freunde ein Abenteuer erleben. Als ich in Italien ankam, war alles super. Das Wetter war total schön, und vor meinen Augen waren unendliche Horizontlinien. Daher war ich ziemlich aufgeregt.

Aber jetzt erzähle ich, was mir heute passiert ist. Das wird mir keiner glauben. Wie schon gesagt, war ich etwas aufgeregt. Daher habe ich vergessen, dass ich mein Handy in die Tasche meiner Badehose gesteckt habe. Ich ging also damit einfach ins Meer. Könnt Ihr euch vorstellen, was als nächstes passiert ist? Obwohl ich relativ schnell reagiert habe, funktionierte das Handy nicht mehr. Ich habe natürlich trotzdem alles versucht, um mein Handy zu retten.

Zuerst habe ich es auseinandergenommen und mit dem Handtuch abgetrocknet. Dann habe ich es in die Sonne gelegt. Danach habe ich das Handy im Hotel geföhnt. Ich habe alles gemacht, was ich tun konnte. Aber das Handy funktionierte nicht mehr. Ich war mir sicher, dass nichts mehr zu machen sei. Plötzlich klingelte jedoch am Mittag mein Handy. Ich dachte gleich, es würde wieder funktionieren. Aber das war das letzte Zeichen, bevor das Handy komplett versagte.

Ich konnte weder SMS schreiben noch telefonieren. Das Handy ging zwar an, aber der Bildschirm zeigte nur verwirrte Pixel an.

Ich hatte keinen Zugriff aufs Menü. Ich ärgerte mich sehr, dass mir das am ersten Urlaubstag passiert war. Ich musste eine Lösung finden. Ich brauchte erst die Telefonnummern meiner Eltern. Glücklicherweise hatte ich ein Telefonbuch zur Sicherheit mitgenommen und konnte das Telefon in der Lobby benutzen.

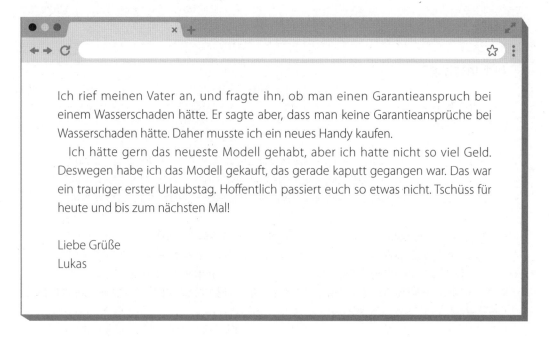

Ich rief meinen Vater an, und fragte ihn, ob man einen Garantieanspruch bei einem Wasserschaden hätte. Er sagte aber, dass man keine Garantieansprüche bei Wasserschaden hätte. Daher musste ich ein neues Handy kaufen.

Ich hätte gern das neueste Modell gehabt, aber ich hatte nicht so viel Geld. Deswegen habe ich das Modell gekauft, das gerade kaputt gegangen war. Das war ein trauriger erster Urlaubstag. Hoffentlich passiert euch so etwas nicht. Tschüss für heute und bis zum nächsten Mal!

Liebe Grüße
Lukas

어휘 veröffentlichen [v.] 출판하다, 발행하다 ㅣ anfangs [adv.] 처음에, 처음은 ㅣ haben...überlegt [v.] 생각했다, 숙고했다 (überlegen의 현재완료) ㅣ das Abenteuer [n.] 모험 ㅣ unendlich [a.] 끝없는, 무한한 ㅣ die Horizontlinie [n.] 지평선, 수평선 ㅣ daher [adv.] 그런 이유로 ㅣ aufgeregt [a.] 흥분한 ㅣ die Badehose [n.] 수영복 ㅣ haben..gesteckt [v.] 꽂혀 있었다 (stecken의 현재완료) ㅣ haben...auseinandergenommen [v.] 따로 분해했다 (auseinandernehmen의 현재완료) ㅣ haben...abgetrocknet [v.] 말렸다 (abtrocknen의 현재완료) ㅣ haben...geföhnt [v.] 드라이어로 말렸다 (föhnen의 현재완료) ㅣ das Zeichen [n.] 신호 ㅣ versagte [v.] 고장났다 (versagen의 과거) ㅣ der Bildschirm [n.] 액정화면, 스크린 ㅣ verwirren [v.] 엉클어지다, 깨지다 ㅣ zwar [adv.] 예컨대, 말하자면 ㅣ der Zugriff [n.] 붙잡음 ㅣ sich ärgern [v.] 화나다 ㅣ brauchte [v.] 필요했다 (brauchen의 과거) ㅣ glücklicherweise [adv.] 다행히도 ㅣ der Wasserschaden [n.] 물로 인한 손상 ㅣ der Garantieanspruch [n.] 보증 요구

해석

세계 여행기행기

이탈리아 여행기행기
발행: 2013년 8월

나는 처음에 런던으로 갈 생각이었지만 이미 학급 여행 때 그곳에 한 번 간 적이 있어. 그래서 이번에는 이탈리아로 떠났어. 나는 가이드와 친구들 없이 모험을 경험하고 싶었어. 내가 이탈리아에 도착했을 때 모든 것은 최고였어. 날씨도 아주 아름다웠고 내 눈앞에는 끝없는 지평선이 펼쳐져 있었지. 그래서 나는 꽤 흥분한 상태였어.

하지만 지금부터 오늘 나에게 일어난 일을 이야기해 볼게. 그건 아무도 믿지 못할 거야. 이미 말했듯이 나는 어느 정도 흥분했었어. 그래서 나의 핸드폰을 수영복 바지 주머니에 넣었다는 사실을 잊어버렸어. 그러니까 나는 그것을 가지고 그냥 바다로 들어간 거야. 그다음에 무슨 일이 벌어졌는지 너희들은 상상할 수 있니? 내가 비교적 빠르게 반응했음에도 불구하고 내 핸드폰은 더 이상 작동하지 않았어. 나는 그럼에도 불구하고 핸드폰을 살리기 위해서 모든 것을 시도했어.

먼저 그것을 분리했고, 수건으로 말렸어. 그다음에는 햇빛 아래에 그것을 놓아두었어. 그다음 호텔에서 드라이어로 말렸어. 내가 할 수 있는 모든 것을 했어. 하지만 핸드폰은 더 이상 작동하지 않았어. 나는 더 이상은 아무것도 할 수 없다고 확신했어. 하지만 갑자기 낮에 나의 핸드폰이 울렸어. 어쩌면 핸드폰이 다시 작동할 수 있다고 생각했어. 하지만 그건 핸드폰이 완전히 고장 나기 전 마지막 신호였어.

나는 문자를 쓸 수도 없었고 전화를 할 수도 없었어. 핸드폰은 켜지기는 했지만, 액정화면의 화소가 다 깨어진 채로 보였어.

나는 메뉴로 들어갈 수도 없었어. 첫 번째 휴가 날에 이런 일들이 벌어지는 것이 매우 화가 났어. 나는 해결책을 찾아야만 했어. 먼저 부모님의 전화번호가 필요했어. 다행히도 나는 만약을 대비해 전화번호부를 가져갔고 로비에서 전화기를 사용할 수 있었어. 나는 아버지에게 전화를 걸었고 침수에 의해 손상된 것도 보증이 적용되는지 물어보았어. 하지만 그는 침수로 인한 손상은 보증 요구를 할 수 없다고 말했어. 그래서 나는 새로운 핸드폰을 구매해야만 했어.

최신 기종을 구매하고 싶었지만 그렇게 많은 돈은 없었어. 그래서 방금 고장 난 것과 같은 모델로 구매했어. 이것이 나의 슬픈 휴가 첫날이었어. 너희에게는 이런 일이 일어나지 않기를 바란다. 오늘은 그럼 이만 안녕 다음에 만나자!

사랑의 안부를 담아
Lukas

Beispiel

0 Lukas는 친구들 없이 런던으로 가기를 원했었다. | Richtig | ~~Falsch~~

---

1 그는 학급 여행으로 이탈리아가 좋다고 생각했다. | Richtig | ~~Falsch~~

2 Lukas는 핸드폰을 가지고 바다에 뛰어들었다. | ~~Richtig~~ | Falsch

3 그의 핸드폰이 물에 빠진 후, 오후에 갑자기 벨 소리가 들렸다. | ~~Richtig~~ | Falsch

4 Lukas는 모든 메모와 번호를 잃어버렸다. | Richtig | ~~Falsch~~

5 그는 물로 인한 손상을 입었을 때 보증을 받을 수 있다. | Richtig | ~~Falsch~~

6 Lukas는 최신 핸드폰을 구매하기를 원했음에도 불구하고, 같은 모델을 구입했다. | ~~Richtig~~ | Falsch

---

어휘 die Klassenfahrt [n.] 학급 여행 | fand [v.] 느꼈다 (finden의 과거형) | sein...gelaufen [v.] 뛰어갔다 (laufen의 현재완료) | haben...verloren [v.] 잃어버렸다 (verlieren의 현재완료) | der Garantieanspruch [n.] 보증 요구 | der Wasserschaden [n.] 물로 인한 손상 | aktuell [a.] 최신의

유형 2 •••••

기사에서 발췌한 본문과 7~9번까지의 문제를 읽으세요.
각 문제에서 a, b, c 중 알맞은 정답을 고르세요.

Welche Touristen sind am sympathischsten?

Es gab eine Umfrage, wo über tausende Hotelmanager befragt wurden. Man kam zu dem Ergebnis, dass die Japaner die beliebtesten Touristen auf der ganzen Welt waren. Sie kamen auf den ersten Platz, da sie sehr höflich und freundlich sind. Weiterhin sollte man sich bemühen, in der Sprache des Reiselandes zu kommunizieren. Genau das tun die Japaner auf Reisen.

Außerdem ergab die Studie, dass deutsche Touristen für ihre Sauberkeit gelobt wurden und dass sich viele Reisegäste aus Südamerika über aufgeregte Kritik der Angestellten in der Tourismusbranche beschwert haben. Amerikaner und Deutsche fallen oft auf, da sie sich stillos kleiden. Viele erwähnten, dass die Deutschen die Angewohnheit hätten, im Hochsommer zu Sommerschuhen weiße Socken zu tragen. Aufgrund dieser Besonderheit können Touristen leicht unterschieden werden. Ganz anders sind die Österreicher. Sie fallen kaum auf, weder positiv noch negativ.

Ich finde die Leute aus verschiedenen Ländern haben einen individuellen Charakter, dadurch ist es möglich etwas über deren Kultur zu erfahren, ohne in ihrem Land gewesen zu sein.

aus einer österreichischen Zeitung

어휘   **sympathisch** [a.] 마음에 드는, 호감이 가는 ┃ **befragen** [v.] 질문을 던지다 ┃ **sich bemühen** [v.] 노력하다 ┃ **kommunizieren** [v.] 의사소통을 하다 ┃ **die Sauberkeit** [n.] 깨끗함, 청결 ┃ **wurden...gelobt** [v.] 칭찬받았다 (loben의 수동태 현재완료) ┃ **aufgeregt** [a.] 격앙된, 흥분한 ┃ **sich haben...beschwert** [v.] 불만을 호소했다 (beschweren의 현재완료) ┃ **auffallen** [v.] 눈에 띄다 ┃ **stillos** [a.] 스타일이 없는, 어울리지 않는 ┃ **sich kleiden** [v.] 옷을 입다 ┃ **erwähnten** [v.] 언급했다 (erwähnen의 과거) ┃ **die Angewohnheit** [n.] 습관 ┃ **aufgrund** [prp.] ~때문에 ┃ **die Besonderheit** [n.] 특징, 특색 ┃ **werden...unterschieden** [v.] 구분되다 (unterscheiden의 수동태) ┃ **individuell** [a.] 개인적인 ┃ **der Charakter** [n.] 특징, 특성

🔍 해석

어떤 관광객이 가장 호감이 가나요?

천 명이 넘는 호텔 매니저에게 의견을 물어본 설문 조사를 했습니다. 그 결과는 다음과 같았습니다. 일본인이 세계에서 가장 인기 있는 관광객이었습니다. 그들은 매우 예의 바르고 친절하기 때문에 1위를 한 것으로 밝혀졌습니다. 더 나아가 여행지의 언어로 의사소통을 하기 위하여 노력하는 것이 좋다고 합니다. 일본인은 여행하면서 바로 이런 것을 합니다.

그밖에도 이 연구는 독일 관광객은 청결함에 대하여 호평을 받았으며, 남미 출신의 많은 여행자가 관광 구역에서 직원들의 격양된 비평(불친절함)에 대하여 많은 불만을 호소한 것으로 밝혀졌습니다.

미국인과 독일인들은 어울리지 않는 옷을 자주 입어서 항상 눈에 띄었습니다. 많은 사람이 무더운 여름에도 샌들 속에 하얀 양말을 신는 독일 사람들의 습관에 대하여 언급했습니다. 이러한 특징 때문에 관광객들은 쉽게 구분됩니다. 오스트리아인은 그것과는 전혀 다릅니다. 그들은 눈에 거의 띄지 않고, 긍정적이지도 부정적이지도 않습니다.

저는 다양한 나라의 사람들이 개인적인 특징을 가지고 있다고 생각합니다. 그것을 통하여 그들의 나라에 가보지 않아도 그들의 문화를 경험하는 것이 어느 정도는 가능합니다.

오스트리아 신문에서

Beispiel

0 호텔 매니저는 질문을 받았다.

　ⓐ 그들이 어디로 여행 가는 것을 가장 좋아하는지.

　☒ 그들이 어느 관광객을 가장 호감이 간다고 생각하는지.

　ⓒ 그들이 어디에서 일하기를 원하는지.

> **어휘** sympathisch [a.] 마음에 드는, 호감이 가는

7 이 본문은...

　☒ 여러 다양한 나라의 관광객이 어떤 전형적인 특징을 가졌는지에 대한 것이다.

　ⓑ 어느 나라에서 가장 많은 여행객이 오는지에 관련된 것이다.

　ⓒ 관광객으로서 얼마나 여행지의 언어를 잘 구사할 수 있는지에 대한 것이다.

> **어휘** verschieden [a.] 다양한 | beherrschen [v.] (외국어를) 구사하다, 지배하다

8 사람들은 독일인들을...

[a] 인식하지 못한다, 왜냐하면 그들은 눈에 띄지 않기 때문이다.

[b] 하얀 양말에서 인식한다, 왜냐하면 독일인은 그것을 매우 즐겨 신기 때문이다.

[X] 하얀 양말과 여름 샌들을 함께 신은 것으로 인식한다.

> **어휘** erkennen [v.] 인식하다 | auffällig [a.] 눈에 띄는 | die Kombination [n.] 결합, 연합 | die Sommerschuhe [n.] 여름 신발, 샌들 (pl.)

9 오스트리아 사람들은...

[a] 호텔 매니저에게 독일인이나 미국인보다 더 인기가 있다.

[X] 호텔 매니저에게 특별한 인상을 주지 않았다.

[c] 긍정적인 부분과 부정적인 부분이 모두 눈에 띈다.

> **어휘** der Eindruck [n.] 인상

유형 2 ●●●●●

기사에서 발췌한 본문과 10~12번까지의 문제를 읽으세요.

각 문제에서 a, b, c 중 알맞은 정답을 고르세요.

Tipp für die Kinder: Schokoladenmuseum wie ein Märchenland.

Es ist wieder soweit, das Schokoladenmuseum in Köln am Rhein hat einzigartige Veranstaltungen für den Winter vorbereitet. Endlich beginnt die süße Verführung. Über 100 verschiedene Schokoladensorten können Sie hier kennen lernen. Hier wird seit 2011 die Kölner Schokolade produziert. Das Rezept dieser speziellen Schokolade wurde von einem bestimmten Chocolatier entwickelt. Ab kommenden Montag gibt es wieder Kinderworkshops. Diese dauern zwei Stunden. Kinder im Alter von fünf bis zehn Jahren können hier verschiedene Schokoladensorten probieren und etwas über das Leben der Chocolatier erfahren. Danach bekommen die Kinder ein Stückchen Schokoladenkuchen. Anschließend lernen die Kinder, wie man Schokolade in verschiedenen Geschmacksrichtungen herstellen kann. Zum Beispiel weiße-, Haselnuss-, Vollmilchschokolade usw... Sie können alles, was sie selbst gemacht haben nach Hause nehmen.

Am Ende des zweistündigen Workshops schreiben die Kinder ihre Namen auf ein Etikett, so dass sie ihre Schokolade markieren können. Termine: Montag, 05. Mai, Montag, 12. Mai, Montag, 19. Mai. Die Workshops finden nur statt, wenn mindestens zehn Leute zusammen kommen. Informieren Sie sich einen Tag vor der Veranstaltung darüber, ob der Workshop stattfinden wird.

Telefon: 49 21133342852

aus einer deutschen Zeitung

어휘 **das Märchenland** [n.] 동화 나라 | **einzigartig** [a.] 유일한, 비길 수 없는 | **die Veranstaltung** [n.] 행사, 이벤트 | **haben...vorbereitet** [v.] 준비했다 (vorbereiten의 현재완료) | **die Verführung** [n.] 유혹 | **werden...produziert** [v.] 생산되다 (produzieren의 수동태) | **wurden...entwickelt** [v.] 발전되었다 (entwickeln의 수동태 현재완료) | **Chocolatier** [n.] 쇼콜라티에 (초콜릿 요리사를 뜻하는 프랑스어) | **probieren** [v.] 시식하다, 맛보다, 시도하다 | **die Schokoladensorte** [n.] 초콜릿 종류 | **anschließend** [adv.] 그러고 나서 | **herstellen** [v.] 생산하다 | **die Geschmacksrichtung** [n.] 맛의 기호, 취향 | **zweistündig** [a.] 두 시간의 | **makieren** [v.] 표기하다 | **das Etikett** [n.] 라벨, 상표 | **stattfinden** [v.] 개최하다

해석

아이들을 위한 팁: 동화 나라와 같은 초콜릿 박물관.

다시 시간이 돌아왔습니다. 라인 강변 쾰른에 있는 초콜릿 박물관에서 겨울을 위하여 특별한 이벤트를 준비했습니다. 마침내 달콤한 유혹이 시작됩니다. 당신은 100가지가 넘는 종류의 초콜릿을 이곳에서 알게 될 것입니다. 이곳에서는 2011년부터 쾰른의 초콜릿을 생산합니다. 이 특별한 초콜릿의 제조법은 어떤 특정한 쇼콜라티에가 발전시킨 것입니다. 다음 주 월요일에는 다시 아이들을 위한 워크숍이 있습니다. 그것은 2시간 동안 진행됩니다. 5세에서 10세 사이의 아이들은 이곳에서 다양한 종류의 초콜릿을 맛볼 수 있습니다. 그리고 쇼콜라티에의 삶에 대해서 어느 정도 경험할 수 있습니다.

그 후에 아이들은 초콜릿 케이크를 한 조각씩 받습니다. 그다음에 아이들은 초콜릿을 다양한 기호에 따라 어떻게 만드는지 배웁니다. 예를 들어서 화이트, 헤이즐넛, 전유 초콜릿 등등... 그들은 스스로 만든 모든 것을 집으로 가지고 갈 수 있습니다.

두 시간 동안의 워크숍의 마지막 부분에서 아이들은 그들의 초콜릿에 표시할 수 있도록 라벨에 그들의 이름을 적습니다. 일정은 5월 5일 월요일, 5월 12일 월요일, 5월 19일 월요일, 워크숍은 최소 10명의 사람이 함께 올 수 있을 때 개최됩니다. 행사 하루 전날 행사가 개최되는지 확인하세요.

전화번호: 49 21133342852

독일 신문에서

10 이 본문은...

　[a] 초콜릿 케이크를 구울 수 있는 어린이 워크숍에 관련된 것이다.

　[b] 어떻게 단 것을 더 건강하게 섭취할 수 있는지에 대한 강연이다.

　[☒] 초콜릿 박물관의 행사 제안에 대한 정보이다.

　어휘 der Schokoladenkuchen [n.] 초콜릿 케이크 | backen [v.] 굽다 | die Süßigkeit [n.] 단 것, 과자류

11 사람들은...

　[a] 박물관에서 모든 종류의 초콜릿을 시식해 볼 수 있다.

　[b] 이곳에서 초콜릿을 저렴하게 구매할 수 있다.

　[☒] 초콜릿 케이크 한 조각을 무료로 받을 수 있다.

　어휘 probieren [v.] 시식하다 | gratis [adv.] 무료로

12 워크숍은...

a 주 1회 9시부터 18시까지 개최된다.

☒ 충분한 어린이들이 신청할 때에만 개최된다.

c 매주 월요일 두 시간 동안 개최된다.

> **어휘** genügend [adv.] 충분한 | stattfinden [v.] 개최되다

유형 3 •••••

13~19번까지의 상황과 a부터 j에 해당하는 다양한 독일어의 미디어 광고를 읽으세요.
어떤 광고가 어떤 상황에 적합한가요? **각 광고는 한 번만** 사용할 수 있습니다.

예시에서 사용된 광고는 더 이상 사용할 수 없습니다. 하나의 상황에 대해서는 **적합한 광고가
없습니다.** 여기에는 0이라고 적으세요.

당신의 몇몇의 지인은 언어를 배우고 싶어 하고 적절한 기회를 찾고 있다.

Beispiel	
0 Bauer 부인은 학교에서 프랑스어를 배웠다. 그녀의 직업 때문에 그녀는 그녀의 말하기 표현을 향상시켜야 한다.	Anzeige: j

13 Nicko는 빨리 프랑스어를 배우고 싶다. 왜냐하면 그는 8월에 그의 신부와
파리로 떠나기 때문이다.　　　　　　　　　　　　　　　　　　　　　Anzeige: c

14 Christoph는 교환학생으로 1년 동안 프랑스에 있었다. 그는 그의
여가시간에 그의 어학 지식을 장려하고 나라와 문화의 관계를 유지하기를
원한다.　　　　　　　　　　　　　　　　　　　　　　　　　　　　Anzeige: f

15 Schülz 씨는 영어 강좌를 방문한다. 영어로 작문하는 것은 그에게 어렵다.
그는 그것을 연습해야 한다.　　　　　　　　　　　　　　　　　　　Anzeige: 0

16 Sabine와 Niklaus는 올해 그리스로 가는 여행을 계획한다. 그리고 그것과
함께 그리스어도 조금 배우기를 원한다.　　　　　　　　　　　　　Anzeige: h

17 Olivia는 스페인어를 배우기를 원한다. 하지만 그녀는 그룹으로 배우는 것을
좋아하지 않는다.　　　　　　　　　　　　　　　　　　　　　　　Anzeige: i

18 Rachel은 영어를 그렇게 잘하지 못한다. 그녀는 말을 하게 될 그 나라에서
외국어를 배우는 것이 가장 좋다고 생각한다.　　　　　　　　　　Anzeige: e

19 Giesela와 Antonia는 대학에서 선택 과목으로 스페인어를 선택했다.
그래서 그들은 여름에 함께 스페인으로 어학연수를 가는 계획으로 결정했다.　Anzeige: a

어휘 der mündliche Ausdruck 말하기 표현 | verbessern [v.] 향상시키다 | aufgrund [prp.] 무엇에 근거하여, 무엇 때문에 | ziehen [v.] 옮기다, 이사하다 | die Sprachkenntnisse [n.] 어학에 대한 견문 | der Kontakt [n.] 관계 | halten [v.] 유지하다 | üben [v.] 연습하다, 훈련하다 | Griechenland [n.] 그리스 | das Griechisch [n.] 그리스어 | die Fremdsprache [n.] 외국어 | das Wahlpflichtfach [n.] 선택 과목 | haben...beschlossen [v.] 종결했다, 결정했다 (beschließen의 현재완료) | die Sprachreise [n.] 어학연수 | unternehmen [v.] 계획하다

[a]

Europa Sprachreisen

– Testvorbereitungskurse
– Ferienkurse für Erwachsene, Jugendliche und für die ganze Familie in Frankreich, Polen, Spanien, Russland.

Immermannstr. 24
68237 Frankfurt
sprachreise@bildungsförderung.de

🔍 해석

유럽 어학연수

– 시험 준비 강좌
– 프랑스, 폴란드, 스페인, 러시아에서 성인과, 청소년, 온가족을 위한 방학 특강.

Immermann거리. 24
68237 프랑크푸르트
sprachreise@bildungsförderung.de

> **어휘** **die Sprachreise** [n.] 어학연수 ǀ **der Testvorbereitungskurs** [n.] 시험 준비 강좌 ǀ **der Ferienkurs** [n.] 방학 특강

[b]

Seit sechs Monaten lerne ich Deutsch und suche nun Muttersprachler, die Lust darauf haben, mir Deutsch zu lehren und Französisch als Gegenleistung lernen wollen.

Wir können uns einfach mal treffen und uns erstmal unterhalten!

Ich warte auf jemanden, der Französisch lernen will.

0172/4335 3425

🔍 해석

6개월 전부터 저는 독일어를 배우고 있고, 지금은 저에게 독일어를 가르쳐 주는 데 흥미를 가지고 있고, 그것에 대한 보수로 프랑스어를 배우기를 원하는 독일 원어민을 찾고 있습니다.

우리는 그냥 한 번 만나서 먼저 이야기를 해 볼 수 있습니다!

저는 프랑스어를 배우기를 원하는 누군가를 기다립니다.

0172/4335 3425

> **어휘** **die Gegenleistung** [n.] 보수, 보상 ǀ **sich unterhalten** [v.] 이야기하다 ǀ **warten** [v.] 기다리다

c

Sprachen lernen in Düsseldorf

▶ Intensiv-Tageskurs
auf Englisch, Französisch, Italienisch
2 Wochen täglich 8 Stunden
04.07. - 18.07.

– Schülerkurse in den Sommerferien:
2 Wochen täglich 2 Stunden
11.07 - 25.07

Wir haben Kurse für alle Stufen:
in Englisch / Französisch / Italienisch

Neu!! Spanisch und Griechisch

Tel 030/09115025

 해석

뒤셀도르프에서 언어 배우기

▶ 집중-하루 강좌
영어, 프랑스어, 이탈리아어로
2주 동안 매일 8시간
7월 4일 – 7월 18일

– 여름방학을 위한 학생 강좌:
2주 동안 매일 2시간
7월 11일 – 7월 25일

우리는 모든 단계를 위한 수업이 있습니다.
영어 / 프랑스어 / 이탈리아어

새로운!! 스페인어 그리고 그리스어

Tel 030/09115025

어휘 **intensiv** [a.] 집중적인, 강한 | **der Tageskurs** [n.] 하루 강좌 | **täglich** [a.] 매일의 | **die Stufe** [n.] 단계 | **das Griechisch** [n.] 그리스어

d

Einfach gute Noten!

2 Probestunden GRATIS

Wir bieten Privatnachhilfe zu Hause für die Abivorbereitung im Fach Deutsch und in anderen Fremdsprachen an.

Info und Anmeldung
034/ 8597558

www.sprachprima.de

 해석

쉽게 좋은 성적 받기!

2시간 시범 수업 무료

우리는 집에서 졸업 시험 준비를 위한 독일어 과목 그리고 다른 외국어 개인 과외 수업을 제공합니다.

정보와 등록
34/ 8597558

www.sprachprima.de

어휘 **gratis** [a.] 무료로, 공짜로 | **die Privatnachhilfe** [n.] 개인 과외 수업 | **anbieten** [v.] 제공하다 | **die Abivorbereitung** [n.] 졸업 시험 준비

e

Englisch lernen mit uns!

Möchten Sie Sprachreisen unternehmen?

Englisch ist die Weltsprache. Auch im Beruf ist es wichtig geworden, Englisch gut zu beherrschen.

Wir bieten einen Sprachkurs in einem englischsprachigen Land.

Alle unsere Reiseziele wählen wir sorgfältig aus, damit wir für all Ihre Interessen ein passendes Angebot haben.

Melden Sie sich bei uns an!
unter: 0221 29372 16
info@lernen-reisen.de

 해석

우리와 함께 영어를 배우세요!

당신은 어학연수를 계획하고 있습니까?

영어는 세계의 언어입니다. 직장에서도 영어를 잘 습득하는 것이 중요해졌습니다.

우리는 영어권 국가에서 어학 강좌를 제공합니다.

우리는 여행 목적지를 신중하게 선택하여, 당신의 모든 관심에 적합한 상품을 제공 받을 수 있도록 합니다.

우리에게 신청하세요!
아래: 0221 29372 16
info@lernen-reisen.de

어휘 unternehmen [v.] 계획하다 | beherrschen [v.] 구사하다, 통달해 있다, 지배하다 | sorgfältig [a.] 신중한 | auswählen [v.] 선택하다 | passend [a.] 꼭 맞는

f

Marina, 23 Jahre alt, aus der Schweiz

Hallo, ich bin Marina und komme aus der Schweiz. Ich interessiere mich für Fremdsprachen.

Ich kann ein wenig Französisch und Englisch. Ich möchte gerne eine andere Kultur erkunden und Leute aus anderen Ländern kennenlernen.

 해석

Marina, 23세, 스위스에서 옴

안녕하세요, 저는 스위스에서 온 Marina라고 합니다. 저는 외국어에 관심이 있습니다.

저는 약간의 프랑스어와 영어를 할 수 있습니다. 저는 다른 문화를 탐색하고 다른 나라에서 온 많은 사람들을 알고 싶습니다.

어휘 sich interessieren für [v.] ~에 흥미를 갖다 | erkunden [v.] 탐색하다

g

▶ Ich suche einen Nachhilfelehrer für meine Tochter.
▶ Für das Fach Französisch.
▶ 15 Euro pro Stunde.

Es wäre gut, wenn der Unterricht bei uns zu Hause stattfinden könnte.

Email: franz@yahoo.de

🔍 **해석**

▶ 저는 저의 딸을 위한 과외 선생님을 찾고 있습니다.
▶ 프랑스어 과목을 위해.
▶ 시간당 15유로.

수업을 우리 집에서 진행할 수 있다면 좋을 것 같습니다.

메일: franz@yahoo.de

어휘 der Nachhilfelehrer [n.] 과외 선생님 ㅣ das Fach [n.] 전문 분야 ㅣ die Stunde [n.] 시간

h

Jetzt im Urlaub eine Sprache lernen.

– Neue faszinierende Methode!
– Allein oder mit Freunden, in einer Gruppe oder mit Ihrem Partner.

Sie können im Urlaub nicht nur Griechisch, sondern auch viel über Griechenland lernen.

Besuchen Sie zusammen die berühmtesten Sehenswürdigkeiten.

www.urlaubsprache.de

🔍 **해석**

이제 휴가 중에 언어를 배우세요.

– 새롭게 매력적인 방법으로!
– 혼자 또는 친구와 함께, 그룹에서 또는 파트너와 함께

당신은 휴가 중에 그리스어뿐만 아니라, 그리스에 관련된 많은 것을 배울 수 있습니다.

함께 가장 유명한 명소를 방문하세요.

www.urlaubsprache.de

어휘 faszinierend [a.] 매력적인, 사로잡는 ㅣ das Griechisch [n.] 그리스어 ㅣ die Sehenswürdigkeit [n.] 명소

ⅰ

Seit 10 Jahren unterrichte ich Spanisch.

In welchem Bereich haben Sie Schwierigkeiten? Sie können alles im Privatunterricht bei mir lernen. Wie zum Beispiel Lese- und Hörverstehen oder schriftlichen Ausdruck!

Wir können uns je nach Bedarf flexibel treffen.

Bei Interesse rufen Sie mich einfach an. Tel. 0786755723 (Herr Weber)

🔍 **해석**

10년 동안 저는 스페인어를 가르쳤습니다.

당신은 어떤 영역에 어려움을 가지고 있나요? 당신은 모든 것을 개인 수업에서 저에게 배우실 수 있습니다. 예를 들어 읽기와 듣기 또는 쓰기의 표현까지요!

우리는 당신의 필요에 따라 유동성 있게 만날 수 있습니다.

관심이 있으시면 지체 없이 저에게 전화하세요. 전화번호. 786755723 (Weber 씨)

어휘 schriftlich [a.] 쓰기의, 문서의 | der Ausdruck [n.] 표현 | der Bedarf [n.] 필요 | flexibel [a.] 유동성 있는, 변화할 수 있는

✗

Durch das Online-Magazin „Perfekt Französisch" können fortgeschrittene Französischlerner ihre Kenntnisse perfektionieren.

Sie werden unsere Videos wie eine Fernsehserie genießen, damit können Sie die Sprachfähigkeit verbessern.

Info und Anmeldung
036 922234342
ch.hidding@video.de

🔍 **해석**

온라인 매거진 "완벽한 프랑스어"는 고급반 프랑스어를 배우는 사람들이 그들의 지식을 완성하는 것을 가능하게 합니다.

당신은 우리들의 비디오 시리즈를 TV방송 시리즈처럼 즐길 수 있습니다. 그것과 함께 당신은 말하기 능력을 향상시킬 수 있습니다.

정보 그리고 등록
036 922234342
ch.hidding@video.de

어휘 fortgeschritten [a.] 고급 과정에 있는, 앞선 | die Kenntniss [n.] 지식, 인지 | perfektionieren [v.] 완성하게 하다

유형 4 ●●●●●

20~26번의 본문을 읽으세요. 선택하세요. 그 사람이 두 개의 언어로 교육받는 아이들에 대하여 찬성합니까? 예 또는 아니요로 대답하세요.

당신은 한 잡지에서 이중 언어를 사용하는 아동과 다중 언어 교육에 대해서 쓴 사설에 대한 견해를 읽습니다.

Beispiel

0   Jaqueline
   Ja ~~Nein~~

20 Marie   ⊠ Nein   24 Lilly   Ja ~~Nein~~

21 Patrik   ⊠ Nein   25 Hans   ⊠ Nein

22 Klaus   Ja ~~Nein~~   26 Matilda   Ja ~~Nein~~

23 Angelika   ⊠ Nein

Leserbriefe (신문, 잡지 따위의) 독자란

> **Beispiel**   Wäre es nicht toll, wenn unsere Kinder nicht jeden Tag länger als eine Stunde vor dem Tisch sitzen müssten, um etwas zu lernen, was sie nie bis jetzt in ihrem Leben gehört haben, um dann ihre Eltern damit zufrieden zu stellen.
> Wenn man zwei Sprachen richtig gut kann, ist das zwar ein Vorteil, aber für Kinder ist es nicht so günstig.
> Ich habe noch nie Kinder gesehen, die beide Sprachen richtig gut beherrschen können.
> *Jaqueline, 35 Jahre, Rosenheim*

 해석

우리 아이들이 매일 한 시간 이상을 그들의 부모를 만족시키기 위하여 지금까지 그들의 삶에서 들어 보지 못한 무언가 배우기를 위해 책상 앞에 앉아있을 필요가 없게 된다면 멋진 일 아닐까요?
사람이 두 개의 언어를 능숙하게 잘 구사할 수 있다면, 그것은 하나의 장점이 될 수 있습니다. 하지만 아이들에게는 그렇게 유익하지 않습니다.
저는 아직 이중 언어를 제대로 잘 구사하는 아이들을 본 적이 없습니다.
Jaqueline, 35세, 로젠하임

어휘 zufrieden [a.] 만족한 | zwar [adv.] ~이긴 하지만 | günstig [a.] 유익한, 저렴한 | beherrschen [v.] 유창하게 구사하다

---

20 Wer entscheidet eigentlich, dass es verboten wird? Es gibt doch auch positive Seiten, die negative Seiten überwiegen können.

Ich habe in einer Zeitung gelesen, dass das Gehirn durch frühe Spracherziehung gut trainiert wird. Und man kann durch Sprachen auch leichter fremde Kulturen kennenlernen. Das ist auch sehr nützlich und man wird sich weiterentwickeln.

Ich finde Verbote immer schlecht, wenn wirklich an die Kinder gedacht wird.

Marie, 48 Jahre, Basel

🔍 **해석**

그것이 금지되어야 하는 것을 도대체 누가 결정하는 건가요? 부정적인 면을 능가할 수 있는 긍정적인 면도 있습니다.

저는 초기 언어 교육을 통하여 뇌가 잘 훈련된다는 것을 신문에서 읽은 적이 있습니다. 그리고 사람은 언어를 통하여 낯선 문화도 쉽게 배울 수 있습니다. 그것은 또한 매우 유익하고 자신을 더 발전시킬 수 있습니다.

저는 금지는 항상 나쁘다고 생각합니다. 정말로 아이들을 생각하게 된다면 말이죠.

Marie, 48세, 바젤

어휘 entscheiden [v.] 결정하다 | überwiegen [v.] 능가하다 | das Gehirn [n.] 뇌 | das Verbot [n.] 금지 | weiterentwickeln [v.] 발전하다, 진보하다

---

21 Ich kenne einige zweisprachige Freunde. Sie sind in der Lage Deutsch und ihre Muttersprache zu sprechen.

Leider kann ich die Sprachfähigkeit in ihrer Muttersprache nicht beurteilen, aber mit Deutsch haben sie kein Problem. Es ist sogar perfekt.

Daher kann ich mir vorstellen, dass sie in der Lage sind, ihre Muttersprache besser zu sprechen als Deutsch.

Es ist ein großer Vorteil, um zwei Sprachen beherrschen zu können!

Patrik, 17 Jahre, Uelzen

🔍 **해석**

저는 이중 언어를 구사하는 친구들이 몇 명 있습니다. 그들은 독일어와 그들의 모국어를 구사합니다.

유감스럽게도 제가 그들의 모국어 실력을 평가할 수는 없지만, 독일어는 문제가 없습니다. 게다가 완벽하기까지 합니다.

그것으로 보아 저는 그들이 그들의 모국어를 독일어보다 잘 구사할 수 있다고 상상할 수 있습니다.
이중 언어를 잘 구사할 수 있는 것은 큰 장점입니다!
Patrik, 17세, 윌첸

어휘 in der Lage sein 능력이 있다, 가능하다 | beurteilen [v.] 평가하다 | sich vorstellen [v.] 상상하다 |
der Vorteil [n.] 장점

22　Hier hört man oft viele Sprachen. Aber warum soll man zwei Sprachen können?
Wenn man als Übersetzer arbeiten will, dann muss man das können.
Es reicht aus, Deutsch zu können, um hier zu leben. Ich finde es ist nicht notwendig,
unpraktisch, sich zu bemühen, und eine andere Sprache zu lernen.
Klaus, 23 Jahre, Salzburg

🔍 해석

이곳에서는 자주 많은 언어들을 들을 수 있습니다. 하지만 왜 사람은 두 가지 언어를 할 수 있어야 하나요?
번역가로서 일을 하길 원한다면, 그렇게 해야 합니다.
독일어를 할 수 있는 것만으로 이곳에 살기에는 충분합니다. 저는 다른 언어를 배우려고 노력하는 것이, 필요
하지 않으며 비실용적이라고 생각합니다.
Klaus, 23세, 잘츠부르크

어휘 der Übersetzer [n.] 번역자, 통역자 | ausreichen [v.] 충분하다, 족하다 | notwendig [a.] 필요한 |
unpraktisch [a.] 실용적이지 않은 | sich bemühen [v.] 노력하다

23　Ein Kind, dessen Eltern aus zwei Ländern stammen, muss sich mit den Verwandten
von beiden Seiten unterhalten können, ansonsten ist es nicht möglich sie zu verstehen.
Nur eine Sprache zu können, wäre für das Kind ein Nachteil. So gut wie im Kindesalter
kann man nie wieder eine Sprache lernen, besonders die Aussprache und den Akzent. Im
Erwachsenenalter lässt sich das schwer korrigieren.
Deshalb beginnt ja auch in der Schule der Sprachunterricht schon so früh. Alle Kinder
sollen möglichst früh mit mindestens zwei Sprachen vertraut werden.
Angelika, 38 Jahre, Zürich

🔍 **해석**

두 나라 출신 부모의 자녀는 양측의 친척들과 이야기를 할 수 있어야 합니다. 그렇지 않으면 의사소통이 불가능합니다.

하나의 언어만 하는 것은 그 아이에게 단점이 될 것입니다. 사람들은 다시는 어린 시절만큼 이렇게 언어를 잘 배울 수 없습니다. 특히 발음과 강세요. 성인 나이에는 그것을 고치기가 어렵습니다.

그러므로 학교에서도 언어 수업을 그렇게 일찍 미리 시작하는 것입니다. 모든 아이들은 가능한 한 일찍 최소한 두 개의 언어를 자신 있게 할 줄 알아야 합니다.

Angelika, 38세, 취리히

◀ **어휘** stammen [v.] 출신이다 | ansonsten [adv.] 그렇지 않으면 | die Aussprache [n.] 발음 | der Nachteil [n.] 단점 | der Akzent [n.] 강세, 악센트 | korrigieren [v.] 고치다, 바로잡다 | vertrauen [v.] 확신하다

---

24 Für mich waren Fremdsprachen die schwersten Fächer. Und ich habe da oft schlechte Noten bekommen, obwohl ich mich sehr bemüht habe.

Außerdem glaube ich nicht, dass sich die Regeln durchsetzen werden. Die Kinder sind einfach zu klein, um selbstständig nachzudenken und zu sagen, was sie wollen.

Es gibt noch eine wichtige Frage. Wer soll es eigentlich bezahlen? Es gibt reiche, aber auch arme Eltern, die es sich nicht leisten können.

Lilly, 26 Jahre, Köln

🔍 **해석**

저에게 외국어는 가장 어려운 과목이었습니다. 그리고 저는 매우 노력했음에도 불구하고, 그것에서 자주 좋지 않은 점수를 받았습니다.

그 밖에도 저는 이 원칙이 실현될 것이라고 생각하지 않아요. 아이들은 심사숙고해서 그들이 원하는 것을 자립적으로 말하기에는 너무 어렵습니다.

중요한 질문이 있어요. 도대체 누가 돈을 내죠? 부자인 부모도 있어요. 그러나 이것을 제공하지 못하는 가난한 부모도 있습니다.

Lilly, 26세, 쾰른

◀ **어휘** obwohl [cj.] ~임에도 불구하고 | sich bemühen [v.] 노력하다 | sich durchsetzen [v.] 확고하게 지키다, 자신의 생각을 주장하다 | nachdenken [v.] 심사숙고하다 | arm [a.] 가난한 | leisten [v.] 제공하다, 감당하다

25 In dem Artikel wird als Beispiel ein Kindergarten genannt, in dem Kinder mitbestimmen können, welche Sprache sie lernen wollen. Wenn man sich auf eine gemeinsame Fremdsprache einigen kann, finde ich prima.
Allerdings denke ich, dass man anfangs erstmal eine gute Basis in der Muttersprache haben muss und danach ist es auch nicht so schwer eine andere Sprache zu lernen.
Hans, 62 Jahre, Graz

🔍 해석

이 기사에서는 아이들이 어떤 언어를 배우기를 원하는지 결정할 수 있는 유치원이 예로 언급되었습니다. 통일된 언어로 사용할 수 있다면, 매우 멋지다고 생각합니다.
하지만 물론 시작할 때에는 먼저 모국어로 좋은 기반을 다지고 그다음에 다른 언어를 배우는 것은 어렵지 않다고 저는 생각합니다.
Hans, 62세, 그라츠

어휘 mitbestimmen [v.] 어떤 일의 결정에 참여하다 ┃ sich einigen [v.] 합의하다 ┃ allerdings [adv.] 물론

26 Ein Kind hat keine Chance, seine Muttersprache selbst auszuwählen.
Warum soll ein Kind wegen den Eltern zwei Sprachen sprechen? Dadurch kann das Kind seine Identität verlieren.
Einen Satz auf Deutsch und einen Satz in einer anderen Sprache, sie bringen alles durcheinander. Deshalb halte ich davon nichts.
Matilda, 22 Jahre, Potsdam

🔍 해석

아이는 그의 모국어를 스스로 선택할 기회도 없습니다.
왜 아이가 그의 부모 때문에 이중 언어로 말을 해야 하나요? 그것으로 인하여 그 아이는 자신의 정체성을 잃을 수 있습니다.
하나의 문장은 독일어로, 그리고 한 문장은 다른 언어로 한다면 모든 것이 뒤죽박죽이 될 것입니다. 그러므로 저는 그것에 대하여 좋게 생각하지 않습니다.
Matilda, 22세, 포츠담

어휘 auswählen [v.] 선택하다 ┃ die Identität [n.] 정체성 ┃ verlieren [v.] 잃다 ┃ durcheinander [adv.] 뒤죽박죽이 되어

유형 5 •••••

27~30번까지의 문제와 그에 따른 본문을 읽으세요.

a, b, c 중 각 문제에 대한 알맞은 정답을 고르세요.

당신은 곧 빈으로 가기 때문에, 빈에 있는 시티바이크에 대한 정보가 있는 소책자를 읽습니다.

27 시티바이크로...

    ⓐ 사람들은 하루에 최대 120분을 탈 수 있다.

    ⓑ 사람들은 원하는 만큼 무료로 탈 수 있다.

    ☒ 장소에 구애를 받지 않는다.

> **어휘** höchstens [adv.] 최대, 기껏해야 | umsonst [adv.] 무료로, 공짜로 | abhängig sein 누구/ 무엇에
> 의존하고 있다, 달려 있다

28 처음으로 시티바이크를 주행 할 때에는...

    ⓐ 1유로의 비용만 든다.

    ☒ 비용이 들지 않는다, 하지만 한 시간 후에는 어느 정도 지불한다.

    ⓒ 당신이 현금으로 지불할 수 있을 뿐 아니라, 신용카드로도 지불할 수 있다.

> **어휘** die Fahrt [n.] 주행, (타고 가는) 여행 | kostenlos [a.] 무료의

29 시티바이크를 타기 위해서는,...

    ⓐ 하루 전에 터미널에서 등록을 해야만 한다.

    ⓑ 자전거를 대여하기 위한 등록을 인터넷에서만 해야 한다.

    ☒ 시티바이크 카드를 이용해야만 한다.

> **어휘** ausleihen [v.] 대여하다 | benutzen [v.] 이용하다

30 시티바이크 회사의 자전거들은,...

a 전통적인 자전거보다 친환경적이다.

b 정해진 역에서 반환해야만 한다.

☒ 100개 이상의 자전거 정류장에서 수령하고 반납할 수 있다.

> **어휘** umweltfreundlich [a.] 친환경적인 ∣ traditionell [a.] 전통적인 ∣ zurückgeben [v.] 반환하다 ∣
> abgeben [v.] 반납하다, 넘겨주다

Durch die Stadt mit dem Citybike

Information über das System

Das Citybike-System kommt ursprünglich aus Wien. Das ist ein innovatives und umweltfreundliches Verkehrsmittel, und es ist ganz anders im Gegensatz zum traditionellen Radverleih.

In Wien befinden sich 120 Bikestationen. Das Besondere daran ist, dass die Rückgabe an jeder beliebigen Station möglich ist. Das heißt, man muss nicht zu der Station zurückfahren, wo die Fahrt begonnen hat. Sie können jederzeit mit Ihrem Smartphone das System, wann immer Sie wollen benutzen.

Benutzer Anmeldung

Dafür bedarf es einer einmaligen Anmeldung. Melden Sie sich jetzt im Internet an. Sie können die Anmeldung auch an jedem Citybike-Terminal vornehmen. Für jede Anmeldung benötigen Sie eine von den unten angeführten Karten. Wenn Sie mehrere Citybikes gleichzeitig ausleihen möchten, benötigen Sie mehrere Karten.

Die erste Stunde der Fahrt ist gratis. Natürlich muss man für weitere Stunden bezahlen. Die Anmeldung erfordert eine einmalige Gebühr von 1,00 Euro. Diese wird Ihnen nach erfolgreicher Anmeldung für Ihre Fahrten gutgeschrieben.

Citybike-Card

Sie erhalten eine eigene Zugangskarte damit Sie Citybike benutzen können. Der Betrag wird über Bankeinzug berechnet. Die Zusendung der Karte dauert ca. 2 Wochen. Österreichische Bankkarten und alle Kreditkarten lassen sich ganz unkompliziert benutzen. Wenn Sie Apps herunterladen, können Sie viele Sachen einfacher erledigen, sich anmelden, E-Karte ausstellen und Geld aufladen.

(Weitere Informationen und Tarife unter: www.citybikewien.at)

어휘 ursprünglich [adv.] 최초로, 원래 ǀ innovativ [a.] 혁신적인 ǀ umweltfreundlich [a.] 친환경적인 ǀ das Verkehrsmittel [n.] 교통수단 ǀ der Gegensatz [n.] 반대, 대립 ǀ der Radverleih [n.] 자전거 대여 ǀ sich befinden [v.] ~이 있다 ǀ die Rückgabe [n.] 반환 ǀ bedürfen [v.] 필요로 하다 ǀ einmalig [a.] 한 번의 ǀ vornehmen [v.] 처리하다 ǀ benötigen [v.] 필요로 하다 ǀ gratis [adv.] 무료로 ǀ erfordern [v.] 필요로 하다, 요구하다 ǀ werden...gutgeschrieben [v.] 적립되다 (gutschreiben의 수동태) ǀ die Zugangskarte [n.] 신규 카드 ǀ der Betrag [n.] 액수, 금액 ǀ der Bankeinzug [n.] 직불 ǀ ausstellen [v.] 발급하다 ǀ berechnen [v.] 계산하다 ǀ die Zusendung [n.] 송부 ǀ unkompliziert [a.] 복잡하지 않은 ǀ die E-Karte [n.] 전자 카드 ǀ erledigen [v.] 처리하다 ǀ aufladen [v.] 충전하다

해석

시티바이크로 도시를 지나서

시스템에 관한 정보
시티바이크 시스템은 빈에서 최초로 시작되었습니다. 그것은 혁신적이고 자연 친화적인 교통수단입니다. 그리고 그것은 전통적인 자전거 대여와는 반대로 아주 다른 것입니다.
빈에서는 120개의 자전거 정류장이 있습니다. 그것은 원하는 정류장에 반납이 가능하다는 것이 특징입니다. 말하자면 맨 처음 탑승을 시작한 정류장으로 반환하지 않아도 된다는 것을 의미합니다. 당신은 언제든지 스마트폰으로 당신이 원하는 때에 이 시스템을 이용할 수 있습니다.

사용자 등록
그것을 위해서는 한 번의 등록이 필요합니다. 지금 인터넷에서 등록하세요. 당신은 모든 시티바이크 정류장에서 등록을 신청할 수도 있습니다. 당신은 등록하기 위하여 아래에 기재된 카드 중 하나가 필요합니다. 당신이 더 많은 시티바이크를 동시에 대여하기 원할 경우에는 여러 개의 카드가 필요합니다.
처음의 한 시간은 무료입니다. 당연히 더 많은 시간을 위해서는 돈을 지불해야 합니다. 등록에는 1유로의 1회 요금이 요구됩니다. 이것은 당신이 성공적인 등록을 한 후에 당신의 주행 시간으로 적립됩니다.

시티바이크 카드
당신은 시티바이크를 사용할 수 있도록 개인의 신규 가입 카드를 받습니다. 액수는 직불로 계산됩니다. 카드 송부는 약 2주 정도 소요됩니다. 오스트리아의 은행 카드 그리고 모든 신용카드는 전혀 복잡하지 않게 사용하실 수 있습니다. 어플리케이션을 다운로드하면, 당신은 등록을 위한 많은 것들을 쉽게 처리할 수 있으며, 전자 카드를 발급받고 돈을 충전할 수 있습니다.

(더 많은 정보와 요금표는 아래에: www.citybikewien.at)

유형 1 ● ● ● ●

(MP3 01_01)

이제 당신은 5개의 짧은 본문을 듣습니다. 본문은 **두 번** 듣게 됩니다. 각 본문에 해당하는 2개의 문제를 풀어야 합니다. 각 문제에 알맞은 답을 선택하세요.

먼저 보기를 읽어 보세요. 이것을 위하여 당신은 10초의 시간이 있습니다.

Beispiel

📄 Skript

Sie hören eine Nachricht auf dem Anrufbeantworter.

Hallo Jan, hier ist Frank. Wir wollten doch im Sommer eine Woche ans Meer fahren. Ich bin gerade im Internet: im Juni gibt es noch günstige Flüge nach Sizilien. Die Übernachtung müssen wir noch klären. Meine Tante wohnt doch dort. Bei ihr könnten wir vielleicht schlafen. Ansonsten bieten die hier auch noch billige Hotelzimmer an, oder wir gehen campen, das fände ich am besten. Ich schicke dir den Link, schau es dir doch mal an. Tschüss.

🔍 해석

당신은 자동응답기에서 하나의 메시지를 듣습니다.

안녕 Jan, 나는 Frank야. 우리 여름에 한 주 동안 바다에 가기로 했잖아. 나는 방금 인터넷 하는 중이었어. 6월에는 아직 시칠리아로 가는 저렴한 비행기들이 있어. 우리는 숙박을 어떻게 할지 분명하게 해야 해. 나의 숙모가 그곳에 살고 있어. 우리는 어쩌면 그녀의 집에서 잘 수 있어. 그렇지 않으면 인터넷에서 또한 저렴한 호텔방을 제공해줘. 아니면 우리 캠핑을 하러 가자, 그게 가장 좋을 것 같아. 내가 너에게 내가 찾았던 호텔 링크를 보내줄게. 너도 한 번 살펴봐. 안녕.

---

01 Frank는 Jan에게 시칠리아로 가는 것을 제안했다.   ~~Richtig~~ │ Falsch │

02 Frank가 가장 숙박하기를 원하는 곳은 어디인가?

  a 친척 집에서

  b 호텔에서

  ☒ 텐트에서

> **어휘** günstig [a.] 저렴한, 형편이 좋은 │ die Übernachtung [n.] 숙박 │ ansonsten [adv.] 그렇지 않으면 │
> anschauen [n.] 바라보다, 응시하다 │ vorschlagen [v.] 제안하다 │ übernachten [v.] 숙박하다, 묵다

Text 1

 Skript

Sie hören eine Information im Radio.

Ab 01.09. bietet die DB Regio AG ein besonderes Programm an. Es ist besonders für Lehrerinnen und Lehrer, Schülerinnen und Schüler interessant. Passend für die Jahrgangsstufen 9 bis 12 bietet die Bahn ein Programm für einen eintägigen Klassenausflug an! Freuen Sie sich über günstige Brandenburg-Berlin-Tickets. Es können fünf Personen schon für 25 Euro an einem Tag im Nahverkehr der Deutschen Bahn unterwegs sein. Das Angebot läuft bis Ende des Jahres. Informationen gibt es unter www.bahn.de oder telefonisch von Montag bis Freitag von 9.00 bis 17.00 Uhr unter der Nummer 08002435840.

🔍 **해석**

당신은 라디오에서 하나의 정보를 듣습니다.

9월 1일부터 독일 철도 주식회사에서는 하나의 특별한 프로그램을 제공합니다. 이것은 특별히 선생님들과 학생들에게 흥미로운 것입니다. 독일 철도 주식회사에서는 9학년에서 12학년까지 적합한 당일 학급 여행 프로그램을 제공합니다! 저렴한 브란덴부르크 베를린 티켓을 기뻐해 주세요. 그것은 5명이 하루 동안 25유로로 독일 철도의 근거리 교통을 여행 중에 이용할 수 있습니다. 이 상품은 연말까지 진행됩니다. 정보는 아래 www.bahn.de 또는 전화로는 월요일부터 금요일 9시부터 17시까지 아래 번호 08002435840으로 제공됩니다.

---

1 학급 여행을 위한 상품이 있다.   ~~Richtig~~ │ *Falsch*

2 독일철도 주식회사에서는...

    [a] 무료로 학급 여행을 제공한다.

    [b] 근거리 운행 일일용 티켓을 1인당 25유로로 제공한다.

    ☒ 선생님과 학생이 적당한 가격으로 티켓을 구매할 수 있는 프로그램을 제공한다.

> **어휘** anbieten [v.] 제공하다 │ **die Jahrgangsstufe** [n.] 학년 │ **eintägig** [a.] 하루의 │ **der Klassenausflug** [n.] 학급 소풍 │ **sich freuen über** [v.] ~에 대하여 기뻐하다 │ **im Nahverkehr** 근거리 교통 안에서 │ **unterwegs** [adv.] 여행 중에 │ **telefonisch** [a.] 전화로, 전화에 의한 │ **die Klassenfahrt** [n.] 학급 여행 │ **DB** 독일 철도 (Deutsche Bahn의 약어) │ **preiswert** [a.] 적당한 값의 │ **besorgen** [v.] 구입하다

Text 2

📄 Skript

Sie hören eine Nachricht auf dem Anrufbeantworter.

Hallo, Janosch! Ich bin's, Marie. Wir sind doch heute Abend zur Geburtstagsparty von Karin eingeladen. Aber leider habe ich ganz vergessen, mein Kleid aus der Reinigung abzuholen. Könntest du das bitte vielleicht für mich erledigen? Dann werde ich nach der Arbeit das Geschenk besorgen. Weißt du, wie das Kleid aussieht? Es ist rot und hat Punkte. Die Adresse der Reinigung ist Altenberger Straße 6. Wenn du es nicht finden kannst, ruf mich an. Tschüss mein Schatz, bis später!

🔍 해석

당신은 자동응답기에서 하나의 메시지를 듣습니다.

안녕, Janosch! 나야, Marie. 우리는 오늘 저녁에 Karin의 생일파티에 초대를 받았잖아. 하지만 나는 나의 원피스를 세탁소에서 가지고 오는 것을 완전히 잊어버렸어. 네가 혹시 나를 위해서 그것을 해결해 줄 수 있니? 그러면 나는 일이 마친 후에 선물을 마련할게. 너는 그 원피스가 어떻게 생겼는지 알고 있니? 그것은 빨간색이고 도트 무늬가 있는 거야. 세탁소의 주소는 알텐베르크 거리 6번지야. 네가 그것을 찾을 수 없다면, 나에게 전화해. 안녕 내 사랑, 나중에 만나자!

3 Marie는 그녀가 오늘 생일파티에 초대되었다는 것을 잊어버렸다. Richtig

4 Marie는 Janosch에게...

  ⓐ 선물을 마련할 것을 부탁했다.

  ⓑ 도트 무늬의 원피스를 구매할 것을 부탁했다.

  ☒ 그녀의 원피스를 세탁소에서 가지고 와 달라고 부탁했다.

> **어휘** **haben...vergessen** [v.] 잊었다 (vergessen의 현재완료) │ **die Reinigung** [n.] 세탁소 │ **erledigen** [v.] 해결하다 │ **besorgen** [v.] 마련하다, 구입하다 │ **aussehen** [v.] ~로 보이다 │ **eingeladen** [a.] 초대된 │ **haben...gebeten** [v.] 부탁했다 (bieten의 현재완료) │ **mit Punkten** 도트 무늬의

Text 3

 Skript

Sie hören den Wetterbericht im Radio.

Und nun das Wetter für dieses Wochenende. Am Samstag wird es im Norden Sonnenschein geben. An der Nordsee ist bei dichten Wolken mit gewittrigen Schauern zu rechnen. Herrlich mit sonnigen Abschnitten wird es im Süden sein. Dort wird es tagsüber trocken bleiben. Am Sonntag wird es im ganzen Land stark bewölkt sein mit teilweise kräftigen Regenfällen. Gegen Abend wird es überall wieder auflockern. Die Temperaturen werden bei 5 bis milden 16 Grad liegen.

🔍 **해석**

당신은 라디오에서 일기예보를 듣습니다.

그리고 이제 이번 주말 날씨입니다. 토요일에는 북쪽에서는 햇빛이 날 것입니다. 북해에는 짙은 구름과 뇌우를 동반하는 소나기가 예상됩니다. 멋진 햇빛이 드는 지역은 남쪽이 될 것입니다. 그곳은 온종일 건조하겠습니다. 일요일에는 나라 전체에 강한 구름이 끼고 부분적으로는 강한 비가 올 것으로 예측됩니다. 저녁 즈음엔 모든 곳에서 다시 날씨가 풀릴 겁니다. 기온은 5도에서 온화한 16도일 것입니다.

5 북해에서는 뇌우를 동반하는 소나기가 올 것이다. ~~Richtig~~ | *Falsch* |

6 일요일에 날씨는...

☒ 어디에서나 매우 흐릴 것이다.

b 매우 춥고 혹한의 날씨가 될 것이다.

c 남쪽에는 해가 비칠 것이다.

어휘 dicht [a.] 짙은 ∣ gewittrig [a.] 뇌우가 올 것 같은 ∣ der Schauer [n.] 소나기 ∣ der Abschnitt [n.] 지역, 구간 ∣ tagsüber [adv.] 온종일, 낮에 ∣ kräftig [a.] 힘찬, 강한 ∣ der Regenfall [n.] 강우 ∣ überall [adv.] 어디에서나 ∣ auflockern [v.] 풀어지다 ∣ mild [a.] 온화한 (성질, 기후 따위) ∣ der Schauer [n.] 소나기 ∣ bewölkt [a.] 흐린, 구름이 많은 ∣ frostig [a.] 매우 추운, 혹한의

Text 4

📄 Skript

Sie hören am Flughafen eine Durchsage.

Achtung! Wir möchten Sie darauf aufmerksam machen, dass Passagiere der Lufthansa LH 767 nach München gebeten werden, nicht am Schalter 26, sondern am Schalter 35 einzuchecken. Ebenfalls geben wir die Verspätung der Lyonair aus London Flug Nr. 131 bekannt. Wegen Nebel wird das Flugzeug voraussichtlich eine Stunde später landen. Wir bitten Sie um Ihr Verständnis.

🔍 해석

당신은 공항에서 하나의 안내 방송을 듣습니다.

주의하세요! 우리는 뮌헨으로 가는 루프트한자 767번 여객기 탑승객에게 26번 창구가 아닌 35번 창구에서 탑승해 주셔야 할 것을 당부 드립니다. 마찬가지로 런던에서 오는 라이언에어 131번 여객기도 연착되었음을 알려드립니다. 안개 때문에 비행기가 한 시간 늦게 착륙할 것으로 예측됩니다. 우리는 당신의 양해를 부탁드립니다.

7   뮌헨으로 가는 루프트한자 767번 여객기는 연착되었다.   Richtig   ~~Falsch~~

8   런던에서 오는 라이언에어는...

    ⓐ 비 때문에 연착되었다.

    ☒ 안개가 껴서 연착되었다.

    ⓒ 30분 늦게 착륙된다.

> **어휘**   **aufmerksam** [a.] 주의 깊은 | **der Passagier** [n.] 탑승자 | **einchecken** [v.] 탑승 절차를 받다 |
> **ebenfalls** [adv.] ~도 또한, 마찬가지로 | **der Nebel** [n.] 안개 | **voraussichtlich** [a.] 예측할 수 있는
> | **das Verständnis** [n.] 양해 | **die Verspätung** [n.] 연착 | **wegen** [prp.] ~때문에 (2격 전치사) |
> **nebelig** [a.] 안개가 긴, 안개가 짙은 | **eine halbe Stunde** 30분

Text 5

Skript

Sie hören eine Nachricht auf dem Anrufbeantworter.

Hi, Cage! Hier ist Tim. Ich wollte dich wie abgemacht zur Stadtrundfahrt um 11.30 Uhr vom Hotel abholen. Aber ich muss leider vorher etwas erledigen. Besser wäre es, wenn wir uns direkt an der Haltestelle vor dem Kölner Dom treffen. Ich erkläre dir kurz, wie du dort hinkommst. Das ist ganz einfach. Geh die Hauptstraße entlang bis zur Joachimstalerstraße. Dort musst du an der Ampel nach links abbiegen. Laufe dann weiter zum Museum Ludwig. Dort gehst du rechts bis zur Hohenzollernbrücke. Den Kölner Dom solltest du dann auf der linken Straßenseite sehen. Für den Weg brauchst du circa 10 Minuten zu Fuß. Da wir zehn Minuten vor Abfahrt an der Bushaltestelle sein sollten, wäre es gut, wenn wir uns dort um viertel vor 12 treffen. Ach ja, vergiss deine Kamera nicht, damit du schöne Fotos machen kannst.

🔍 해석

당신은 자동응답기에서 하나의 메시지를 듣습니다.

안녕, Cage! 여기 Tim이야. 나는 결정된 대로 시내 관광을 하러 11시 30분에 호텔에서 너를 데리러 가려고 했어. 하지만 나는 유감스럽게도 그 전에 무언가를 해결해야 해. 더 좋은 것은 우리가 바로 쾰른 성당 정류장에서 만나는 것이 더 좋을 것 같아. 네가 그곳까지 어떻게 오면 되는지, 내가 너에게 잠깐 설명해 줄게. 그것은 완전히 쉬워. 중앙거리를 따라서 요아힘슈탈러 거리까지 걸으면 돼. 너는 그곳 신호등 앞에서 왼쪽으로 꺾어야만 해. 그다음에 루드비히 박물관까지 계속 걸어. 그곳에서 너는 오른쪽으로 가서 호헨촐렌 다리까지 걸어가. 그럼 왼쪽 길가에서 쾰른 성당을 볼 수 있을 거야. 길을 걸어오는 데 약 10분 정도가 걸릴 거야. 우리는 출발하기 10분 전에 버스정류장에 있어야 해. 우리가 그곳에서 11시 45분에 만나면 좋을 것 같아. 아 맞아, 네가 아름다운 사진을 찍을 수 있도록 너의 카메라를 잊지 마.

*쾰른 성당 – 1880년 완공된 쾰른의 고딕 양식 건축물

---

9 Tim과 Cage는 성당 앞 정류장에서 만난다.　　　　　　　　~~Richtig~~ | Falsch

10 Cage는...

　a 요아힘슈탈러 거리까지 와서 Tim을 기다려야만 한다.

　b 호텔 앞에서 Tim을 기다리는 것이 아니라, 베어데너 거리에서 기다려야만 한다.

　☒ 혼자 쾰른 성당 앞에 있는 버스정류장으로 와야만 한다.

> **어휘** wie abgemacht 결정된 대로 | die Stadtrundfahrt [n.] 시내 관광 | erledigen [v.] 처리하다 |
> entlang [adv.] ~을 따라서 | die Ampel [n.] 신호등 | abbiegen [v.] (꺾어) 굽히다, 방향을 바꾸다 |
> damit [cj.] ~할 수 있도록 | sich treffen [v.] 만나다 | vergessen [v.] 잊다 | vor dem Dom 성당
> 앞에서 | warten [v.] 기다리다 | die Haltestelle [n.] 정류장 | Kölner Dom [n.] 쾰른 대성당

유형 2 ••••

MP3 01_02

당신은 하나의 본문을 듣습니다. 본문은 **한 번** 듣게 됩니다. 5개의 문제를 풀어 보세요.

각 문제에 알맞은 답을 a, b 또는 c에서 선택하세요.

이제 11번부터 15번의 문제를 읽어 보세요. 이것을 위하여 당신은 60초의 시간이 있습니다.

당신은 BMW 박물관을 방문합니다. 관광을 시작하기 전에 당신은 몇 개의 정보를 받습니다.

📄 Skript

Guten Tag, meine Damen und Herren, und liebe Kinder! Ich begrüße Sie ganz herzlich im BMW-Museum in München. Sie haben sich für eine Automobilführung entschieden. In der „BMW Welt" können Sie die neuesten Auto- und Motorrädermodelle sehen, und wie sie produziert werden. Insbesondere werden wir Ihnen die Endmontage der Autos zeigen. Am Ende des Rundgangs können Sie in beiden Gebäuden Souvenirs erwerben.

Vor Ihrem Rundgang möchte ich Ihnen ein paar Hintergrundinformationen mitteilen. Das BMW Museum hat nach dem Deutschen Museum und Pinakothek der Moderne Museum, die höchste Besucherzahl in München. Ungefähr 250.000 Besucher gibt es pro Jahr. Das Museum wurde 1973 gegründet. Von 2004 bis 2008 wurde es während des Baus der direkt gegenüberliegenden „BMW Welt" renoviert.

Am 21. Juni 2008 wurde das Museum, in dem wir uns hier befinden, wiedereröffnet.

Der Eingang ist im Erdgeschoss. Dort befinden sich die Garderobe und die Rezeption. Im Inneren des Gebäudes befinden sich auf vier „Inseln" Slideshows und kleine Ausstellungen, die sich näher mit bestimmten Themen beschäftigen.

Weiterhin können Sie neue und historische Modelle und Rennfahrzeuge der BMW Gruppe besichtigen. Außerdem werden hier zahlreiche technische Neuheiten sowie die Geschichte der Firma erklärt. In die Hauptausstellung gelangen Sie, wenn Sie in das Obergeschoss gehen. Im Kinosaal befindet sich die Ausstellung zum Thema Technik, wo Sie sich interaktive Modelle anschauen können. Nach dem Rundgang wird Sie eine Rolltreppe zum Ausgangspunkt zurück führen. Wenn Sie sich nach Ihrem Rundgang erfrischen möchten, können Sie das gern bis 18.00 Uhr in unserer Cafeteria tun. Dort bieten wir köstlichen Kaffee und Snacks an.

Bei größerem Hunger, können Sie das Restaurant in der BMW Welt besuchen. Das Restaurant ist bis 19.00 Uhr geöffnet und bietet verschiedene Spezialitäten der Region an. Warmes Essen gibt es allerdings nur bis 18.30 Uhr. Zum Schluss empfehle ich Ihnen dann noch unseren Museumsshop, der bis 18.00 Uhr geöffnet hat. Nun verteile ich die Audio-Guides und wünsche Ihnen viel Vergnügen! Dann fangen wir am Eingang an.

🔍 해석

안녕하세요, 숙녀 그리고 신사 여러분, 그리고 사랑스러운 아이들! 저는 뮌헨에 있는 BMW 박물관에 오신 당신을 진심으로 환영합니다. 당신은 자동차 투어를 결정하셨습니다. "BMW 세계"에서 당신은 그곳에서 생산된 가장 새로운 모델의 자동차와 오토바이 상품들과 그것이 어떻게 생산되는지를 보실 수 있습니다. 특별히 우리는 당신에게 자동차의 최종 조립을 보여드릴 겁니다. 순회의 마지막에 당신은 양쪽 건물에서 기념품들을 살 수 있습니다.

투어를 시작하기 전에 저는 당신에게 몇 가지 배경에 대한 정보를 이야기하고 싶습니다. BMW 박물관은 뮌헨에서 독일 박물관과 피나코텍 현대 미술관 다음으로 가장 많은 방문객들이 방문하는 곳입니다. 한 해에 약 250,000명의 방문객들이 있습니다. 이 박물관은 1973년에 세워졌습니다. 그것은 2004년부터 2008년까지 바로 건너편에 놓여 있는 "BMW 세계"가 지어지는 동안에 수리되었습니다.

지금 우리가 있는 이곳 박물관은 2008년 6월 21일에 재개관되었습니다. 입구는 1층에 있습니다. 그곳에는 옷 보관소와 리셉션이 있습니다. 건물 내부에는 4개의 "섬"이라는 슬라이드 쇼와 보다 상세한 특정 주제를 다루는 작은 전시회가 있습니다.

계속해서 당신은 새롭고 역사적 의의가 있는 모델과 BMW 그룹의 경주 자동차를 관람하실 수 있습니다. 그 밖에도 당신은 이곳에서 다수의 기술적인 새로운 것들에 대한 회사의 역사에 대한 것과 같은 설명을 듣게 됩니다. 위층으로 가면 주요 전시를 볼 수 있습니다. 시네마 홀에서는 상호작용식 모델을 볼 수 있는 기술을 주제로 한 전시회가 있습니다. 투어가 끝나면 에스컬레이터가 당신을 다시 출구 지점으로 인도해 줍니다. 투어가 끝난 후에 당신이 기분 전환을 원하신다면 우리 카페테리아에서 18시까지 하실 수 있습니다. 우리는 그곳에서 맛 좋은 커피와 스낵을 제공합니다.

배가 많이 고프시면, 당신은 BMW 세계에 있는 레스토랑을 방문하실 수 있습니다. 그 레스토랑은 19시까지 운영되고 지역의 다양한 특선 요리를 제공합니다. 따뜻한 요리는 그렇지만 18시 30분까지만 있습니다. 마지막으로 저는 18시까지 여는 우리 박물관의 상점을 추천합니다. 이제 제가 오디오 가이드를 나누어 드리겠습니다. 그리고 당신에게 많은 즐거움이 있기를 바랍니다! 그럼 우리는 입구에서 시작하겠습니다.

어휘 die Führung [n.] 관광, 안내 ｜ erhalten [v.] 얻다, 받다 ｜ sich haben...entschieden [v.] 결정했다 (entscheiden의 현재완료) ｜ die Endmontage [n.] 최종 조립 ｜ der Rundgang [n.] 순회 ｜ das Gebäude [n.] 건물 ｜ erwerben [v.] 구매하다 ｜ die Pinakothek [n.] 피나코텍 미술관 (München에 있는 미술관 이름) ｜ die Besucherzahl [n.] 방문객 수 ｜ wurden...gegründet [v.] 건설되었다, 창설되었다 (gründen의 수동태 현재완료) ｜ während [prp.] ～하는 동안에 (2격 전치사) ｜ gegenüberliegend [p.a] 건너편에 놓여 있는, 마주보고 있는 ｜ wurden...renoviert [v.] 수리되었다, 개선되었다 (renovieren의 수동태 과거) ｜ sich befinden [v.] (어느 장소에) ～있다 ｜ die Garderobe [n.] 옷 보관소 ｜ die Ausstellung [n.] 전시 ｜ das Rennfahrzeug [n.] 경주용 자동차 ｜ zahlreich [a.] 다수의 ｜ gelangen [v.] 다다르다, 이르다 ｜ interaktiv [a.] 상호작용의, 대화식의 ｜ allerdings [adv.] 그러나, 그렇지만 ｜ das Vergnügen [n.] 즐거움, 기쁨

11 "BMW 세계"에서는...

☒ 자동차들의 최종 조립을 관람할 수 있다.

b 오래된 자동차들을 4개의 "섬"이라는 슬라이드 쇼에서 구경할 수 있다.

c 자동차를 스스로 조립할 수 있다.

> **어휘** die Endmontage [n.] 마지막 조립 | besichtigen [v.] 관람하다 | montieren [v.] 조립하다, 설치하다

12 BMW 박물관에서는...

a 독일 박물관보다 더 많은 방문객이 있다.

b 대략 250,000명의 사람들이 매달 방문하게 된다.

☒ 피나코텍 현대 미술관보다 적은 방문객들이 방문한다.

> **어휘** Pinakothek [n.] 피나코텍 미술관 (München에 있는 미술관)

13 방문객들은 관람이 끝난 후에...

a 자동차 경주를 구경할 수 있다.

b "BMW 세계"에서 작은 자동차 모형을 구매할 수 있다.

☒ 음식을 주문할 수 있고 기념품을 구매할 수 있다.

> **어휘** das Souvenirs [n.] 기념품

14 언제까지 따뜻한 음식을 주문할 수 있습니까?

a 18시까지

☒ 18시 30분까지

c 19시까지

> **어휘** bestellen [v.] 주문하다

15 방문객들은 어디에서 전시회 관람을 시작합니까?

ⓐ 상층에서

ⓑ 하층에서

☒ 입구에서

> **어휘** anfangen [v.] 시작하다

유형 3 ••••

MP3 01_03

당신은 이제 하나의 대화를 듣습니다. 대화는 **한 번** 듣게 됩니다. 이에 대해 7개의 문제를 풀어야 합니다. 선택 하세요. 진술이 맞습니까 아니면 틀립니까?

이제 16~22번까지의 문제를 읽어 보세요. 이것을 위하여 당신은 60초의 시간이 있습니다.

당신은 트램 정류장에 있으며 여성 노인이 대학생과 함께 퇴직자인 그녀의 삶에 대하여 이야기하는 것을 듣고 있습니다.

16 Anke 부인은 그녀가 연금 생활자로 살아가는 것에 만족한다.　　~~Richtig~~　　Falsch

17 Anke 부인은 요즘 일을 하지 않고 살아가는 것에 불안함을 느낀다.　　Richtig　　~~Falsch~~

18 오늘 Anke 부인은 정말 건강해 보인다.　　~~Richtig~~　　Falsch

19 스포츠클럽은 정말 힘들다.　　Richtig　　~~Falsch~~

20 Dirk는 대학에 합격하지 못했다.　　Richtig　　~~Falsch~~

21 일 년 전 그녀는 연금 받는 삶이 지루할 것이라고 생각했다.　　~~Richtig~~　　Falsch

22 Anke 부인은 프로젝트를 함께 하고 싶은 흥미가 없다.　　Richtig　　~~Falsch~~

> **어휘** zufrieden [a.] 만족한 | die Rentnerin [n.] (여자) 연금 생활자 | die Angst [n.] 두려움 | der Sportverein [n.] 스포츠클럽 (단체) | anstrengend [a.] 힘든 | langweilig [a.] 지루한

📄 Skript

Dirk	Ich grüße Sie, Frau Anke. Wie geht es Ihnen? Schön, dass ich Sie treffe.
Fr. Anke	Hallo, Dirk. Danke, mir geht es gut. Wie läuft es mit deinem Studium?
Dirk	Mir fällt es schwer, mich auf das Studium zu konzentrieren. Aber nach den Prüfungen kommen endlich die Sommerferien. Ich werde mein Bestes geben, damit ich mich in den Ferien gut ausruhen kann.
Fr. Anke	Das klingt gut.
Dirk	Ich habe gehört, dass Sie seit zwei Monaten pensioniert sind. Wie fühlen Sie sich? Ist es angenehm für Sie?
Fr. Anke	Ehrlich gesagt, bin ich froh, dass der Stress weg ist. Ich kann jetzt den Tag so gestalten, wie ich möchte. Es fühlt sich an, wie eine neu gewonnene Freiheit. Ich hatte vorher immer viel zu tun. Zwar habe ich während der Arbeit viele Erfahrungen machen können, aber ich hatte überhaupt keine Zeit, mich vom Stress zu erholen. Aber jetzt bin ich zufrieden.
Dirk	Das freut mich. Sie sehen auch richtig gut und fit aus. Aber ich kann mich erinnern, dass Sie das mit der Pension letztes Jahr gar nicht so positiv gesehen haben. Hatten Sie Angst davor?
Fr. Anke	Ja, stimmt. Am Anfang war es ganz schön schwer. Mir hat die Arbeit gefehlt. Und es war schrecklich langweilig, ohne Arbeit nur vor dem Fernseher zu sitzen.
Dirk	Wie haben Sie das denn überwunden?
Fr. Anke	Eine Freundin hat mich dazu überredet, mit ihr zu einem Treffen von ihrem Sportverein mitzukommen.
Dirk	Gibt es einen Sportverein für Rentner?
Fr. Anke	Ja, das Treffen war sehr nett. Natürlich machen wir nicht nur Sport. Wir laufen erst eine Stunde und danach gehen alle ins Vereinshaus zum Kaffeetrinken. Jeder kann Freunde mitbringen. Das macht wirklich Spaß.
Dirk	Ich wusste gar nicht, dass Sie so sportlich sind.
Fr. Anke	Ja, beim Sportverein hält man sich nicht nur gesund, sondern man kann dort auch sehr nette Bekanntschaften machen. Ich fühle mich jetzt fit, verspüre Energie und Liebe in mein Leben.
Dirk	Na, das ist ja toll. Frau Anke, ich wollte Sie schon die ganze Zeit etwas fragen.
Fr. Anke	Ja, dann frag doch.
Dirk	Wir beginnen im Herbst ein neues Projekt. Einmal im Monat wollen wir einen Büchernachmittag anbieten unter dem Titel „Lesen bei Oma". Da werden Studenten Bücher vorstellen, und Gedichte vorlesen.
Fr. Anke	Tolle Idee! Vielleicht kann ich dabei helfen.
Dirk	Schön das zu hören. Herzlichen Dank!
Fr. Anke	Aber gerne! Da ist meine Straßenbahn. Ruf mich morgen Nachmittag an, dann sprechen wir noch mal darüber. Servus, Dirk.

Dirk Auf Wiederschauen, Frau Anke.

🔍 해석

Dirk	안녕하세요. Anke 부인. 잘 지내셨어요? 당신을 만나니 좋네요.
Fr. Anke	안녕, Dirk. 고마워. 나는 잘 지내고 있어. 너의 학업은 어떻게 진행되어 가고 있니?
Dirk	저는 학업에 집중하는 것이 어려워요. 하지만 몇 개의 시험이 끝나고 나면 드디어 여름방학이 온답니다. 저는 방학 때 충분히 휴식을 취할 수 있도록 최선을 다할 거예요.
Fr. Anke	그거 좋게 들리네.
Dirk	저는 당신이 2개월 전에 은퇴했다고 들었어요. 기분이 어떠세요? 그것이 당신에게 편한가요?
Fr. Anke	솔직하게 말하자면, 나는 스트레스로부터 벗어나게 되어 기뻐. 이제 나는 내가 원하는 대로 나의 하루를 그렇게 만들 수 있어. 새롭게 얻은 자유라는 느낌이 들어. 나는 이전에는 항상 할 일이 많았어. 비록 나는 일을 하는 동안에 많은 경험을 할 수 있었지만, 내가 스트레스로부터 회복할 수 있는 시간이 전혀 없었어. 하지만 나는 지금은 만족해.
Dirk	기쁜 일이네요. 당신은 보기에도 정말 좋아 보이고, 건강해 보여요. 하지만 저는 작년에는 당신이 연금에 대하여 전혀 긍정적으로 보지 않았던 것을 기억해요. 당신은 그것에 대하여 두려움이 있었나요?
Fr. Anke	응, 맞아. 처음에는 그것이 매우 어려웠어. 나에겐 일이 그리웠어. 그리고 일이 없이 텔레비전 앞에 앉아만 있는 것은 나에게 끔찍하게 지루했어.
Dirk	당신은 그럼 어떻게 그것을 극복하셨나요?
Fr. Anke	나의 친구가 그녀와 함께 그녀의 스포츠클럽을 가자고 나를 설득했어.
Dirk	연금 생활자를 위한 스포츠클럽이 있어요?
Fr. Anke	응, 만남은 정말 친절했어. 당연히 우리는 운동만 하는 것은 아니야. 우리는 먼저 1시간을 뛰고 그다음에 모두가 함께 클럽하우스로 가서 커피를 마셔. 누구나 친구를 데리고 올 수 있어. 그것은 정말 즐거워.
Dirk	저는 당신이 그렇게 운동을 좋아하는지 전혀 몰랐어요.
Fr. Anke	그래. 스포츠클럽에서는 건강을 유지할 뿐만 아니라, 그곳에서 매우 친절한 사람들과의 관계도 만들 수 있어. 나는 지금 정말 컨디션이 좋고, 에너지가 많이 느껴져 그리고 나의 삶을 사랑해.
Dirk	그래요, 그것은 정말 멋지네요. Anke 부인, 저는 계속 당신에게 무엇을 물어보고 싶었어요.
Fr. Anke	그래. 그럼 물어보렴.
Dirk	우리는 가을부터 새로운 프로젝트를 시작해요. 우리는 한 달에 한 번 책 읽는 오후를 "할머니와 독서"라는 제목으로 제안하려고 해요. 그때 학생들은 책들에 대하여 소개하고 시를 낭독할 거예요.
Fr. Anke	좋은 생각이야! 어쩌면 내가 도울 일이 있을 거 같아.
Dirk	그것을 듣게 되어 너무 기뻐요. 진심으로 감사합니다!
Fr. Anke	기꺼이 하지! 저기 나의 트램이 온다. 내일 오후에 나에게 전화해. 그때 우리 다시 그것에 대하여 이야기하자. 안녕, Dirk.
Dirk	또 만나요, Anke 부인.

어휘 sich konzentrieren [v.] 집중하다 ㅣ sich ausruhen [v.] 휴식하다 ㅣ angenehm [a.] 즐거운, 유쾌한, 편안한 ㅣ gestalten [v.] (모양을) 만들다, 형성하다 ㅣ während [prp.] ~하는 동안에 (2격 전치사) ㅣ überhaupt [adv.] 결코 ㅣ sich erholen [v.] 회복하다 ㅣ zufrieden [a.] 만족한, 흡족한 ㅣ haben...gefehlt [v.] (필요한 것이) 없다 (fehlen의 현재완료) ㅣ schrecklich [a.] 끔찍한, 지겨운 ㅣ haben...überwunden [v.] 극복했다 (überwinden의 현재완료) ㅣ haben...überredet [v.] 설득했다 (überreden의 현재완료) ㅣ der Pensionär / Rentner [n.] 연금 생활자 ㅣ die Bekanntschaft [n.] 아는 사람들, 지인 ㅣ verspüren [v.] 느끼다 ㅣ das Gedicht [n.] 시, 운문 ㅣ vorlesen [v.] 읽다, 낭독하다

유형 4 ••••

MP3 01_04

당신은 이제 하나의 토론을 듣습니다. 당신은 이 토론을 **두 번** 듣게 됩니다. 그것에 대한 8개의 문제를 풉니다. 당신은 질문들을 분류하세요. **누가 무엇을 말하고 있습니까?**

이제 23~30번까지의 진술을 읽어 보세요. 당신은 60초의 시간이 있습니다.

라디오 프로그램 "요즘의 화제"의 사회자는 패션 컨설턴트 Dominik Rim과 14세의 학생 Elena Müller와 함께 우리 삶의 패션에 관해 이야기합니다.

		Moderatorin	Dominik Rim	Elena Müller
Beispiel				
0	패션 전문가는 청소년들에게 흥미로운 직업이다.	☒	b	c
23	패션 상담사로서 할 일이 아주 많다.	a	☒	c
24	많은 청소년은 패션에 주의를 기울이지만 모두에게 해당하는 것은 아니다.	a	b	☒
25	누군가를 그의 의상 스타일에 따라 판단하지 않는다.	a	b	☒
26	외모는 전체의 인상에 중요한 역할을 한다.	a	☒	c
27	자신을 최신 유행 스타일로 자주 바꾸면 돈이 많이 든다.	☒	b	c
28	중국에서 온 의류들이 유해한 원료로 생산된 것인지는 정확히 알 수 없다.	a	b	☒
29	비싼 브랜드도 자주 비판된다.	☒	b	c
30	천연 원단은 모든 피부 타입에 적합하다.	a	☒	c

> **어휘** die Mode [n.] 유행, 패션 | der Modeberater [n.] 패션 상담사 | gelten [v.] 가치가 있다, 유효하다 | beurteilen [v.] 판단하다, 판정하다 | eine wichtige Rolle spielen 무엇에서 어떤 중요한 역할을 하다 | der Gesamteindruck [n.] 전체의 인상 | der Modestil [n.] 최신 유행 스타일 | verändern [v.] 바꾸다 | kritisieren [v.] 비판하다, 논평하다 | natürliche Stoffe [n.] 천연 원단

📄 **Skript**

Moderatorin	Hallo. Willkommen zu unserer Sendung „Aktuelle Themen". Heute geht es um die Mode in unserem Leben und wie wichtig sie ist. Das ist ja stets ein aktuelles Thema! Im Studio begrüße ich Herrn Rim, ein Experte in Sachen Mode und Elena Müller.
Elena Müller	Hallo!
Dominik Rim	Guten Tag und vielen Dank für die Einladung.
Moderatorin	Herr Rim, Sie sind von Beruf „Modeberater", ein Beruf, der bei jungen Leuten sehr beliebt ist. Haben Sie schon gehört, dass besonders unsere jüngeren Zuhörer an dem Beruf interessiert sind?
Dominik Rim	Ja, ich habe davon gehört.
Moderatorin	Sie sind also hauptsächlich für die Beratung der Kunden in Modegeschäften zuständig. Welche Aufgaben gehören noch zu diesem Beruf?
Dominik Rim	Ja, noch eine ganze Menge: Zu meinen Aufgaben gehören, den Kunden Modeartikel nach ihren Bedürfnissen vorzuschlagen oder Auskunft zur Pflege der verschiedenen Stoffe zu geben. Ich muss aber auch Organisatorisches, wie z.B. Bestellungen, erledigen.
Moderatorin	Ist Mode so wichtig, wie viele behaupten? Welche Rolle spielt sie für Jugendliche? Elena, was denkst du darüber?
Elena Müller	Mode ist schon wichtig, aber nicht für alle. Ich ziehe mich an, wie es mir passt. Aber das muss nicht jedem gefallen. Ich bin auch davon überzeugt, dass man sich nicht wegen seiner Kleidung bei dem einen oder anderen beliebter oder unbeliebter macht. Was zählt, ist der Gesamteindruck. Wie man sich verhält und so weiter.
Dominik Rim	Ja sicher, niemand macht sich Freunde, nur weil er modisch gekleidet ist. Das würde ich auch nie behaupten. Ich glaube aber trotzdem: Kleider machen Leute. Denn das Aussehen spielt beim Gesamteindruck doch eine Rolle. Kleidung kann viel über eine Person aussagen.
Moderatorin	Wenn man Mode wichtig findet, kann das ganz schön teuer werden. Vor allem auch, weil die Mode sich ständig ändert.
Dominik Rim	Tja, das ist ganz schön viel. Aber wer kauft nur das, was er oder sie wirklich braucht? Das gilt nicht nur für die Kleidung, sondern für alle Dinge. Ich finde nicht, dass man jeder Moderichtung hinterherlaufen sollte. Modisches Aussehen geht auch ohne viel Geld. Hauptsache, man hat seinen eigenen persönlichen Stil.
Elena Müller	Bei vielen ist es zurzeit auch beim Einkaufen wichtig, ob es Markenkleidung ist oder nicht. Wenn man Markenklamotten kauft, gibt man eine Menge Geld aus, weil Markenprodukte als Statussymbole gesehen werden.

Moderatorin	Wir dürfen Markenprodukte nicht vergessen. Kritik an teurer Markenkleidung ist nicht selten, da der Markenname mitbezahlt wird. Herr Rim, stimmt es, dass viel Geld für Markenprodukte ausgegeben wird? Warum ist das eigentlich so?
Dominik Rim	Die Antwort ist nicht so einfach. Manchmal wählt man bestimmte Produkte, weil man sich davon gute Qualität verspricht. Und genau das ist der Punkt. Aber manche kaufen es nur wegen dem Namen und als Statussymbol usw. Man sollte mehr auf die Qualität, als auf den Namen achten.
Elena Müller	Ich und meine Freundinnen kaufen alle keine teure Sachen, aber krank ist noch keiner geworden.
Dominik Rim	Ich habe auch nicht gesagt, dass nur teure Kleidungsstücke gut sind und nicht jeder braucht sie. Aber diejenigen, die eine empfindliche Haut haben, sollten sich spezielle Produkte besorgen.
Moderatorin	Herr Rim, Sie haben gerade über empfindliche Haut geredet. Können Sie unseren Zuhörern ein paar Tipps zum Thema „Qualität von Kleidung" geben?
Dominik Rim	Also, Kleidung aus natürlichen Stoffen ist immer am besten. Die sind für jeden Hauttyp geeignet. Wer ganz sicher sein will, kann natürlich echte Bio-Produkte kaufen. Aber da steigen die Preise wieder.
Elena Müller	Die Klamotten aus China sind meistens sehr billig. Ich weiß nicht genau, ob die mit Schadstoffen hergestellt werden, aber ich glaube, die Industrie denkt sich immer wieder was Neues aus, um Geld zu verdienen.
Moderatorin	Das war sehr interessant. Die junge Generation hat eine eigene Vorstellung von Mode. Das finde ich gut. Elena, ich hätte jetzt eine andere Frage. Unter Jugendlichen sieht man manchmal Leute mit einem ganz verrückten Outfit. Und nicht selten beobachtet man sogar ganze Cliquen, in denen fast alle gleich gekleidet sind. Das kritisieren die Erwachsenen oft, richtig?
Elena Müller	Die Erwachsenen verstehen doch gar nicht, worum es geht. Es ist toll, wenn man seinen Modestil mit Freunden teilen kann. Meinen Sie, wir mögen die Kleidung unserer Eltern? Die ziehen sich monoton und langweilig an.
Moderatorin	Was meinen Sie dazu, Herr Rim?
Dominik Rim	Für junge Leute ist es besonders wichtig, sich von ihren Eltern abzugrenzen, sich total anders zu kleiden. Sie wollen auf sich aufmerksam machen und manchmal sogar auch provozieren. Das ist aber völlig normal und gehört zu diesem Lebensabschnitt.
Moderatorin	Das haben Sie gut zusammengefasst. Leider ist unsere Zeit nun zu Ende. Herr Rim, Elena, vielen Dank für das sehr interessante Gespräch. Liebe Hörerinnen und Hörer, vielen Dank für Ihr Interesse. Bis zur nächsten Sendung: Auf Wiederhören.

🔍 해석

Moderatorin 안녕하세요. 저희 프로그램 "최신 주제"를 찾아 주신 것을 환영합니다! 오늘은 우리들의 삶 속에 있는 패션(유행)과 그것이 얼마나 중요한지에 대하여 이야기해 보겠습니다. 이것은 언제나 최신 주제이죠! 스튜디오에서 제가 패션 전문가 Rim 씨 그리고 Elena Müller 양에게 인사를 전합니다.

Elena Müller 안녕하세요!

Dominik Rim 안녕하세요. 그리고 초대해 주셔서 대단히 감사드립니다.

Moderatorin Rim 씨, 당신은 멋진 젊은이들 사이에서 매우 인기 있는 직업인 "패션 상담사"입니다. 당신은 우리 젊은 청취자들이 그 직업에 대하여 특별히 흥미를 가지고 있다는 것을 이미 들어 보셨나요?

Dominik Rim 네, 저는 그것에 대하여 들었습니다.

Moderatorin 당신은 그러니까 유행하는 물건을 판매하는 상점에서 주로 고객 상담을 담당하고 있는 거죠. 어떤 일들이 이 직업에 또 속하나요?

Dominik Rim 네, 여러 가지가 더 있습니다. 저의 임무에 속하는 것으로는 고객의 요구를 기반으로 패션 제품을 제안하거나 다양한 옷감의 손질 방법을 안내해 주는 것입니다. 저는 조직적인 것들, 예를 들면 주문들 또한 처리해야만 합니다.

Moderatorin 패션은 많은 사람이 주장하는 것처럼 그렇게 중요합니까? 그것은 청소년들에게는 어떤 역할을 하나요? Elena, 너는 그것에 대하여 어떻게 생각하니?

Elena Müller 패션은 원래 중요한 것이지만, 모두에게 그런 것은 아닙니다. 저는 저에게 어울리는 것을 입습니다. 하지만 그것이 모두의 마음에 들 필요는 없습니다. 저는 누구도 그의 옷 때문에 다른 사람에게 인기가 있거나 없거나 하지 않는다고 확신합니다. 중요한 것은 전체적인 인상입니다. 어떻게 행동을 하는지에 대한 것 등등이 중요합니다.

Dominik Rim 네 맞아요, 누구도 그가 세련되게 옷을 입었다는 것만으로 친구가 되지는 않아요. 그것에 관해서 주장하고 싶은 것은 전혀 아니에요. 하지만 저는 그럼에도 불구하고 옷이 사람을 만든다고 생각해요. 외모도 전반적인 인상에 한 역할을 하니까요. 옷은 한 사람에 대하여 많은 것을 표현할 수 있어요.

Moderatorin 패션을 중요하게 생각한다면, 그것은 돈이 꽤 많이 들 수도 있습니다. 무엇보다도 유행은 끊임없이 변하기 때문이죠.

Dominik Rim 음, 그것은 전체적으로 아주 많네요. 하지만 누가 자신이 정말로 필요한 것만을 구매하나요? 그것은 모든 옷뿐 아니라 모든 것에 적용됩니다. 사람들이 유행을 따라가야 한다고 생각하지 않습니다. 세련된 외모는 돈이 많이 없이도 가능합니다. 중요한 것은 각자 자신만의 개인적인 스타일을 가지는 것입니다.

Elena Müller 요즘 많은 사람에게는 구매를 할 때, 그것이 브랜드 옷인지 혹은 아닌지가 중요합니다. 브랜드 의류를 구매할 때에는 많은 돈을 지불합니다. 왜냐하면 브랜드 제품은 지위의 상징으로 보이기 때문입니다.

Moderatorin 우리는 브랜드 제품에 대한 이야기를 잊으면 안 됩니다. 비싼 브랜드 의류는 적지 않게 비판되었어요. 왜냐하면 브랜드 이름값도 함께 지불하게 되니까요. Rim 씨, 브랜드 제품에 많은 돈을 지불하는 것이 맞는 건가요? 도대체 왜 그렇게 되는 건가요?

Dominik Rim	대답하기가 그렇게 간단하지는 않습니다. 때로는 특정한 제품을 선택하죠, 왜냐하면 그것으로부터 좋은 품질을 약속 받는 것이니까요. 그리고 그것이 바로 요점입니다. 사람들은 이름보다 품질에 더 많은 주의를 기울여야 합니다. 하지만 몇몇 사람들은 단지 이름과 지위에 따른 상징 등등 때문에 구매합니다. 이름보다는 품질에 더 많은 주의를 기울여야 합니다.
Elena Müller	저와 제 친구들은 모두 비싼 제품들을 사지 않습니다만, 병이 난 사람은 아직 없습니다.
Dominik Rim	저는 비싼 옷들만이 좋다고 말한 것이 아닙니다. 그리고 누구나 그것을 필요로 하는 것도 아닙니다. 하지만 예민한 피부를 가진 사람은 특별한 제품을 구매하는 것이 좋습니다.
Moderatorin	Rim 씨, 당신은 방금 예민한 피부에 관해 이야기했습니다. 당신은 우리 청취자들에게 "옷의 품질"이라는 주제에 대해 몇 가지 조언을 해 주실 수 있나요?
Dominik Rim	말하자면, 천연 원료로 만들어진 옷이 항상 가장 좋습니다. 그것들은 모든 피부 타입에 적합합니다. 아주 확실하기를 원한다면, 당연히 정품 유기농 제품을 구매할 수 있습니다. 하지만 그러면 가격은 다시 올라갑니다.
Elena Müller	중국에서 온 의류들은 대부분 매우 저렴합니다. 저는 그것이 유해한 원료로 생산된 것인지는 정확히 알지 못합니다만 제 생각에 산업은 돈을 벌기 위하여 항상 새로운 무엇인가를 고안하고 있다고 생각합니다.
Moderatorin	그것은 매우 흥미로웠습니다. 젊은 세대들은 유행에 대하여 그들만의 생각이 있는 것 같습니다. 그것은 제 생각에 좋은 것 같아요. Elena, 저는 지금 다른 질문을 하고 싶어요. 청소년들 사이에서 때때로 아주 요란스러운 옷들을 입은 사람들을 볼 수 있어요. 그리고 드물지 않게 거의 모두가 같은 옷을 입은 전체의 패거리들을 관찰할 수 있어요. 그것을 어른들은 자주 비판을 해요, 그렇지 않나요?
Elena Müller	어른들은 그것이 무엇에 관련된 것인지 전혀 이해하지 못해요. 친구들과 패션 스타일을 나눌 수 있다는 것은 멋진 일인 것 같아요. 우리들이 우리 부모님들의 옷을 좋아한다고 생각하시나요? 그들은 단조롭고 지루하게 옷을 입어요.
Moderatorin	거기에 대하여 어떤 생각을 가지고 계신가요, Rim 씨?
Dominik Rim	젊은 사람들에게는 그들이 그들의 부모와 거리를 두고, 완전히 다르게 옷을 입는 것이 특별히 중요합니다. 그들은 주의를 끌고 싶어 하고 때로는 도발하기를 원합니다. 그러나 그것은 완전히 자연스러운 일이며, 삶의 한 단계에 속합니다.
Moderatorin	당신은 그것을 잘 요약하셨네요. 유감스럽게도 이제 우리의 시간이 끝났습니다. Rim 씨, Elena 양, 정말 흥미로운 토론에 대하여 감사드립니다. 청취자님들의 관심에 대단히 감사드립니다. 다음 방송에서 뵐게요. 안녕히 계세요.

어휘 aktuell [a.] 요즈음에, 최근에 ǀ der Modeberater [n.] 패션 상담사 ǀ hauptsächlich [adv.] 주로 ǀ die Beratung [n.] 상담 ǀ zuständig [a.] 속하는, 결정권이 있는 ǀ das Bedürfnis [n.] 필요, 욕구 ǀ vorschlagen [v.] 제안하다 ǀ die Pflege [n.] 손질 ǀ behaupten [v.] 주장하다 ǀ überzeugt [a.] 확신하는 ǀ gekleidet [a.] 옷을 입은 ǀ der Gesamteindruck [n.] 전체적인 인상 ǀ aussagen [v.] 진술하다 ǀ hinterherlaufen [v.] 뒤를 쫓다, 따라서 가다 ǀ die Markenklamotten/die Markenkleidung [n.] 브랜드 옷 ǀ mitbezahlen [v.] 지급의 일부를 분담하다, 몫을 내다 ǀ versprechen [v.] 약속하다 ǀ das Statussymbol [n.] 지위의 상징 ǀ der Schadstoff [n.] 독성 원료 ǀ empfindlich [a.] 예민한 ǀ der Stoff [n.] 원료, 옷감, 천 ǀ geeignet [a.] 적합한 ǀ die Klamotten [n.] 옷 (주로 복수로 사용) (pl.) ǀ werden...hergestellt [v.] 생산되다 (herstellen의 수동태) ǀ

die Industrie [n.] 산업 | **die Generation** [n.] 세대, 시대 | **abgrenzen** [v.] 제한하다 | **die Clique** [n.] 한패, (배타적인) 동족 | **provozieren** [v.] 선동하다, 유발하다 | **völlig** [a.] 완전히 | **normal** [a.] 보통의, 일반적인 | **haben...zusammengefasst** [v.] 요약했다 (zusammenfassen의 현재완료)

과제 1 ● ● ● 시험 시간: 20분

당신은 다음 주에 새로운 집으로 이사를 갑니다. 한 친구(남/여)에게 당신이 도움이 필요하다고 쓰세요. 왜냐하면 당신은 자동차가 없고 새로운 집은 4층에(한국식 5층) 위치하고 엘리베이터가 없기 때문입니다.

– 당신의 상황을 묘사하세요. 당신의 문제는 무엇인가요?
– 이유를 설명하세요. 당신은 왜 도움이 필요한가요?
– 당신의 친구(남/여)가 어떻게 당신을 도와줄 수 있을지 제안하세요.

세 가지 요구 사항을 모두 충족하여 작성하세요.
텍스트 구조(인사말, 소개, 내용 순서, 결론)에 주의하세요.

당신의 의견을 적으세요. (약 80개 단어)

예시답안

Hallo Anna,

ich habe endlich eine neue Wohnung gefunden! Nächste Woche Freitag ziehe ich um und deshalb brauche ich deine Hilfe. Ich habe nämlich ein Problem. Die Wohnung ist nicht im ersten Stock, sondern im vierten Stock. Und es gibt leider keinen Aufzug. Man muss alles hinauftragen. Es wäre toll, wenn du kommen könntest. Michael und Jan kommen auch. Wir treffen uns um 9 Uhr. Noch eine Frage: Kennst du jemanden, der ein großes Auto hat? Ruf mich an.

Viele Grüsse
Alex

 해석

안녕 Anna,

나는 드디어 새로운 집을 발견했어! 내가 다음 주 금요일에 이사해서 나는 너의 도움이 필요해. 나는 말하자면 문제가 있어. 집은 1층에 있지 않고 4층(한국식 5층)에 있어. 그리고 유감스럽게도 엘리베이터가 없어. 모든 것을 위쪽으로 운반해야 해. 네가 만약 올 수 있다면, 정말 좋을 거야. Michael과 Jan도 올 거야. 우리는 9시에 만날 거야. 질문이 한 가지 더 있어. 너는 큰 자동차가 있는 누군가를 알고 있니? 전화 줘.

많은 안부를 담아
Alex

어휘 **haben...gefunden** [v.] 발견했다 (finden의 현재완료) | **umziehen** [v.] 이사하다 | **nämlich** [adv.] 구체적으로 (말해서) | **der Aufzug** [n.] 엘리베이터 | **müssen** [m.v] ~해야만 한다 (화법조동사) | **anrufen** [v.] 전화하다 | **hinauftragen** [v.] 위쪽으로 운반하다 | **sich treffen** [v.] 만나다

과제 2 ••• 시험 시간: 25분

당신은 텔레비전에서 "우정"이라는 주제에 대한 하나의 토론 방송을 시청했습니다.
당신은 온라인 방명록에서 아래의 의견을 보았습니다.

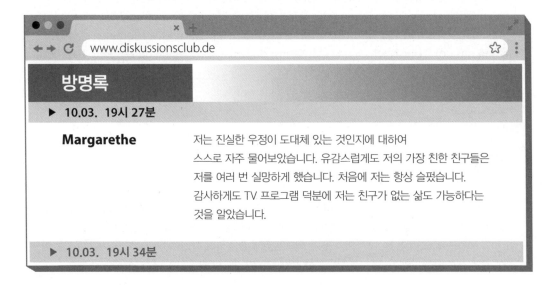

방명록

▶ 10.03. 19시 27분

Margarethe
저는 진실한 우정이 도대체 있는 것인지에 대하여
스스로 자주 물어보았습니다. 유감스럽게도 저의 가장 친한 친구들은
저를 여러 번 실망하게 했습니다. 처음에 저는 항상 슬펐습니다.
감사하게도 TV 프로그램 덕분에 저는 친구가 없는 삶도 가능하다는
것을 알았습니다.

▶ 10.03. 19시 34분

어휘 haben...gefragt [v.] 물었다 (fragen의 현재완료) ┊ ob [cj.] ~인지 아닌지 ┊ überhaupt 도대체, 도무지 ┊ wahr [a.] 진실한, 참된 ┊ die Freundschaft [n.] 우정 ┊ haben...enttäuscht [v.] 실망했다 (enttäuschen의 현재완료) ┊ mehrmals [adv.] 여러 번, 수차례 ┊ anfangs 처음에는 ┊ traurig [a.] 슬픈, 우울한 ┊ die Fernsehrsendung [n.] TV 프로그램 ┊ das Leben [n.] 삶 ┊ ohne Freunde 친구들 없이 ┊ möglich [a.] 가능한

당신의 의견을 적으세요. (약 80개 단어)

예시답안1

Das ist eine schwierige Frage! Ich finde es traurig, dass so viele Menschen nicht mehr positiv über die Freundschaft denken. Natürlich hat jeder dafür einen Grund. Heutzutage arbeiten die Leute zu viel und haben nicht genug Zeit, um an die Freunde zu denken oder sie zu treffen. Oft schreibt man Emails oder SMS.

Kontakt aufzunehmen ist bequemer geworden, aber ich finde das nicht unbedingt gut. Obwohl mich meine Freunde auch manchmal enttäuschen, ist Freundschaft wichtig für mich. Ohne meine Freunde würde ich mich einsam fühlen.

해석

그것은 어려운 질문입니다! 저는 많은 사람이 우정에 대하여 더 이상 긍정적으로 생각하지 않는다는 것은 슬픈 일이라고 생각합니다. 당연히 모두가 그것에 대한 이유를 가지고 있습니다. 요즘에는 많은 사람이 너무 많은 일을 하고, 친구들에 대하여 생각하거나 만날 시간이 충분하지 않습니다. 사람들은 자주 메일이나 문자를 씁니다.

연락하는 것은 더 편리해졌습니다만 제 생각에 그것이 무조건 좋은 것은 아닌 것 같습니다. 비록 저의 친구들도 가끔 저를 실망시키더라도, 저에게 있어서 우정은 매우 중요합니다. 저의 친구들이 없다면 저는 외롭다고 느낄 것입니다.

어휘 die Freundschaft [n.] 우정 | heutzutage [adv.] 요즘에, 근래에 | denken [v.] 생각하다 | jemanden treffen [v.] 누군가를 만나다 | bequemer 더 편리한 (bequem의 비교급) | sein...geworden [v.] ~되었다 (werden의 현재완료) | unbedingt [a.] 무조건, 절대적으로 | obwohl [cj.] ~임에도 불구하고 | enttäuschen [v.] 실망하다 | einsam [a.] 외로운 | sich fühlen [v.] 느끼다

예시답안2

Viele interessieren sich dafür und reden darüber. Ich denke, dass Freundschaft sehr wichtig für mich ist.

Als ich eine schwierige Zeit und keine Arbeit hatte, hat meine Freundin Emmi mir immer geholfen. Sie hat mir die Daumen gedrückt und mir Mut gegeben. Sie hat mir ihre Erfahrungen erzählt, das hat mich zum Überlegen angeregt. Damit konnte ich mir viel überlegen, wie ich damit weiter machen kann. Ich bin ihr immer noch dankbar.

Jetzt möchte ich auch meinen Freundinnen, die eine schwierige Zeit haben helfen. Dafür ist Freundschaft da.

해석

많은 사람이 그것에 대하여 흥미를 가지고 있고 그것에 대하여 이야기합니다. 저는 우정이 저에게 아주 중요하다고 생각합니다.

제가 어려운 시기에 있고 실업 상태였을 때 저의 친구 Emmi는 항상 저에게 도움을 주었습니다. 그녀는 저에게 행운을 빌어 줬고 용기를 주었습니다. 그녀는 저에게 그녀의 경험들을 이야기해 주었고, 그것은 제가 숙고할 수 있도록 자극을 주었습니다. 그것으로 인해 저는 제가 어떻게 더 나아가 해야 할지 생각할 수 있었습니다. 저는 그녀에게 아직도 감사한 마음을 가지고 있습니다.

저도 이제는 또한 다른 어려운 시간을 보내고 있는 저의 친구들을 돕고 싶습니다. 그것을 위하여 우정은 존재합니다.

어휘 sich interessieren für [v.] ~대하여 관심을 가지다 | das Überlegen [n.] 숙고 | haben...angeregt [v.] 자극을 주었다 (anregen의 현재완료) | haben...die Daumen...gedrückt [v.] 행운을 빌었다 (die Daumen drücken의 현재완료) | der Mut [n.] 용기 | die Erfahrung [n.] 경험 | überlegen [v.] 심사숙고하다 | die Freundschaft [n.] 우정

과제 3 ••• 시험 시간: 15분

당신은 다음 주 금요일에 당신의 옛 동료인 Kirsten 부인과 약속이 있습니다. 하지만 당신은
거기에 가지 못합니다.

Kristen 부인에게 적으세요. 그녀에게 왜 그날 만날 수 없는지에 대하여 정중하게 설명하고 새로운
약속을 제안하세요.

호칭과 마지막 안부를 잊지 마세요.

당신의 의견을 적으세요. (약 40개 단어)

예시답안

Sehr geehrte Frau Kirsten,
ich möchte mich entschuldigen, dass ich mich am nächsten Freitag nicht mit Ihnen treffen kann. Ich habe einen wichtigen Termin im Krankenhaus vergessen. Haben Sie vielleicht am nächsten Sonntag Zeit? Ich hoffe, wir sehen uns bald.

Mit freundlichen Grüßen
Steffi Link

 해석

존경하는 Kirsten 부인,
저는 제가 다음 주 금요일에 당신을 만날 수 없는 것에 대하여 사과를 하고 싶어요. 저는 병원의 중요한 일정을 잊어버렸어요. 혹시 다음 주 일요일에 시간이 있으신가요? 우리가 곧 만날 수 있기를 바랍니다.

친절한 안부를 담아
Steffi Link

어휘 sich entschuldigen [v.] 잘못을 사죄하며 용서를 구하다 | wichtig [a.] 중요한 | das Krankenhaus [n.] 병원
| haben...vergessen [v.] 잊었다 (vergessen의 현재완료)

유형 1 ••• 함께 무엇을 계획하기 시간: 약 3분

MP3 01_05

당신은 주말 동안 당신의 고향에서 오는, 파트너와 함께 알고 있는 친구를 기다립니다. 그는 당신의 도시에 대하여 아직 알지 못하고 당신은 그를 위하여 체류하는 동안에 대한 계획을 하려고 합니다. 당신이 무엇을 함께 할 수 있는지에 대하여 이야기하세요.

아래에 제시된 관점에 대하여 이야기하세요, 제안을 하고 당신의 대화 상대(남/여)가 제안한 것들에 대해 반응하세요. 당신이 무엇을 원하는지를 함께 계획하고 결정하세요.

주말에 오는 친구의 방문 계획하기

– 어디서 그리고 언제 만나는지?
– 어떤 교통수단을 이용하는지? (버스, 택시 ...)
– 어떤 명소를 방문하는지?
– 저녁에는 어디로 가는지?
– ...

어휘 der Aufenthalt [n.] 체류 | sich unterhalten [v.] ~에 대해 이야기하다 | reagieren [v.] 반응하다 | planen [v.] 계획하다 | Verkehrsmittel [n.] 교통수단 (pl.)

예시답안

Besuch eines Freundes am Wochenende planen

Mann Ach ja, Franz hat mir mitgeteilt, dass er am Samstag nach Seoul kommt. Was wollen wir denn zusammen unternehmen?

Frau Er kennt sich ja in der Stadt gar nicht aus. Deshalb denke ich, es ist besser, dass wir ihn vom Bahnhof abholen, wenn er ankommt.

Mann Das stimmt. Lass es uns so machen. Wir treffen uns dann direkt am Bahnhof. Wann kommt er denn an?

Frau Gegen 12:00 Uhr habe ich gehört. Dann treffen wir uns am Hauptbahnhof um viertel vor zwölf. Danach nehmen wir den Bus in die Altstadt. Es wird ihm bestimmt gefallen, oder?

Mann Ja, ich glaube schon. Wir können zur Altstadt mit dem Bus fahren oder doch lieber zu Fuß gehen. Was meinst du?

Frau Genau. Das ist billiger als ein Taxi und es gibt viele interessante Sachen zu sehen. Dann gehen wir zu Fuß.

Mann Damit bin ich einverstanden. Auf dem Weg zur Altstadt gibt es schöne Geschäfte und ein Spaziergang tut uns auch gut. Dann können wir gleich in der Stadt bleiben und die wichtigsten Sehenswürdigkeiten besichtigen.

Frau Meinst du den Namdaemun Markt in Myeongdong und den Namsan Turm? Ich habe da einen ganz tollen Reiseführer.

Mann Eine hervorragende Idee. Das ist ja alles im Zentrum und wir können zu Fuß gehen.

Frau Wir können auch in der Altstadt etwas Leckeres essen. Kennst du ein gutes Restaurant?

Mann Natürlich. Ich kenne da ein tolles Restaurant mit koreanischen Spezialitäten. Es ist nicht teuer und das Essen ist wirklich sehr gut.

Frau Oder sollen wir lieber etwas Italienisches essen? Mag er koreanische Gerichte?

Mann Da bin ich mir nicht sicher. Ich frage ihn am Abend mal. Aber ich denke, wir sollten ihm koreanische Gerichte empfehlen.

Frau So machen wir das! Und was machen wir am Abend? Sollen wir ins Kino gehen?

Mann Hmmm... Kino finde ich nicht so gut. Gehen wir lieber an den Han Fluss. Da kann man sitzen und sich unterhalten. Man kann sogar dort was zum Essen bestellen. Das wird Franz bestimmt gut gefallen.

Frau Du hast Recht. Das ist vielleicht besser. Wir sind dann sicher auch müde vom Herumlaufen. Wir könnten uns dann dort etwas ausruhen.

Mann Übrigens, Franz hat mich auch gefragt, wo er übernachten kann. Kann er bei dir übernachten?

Frau Es tut mir Leid, aber ich kann ihn leider nicht zu mir einladen. Meine Wohnung ist so klein und meine Schwester ist gerade bei mir.

Mann	Dann werde ich ihm vorschlagen, dass er bei mir schlafen kann. Das kostet nichts und dann braucht er kein Geld für ein Hotelzimmer auszugeben.
Frau	Prima! Dann hat sich ja alles geklärt.
Mann	Ja, das denke ich auch. Ich freue mich schon, dass er kommt.

 해석

주말에 오는 친구의 방문 계획하기

남자	아, 맞다. Franz가 토요일에 서울로 온다고 했어. 우리 그럼 함께 무엇을 하면 좋을까?
여자	그는 이 도시에 대하여 전혀 알지 못해. 그래서 내 생각에는 그가 도착하면 우리가 그를 역에서 데리고 오는 것이 좋을 것 같아.
남자	맞아. 우리 그렇게 하자. 우리 그럼 바로 역에서 만나자. 그는 언제 도착하니?
여자	나는 대략 12시쯤이라고 들었어. 그럼 우리는 중앙역에서 11시 45분에 만나자. 그다음에 우리 버스를 타고 구시가지로 가자. 그것은 분명히 그의 마음에 들 거야. 안 그래?
남자	응. 나는 이미 그렇게 생각했어. 우리는 구시가지로 버스를 타고 가거나 걸어서 가는 것이 더 나을 수도 있어. 네 생각은 어때?
여자	맞아. 그렇게 하는 것이 택시보다 저렴하고 구경할 만한 흥미로운 것들이 많을 거야. 그럼 우리 걸어서 가자.
남자	그것에 대해 나는 동의해. 구시가지로 가는 길에는 예쁜 가게들이 있고 산책을 하는 것도 우리에게도 좋으니까. 그러면 우리는 바로 시내에서 머물 수 있고 가장 중요한 관광지를 구경할 수 있어.
여자	너 명동에 있는 남대문 시장과 남산타워를 말하는 거지? 나는 거기에 아주 좋은 여행 안내서를 가지고 있어.
남자	아주 훌륭한 생각이야. 그것은 모두 시내에 있고 우리는 걸어서 갈 수 있어.
여자	우리는 구시가지에서 무언가 맛있는 것도 먹을 수 있어. 너는 좋은 식당을 알고 있니?
남자	당연하지. 나는 그곳에 한국의 특색이 있는 좋은 레스토랑을 알고 있어. 그곳은 비싸지 않고 음식도 정말 매우 좋아.
여자	아니면 우리 차라리 이탈리아 음식을 먹을까? 그는 한국 음식을 좋아하니?
남자	나는 그것에 대해 잘 모르겠어. 내가 저녁에 그에게 한 번 물어볼게. 하지만 내 생각에는 우리가 그에게 한국 요리를 추천하는 것이 좋을 것 같아.
여자	우리 그렇게 하자! 그리고 우리 저녁에는 무엇을 할까? 우리 영화관에 갈까?
남자	음... 영화관은 내 생각에 별로인 것 같아. 우리 차라리 한강에 가자. 그곳에서 앉을 수도 있고, 대화를 할 수도 있어. 게다가 그곳에서 음식도 주문할 수 있어. 그것은 Franz도 분명히 마음에 들어 할 거야.
여자	네 말이 맞아. 그것이 어쩌면 더 좋겠다. 그렇게 하면 우리는 분명히 또한 돌아다니느라 피곤할 거야. 우리는 그곳에서 어느 정도 휴식을 취할 수 있을 거야.
남자	그것은 그렇고, Franz는 그가 어디에서 숙박할 수 있는지도 나에게 물어보았어. 그가 너의 집에서 숙박할 수 있니?
여자	미안해. 하지만 유감스럽게도 나는 그를 초대할 수 없어. 나의 집은 매우 작고 나의 언니가 지금 나와 같이 있어.
남자	그럼 나는 그에게 우리 집에서 자도 된다고 제안할게. 그것은 돈이 들지 않고 그러면 그는 호텔 방을 위해서도 돈을 지불할 필요가 없어.

여자	좋아! 그럼 모든 것이 다 분명해졌네.
남자	응, 나도 그렇게 생각해. 나는 그가 온다는 것이 벌써 기뻐.

어휘 haben...mitgeteilt [v.] 알려주었다 (mitteilen의 현재완료) | unternehmen [v.] ~을 계획하다, 꾀하다 | nehmen [v.] ~을 타다 | in die Altstadt 구시가지로 | der Namsan Turm [n.] 남산타워 | der Reiseführer [n.] 여행안내서 | hervorragend [a.] 훌륭한 | die Spezialität [n.] 명물, 특별 요리 | das koreanische Gericht 한국의 음식 | sich unterhalten [v.] 대화하다 | das Herumlaufen [n.] 돌아다님 | sich ausruhen [v.] 휴식을 취하다 | übernachten [v.] 밤을 지내다 | vorschlagen [v.] 제안하다 | ausgeben [v.] 지출하다 | haben...geklärt [v.] 분명해졌다 (klären의 현재완료)

유형 2 ••• 주제 발표하기 시간: 약 3분

MP3 01_06

하나의 주제(주제 1 또는 주제 2)를 고르세요.

당신은 청중에게 시사 문제에 대하여 프레젠테이션을 합니다. 그것에 대한 5개의 슬라이드가 있습니다. 왼쪽의 지시 사항을 따르고 오른쪽에 메모와 아이디어를 적으세요.

Stellen Sie Ihr Thema vor. Erklären Sie den Inhalt und die Struktur Ihrer Präsentation.		Heute werde ich Ihnen über das Thema „Stadtzentrum ohne Auto?" präsentieren. Ich werde zuerst über meine eigenen Erfahrungen in Korea sprechen, dann über die Situation in meinem Heimatland. Danach möchte ich Ihnen erklären, was ich gut oder schlecht daran finde. Dazu werde ich meine Meinung erläutern. Am Ende folgt dann meine Schlussfolgerung.
Berichten Sie von Ihrer Situation oder einem Erlebnis im Zusammenhang mit dem Thema.		Ich habe auch ein Auto. Für mich ist das Auto ganz wichtig, weil ich beruflich viele Kunden besuchen muss. Das geht ohne Auto nicht, denn die öffentlichen Verkehrsmittel brauchen viel Zeit und sind oft unpünktlich. Aber trotzdem denke ich nun, dass ich auch etwas für den Umweltschutz tun sollte.
Berichten Sie von der Situation in Ihrem Heimatland und geben Sie Beispiele.		Das Thema wird auch in Korea sehr stark diskutiert. Ich interessiere mich sehr für das Thema. In Korea haben viele Familien ein oder zwei Autos. Aber in der Großstadt benutzen die meisten Leute öffentliche Verkehrsmittel, wie Bahn oder Bus, weil es zu viel Stau auf den Straßen gibt.

Nennen Sie die Vor- und Nachteile und sagen Sie dazu Ihre Meinung, Geben Sie auch Beispiele.

Stadtzentrum ohne Auto?

Für und gegen das Stadtzentrum ohne Auto & meine Meinung.

Folie 1

Ich kann mir gut vorstellen, dass es verschiedene Vor- und Nachteile gibt. Ein Vorteil wäre, dass man mit dem Auto schneller ans Ziel kommen kann. Wir können einfach dahin fahren, wo wir hinwollen. Wir können viel Zeit sparen.
Jetzt kommen die Nachteile. Ich finde, dass viele Autos zur Umweltbelastung führen. Sie verschlechtern auch die Qualität der Luft. Stau ist auch ein großes Problem.
Mit öffentlichen Verkehrsmitteln zu fahren, ist es zwar umständlich, aber man sollte sich für den Umweltschutz einsetzen. Meiner Meinung nach lässt es sich ohne Auto auch leben.

Beenden Sie Ihre Präsentation und bedanken Sie sich bei den Zuhörern.

Stadtzentrum ohne Auto?

Abschluss & Dank

Folie 1

Das bringt mich nun zum Ende meiner Präsentation.
Ich danke Ihnen, für Ihre Aufmerksamkeit. Möchten Sie vielleicht noch etwas fragen?

어휘 das Stadtzentrum [n.] 시내, 도시 중심지 | präsentieren [v.] 발표하다 | erläutern [v.] 설명하다 | die Schlussfolgerung [n.] 결론 | öffentlich [a.] 공공의 | das Verkehrsmittel [n.] 교통수단 | unpünktlich [a.] 지각한, 연착한 | der Umweltschutz [n.] 환경 보호 | werden...diskutiert [v.] 토론되다 (diskutieren의 수동태) | sich interessieren für [v.] 흥미가 있다 | der Stau [n.] 교통체증 | sich vorstellen [v.] 상상하다 | sparen [v.] 절약하다 | die Umweltbelastung [n.] 환경오염 | führen [v.] 이끌다. 데리고 가다 | verschlechtern [v.] 더 악화시키다 | die Luft [n.] 공기 | sich einsetzen [v.] 전력을 다하다 | die Aufmerksamkeit [n.] 집중. 주의

🔍 **해석**

당신의 주제를 소개하세요. 당신의 발표의 내용과 구조를 설명하세요.	"제가 지금 걸어서 가야만 하나요?" **차가 없는 도심?**	저는 오늘 "차가 없는 도심"이라는 주제로 발표할 것입니다. 저는 먼저 한국에서의 개인적인 경험을 이야기할 것입니다. 그다음 저의 모국에서의 상황을 이야기할 것입니다. 그 이후 제가 그것에 대하여 무엇을 좋게 생각하는지 혹은 나쁘게 생각하는지에 대하여 이야기하고 싶습니다. 그리고 그것에 대한 저의 견해를 설명할 것입니다. 마지막에는 저의 결론을 말하겠습니다.
당신의 상황을 설명하거나, 주제와 관련된 경험을 이야기하세요.	차가 없는 도심? **나의 개인적인 경험**	저도 자동차가 있습니다. 저에게 자동차는 매우 중요합니다. 왜냐하면 직업적으로 많은 손님을 방문해야만 하기 때문입니다. 그것은 자동차가 없이는 가능하지 않습니다. 그 까닭은 대중교통은 많은 시간이 걸리고 자주 정시에 오지 않기 때문입니다. 하지만 그럼에도 불구하고 이제는 저도 환경을 위해서 무엇인가를 해야 한다고 생각합니다.
당신의 모국에서의 상황을 설명하고 예를 들어 주세요.	차가 없는 도심? **나의 고국에서의 상황**	이 주제는 한국에서도 매우 활발히 토론됩니다. 저는 이 주제에 대하여 매우 흥미가 있습니다. 한국에서는 많은 가족이 한 대 또는 두 대의 자동차를 가지고 있습니다. 하지만 대도시에서는 많은 사람이 기차 또는 버스와 같은 대중교통을 이용합니다. 왜냐하면 도로에는 교통체증이 너무 심하기 때문입니다.

| 장점과 단점들을 언급하고 당신의 생각을 이야기하세요. | 차가 없는 도심?

**찬성과 반대 의견 &
나의 생각** | 저는 다양한 장단점이 있다고 생각합니다. 하나의 장점으로는 차로 목적지까지 더 빨리 갈 수 있다는 것입니다. 우리는 쉽게 우리가 원하는 그곳까지 갈 수 있습니다. 우리는 많은 시간을 절약할 수 있습니다. 이제 단점을 언급하겠습니다. 저는 많은 자동차가 환경 오염을 일으킨다고 생각합니다. 그것은 또한 공기의 질을 악화시킵니다. 교통 체증 또한 큰 문제입니다. 대중교통을 이용하는 것은 비록 번거로운 일입니다만 환경 보호를 위해서는 전력을 다해야 합니다. 저는 자동차가 없이도 살 수 있다고 생각합니다. |
| 당신의 발표를 마치고 청취자에게 감사의 말을 전하세요. | 차가 없는 도심?

마침 & 감사 | 이것으로 저의 발표를 끝내도록 하겠습니다. 저는 당신이 집중해 주신 것에 대하여 감사드립니다. 혹시 더 질문하고 싶으신 것이 있습니까? |

유형 3 ••• 어떤 주제에 대해 말하기

MP3 01_07

프레젠테이션 이후:

시험관(남/여)과 파트너(남/여)의 피드백과 질문에 반응하세요.

당신의 파트너(남/여)의 프레젠테이션 이후:

a) 당신의 파트너(남/여)의 프레젠테이션에 대해 피드백을 주세요. (예를 들어 당신에게
   프레젠테이션이 마음에 들었는지, 무엇이 당신에게 새롭고 특별히 흥미로웠는지 기타 등등.)

b) 당신의 파트너(남/여)의 발표에 대해 질문을 하세요.

예시답안

Vielen Dank für Ihre Presentation. Sie haben jetzt die Möglichkeit für eine Rückmeldung und zwei Fragen.

1) Ich interessiere mich für das Thema. Was für einen Nachteil haben Sie erwähnt, wenn Sie Auto fahren?
   –Mit dem Auto bleibt man nur im Stau stecken. Manchmal dauert eine Fahrt mit dem Auto genauso lange, wie mit dem Fahrrad. Aber beim Fahrradfahren kann man an der frischen Luft sein.

2) Herzlichen Dank für den Vortrag. Aber ich habe einen Teil von den Nachteilen nicht so gut verstanden. Würden Sie bitte nochmal die Nachteile erwähnen?
   –Ja, Ich denke, dass viele Autos zur Umweltbelastung führen. Autos verschlechtern auch die Qualität der Luft. Noch ein größeres Problem sind die vielen Staus.

3) Was würden Sie empfehlen, wenn jemand unbedingt mit dem Auto zur Arbeit fahren möchte?
   –Ich finde das schwierig. Es gibt viele Orte, die man nicht ohne Auto erreichen kann. Das ist unterschiedlich, aber jeder sollte es versuchen.

4) Was machen Sie, wenn die Bahn Verspätung hat?
   –Man sollte deshalb immer etwas früher losfahren. Das kann auch beim Autofahren passieren. Obwohl man mit dem Auto fährt, kann es länger dauern, wenn es zu Stau kommt.

🔍 해석

발표해 주셔서 매우 감사합니다. 이제 당신은 피드백과 두 개의 질문을 하실 수 있습니다.

1) 저는 이 주제에 대하여 흥미가 있습니다. 당신이 자동차를 탈 때에 어떤 단점이 있나요?
   −자동차를 이용하면 교통 체증이 지속됩니다. 때로는 자동차를 타고 가는 것이 자전거를 타는 것과 똑같은 시간이 걸립니다. 하지만 자전거를 타면 신선한 공기와 함께할 수 있습니다.

2) 당신의 프레젠테이션에 대하여 진심으로 감사드립니다. 하지만 저는 단점 중에 한 부분을 잘 이해하지 못했습니다. 당신은 한 번 더 단점에 대하여 언급해 주실 수 있습니까?
   −네, 저는 많은 자동차가 환경 오염을 일으킨다고 생각합니다. 자동차는 공기의 질을 악화시킵니다. 또 하나의 큰 문제로는 심한 교통 체증입니다.

3) 무조건 자동차를 타고 직장에 가기를 원하는 사람에게 당신은 무엇을 추천하시겠습니까?
   −저도 그것이 어렵다고 생각합니다. 자동차 없이는 갈 수 없는 많은 장소들이 있습니다. 그것은 차이가 있습니다만 모두가 그것을 시도해 보아야 합니다.

4) 기차가 연착된다면 당신은 무엇을 하십니까?
   −그렇기 때문에 항상 어느 정도 일찍 출발해야 합니다. 그것은 자동차를 운전 할 때에도 발생할 수 있습니다. 비록 자동차를 타고 가더라도, 교통이 정체되면 더 오랜 시간이 걸릴 수 있습니다.

어휘 sich interessieren für [v.] 흥미가 있다 | erwähnen [v.] 언급하다 | die Umweltbelastung [n.] 환경 오염 | führen [v.] 이끌다, 데리고 가다 | verschlechtern [v.] 더 악화시키다 | Stau [n.] 교통 체증 (pl.) | würden [v.] ~할 것이다 (werden의 접속법2식) | empfehlen [v.] 추천하다 | unterschiedlich [a.] 차이가 있는, 여러 가지의 | versuchen [v.] 시도하다 | die Verspätung [n.] 연착 | passieren [v.] 발생하다 | dauern [v.] 시간이 지나다

유형 2 ••• 주제 발표하기 시간: 약 3분

MP3 01_08

당신은 청중에게 시사 문제에 대하여 프레젠테이션을 합니다. 그것에 대한 5개의 슬라이드가 있습니다. 왼쪽의 지시 사항을 따르고 오른쪽에 메모와 아이디어를 적으세요.

Stellen Sie Ihr Thema vor. Erklären Sie den Inhalt und die Struktur Ihrer Präsentation.		In meiner Präsentation möchte ich das Thema „Ist Instagram oder Facebook nützlich?" besprechen. Ich spreche zuerst über meine eigenen Erfahrungen und dann über die Situation in Südkorea. Danach stelle ich die Vor- und Nachteile vor. Ich werde meine Meinung zum Thema deutlich machen und dann am Ende meiner Präsentation meine Schlussfolgerung vorstellen.
Berichten Sie von Ihrer Situation oder einem Erlebnis im Zusammenhang mit dem Thema.		Ich finde das Thema sehr interessant. Ich rede oft über dieses Thema, weil alle meine Freunde Facebook oder Instagram benutzen. Früher fand ich, dass diese Dienste zu kompliziert und unnötig sind. Aber heutzutage benutze ich es selbst jeden Tag, sonst würde ich viele Informationen verpassen.
Berichten Sie von der Situation in Ihrem Heimatland und geben Sie Beispiele.		In meinem Heimatland sind diese Dienste sehr wichtig für Jugendliche. Auch die meisten Studenten benutzen Instagram und Facebook jeden Tag, sogar fast den ganzen Tag. Sie können dadurch Informationen leichter austauschen. Das gehört mittlerweile zu ihrem Alltag. Es gibt auch Studenten, die SNS gar nicht nutzen, aber das sind ganz wenige.

Nennen Sie die Vor- und Nachteile und sagen Sie dazu Ihre Meinung, Geben Sie auch Beispiele.

Sicherlich ist es ein Vorteil für die Kommunikation der jungen Leute. Dadurch bekommt man einfach verschiedene gute Informationen. Ich persönlich benutze Instagram oft, um mit anderen zu kommunizieren. Das ist ganz praktisch. Aber es gibt auch viele Nachteile. Erstens, man kann süchtig werden. Außerdem will man nach dem Posten schnell wissen, was die anderen darüber denken. Es kann auch stressig sein.

Zweitens, jeder kann sehr leicht persönliche Informationen über andere bekommen. Desweiteren gibt es nicht nur richtige Informationen, sondern auch falsche Informationen. Meiner Meinung nach ist es wichtig, miteinander Kontakt zu knüpfen, aber man muss aufpassen, nicht süchtig zu werden.

Beenden Sie Ihre Präsentation und bedanken Sie sich bei den Zuhörern.

Ist Instagram oder Facebook nützlich?

Abschluss & Dank

Folie 5

Damit bin ich am Ende meines Vortrags. Vielen Dank für Ihre Aufmerksamkeit. Haben Sie Fragen?

어휘 **nützlich** [a.] 유용한, 유익한 ㅣ **besprechen** [v.] (무엇을) 주제로 이야기하다 ㅣ **der Vorteil** [n.] 장점 ㅣ **der Nachteil** [n.] 단점 ㅣ **deutlich** [a.] 확실히 ㅣ **die Schlussfolgerung** [n.] 결론 ㅣ **interessant** [a.] 흥미 있는 ㅣ **der Dienst** [n.] 서비스 ㅣ **kompliziert** [a.] 복잡한 ㅣ **unnötig** [a.] 불필요한 ㅣ **sonst** [adv.] 그렇지 않으면 ㅣ **verpassen** [v.] 놓치다 ㅣ **leichter** [a.] 더 쉽게 (leicht의 비교급) ㅣ **austauschen** [v.] 교환하다 ㅣ **mittlerweile** [adv.] 점차, 그사이에 ㅣ **sicherlich** [adv.] 확실히 ㅣ **die Kommunikation** [n.] 소통 ㅣ **kommunizieren** [v.] 의사를 소통하다, 이야기를 나누다 ㅣ **knüpfen** [v.] 연결하다, 맺어서 잇다 ㅣ **die Aufmerksamkeit** [n.] 집중, 주의

🔍 해석

당신의 주제를 소개하세요. 당신의 발표의 내용과 구조를 설명하세요.	"너는 얼마나 많은 친구들이 있니?" **Instagram 또는 Facebook이 유용합니까?**	저는 저의 프레젠테이션에서 "인스타그램 또는 페이스북은 유용한가?"라는 주제에 대하여 이야기하고 싶습니다. 저는 먼저 저의 개인적인 경험을 이야기하고 그다음에 한국의 상황을 이야기하겠습니다. 그 이후에 저는 장단점을 소개하겠습니다. 저는 주제에 대한 저의 생각을 정확하게 하고 싶고 그리고서 마지막으로 저의 프레젠테이션의 결론을 소개하겠습니다.
당신의 상황을 설명하거나, 주제와 관련된 경험을 이야기하세요.	Instagram 또는 Facebook이 유용합니까? **나의 개인적인 경험**	저는 이 주제가 아주 흥미롭다고 생각합니다. 저는 이 주제에 대해 자주 이야기합니다. 왜냐하면 모든 저의 친구들이 그것을 사용하기 때문입니다. 예전에는 이런 서비스가 너무 복잡하고, 불필요하다고 생각했습니다. 하지만 오늘날에는 저도 매일 그것을 사용합니다. 그렇지 않은 경우 저는 많은 정보를 놓치게 될 겁니다.
당신의 모국에서의 상황을 설명하고 예를 들어 주세요.	Instagram 또는 Facebook이 유용합니까? **나의 고국에서의 상황**	저의 고향에서는 이런 서비스가 청소년들에게 아주 중요합니다. 또한 대부분의 학생은 인스타그램과 페이스북을 매일 게다가 거의 온종일 이용합니다. 그들은 그것을 통하여 정보를 더 쉽게 교환할 수 있습니다. 점차 그것은 그들의 일상이 되었습니다. SNS를 전혀 사용하지 않는 학생도 있지만, 그들은 소수입니다.

| 장점과 단점들을 언급하고 당신의 생각을 이야기하세요. | Instagram 또는 Facebook이 유용합니까?

찬성과 반대 의견 & 나의 생각 | 당연히 이것은 젊은 사람들의 소통에 있어서 하나의 장점입니다. 그것을 통하여 사람들은 또한 쉽게 다양하고 좋은 정보들을 얻을 수 있습니다. 저도 개인적으로 다른 사람들과 연락하기 위하여 인스타그램을 자주 이용합니다. 그것은 매우 실용적입니다. 하지만 그것은 또한 많은 단점도 있습니다. 첫 번째로, 사람들은 중독이 될 수도 있습니다. 그밖에도 게시물을 작성한 후, 다른 사람들이 그것에 대하여 어떻게 생각하는지 빠르게 알고 싶어 합니다. 그것 또한 스트레스 줄 수 있습니다.
두 번째로, 모두가 아주 쉽게 다른 사람에 대한 개인 정보를 받을 수 있습니다. 더군다나 옳은 정보만 있을 뿐 아니라, 잘못된 정보들도 있습니다. 저의 견해로는 서로 관계를 맺는 것은 중요합니다만 중독되지 않도록 조심해야 합니다. |
| 당신의 발표를 마치고 청취자에게 감사의 말을 전하세요. | Instagram 또는 Facebook이 유용합니까?

마침 & 감사 | 이것으로 저는 저의 발표의 끝부분에 왔습니다. 집중해 주셔서 매우 감사합니다. 질문이 있으신가요? |

유형 3 ••• 어떤 주제에 대해 말하기

MP3 01_09

프레젠테이션 이후:

시험관(남/여)과 파트너(남/여)의 피드백과 질문에 반응하세요.

당신의 파트너(남/여)의 프레젠테이션 이후:

a) 당신의 파트너(남/여)의 프레젠테이션에 대해 피드백을 주세요. (예를 들어 당신에게 프레젠테이션이 마음에 들었는지, 무엇이 당신에게 새롭고 특별히 흥미로웠는지 기타 등등.)

b) 당신의 파트너(남/여)의 발표에 대해 질문을 하세요.

💬 예시답안

Vielen Dank für Ihre Presentation. Sie haben jetzt die Möglichkeit für eine Rückmeldung und zwei Fragen.

1) Wie viele Stunden pro Tag verbringen Sie mit SNS?
   –Ich benutze sie nicht jeden Tag, sondern nur dreimal pro Woche.

2) Seit wann benutzen Sie SNS? Was ist der größte Vorteil?
   –Ich benutze seit 5 Jahren SNS. Für mich ist es wichtig, dass ich schöne Erinnerungen mit meinen Freunden und Kollegen auf den SNS teilen kann.

3) Das war sehr interessant. Ich habe viele Informationen bekommen. Aber was meinen Sie damit, dass man aufpassen muss?
   –Wenn man von SNS abhängig wird, bekommt man nicht mit, wie die Zeit vergeht und man kann nicht aufhören. Das ist sehr gefährlich.

4) Diese Präsentation hat mir sehr gut gefallen. Sie haben uns gesagt, dass Sie auch selbst Instagram benutzen. Wie kontrollieren Sie dann Ihre Zeit?
   –Ich benutze es nur, um andere zu erreichen. Deshalb ist es für mich nicht so schwierig, die Nutzung zu kontrollieren. Ich kann einfach aufhören, wann ich will.

해석

발표해 주셔서 매우 감사합니다. 이제 당신은 피드백과 두 개의 질문을 하실 수 있습니다.

1) 당신은 하루에 몇 시간을 SNS를 하며 보내나요?
   −저는 그것을 매일 사용하지 않고, 반면에 단지 한 주에 세 번 정도 합니다.

2) 언제부터 당신은 SNS를 사용했나요? 무엇이 가장 큰 장점인가요?
   −저는 5년째 SNS를 사용하고 있습니다. 저에게는 제가 아름다운 추억을 저의 친구들과 동료와 함께 SNS에서 공유할 수 있다는 것이 중요합니다.

3) 그것은 매우 흥미로웠습니다. 저는 많은 정보를 얻었습니다. 하지만 그것을 조심해야 한다는 것은 무슨 말씀인가요?
   −SNS에 의존하게 되면, 어떻게 시간이 가는지를 인지할 수 없고 멈출 수가 없습니다. 그것은 정말 위험합니다.

4) 이 발표는 정말 제 마음에 들었습니다. 당신 스스로도 인스타그램을 사용한다고 말했습니다. 당신은 어떻게 시간을 통제하나요?
   −저는 그저 다른 사람에게 연락하기 위해 이것을 사용합니다. 그러므로 사용을 통제하는 것은 저에게 그렇게 어렵지 않습니다. 저는 제가 원하는 때에 쉽게 멈출 수가 있습니다.

어휘 verbringen [v.] (시간을) 보내다 ǀ der größte Vorteil 가장 큰 장점 ǀ die Erinnerung [n.] 추억, 기억 ǀ teilen [v.] 나누다 ǀ aufpassen [v.] 주의하다 ǀ abhängig [a.] 의존하는 ǀ vergehen [v.] (시간이) 지나가다 ǀ aufhören [v.] 그만두다, 멈추다 ǀ benutzen [v.] 사용하다 ǀ erreichen [v.] 도달하다 ǀ die Nutzung [n.] 사용

제2회

실전모의고사
정답 및 해설

B1

유형 1 • • • • •

본문과 1~6번까지의 문제를 읽으세요.
다음 진술이 옳은지 틀린지 선택하세요.

An: Patrick.messner@gmx.de

Betreff: Gruß aus Frankfurt

Hallo Patrick,

tut mir leid, dass ich mich erst jetzt melde, aber ich hatte in letzter Zeit sehr viel zu tun. Ich musste mich um verschiedene Sachen kümmern, deshalb schreibe ich erst jetzt. Ich vermisse dich und alle anderen, aus dem Studentenwohnheim sehr. Wie du weißt, hatte ich Angst vor dem Studium, aber bei der Einschreibung hat alles gut geklappt. Vor einem Monat hat mein Studium angefangen.

Zurzeit bin ich sehr selten zu Hause und verbringe die meiste Zeit in der Uni. Aber das ist nicht der eigentliche Grund, warum ich so lange nicht schreiben konnte. Die Wohnungssuche hat sehr viel Zeit in Anspruch genommen und war sehr stressig. Du kannst es dir gar nicht vorstellen, wie anstrengend es war. Ich dachte, dass ich in Frankfurt schnell etwas finden würde. Hier gibt es wohl nur ein Studentenwohnheim.

Und dafür muss man mindestens ein Jahr warten, natürlich viele Studenten dort wohnen wollen, um Geld zu sparen. Ich konnte es nicht glauben. Frankfurt ist ja die Bankmetropole von Europa, was als Mainhatten sehr bekannt ist.

Naja, aber ich bin selbst schuld, weil ich nicht schon früher daran gedacht habe. Ich habe mir einige möblierte 1-Zimmer-Wohnungen angeschaut. Aber die Mietpreise waren unglaublich hoch. Das kann sich ein Student nicht leisten. Diese Wohnungen sind für Leute, die schon einen richtigen Job haben. Nach einer unheimlich langen Suche habe ich endlich ein Zimmer in einer WG gefunden.

Das ist zwar bezahlbar, aber schon teurer als ein Studentenwohnheim. Und mein Zimmer war natürlich nicht möbliert. Aber das ist in Ordnung, ich kann die Möbel vielleicht später dem Nachmieter übergeben.

Gestern habe ich gleich alle notwendigen Möbel gekauft. Ich wohne nun seit einer Woche in der neuen Wohnung. Küche und Bad teilen wir uns, aber bisher habe ich nur einen Mitbewohner von vier Mitbewohnern gesehen. Ich weiß nicht genau

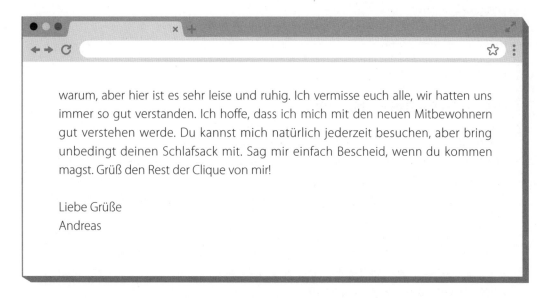

warum, aber hier ist es sehr leise und ruhig. Ich vermisse euch alle, wir hatten uns immer so gut verstanden. Ich hoffe, dass ich mich mit den neuen Mitbewohnern gut verstehen werde. Du kannst mich natürlich jederzeit besuchen, aber bring unbedingt deinen Schlafsack mit. Sag mir einfach Bescheid, wenn du kommen magst. Grüß den Rest der Clique von mir!

Liebe Grüße
Andreas

어휘 sich kümmern um [v.] 돌보다, 신경 쓰다 | vermissen [v.] 그리워하다 | das Studentenwohnheim [n.] 학생 기숙사 | die Angst [n.] 두려움 | die Einschreibung [n.] 등록 | haben...geklappt [v.] (일이) 잘 되었다 (klappen의 현재완료) | verbringen [v.] (시간을) 보내다 | eigentlich [a.] 원래의 | der Grund [n.] 이유 | anstrengend [a.] 힘든 | der Anspruch [n.] 요구 | möbliert [a.] 가구가 딸린 | sparen [v.] 절약하다 | die Bankmetropole [n.] 금융 대도시 (금융 중심지) | haben...angeschaut [v.] 구경했다 (anschauen의 현재완료) | der Mietpreis [n.] 집세, 임대료 | leisten [v.] 실행하다 | unheimlich [a.] 엄청난 | der Nachmieter [n.] (현재 세입자의 뒤를 잇는) 임차인 | übergeben [v.] 양도하다 | notwendig [a.] 꼭 필요한, 불가피한 | der Mitbewohner [n.] 동거인 | der Schlafsack [n.] 침낭 | die Clique [n.] 한 패, 친구들

🔍 해석

받는사람: Patrick.messner@gmx.de

관련: 프랑크푸르트에서 전하는 안부

안녕 Patrick,

이제야 연락해서 미안해. 하지만 나는 최근에 매우 바빴어. 여러 가지 일들을 신경 써야 했거든. 그래서 이제야 편지를 써. 나는 너와 학생 기숙사에서 함께 살았던 다른 사람들이 매우 그리워. 너도 이미 알다시피 학업을 시작하기 전에 두려움이 있었어. 하지만 등록할 때는 모든 것이 순조로웠어. 한 달 전에 나의 학업은 시작했어.

최근에 나는 가끔 집에 있고 대부분의 시간은 대학교에서 보내. 하지만 이것이 내가 이렇게 오랫동안 편지를 쓸 수 없었던 본질적인 이유는 아니야. 집을 구하는 것은 매우 많은 시간이 필요했고 정말 스트레스가 되었어. 얼마나 힘들었는지 너는 전혀 상상할 수 없을 거야. 나는 프랑크푸르트에서 빠르게 집을 찾을 수 있다고 생각했어. 이곳에는 하나의 학생 기숙사만 있어.

그리고 적어도 일 년을 기다려야해. 왜냐하면 많은 학생이 돈을 절약하기 위하여 당연히 그곳에서 살고 싶어하거든. 나는 믿을 수가 없었지. 프랑크푸르트는 맨해튼과 같이 매우 유명한 유럽의 금융 중심지야.

어쨌든, 그것에 대하여 미리 생각하지 않은 내 잘못이지. 그리고 방 하나에 몇 개의 가구가 딸려있는 집을 구경했지만 임대료가 믿을 수 없이 높았어. 학생으로서는 감당할 수 없었어. 그런 집은 이미 정규직으로 일하는 사람들에게 적합해. 매우 오래 찾아 헤맨 후에야 나는 마침내 공동으로 거주 가능한 집에 있는 방을 하나 찾았어.

그것은 지불할 수 있는 정도지만 학생 기숙사보다는 비쌌어. 가구 또한 없었어. 하지만 그건 괜찮아. 어쩌면 나중에 나의 세입자에게 양도할 수 있으니까.

어제 나는 먼저 필요한 모든 가구를 샀어. 나는 이제야 일주일 전부터 새로운 집에서 살고 있어. 우리는 부엌과 욕실을 함께 사용하지만 지금까지 4명 중에 한 명의 동거인만 보았어. 왜 그런지는 정확하게 알 수 없지만 이곳은 아주 조용하고, 고요해. 나는 너희들 모두 보고 싶어. 우리는 항상 서로 잘 이해했었는데. 내가 새로운 동거인들과 함께 서로 잘 이해할 수 있으면 좋겠어. 너는 당연히 언제든 나를 방문해도 돼. 하지만 너의 침낭은 무조건 가지고 와야 해. 네가 오기 원한다면, 나에게 그냥 알려줘. 나머지 친구들에게도 나의 안부를 전해줘!

사랑의 안부를 담아
Andreas

Beispiel

0   Andreas는 Patrick과 함께 살았었다.   ~~Richtig~~   *Falsch*

1   Andreas는 바로 막 학업을 시작했다.   *Richtig*   ~~Falsch~~

2   프랑크푸르트에서는 집을 구하는 것도 그렇게 쉬운 일이 아니었다.   ~~Richtig~~   *Falsch*

3   가구가 딸린 방이 1개 있는 집의 집세는 지불할 만했다.   *Richtig*   ~~Falsch~~

4   Andreas는 이곳에 4명의 사람이 함께 사는데도 불구하고 지금까지 단   ~~Richtig~~   *Falsch*
     한 명의 동거인을 보았다.

5   모든 동거인들은 서로를 잘 이해한다.   *Richtig*   ~~Falsch~~

6   Patrick은 시기에 알맞게 연락해야 한다, 그렇지 않으면 그는   *Richtig*   ~~Falsch~~
     Andreas의 집에서 잘 수 없다.

어휘 hatten...gewohnt [v.] 살았었다 (wohnen의 현재완료) | die Miete [n.] 집세 | möbliert [a.] 가구가
딸린 | bezahlbar [a.] 지불할 수 있는 | der Mitbewohner [n.] 동거인 | rechtzeitig [a.] 알맞은 시기에 |
ansonsten [adv.] 그렇지 않으면 | übernachten [v.] 밤을 지내다, 숙박하다

유형 2 ●●●●●

기사에서 발췌한 본문과 7~9번까지의 문제를 읽으세요.

각 문제에서 a, b, c 중 알맞은 정답을 고르세요.

Die Straßenmusiker der Stadt Freiburg

In der Stadt Freiburg gibt es besonders im Frühling viele Musiker auf den Straßen. Daher ist Freiburg als das Mekka der Straßenmusik bekannt. Im Frühling kann man überall in der Stadt Musikanten sehen. Nicht alle kommen ursprünglich aus Freiburg. Bands aus dem peruanischen Hochgebirge und Musiker der klassischen Musik teilen sich die Freiburger Freilichtbühne. Während des Folkloretreffens tritt ein Trio aus Ecuador in sämlichen Cafes in der Nähe von Fußgängerzone auf.

Manchmal waren es zu viele Straßenmusiker. Daher hat die Stadt einige Regeln für die Musiker eingeführt.

Die Musiker dürfen unter der Woche von 11 bis 12:30 Uhr und von 16:30 bis 21 Uhr auf den Straßen spielen. Am Samstag ist das Musizieren von 9 Uhr bis 21 Uhr und am Sonntag von 11 bis 20 Uhr erlaubt. Die Musiker dürfen nur in der Fußgängerzone spielen, welche in vier Zonen aufgeteilt ist. Die Künstler dürfen jeweils nicht länger als eine halbe Stunde spielen. Danach müssen sie in eine andere Zone gehen. Sie können in eine Zone nur einmal spielen. Lautsprecher sind verboten und Fußgänger dürfen nicht behindert werden.

aus einer deutschen Zeitung

🔖 **어휘** das Mekka [n.] 가장 중요한 장소, 중심지, 메카 ¦ überall [adv.] 어디에서나 ¦ ursprünglich [a.] 원래의 ¦ peruanisch [a.] 페루의 ¦ das Hochgebirge [n.] 고산지 (특히 알프스 같은 형태) ¦ die Freilichtbühne [n.] 야외극장, 노천극장 ¦ während [prp.] ~하는 동안에 ¦ das Folksloretreffen [n.] 민속음악축제 ¦ sämtlich [a.] 전체의 ¦ die Fußgängerzone [n.] 보행자 구역 ¦ haben...eingeführt [v.] 도입했다 (einführen의 현재완료) ¦ das Musizieren [n.] 음악을 연주하는 것 ¦ aufgeteilt [a.] 분할된 ¦ der Lautsprecher [n.] 스피커 ¦ verboten [a.] 금지된 ¦ werden...behindert [v.] 방해되다 (behindern의 수동태)

해석

프라이부르크 도시의 거리음악가들

프라이부르크에는 특히 봄에 많은 음악가가 거리 위로 나옵니다. 그런 이유로 프라이부르크는 거리 음악가의 메카로 유명합니다. 봄에는 이 도시의 곳곳에서 음악가를 볼 수 있습니다. 모두가 프라이부르크의 출신은 아닙니다. 페루의 높은 산악 지역에서 온 밴드와 클래식 교육을 받은 음악가가 프라이부르크 야외 공연을 함께 합니다. 민속음악축제 기간 동안에 에콰도르에서 온 트리오는 전체의 보행자 구역의 카페가 모여 있는 곳에 등장합니다.

가끔은 너무 많은 거리 음악가가 있었습니다. 그렇기 때문에 이 도시에서는 음악가들을 위한 몇 가지 규칙을 도입했습니다. 음악가들은 주중에 11시부터 12시 30분까지 그리고 16시 30분부터 21시까지 거리에서 연주할 수 있습니다. 토요일에는 9시부터 21시까지 그리고 일요일에는 11시부터 20시까지 곡을 연주하는 것이 허락됩니다.

음악가들은 4개의 구역으로 나뉘는 보행자 전용 구역에서만 연주할 수 있습니다. 예술가들은 30분 이상 연주하면 안 됩니다. 그다음에 그들은 다른 구역으로 가야 합니다. 그들은 한 구역에서 한 번만 연주를 할 수 있습니다. 스피커는 금지되어 있으며 음악가들은 보행자를 방해해서는 안 됩니다.

독일 신문에서

Beispiel

0   프라이부르크에는 많은 거리의 음악가들이 _____

 a 더 이상 없다.

 b 이미 항상 있다.

 ☒ 대부분 3월에서 5월에 있다.

 어휘 der Straßenmusiker [n.] 거리 음악가 ㅣ meistens [adv.] 대부분의

7   프라이부르크에서 연주하는 음악가들은...

 a 대부분 대학에서 음악을 공부했다.

 ☒ 전 세계에서 온다.

 c 대부분 주변에서 왔다.

 어휘 ganz [a.] 전체의 ㅣ die Welt [n.] 세계 ㅣ näher [a.] 보다 가까운 ㅣ die Umgebung [n.] 주변, 근처

8   프라이부르크 시민들은...

☒ 프라이부르크에 가끔은 너무 많은 거리 음악가들이 있다고 생각한다.

b 거리 음악가들에 대하여 자랑스러워한다.

c 거리 음악가들에게 돈을 주는 것을 가치가 있다고 생각한다.

어휘 die Bevölkerung [n.] 시민 | der Stolz [n.] 자랑, 자랑거리

9   거리의 음악가들은...

a 하루에 30분 동안 가게 앞에서 연주하는 것이 허용된다.

b 주말에는 그들이 연주하기 원하는 곳 어디에서나 연주해도 된다.

☒ 정해진 장소에서만 연주하는 것이 허용된다.

어휘 überall [adv.] 어디에서나 | bestimmt [a.] 정해진 | der Ort [n.] 장소

유형 2 ● ● ● ● ●

기사에서 발췌한 본문과 10~12번까지의 문제를 읽으세요.
각 문제에서 a, b, c 중 알맞은 정답을 고르세요.

Sollten Solarien verboten werden?

In Österreich dürfen Jugendliche unter 16 Jahren das Solarium nicht betreten. Das verlangt nun ein Gesetz. Darüber freuen sich die Ärzte, jedoch im Gegenteil dazu nicht die Sonnenstudiobesitzer. Obwohl Jugendliche ab 16 Jahren Alkohol trinken dürfen, dürfen sie nicht ins Solarium gehen? Darüber wundern sich auch die Betroffenen selbst.

Äußerst positiv sehen nur Dermatologen dieses Gesetz. Viele wissen nicht, dass sich Hautschäden verschlechtern, je früher sie mit ultravioletten Strahlen in Berührung kommen. Ob die Strahlen von der Sonne oder vom Solarium kommen, spielt eigentlich keine Rolle. Fachleute haben schon seit langem vor Hautkrebs gewarnt. Am gefährlichsten sind die Sonnenstrahlen für die Haut Hautalter im Kindesalter Jugendalter. Die Fachleute haben schon seit langem vor den Risikofaktoren für die Entstehung des Melanoms gewarnt. Deshalb finden sie es gut, dass die Jugendlichen davor geschützt werden. Da Jugendliche nur selten an den Folgen ihres Verhaltens denken und nicht damit rechnen, dass sie später krank werden und Hautkrebs bekommen könnten. Jugendliche sollten wissen, dass es außer dem Sonnenstudio die Möglichkeit gibt Selbstbräuner zu benutzen. Das heißt, sie können sich ohne Sonne oder Solarium bräunen. Selbstbräuner sind Cremes, die nur durch das Auftragen die Haut bräunen. Der einzige Nachteil ist, dass die Bräune aus der Tube nur wenige Tage anhält.

aus einer österreichischen Zeitung

어휘 **das Solarium** [n.] 선탠 기계 ǀ **betreten** [v.] 들어서다 ǀ **verlangen** [v.] 요구하다 ǀ **der Sonnenstudiobesitzer** [n.] 선탠 스튜디오 소유자 ǀ **äußerst** [adv.] 극단의, 최후의 ǀ **der Dermatologe** [n.] 피부과 전문의 ǀ **sich verschlechtern** [v.] 나빠지다, 악화되다 ǀ **ultraviolett** [a.] 자외선의 ǀ **der Strahl** [n.] 빛, 광선 ǀ **verursachen** [v.] 일으키다, 초래하다 ǀ **bemerkbar** [a.] 인지할 수 있는 ǀ **die Berührung** [n.] 접촉, 관계 ǀ **eigentlich** [a.] 원래의, 본래의 ǀ **die Fachleute** [n.] 전문가 ǀ **das Jugendalter** [n.] 청년기 ǀ **der Risikofaktor** [n.] 위험한 요소 ǀ **das Verhalten** [n.] 행동, 태도 ǀ **das Melanom** [n.] 흑색 종양 ǀ **haben...gewarnt** [v.] 경고했다 (warnen의 현재완료) ǀ **der Hautkrebs** [n.] 피부암 ǀ **die Entwicklung** [n.] 발전 ǀ **das Auftragen** [n.] 바르기, 칠하기 ǀ **bräunen** [v.] 갈색으로 하다 ǀ **die Tube** [n.] (연고 따위를 넣는) 통 ǀ **anhalten** [v.] 지속되다

🔍 **해석**

인공 선탠 기계가 금지되어야 하나요?

오스트리아에서는 16세 미만의 청소년들이 선탠 하는 것이 금지되어 있습니다. 그것은 이제 법적으로 요구됩니다. 그것에 대하여 의사들은 기뻐하지만, 인공 선탠 스튜디오의 소유자들은 그와 반대로 그것을 기뻐하지 않습니다. 청소년이 16세 이상 술을 마시는 것이 허가되는데도 불구하고, 선탠을 하러 가는 것은 허용되지 않는다? 그것에 대하여 당사자 스스로도 놀라워합니다.

피부과 전문의만이 이 법을 매우 긍정적으로 생각합니다. 많은 사람들이 자외선 광선을 더 일찍 접할수록 피부 손상이 더욱 악화된다는 것을 알지 못합니다.

이 광선이 태양으로부터 오는 것인지 또는 선탠 기계로부터 나오는 것인지는 사실 중요하지 않습니다. 전문가들은 오래전부터 피부암 발병의 위험 요소에 대하여 경고해 왔습니다. 가장 위험한 것은 아동과 청소년 시기에 피부에 닿는 자외선입니다. 전문가들은 이미 오래전부터 흑색 종양 발병의 위험 요소에 대하여도 경고했습니다.

그러므로 그들은 청소년을 그것으로부터 보호하는 것이 좋다고 생각합니다. 청소년은 그들의 행동에 대한 결과를 생각하는 경우가 드물기 때문에 그들이 나중에 아프게 되거나 피부암이 생길 수도 있다는 것에 대하여 예측하지 못합니다.

청소년들이 선탠 스튜디오 이외에 셀프 선탠을 할 수 있는 가능성이 있다는 것을 알아 두는 것이 좋습니다. 말하자면, 그들이 태양이나 선탠 기계가 없이도 선탠을 할 수 있다는 것입니다. 셀프 선탠은 피부 위에 바르기만 하면 얼굴이 갈색이 되는 크림입니다. 유일한 단점은, 튜브 형태의 크림으로 하는 선탠은 단지 며칠 동안만 지속된다는 것입니다.

오스트리아의 신문에서

---

10 이 본문은...

[a] 오스트리아의 청소년들이 인공 선탠 기계에 대항하여 무엇을 해야 하는지에 대한 것이다.

☒ 왜 인공 선탠 기계가 청소년에게 유해한지에 대한 것이다.

[c] 어떻게 인공 선탠 기계와 술에 대해서 화제를 돌릴 수 있는지에 대한 것이다.

🔖 **어휘** das Solarium [n.] 인공 선탠 기계 | ablenken [v.] 화제를 돌리다

11 의사들은,...

☒ 청소년들에게 스스로 얼굴을 선탠 할 수 있는 하나의 크림을 추천한다.

ⓑ 모든 인공 선탠 스튜디오의 소유자들에게 흑색 종양 발병 위험을 경고하기를 바란다.

ⓒ 청소년들이 나중에 무슨 일이 일어날지에 대하여 생각하기를 바란다.

> **어휘** empfehlen [v.] 추천하다 ㅣ bräunen [v.] 갈색으로 되다. 선탠 하다

12 태양은...

ⓐ 청소년들에게는 어른들보다는 적게 유해하다.

ⓑ 아이의 피부를 흑색 종양으로부터 보호한다.

☒ 피부를 인공 선탠 기계와 같이 상하게 한다.

> **어휘** schaden [v.] 유해하다 ㅣ schützen [v.] 보호하다

유형 3 ●●●●●

13~19번까지의 상황과 a부터 j에 해당하는 다양한 독일어의 미디어 광고를 읽으세요.
어떤 광고가 어떤 상황에 적합한가요? **각 광고는 한 번만** 사용할 수 있습니다.

예시에서 사용된 광고는 더 이상 사용할 수 없습니다. 하나의 상황에 대해서는 **적합한 광고가
없습니다.** 여기에는 0이라고 적으세요.

당신의 지인은 집에 관련된 도움이 필요하며 적절한 가능성을 찾고 있다.

Beispiel

0   당신의 친구는 반년 동안 살게 될 작고, 교통이 편리한 곳에 위치한 집을   Anzeige: b
      찾고 있다.

13   한 학생은 교외에 있는 발코니가 딸린 집을 가지고 있다.   Anzeige: c
      그의 룸메이트는 이사 갔으며 그는 룸메이트를 구하고 있다.

14   당신의 결혼식 파티를 위하여 당신의 정원을 특별히 아름답게 꾸미고   Anzeige: 0
      싶고 아이디어를 찾고 있다.

15   당신의 집주인은 집세를 인상하기를 원한다. 그리고 당신은   Anzeige: a
      무엇을 해야 하는지 알지 못한다.

16   Kaiser의 가족은 정원이 있는 새로운 집에 대하여 매우 행복하다.   Anzeige: f
      하지만 나무들은 아직 매우 작고 아이들이 등반할 수가 없다.

17   당신의 형제는 새로운 집을 찾았고 그것을 수리하기를 원한다.   Anzeige: j

18   당신의 엄마는 호수에서 가까운 곳에 위치한 새로운 집을 구매하고   Anzeige: e
      싶어 한다.

19   부부는 12월에 스위스를 방문할 것이다. 그래서 그들은 이 시간 동안   Anzeige: g
      뮌헨에 있는 그들의 집을 임대하고 싶어 한다.

어휘 verkehrsgünstig [a.] 교통이 편리한 | der Stadtrand [n.] 교외, 도시 외곽 | sein...ausgezogen [v.] 이사 나갔다 (ausziehen의 현재완료) | dekorieren [v.] 꾸미다, 치장하다 | der Vermieter [n.] 집주인 | erhöhen [v.] 인상하다 | klettern [v.] 등반하다, 암벽을 타다 | renovieren [v.] 수리하다 | der See [n.] 호수 | befinden [v.] (어느 장소에) 있다 | während [prp.] ~하는 동안에 | vermieten [v.] 임대하다

[a]

Mieterschutz online

Wir helfen Ihnen, damit Wohnen bezahlbar bleibt.

Melden Sie sich jetzt bei uns an.

Wir helfen Ihnen sofort über unsere Onlineberatung. Unsere Rechtsanwälte übernehmen für Sie den Schriftverkehr mit Ihrem Vermieter.

mieterschutz@förderung.de

 해석

온라인 세입자 보호

거주 비용을 지불할 수 있도록 우리가 당신을 돕겠습니다.

지금 우리에게 신청하세요.

우리는 온라인 상담을 통해 즉시 당신을 도울 것입니다. 우리의 변호사가 당신을 위하여 위임되어 임대인과 서류를 교환할 것입니다.

mieterschutz@förderung.de

> **어휘** **der Mieterschutz** [n.] 세입자 보호 | **bezahlbar** [a.] 지불할 수 있는 | **der Rechtsanwalt** [n.] 법률 변호인 | **übernehmen** [v.] 위임하다, 넘겨받다 | **der Schriftverkehr** [n.] 문서 교환 | **der Vermieter** [n.] 임대인

[b]

Köln Zentrum 2-Zimmer, möbliert, für sechs bis neun Monate zu vermieten. Dusche / WC / Küche

Miete 460 Euro + 80 Euro Nebenkosten, U-Bahnstation in der Nähe

Kontakt: 0171/2233/2211

🔍 해석

Köln 시내 2개의 방, 가구 비치되어 있음. 6개월부터 9개월까지 임대합니다. 샤워실 / 화장실 / 부엌

집세 460유로 + 80유로 관리비. 전철역은 근처에 있습니다.

연락: 0171/2233/2211

> **어휘** **vermieten** [v.] 임대하다, 세놓다 | **die Miete** [n.] 집세 | **Nebenkosten** [n.] 부대 비용 (난방비, 청소비 등) (pl.)

c

Max, der Mathematikstudent, sucht ein Zimmer in einer Wohngemeinschaft.

„Ich bin 23 Jahre alt, unkompliziert und habe WG-Erfahrung.
Die Lage muss nicht zentral sein."

0303/09115025

 해석

수학과 학생 Max는 공동 거주지에서 살 수 있는 방을 구합니다.

"저는 23살이고, 까다롭지 않으며 공동 주거 경험이 있습니다.
위치가 중심지일 필요는 없습니다."

0303/09115025

어휘 der Mathematikstudent [n.] 수학과 학생 ǀ die Wohngemeinschaft [n.] 주거 공동체 ǀ
unkompliziert [a.] 복잡하지 않은 ǀ die Lage [n.] 위치 ǀ zentral [a.] 중심의, 중앙부의

d

Genießen Sie Ihr Leben!

▷Appartmernts von 32 bis 96 Quadratmeter ab 1420 Euro monatlich

Mittagessen inklusive
Keine Nebenkosten
Schwimmbad
Internet und Computerraum

Medizinische Badeabteilung
Ärztliche Betreuung
Seniorenresidenz

Wiwaldy, Bonn Königstraße
Tel. Auskunft 0711/7778875

해석

당신의 삶을 즐기세요!

▷32부터 96 제곱미터의 아파트
월 1420유로부터

점심 포함
관리비 없음
수영장
인터넷과 컴퓨터실

의료 입욕 부서
의료 보호
노인 저택

Wiwaldy, Bonn Königstraße
Tel. 안내 0711/7778875

어휘 das Appartmernt [n.] 아파트 ǀ der Quadratmeter [n.] 제곱미터 ǀ monatlich [a.] 매달, 다달이 ǀ
inklusive [adv.] ~를 포함하여 ǀ die Nebenkosten [n.] 관리 비용, 부대 비용 (pl.) ǀ medizinisch [a.]
의학의, 의료의 ǀ die Badeabteilung [n.] 입욕 부서 ǀ ärztlich [a.] 의료의, 의사의 ǀ die Betreuung [n.]
보호, 돌봄 ǀ die Seniorenresidenz [n.] 노인 저택

e

Privatverkauf
Schöne helle 3-Zimmer Wohnung

In einer traumhaften Lage am See
Küche / Bad / WC
53-Quadradmeter

Info 0201/3333423422

 해석

개인 판매
아름답고 밝은 3개의 방이 있는 집

호수 앞 꿈같은 위치
부엌 / 욕조 / 화장실
53제곱미터

정보 0201/3333423422

어휘 **traumhaft** [a.] 꿈같은 | **der See** [n.] 호수 | **der Quadradmeter** [n.] 제곱미터

f

30% Rabatt

Kletterseil und Strickleiter, Reckstange
für Kinder bis zu 12 Jahren geeignet

– Kinderspielanlage für zu Hause
– Schaukeln und Türme

Unser Geschäft: Alfredusbadstr.7
53263 Frankfurt
www.garten-spiel.de

 해석

30% 할인

암벽 로프와 밧줄 사다리, 철봉
아이들을 위해 12살까지 적합함

– 가정용 어린이 놀이 공간
– 그네와 탑

우리들의 회샤: Alfredusbadstr.7
53263 Frankfurt
www.garten–spiel.de

어휘 **das Kletterseil** [n.] 암벽 로프 | **die Strickleiter** [n.] 밧줄 사다리 | **die Reckstange** [n.] 철봉 |
geeignet [a.] 적당한 | **die Schaukel** [n.] 그네 | **der Turm** [n.] 탑

g

Wir (Robert und Anetta) wollen Weihnachten in Bayern verbringen. Daher suchen wir eine Unterkunft. Am besten eine Privatwohnung mit Kochmöglichkeit.

Handy: 0176/22331443

🔍 **해석**

우리는 (Robert와 Anetta) 크리스마스 때 바이에른주에서 지내고 싶습니다.
그래서 우리들은 숙박할 곳을 찾고 있습니다.
요리 가능한 개인 주택이면 가장 좋을 것 같습니다.

휴대폰: 0176/22331443

어휘 die Unterkunft [n.] 숙박 | die Privatwohnung [n.] 개인 주택 | die Kochmöglichkeit [n.] 요리 가능성

h

Basteln Sie schöne Dekorationen für Ihr Haus, bauen Sie individuelle Gartenmöbel oder konstruieren Sie praktisches Gartenzubehör?

Das alles können Sie dokumentieren und als Anleitung bei unserem neuen Gartenwettbewerb einreichen.

Teilnahme kostenlos
Einsendeschluss 02.05.
E-Mail: mus@mit.de

🔍 **해석**

당신의 집을 위한 아름다운 장식을 만들고, 개인적인 정원의 가구를 조립하거나 실용적인 정원 부대시설을 제작하나요?

당신은 이 모든 것을 문서화하고, 우리들의 새로운 원예 경연 대회에 설명서로 제출할 수 있습니다.

참가 무료
응모 마감 5월 2일
메일: mus@mit.de

어휘 basteln [v.] 조립하다, 만들다 | die Dekoration [n.] 장식 | bauen [v.] 조립하다 | individuell [a.] 개인의 | das Gartenmöbel [n.] 정원의 가구 | konstruieren [v.] 제작하다 | praktisch [a.] 실용적인 | das Gartenzubehör [n.] 정원 부대시설 | der Einsendeschluss [n.] 응모 마감

i

Spedition Meyer

– Preiswert und zuverlässig
– 365 Tage arbeiten
– Alle Umzüge, privat und gewerblich
– Einpackservice gegen Aufpreis

www.spedion-meyer.de

 해석

운송 Meyer

– 합리적인 가격과 믿을 수 있는
– 365일 일합니다
– 모든 이사, 개인적인 그리고 상업적인
– 추가 비용으로 포장 서비스

www.spedion–meyer.de

> **어휘** **die Spedition** [n.] 운송 │ **preiswert** [a.] 적당한 값의 │ **zuverlässig** [a.] 신뢰할 수 있는 │ **gewerblich** [a.] 상업적인 │ **der Einpackservice** [n.] 포장 서비스 │ **der Aufpreis** [n.] 추가 비용

j

Hilfe nach dem Umzug?

Wir machen sämtliche
Handwerkerarbeiten für Sie.

– Laminat
– Streichen
– Möbel aufbauen
– Zuverlässiger Service
– von Montag bis Sonntag

 해석

이사에 도움이 필요하신가요?

우리는 당신을 위하여
모든 수작업 일을 합니다.

– 라미네이트
– 페인팅
– 가구 조립
– 믿을 수 있는 서비스
– 월요일부터 일요일까지

> **어휘** **der Umzug** [n.] 이사, 이주 │ **sämtliche** [a.] 모든 │ **Handwerkerarbeiten** [n.] 수작업, 수공업 │ **das Laminat** [n.] 라미네이트 (얇은 판을 여러 장 붙여 만든 것) │ **das Streichen** [n.] 페인팅 │ **das Möbel** [n.] 가구 │ **aufbauen** [v.] 만들다, 조립하다 │ **zuverlässig** [a.] 신뢰할 수 있는

유형 4 •••••

20~26번의 본문을 읽으세요.

선택하세요. 이 사람이 유기농 식료품에 대하여 찬성합니까? 예 또는 아니요로 대답하세요.

당신은 한 신문에서 유기농 식료품의 장점과 단점을 쓴 사설에 대한 견해를 읽습니다.

Beispiel

0 Franz
[Ja] [☒]

20 Luisa [☒] [Nein]   **24** Otto [Ja] [☒]

21 Stefan [☒] [Nein]   **25** Jens [Ja] [☒]

22 Sven [Ja] [☒]   **26** Lena [Ja] [☒]

23 Lucy [☒] [Nein]

Leserbriefe (신문, 잡지 따위의) 독자란

Beispiel   Ich denke, das ist nicht für jeden, sondern nur für Wohlhabende. Ich habe nie so viel Geld für Lebensmittel ausgegeben.
Wenn man will, kann man so leben, aber für mich ist das nichts. Und ich weiß nicht genau, ob Bio-Lebensmittel gesünder sind.
Franz 34, Düsseldorf

🔍 **해석**

저는 그것이 모든 사람들을 위한 것이 아니라 부유한 사람들만을 위한 것이라고 생각합니다. 저는 식료품을 위해서 이렇게 많은 돈을 지불해 본 적이 없습니다.
그렇게 살기를 원한다면, 그렇게 살 수 있습니다. 하지만 저에게 그것은 아무것도 아닙니다. 그리고 저는 유기농 식료품들이 건강에 더 좋은지 아닌지는 잘 모르겠습니다.
Franz, 34, 뒤셀도르프

어휘 die Wohlhabenden [n.] 부유한 사람들 | haben...ausgegeben [v.] 지출했다 (ausgeben의 현재완료) | Bio-Lebensmittel [n.] 유기농 식료품 (pl.)

20 Wenn man einmal Bio-Nahrungsmittel gegessen hat, weiß man, warum man dafür Geld ausgibt.

Da gute Ernährung garantiert wird, kann man einfach Zeit sparen, die man damit verbringt um gute Produkte auszuwählen.

Es kostet zwar mehr, aber es lohnt sich.

Die Leute werden sich schnell an den Preis gewöhnen.

Ich empfehle, die bekannten Bio-Marken regelmäßig zu kaufen.

Mir ist es klar, dass es ein guter Versuch ist, auch wenn es nicht ausreicht.

Luisa, 42, Krefeld

🔍 해석

한 번 유기농 식료품을 먹어 봤다면, 왜 그것을 위하여 돈을 지불하는지 알 수 있습니다.

좋은 섭식이 보증되기 때문에, 사람들은 좋은 물건을 선택하기 위해 소비하는 시간을 절약할 수 있습니다.

그것은 비록 더 많이 지불해야 하지만 가치가 있습니다.

사람들은 빠르게 가격에 익숙해질 것입니다.

나는 유명한 BIO 브랜드를 규칙적으로 구매할 것을 추천합니다.

그것이 충분하지는 않더라도 좋은 시도라는 것이 저에게는 명백합니다.

Luisa, 42, 크레펠트

어휘 **Bio-Nahrungsmittel** [n.] 유기농 식료품 (pl.) | **die Ernährung** [n.] 섭취 | **garantieren** [v.] 보증하다 | **auswählen** [v.] 선택하다 | **sich lohnen** [v.] ~할 가치가 있다 | **sich gewöhnen** [v.] 익숙해지다 | **empfehlen** [v.] 추천하다 | **ausreichen** [v.] 충분한

---

21 Es ist naiv, zu glauben, dass man mit Bioprodukten viel ändern kann.

Ich will Koch werden. Unter den Fachleuten gibt es immer wieder Meinungsunterschiede darüber, ob die Produkte von Bauern wirklich gesünder sind und besser schmecken.

Aber ich bevorzuge biologische Lebensmittel für meine Gerichte.

Ich finde, dass es ein sinnvoller Anfang ist. Und es hat geklappt. Das haben Erfahrungen in Norwegen und Schweden gezeigt.

Stefan, 20, Dortmund

🔍 해석

유기농 제품으로 많은 것을 바꿀 수 있다고 생각하는 것은 분별력 없는 생각입니다.

저는 요리사가 되고 싶습니다. 그리고 전문가들 사이에서는 농부에게서 받은 생산품이 정말 더 건강하고 더 좋은 맛을 내는지에 대해서는 언제나 의견 차이가 있습니다.

하지만 저는 음식을 만들 때 유기농 제품을 선호합니다.

저는 그것이 의미 있는 시작이라고 생각합니다. 그리고 그것은 성공적이었습니다. 이런 경험들은 노르웨이와 스웨덴에서 보였습니다.

Stefan, 20, 도르트문트

 어휘 naiv [a.] 분별력 없는 | die Fachleute [n.] 전문가들 (pl.) | der Meinungsunterschied [n.] 의견 차이 | bevorzugen [v.] 선호하다 | sinnvoll [a.] 중요한 | haben...geklappt [v.] 계획대로 성공했다 (klappen의 현재완료) | haben...gezeigt [v.] 보여졌다 (zeigen의 현재완료) | Norwegen [n.] 노르웨이 (고유명사) | Schweden [n.] 스웨덴 (고유명사)

---

22   Bisher kann keiner genau beweisen, dass die Menschen, die sich nur vom Bio-Essen ernähren, gesünder sind.
Es mag ja sein, dass Bio-Essen gut für die Gesundheit ist. Aber das sollte erstmal untersucht werden. Ansonsten braucht man darüber gar nicht diskutieren.
Sven, 26, Tübingen

🔍 해석

유기농 제품만을 섭취한 사람이 더 건강한지에 대하여는 지금까지 아무도 정확하게 증명할 수 없었습니다. 유기농 음식이 건강을 위해서 좋을 수 있습니다만 그것은 먼저 연구되어야 합니다. 그렇지 않으면 그것에 대하여 전혀 토론할 필요가 없습니다.

Sven, 26, 튀빙엔

어휘 beweisen [v.] 증명하다 | ernähren [v.] 섭취하다 | untersuchen [v.] 연구하다 | diskutieren [v.] 토론하다

---

23   Man sollte sich zuerst darüber Gedanken machen, was für sich selbst gut ist. Ich habe erst nicht verstanden, warum ich so viel Geld fürs Essen ausgeben sollte.
Und ich finde, dass Bio-Nahrungsmittel nicht schmecken.
Aber wegen einer Allergie habe ich angefangen Bio-Produkte zu mir zu nehmen.
Jetzt weiß ich selbst, warum Bio-Lebensmittel für die Gesundheit gut sind. Die normalen Produkte haben ein langes Haltbarkeitsdatum. Darüber sollte man sich überlegen.
Lucy, 29, Berlin

🔍 해석

먼저 무엇이 자신에게 좋은지를 생각해야 합니다. 저는 왜 그렇게 많은 돈을 음식에 지불해야 하는지 잘 몰랐습니다.

그리고 저는 유기농 식료품들이 맛이 없다고 생각합니다.

하지만 알레르기 때문에 저는 유기농 제품을 사용하기 시작했습니다.

지금은 유기농 식료품이 건강에 좋다는 것을 제 스스로가 알고 있습니다. 보통의 상품은 긴 유통기한을 가지고 있습니다. 그것에 대하여 생각해 보아야 합니다.

Lucy, 29, 베를린

어휘 **Bio-Nahrungsmittel** 유기농 식료품 (pl.) | **schmecken** [v.] 맛이 나다 | **die Allergie** [n.] 알레르기 | **das Haltbarkeitsdatum** [n.] 유통기한

---

24   Das ist wieder so ein Trend, der mir nichts bringt.

Ist es besser, alles vom Bauernhof direkt zu bekommen?

Das kann ja ganz frisch sein, aber man kann nicht wissen, ob sie ihre Felder wirklich gut halten und alle Regeln beachten.

Und ich bin mir unsicher, ob es da eine Garantie gibt oder nicht.

Otto, 27, Bamberg

🔍 **해석**

그것은 저에게는 아무것도 가져다주지 않는 반복되는 트렌드일 뿐입니다.

모든 것을 농장에서 바로 얻는 것이 더 좋을까요?

그것은 완전히 신선할 수도 있지만 사람들은 그들이 땅을 정말 잘 관리했는지, 모든 규칙을 준수하였는지는 알 수 없습니다.

그리고 그것을 보증할 수 있는지 없는지를 저는 확신할 수 없습니다.

Otto, 27, 밤베르크

어휘 **der Trend** [n.] 트렌드, 경향 | **der Bauernhof** [n.] 농가 | **halten** [v.] 관리하다 | **beachten** [v.] 준수하다 | **unsicher** [a.] 불확실한 | **die Garantie** [n.] 보증

---

25   Seit langem wollte ich wissen, ob die Bioprodukte wirklich anders sind.

Deshalb habe ich mit Freunden alle Gerichte aus biologischem Anbau bestellt. Aber ich fand, dass es alles nicht so gut geschmeckt hat.

Ich will lieber etwas Leckeres essen, solange die Bio-Lebensmittel viel teurer als die anderen Lebensmittel sind.

Jens, 22, Frankfurt

해석

저는 이미 오래전부터 유기농 제품에 정말 다른지 알고 싶었습니다.

그래서 저는 친구들과 함께 유기농으로 재배한 것들로 만든 모든 음식을 주문했습니다. 하지만 저는 모든 것이 그렇게 맛있지는 않다고 생각했습니다.

유기농 제품이 다른 식료품보다 훨씬 비싼 한 저는 차라리 맛있는 것을 먹고 싶습니다.

Jens, 22, 프랑크푸르트

어휘 **biologisch** [a.] 천연 재료로 만든 ǀ **der Anbau** [n.] 재배, 경작 ǀ **haben...bestellt** [v.] 주문했다 (bestellen의 현재완료) ǀ **haben...geschmeckt** [v.] 맛이 있다 (schmecken의 현재완료) ǀ **solange** [cj.] ~하는 한

---

26   Nun gibt es in den normalen Supermärkten auch viele Biowaren.
Wenn das wirklich so viel besser für uns ist, wäre es doch gut, alle Lebensmittel biologisch zu produzieren, und nur diese zu kaufen. Aber macht das kostentechnisch wirklich Sinn?
Ob die Leute sich gesünder mit Bio-Sachen ernähren würden, weiß ich nicht.
Denn viele Menschen verdienen nicht genug, um sich Bio-Lebensmittel leisten zu können.
Lena, 34, Eisenach

해석

이제는 보통의 슈퍼마켓에도 많은 유기농 제품들이 있습니다.

그것이 우리에게 정말로 훨씬 더 이롭다면, 모든 식료품을 유기농으로 생산하고 그것만을 구매하는 것이 좋지 않을까요. 하지만 그것이 정말 재징 기술상의 의미가 있을까요?

사람들이 유기농 제품의 섭취로 인하여 더 건강할 수 있는지 없는지에 대해 저는 잘 모르겠습니다.

왜냐하면 많은 사람은 유기농 제품을 구매할 수 있는 충분한 돈을 벌지 못합니다.

Lena, 34, 아이제나흐

어휘 **produzieren** [v.] 생산하다 ǀ **kostentechnisch** [a.] 재정 기술상의 ǀ **verdienen** [v.] 벌다 ǀ **leisten** [v.] 실행하다, 감당하다

유형 5 •••••

27~30번까지의 문제와 그에 따른 본문을 읽으세요.
a, b, c 중 각 문제에 대한 알맞은 정답을 고르세요.

당신은 곧 얼마간 베를린에서 살게 될 것이기 때문에 베를린 시립 도서관의 이용 약관에 대해
알아봅니다.

27 도서관 카드를...

[a] 가족 카드로 사용하는 것이 허용된다.

[b] 신분증을 대체하여 사용하는 것이 허용된다.

[X] 아무에게도 빌려주어서는 안 된다.

> **어휘** die Bibliothekkarte [n.] 도서관 카드 | der Ersatz [n.] 대체(물), 보상 | übertragen [v.] 옮겨 쓰다

28 대출 기간은...

[X] 유동성이 있지만 예약된 논문은 한 주 안에 가져가야만 한다.

[b] 대부분 4주이지만 일부 매체에 따라 다르다.

[c] 방문에 유동성이 있을 수 있으므로, 2주에서 4주이다.

> **어휘** Medien [n.] 매체 (das Medium의 복수형) (pl.) | unterschiedlich [a.] 다른, 구분되는 | betragen [v.]
> ~이다, ~에 달하다 | flexibel [a.] 유동성 있는, 변화가 가능한

29 무엇을 예약하기를 원한다면,...

[a] 그 제품을 한 주 전에 주문해야만 한다.

[b] 그것을 전화로 무료로 할 수 있다.

[X] 그것을 위해서 어느 정도 금액을 지불해야 한다.

> **어휘** der Artikel [n.] 제품, 상품 | bestellen [v.] 주문하다 | umsonst [adv.] 무료로 | telefonisch [a.] 전화로
> | der Betrag [n.] 금액

30 도서관의 물품이 손상되었을 때에는

a 스스로 수리를 해야만 한다.

☒ 수리 비용을 지불해야만 한다.

c 더 이상 대출할 수가 없다.

어휘 die Beschädigung [n.] 손상 ┃ reparieren [v.] 수리하다 ┃ die Bearbeitungsgebühr [n.] 수리 비용

Benutzerordnung der Stadt-Bibliothek

Einschreibung

Die Bibliotheken der Stadtbibliothek Berlin steht allen Interessenten zur Benutzung offen. Eine persönliche Bibliothekskarte wird ausgestellt, die jedesmal beim Ausleihen vorgezeigt werden muss. Die Bibliothekskarte ist nicht übertragbar, auch nicht innerhalb der Familie. Bei Personen ohne dauerhaften Wohnsitz in Berlin kann das Ausleihen eingeschränkt werden.

Benutzung

Es können maximal 5 Medien (Bücher, Zeitschriften, CDs oder DVDs) gleichzeitig ausgeliehen werden. Die Ausleihdauer beträgt in der Regel 4 Wochen. Für bestimmte Medien (wie beispielsweise DVDs) kann die Bibliothek Leihfristen flexibel festlegen.
Eine zweimalige Verlängerung ist möglich. Eine Ausnahme sind reservierte Artikeln. Die Verlängerung kann in der Bibliothek, telefonisch oder online via Internet erfolgen. Ausgeliehene Medien können reserviert werden. Sobald die reservierten Artikel verfügbar sind, wird dies telefonisch oder per SMS mitgeteilt. Die Artikel sind dann innerhalb einer Woche abzuholen. Für Reservierungen wird eine Gebühr erhoben. Ebenso können gegen eine Gebühr Medien, die nicht im lokalen Bestand vorhanden sind, bei einer anderen Bibliothek der *PBZ zur Ausleihe besorgt werden, mit Ausnahme von DVDs.

Verboten

Was man in der Bibliothek nicht machen darf: Rauchen, Essen, Trinken und mobiles Telefonieren. Man sollte andere Bibliotheksbesucher nicht stören und deswegen sollte lautes Reden vermieden werden.

Haftung

Alle Kunden und Kundinnen sind für die ausgeliehenen Medien verantwortlich und zu schonendem Umgang mit dem Bibliothekseigentum verpflichtet. Bei Beschädigung oder Verlust werden neben den Kosten für Reparatur oder Ersatz auch Bearbeitungsgebühren verrechnet. Schäden dürfen nicht selbst repariert werden.
Wer die Bestimmungen der Bibliothek nicht beachtet oder sich nicht daran hält, kann vorübergehend oder gänzlich von der Benutzung ausgeschlossen werden.

*PBZ: Eigentlicher Name einer Bibliothek in Österreich

어휘 **offen** [a.] 열려 있는 | **werden...ausgestellt** [v.] 발급되다 (ausstellen의 수동태) | **vorzeigen** [v.] 제시하다 | **übertragbar** [a.] 양도 가능한 | **innerhalb** [adv.] 안에, 내부에 | **dauerhaften** [a.] 지속하는 | **der Wohnsitz**

[n.] 주소, 거주지 | **einschränken** [v.] 제한하다 | **gleichzeitig** [adv.] 동시에 | **die Ausleihdauer** [n.] 대출 기간 | **betragen** [v.] ~에 달하다 | **Medien** [n.] 매체 (das Medium의 복수형) | **die Leihfrist** [n.] 대출 기간 | **festlegen** [v.] 결정하다 | **die Ausnahme** [n.] 예외 | **die Verlängerung** [n.] 연장 | **erfolgen** [v.] 결과로 일어나다 | **verfügbar** [a.] 이용 가능한, 유효한 | **werden...mitgeteilt** [v.] 전달되다 (mitteilen의 수동태) | **der Bestand** 재고, 존속 | **vorhanden** [a.] 수중에 있는, 존재하는 | **werden...besorgt** [v.] 처리되다 (besorgen의 수동태) | **werden...vermieden** [v.] 피하게 되다 (vermeiden의 수동태) | **die Haftung** [n.] 책임 | **verantwortlich** [a.] 책임이 있는, 의무가 있는 | **schonend** [a.] 조심히 다루는 | **der Umgang** [n.] 다루는 방법 | **das Bibliothekseigentum** [n.] 도서관 소유물 | **verpflichten** [v.] 의무를 지우다 | **die Beschädigung** [n.] 손상, 훼손 | **der Verlust** [n.] 분실 | **der Ersatz** [n.] 대체 | **die Bearbeitungsgebühr** [n.] 처리 비용 | **die Bestimmung** [n.] 결정, 약관 | **vorübergehend** [a.] 일시적인, 지나가는 | **gänzlich** [a.] 전혀, 완전히

 해석

시립 도서관의 이용 약관

등록

베를린의 시립 도서관은 이용에 관심이 있는 모든 사람에게 열려 있습니다. 개인적인 도서관의 대출 카드가 발행되며, 대출할 때에는 매번 제시해야 합니다. 도서관 카드는 가족 간에도 양도가 불가능합니다. 베를린에 계속 거주하지 않은 사람의 경우에는 대출이 제한될 수 있습니다.

이용

최대 5개의 자료(책, 잡지, CD 또는 DVD)까지 동시에 대출하실 수 있습니다. 대출 기간은 일반적으로 4주입니다. 특징 미디어 제품의 경우 (예를 늘어 DVD와 같은) 도서관에서 대출 기간의 변동이 있을 수 있습니다. 두 번의 연장은 가능합니다. 예약된 논문은 예외입니다. 연장은 도서관에서 가능하며, 전화 또는 인터넷을 통하여 온라인에서 할 수 있습니다. 대여된 매체들은 예약할 수 있습니다. 예약된 논문을 사용할 수 있게 되면, 전화 또는 문자로 전달됩니다. 그 논문들은 일주일 안에 가져가야 합니다. 예약 시 요금이 부과됩니다. 마찬가지로 상품에 대한 요금을 지불하면, 이 지역에 존재하지 않는 제품들은 다른 PBZ 도서관에서 DVD들을 제외하고 조달하여 대출해 줄 수 있습니다.

금지

도서관에서 금지되는 일: 흡연, 식사, 음주 및 휴대 전화로 통화하기입니다. 다른 도서관 방문객들을 방해하면 안 되며, 그렇기 때문에 큰 소리로 이야기하는 것은 피해야 합니다.

책임

모든 고객은 대출된 매체에 책임이 있으며 도서관의 소유물을 조심스럽게 취급할 의무가 있습니다. 훼손 또는 분실의 경우에는 수리 또는 교체 비용 외에도 처리 비용이 부과됩니다. 손상 시 직접 수리하면 안 됩니다. 도서관의 약관을 무시하거나 준수하지 않는 사람은 일시적으로 혹은 완전히 사용이 배제될 수 있습니다.

*PBZ: 오스트리아 도서관의 고유 이름

유형 1 ● ● ● ●

MP3 02_01

이제 당신은 5개의 짧은 본문을 듣습니다. 본문은 **두 번** 듣게 됩니다. 각 본문에 해당하는 2개의 문제를 풀어야 합니다. 각 문제에 알맞은 답을 선택하세요.

먼저 보기를 읽어 보세요. 이것을 위하여 당신은 10초의 시간이 있습니다.

Beispiel

📄 Skript

Sie hören eine Nachricht auf dem Anrufbeantworter.
Hallo Frau Brahms, Ulf Thomas hier von der HGB Versicherung. Sie haben sich bei uns als Verkaufsleiterin beworben, doch leider fehlen in Ihren Unterlagen zwei Zeugnisse, die für die Bewerbung sehr wichtig sind. Es geht um die Zertifikate für die besuchten Computer- und Englischkurse. Die haben Sie zumindest so in Ihrem Lebenslauf genannt. Ähm, ich bitte Sie, diese Unterlagen so schnell wie möglich an uns zu schicken oder mich bei Rückfragen anzurufen. Vielen Dank!

🔍 해석

당신은 자동응답기에서 하나의 메시지를 듣습니다.
안녕하세요, Brahms 부인, 여기는 HGB 보험사의 Ulf Thomas예요. 당신은 우리 회사에 판매관리자로 지원을 하셨네요. 하지만 유감스럽게도 당신의 지원에 중요한 구비 서류 중 두 개의 증명서가 없습니다. 그것은 컴퓨터와 영어 강좌를 방문한 수료증에 대한 것입니다. 그것들은 최소한 당신의 이력서에 언급되어 있습니다. 저는 당신이 이 서류들을 가능한 한 빠르게 우리에게 보내 주시거나 질문이 있을 시에 전화를 해 주시기를 부탁드립니다. 매우 감사합니다!

어휘 **die Versicherung** [n.] 보험 | **die Unterlagen** [n.] 구비 서류 (pl.) | **Es geht um** ~에 관련된 일이다 | **das Zertifikat** [n.] 수료증, 자격증 | **die Rückfrage** [n.] 재질문

---

01 Thomas 씨는 Brahms 부인에게 새로운 보험 요금제에 대해 알려준다.   Richtig

02 Thomas 씨는....

   a Brahms 부인이 새로운 계약을 체결하기를 원한다.

   ☒ Thomas 씨는 Brahms 부인의 증명서가 필요하다.

   c Thomas 씨는 나중에 다시 전화를 한다.

어휘 der Vertrag [n.] 계약 | abschließen [v.] 체결하다 | das Zeugnis [n.] 증서, 증명서

Text 1

> ### 📄 Skript
>
> Sie hören eine Nachricht auf dem Anrufbeantworter.
> Hallo Suji, hier ist Tim. Wir wollten doch im Winter eine Woche nach Frankreich fahren. Ich habe im Internet gesucht: Im November gibt es noch günstige Flüge nach Lyon. Übernachten können wir bei meiner Cousine, die dort wohnt. Das wäre am besten. Oder wir nehmen uns ein billiges Hotelzimmer. Ansonsten gehen wir campen. Ich schicke dir den Link zu einem Hotel, das ich herausgesucht habe. Schau es dir doch mal an. Tschüss.
>
> ### 🔍 해석
>
> 당신은 자동응답기에서 하나의 메시지를 듣습니다.
> 안녕 Suji, 나는 Tim이야. 우리 겨울에 한 주 동안 프랑스에 가기로 했잖아. 나는 인터넷에서 찾아봤어. 11월에는 아직 리옹으로 가는 저렴한 항공편이 있어. 숙박은 그곳에 사는 나의 사촌 여동생 집에서 할 수 있어. 그렇게 된다면 최고일 거야. 아니면 우리 저렴한 호텔을 잡자. 그렇지 않으면 우리 캠핑을 하러 가자. 내가 너에게 내가 찾아낸 호텔 링크를 보내줄게. 너도 한 번 살펴봐. 안녕.

어휘 haben...gesucht [v.] 확인했디, 조시했다 (suchen의 현재완료) | günstig [a.] 유익한, 형변이 솧은 | ansonsten [adv.] 그렇지 않으면 | haben...herausgesucht [v.] 선발했다 (heraussuchen의 현재완료) | anschauen [n.] 바라보다, 응시하다

1 Suji는 Tim에게 파리에 가자고 제안한다.

2 Tim은 어디에서 숙박하기를 가장 원하는가?

    ☒ 프랑스에 거주하는 친척집에서

    b 저렴한 호텔에서

    c 캠프장에서

    어휘 vorschlagen [v.] 제안하다 | übernachten [v.] 숙박하다 | der Campingplatz [n.] 캠프장

Text 2

> **📄 Skript**
>
> Sie hören am Flughafen eine Durchsage.
> Sehr geehrte Fluggäste. In wenigen Minuten werden wir in Frankfurt landen.
> Transitreisende mit dem Ziel München, gebucht auf LH 4392 begeben sich bitte zum
> Ausgang C7. Passagiere mit dem Reiseziel Hamburg, gebucht auf LH 1328, gehen zum
> Ausgang A13. Das Flugzeug wird voraussichtlich 30 Minuten später landen. Achten Sie
> bitte auch auf die aktuellen Durchsagen. Wir bitten um Ihr Verständnis.
>
> **🔍 해석**
>
> 당신은 공항에서 하나의 안내 방송을 듣습니다.
> 친애하는 승객 여러분. 몇 분 후에 우리는 프랑크푸르트에 착륙합니다. 뮌헨을 목적지로 경유하시는 LH 4392
> 을 예약하신 여행객은 출구 C7로 이동하시기를 바랍니다. 목적지가 함부르크인 LH 1328 예약 승객 여러분
> 은 출구 A13으로 가시기 바랍니다. 비행기는 30분 늦게 도착할 것으로 예상됩니다. 당신은 실시간으로 나오
> 는 안내 방송에 주의하여 주세요. 우리는 당신에게 이해해 주실 것을 부탁드립니다.

어휘 in wenigen Minuten 몇 분 안에, 몇 분 후에 | landen [v.] 착륙하다 | der Transitreisende [n.] 경유 여행객 | sich begeben [v.] 어떤 장소로 가다 | das Reiseziel [n.] 여행 목적지 | voraussichtlich [a.] 예상할 수 있는, 가망이 있는 | achten [v.] 주의하다 | die Durchsage [n.] 안내 방송

3 뮌헨으로 가는 승객들은 30분을 더 기다려야만 한다. | Richtig |

4 목적지가 함부르크인 경유객들은...

　　ⓐ A30 출구로 가야만 한다.

　　ⓑ 뮌헨에서 환승해야만 한다.

　　☒ 대략 30분 정도 기다려야만 한다.

어휘 der Passagier [n.] 승객, 탑승자 | warten [v.] 기다리다 | umsteigen [v.] 환승하다

Text 3

Skript

Sie hören eine Nachricht auf dem Anrufbeantworter.

Guten Morgen Frau Claudia Schierz, hier ist Leonie Ranke von der Autofirma „Mini". Ihr Auto ist fertig. Sie können es abholen. Falls Sie keine Zeit haben, können wir es Ihnen nach Hause bringen. Schreiben Sie uns einfach Ihre Adresse und die Uhrzeit, zu der Sie den Wagen benötigen. Dafür müssen Sie allerdings eine Zusatzgebühr bezahlen. Inklusive Lieferung wäre dann der Gesamtpreis 255 Euro. Wenn Sie den Wagen selbst abholen, zahlen Sie nur 150 Euro. Bitte melden Sie sich bei uns!

🔍 해석

당신은 자동응답기에서 하나의 메시지를 듣습니다.

좋은 아침입니다 Claudia Schierz 부인, 저는 자동차 회사 "Mini"의 Leonie Ranke입니다. 당신의 자동차가 완성되었습니다. 당신은 그것을 찾아 가실 수 있습니다. 당신이 시간이 없을 경우에는 우리가 당신의 집으로 그것을 가져다 드릴 수 있습니다. 우리에게 당신의 주소와 당신이 차를 필요로 하는 시간을 간단히 적어 주세요. 그렇게 하려면 당연히 추가 금액을 지불해야만 합니다. 배송 비용을 포함한 총 금액은 255유로입니다. 당신이 자동차를 스스로 찾아 가신다면, 가격은 단지 150유로입니다. 우리에게 연락을 주세요!

> **어휘** falls [cj.] ~의 경우라면 | benötigen [v.] 필요로 하다 | allerdings [adv.] 당연히, 물론 | die Zusatzgebühr [n.] 추가 비용 | inklusive [adv.] ~을 포함하여 | die Lieferung [n.] 배송 | der Gesamtpreis [n.] 총액

5 Claudia의 자동차는 수리되었다. _Falsch_

6 Claudia는...

[a] 자동차를 가지러 가야한다.

☒ 그녀가 그것을 스스로 가지고 올 것인지 아니면 집으로 배송시켜야 할 것인지를 연락해야 한다.

[c] 255유로를 더 지불해야 한다.

> **어휘** wurden...repariert [v.] 수리되었다 (reparieren의 수동태 과거) | abholen [v.] 가지러 가다, 받아 오다 | werden...geliefert [v.] 배송되다, 배달되다 (liefern의 수동태)

Text 4

> 📄 **Skript**
>
> Sie hören am Flughafen eine Durchsage.
> Alle Fluggäste, gebucht auf den Flug SW 172 in die Schweiz, werden gebeten, sich umgehend zum Gate B7 zu begeben. Ihr Flugzeug ist nun einsteigebereit und wir werden in wenigen Minuten mit dem Boarding beginnen. Wir bitten die Passagiere mit Kindern zuerst einzusteigen. Die First-, Business- und Premiumgäste können jederzeit boarden. Wir wünschen unseren Fluggästen einen angenehmen Flug.
>
> 🔍 **해석**
>
> 당신은 공항에서 하나의 안내 방송을 듣습니다.
> 스위스 행 SW 172 비행기를 예약하신 모든 승객 여러분은 즉시 B7 게이트로 가셔야 합니다. 당신의 비행기는 이미 탑승할 준비가 되었으며 우리는 몇 분 후 탑승을 시작할 겁니다. 저희는 아이를 동반하신 탑승객께서 먼저 탑승하실 것을 부탁드립니다. 일등석, 비지니스석 그리고 프리미엄 고객님들께서는 언제든 탑승하실 수 있습니다. 저희는 저희 승객 여러분께서 쾌적한 비행을 하시기를 바랍니다.

어휘 umgehend [a.] 즉각, 지체 없이 ┊ sich begeben [v.] 어떤 장소로 가다 ┊ einsteigebereit [a.] 탑승 준비가 된 ┊ in wenigen Minuten 몇 분 후 ┊ boarden [v.] 탑승하러 들어가다 ┊ angenehm [a.] 쾌적한, 즐거운

7 아이를 동반한 탑승객은 마지막에 비행기에 탑승해야 한다. Richtig

8 프리미엄 고객들은...

  a 먼저 탑승해야만 한다.

  b 늦게 들어가도 된다.

  ☒ 언제든지 탑승이 가능하다.

  어휘 die Passagiere [n.] 승객 ┊ einsteigen [v.] 탑승하다 ┊ hineingehen [v.] 들어가다, 입장하다 ┊ jederzeit [adv.] 언제나

Text 5

 Skript

Sie hören eine Nachricht auf dem Anrufbeantworter.

Hallo, Herr Orechov, hier ist Jan Bergstein von der Firma Care-Konzept. Wir hatten Sie zu einem Vorstellungsgespräch eingeladen. Aber leider müssen wir den Termin verschieben und zwar auf Dienstag um 14:00 Uhr. Wenn Sie damit einverstanden sind, schreiben Sie uns bitte eine Email. Falls Sie diesen Termin nicht wahrnehmen können, rufen Sie uns bitte an, dann werden wir eine andere Möglichkeit finden. Vielen Dank und auf Wiederhören!

해석

당신은 자동응답기에서 하나의 메시지를 듣습니다.

안녕하세요, Orechov씨, 저는 Care Konzept 회사의 Jan Bergstein입니다. 우리는 당신을 면접에 초대했었습니다. 하지만 유감스럽게도 우리는 이 일정을 연기해야 합니다. 구체적으로 말하자면 화요일 14시로요. 당신이 그것에 동의하신다면, 우리에게 메일을 써 주세요. 당신이 이 일정에 참가하실 수 없으면, 저희에게 전화를 주세요. 그러면 우리는 다른 방법을 찾아보겠습니다. 진심으로 감사합니다, 그리고 다시 연락 드리겠습니다!

어휘 hatten...eingeladen [v.] 초대했었다 (einladen의 과거완료) | das Vorstellungsgespräch [n.] 면접 | verschieben [v.] 연기하다 | wahrnehmen [v.] 이용하다, 인지하다, 동의하다

9 Orechov 씨는 일정 변경에 동의하였다.  Richtig ☒

10 Orechov 씨가 화요일에 시간이 없으면,

☒ 이 회사에서는 그의 전화를 받은 후에 다른 방법을 찾을 것이다.

b 면접은 한 주 내에 다시 열린다.

c 그는 회사에 메일을 써야 한다.

어휘 die Terminänderung [n.] 일정 변경 | einverstanden [a.] 동의한 | die Weg [n.] 방법 | stattfinden [v.] 개최하다

유형 2 • • • •

MP3 02_02

당신은 하나의 본문을 듣습니다. 본문은 **한 번** 듣게 됩니다. 5개의 문제를 풀어 보세요.
각 문제에 알맞은 답을 a, b 또는 c에서 선택하세요.

이제 11번부터 15번의 문제를 읽어 보세요. 이것을 위하여 당신은 60초의 시간이 있습니다.

당신은 드레스덴에 있고 여행 가이드로부터 첫 번째 정보를 받습니다.

📄 Skript

Liebe Gäste, ich begrüße Sie im Namen der Stadt Dresden ganz herzlich in unserer Stadt. Mein Name ist Maria Becker, ich bin Dresdnerin und wohne hier in der Innenstadt. Es ist eine große Freude für mich, Sie durch meine Heimatstadt zu führen. Das Wetter ist heute wunderbar. Wir können also bei strahlend blauem Himmel die Stadt genießen.

Zuerst besichtigen wir die Frauenkirche. Sie wurde im Krieg von den Bomben zerstört, und die Kirche wurde von 1994-2005 restauriert. Die Stadt hat wirklich so viele Sehenswürdigkeiten, dass es kaum möglich ist, alle Orte z.B. Kirchen und Museen an einem Tag zu besuchen. Nach der Besichtigung der Kirche werden wir in das Museum der Altstadt gehen. Das Museum wurde auch nach dem letzten Krieg wieder aufgebaut. Von dort werden wir durch die Altstadt bummeln und danach zum „Paolo" gehen, wo wir gemeinsam ein gutes Mittagessen einnehmen werden. Gleich nach dem Essen werden wir einen kleinen Spaziergang entlang der Elbe machen. Dort können Sie sich romantische Orte anschauen und die wunderschöne Landschaft genießen.

Nach einer Stunde gehen wir zurück zum Theaterplatz. Dort werden wir einen weiteren Höhepunkt unseres Rundgangs, und zwar die Semperoper, besuchen. Sie wurde nach dem berühmten Architekten Gottfried Semper benannt. Anschließend werde ich Sie zurück zu Ihrem Hotel begleiten, so dass Sie sich vor dem Abendessen noch etwas ausruhen können. Unser Theaterbesuch findet erst morgen statt. Heute treffen wir uns um 19:00 Uhr im Hotel und gehen gemeinsam in ein Restaurant.

Vom Hotel gehen wir zu Fuß zum Restaurant. Das dauert etwa 10 Minuten. Dort lassen wir uns mit Spezialitäten aus der Region verwöhnen. Ich empfehle Ihnen einen Sauerbraten oder eine Kartoffelsuppe zu bestellen. Natürlich werden Sie dort auch Fischspezialitäten finden. Morgen um 9:00 Uhr fahren wir dann mit dem Bus nach Berlin, der Hauptstadt von Deutschland. Folgen Sie mir bitte jetzt in die Kirche.

🔍 **해석**

친애하는 방문객 여러분, 저는 드레스덴의 도시의 이름을 대표하여 진심으로 우리들의 도시에 오신 것을 환영합니다. 저의 이름은 Maria Becker입니다. 저는 드레스덴 사람이고 이곳 시내에서 살고 있습니다. 당신에게 저의 고향을 안내할 수 있어서 저에게는 아주 큰 기쁨입니다. 오늘의 날씨 또한 아름답습니다. 우리는 빛나는 파란 하늘에서 이 도시를 즐길 수 있습니다.

먼저 우리는 프라우엔 교회를 방문합니다. 교회는 전쟁 때 폭탄으로 파괴되었고 교회는 1994년에서 2005년에 재건되었습니다. 이 도시에는 정말 많은 관광지가 있습니다. 당신이 하루 동안 예를 들어 교회와 박물관 같은 모든 장소를 하루 만에 방문하는 것은 거의 불가능합니다. 따라서 교회 구경이 끝난 뒤에는 구시가지에 있는 박물관으로 갈 거예요. 그 박물관도 마지막 전쟁 후에 새로 지어졌습니다. 그곳에서부터 우리는 구 시가지를 거닐 것이고 그리고 나서 우리는 함께 좋은 점심 식사를 하게 될 "Paolo"에 가게 될 거예요. 식사하자마자 우리는 엘베강을 따라서 잠시 산책을 할 것입니다. 그곳에서 당신은 로맨틱한 장소들을 보실 수 있고 아름다운 경치를 즐기실 수 있습니다.

한 시간 후 우리는 다시 극장 광장으로 갑니다. 그곳에서 우리는 우리 일정의 하이라이트인, Semper 오페라 극장을 방문할 것입니다. 그것은 유명한 건축가인 Gottfried Semper의 이름을 따서 명명되었습니다. 그 다음에 저는 당신이 저녁 식사 전에 어느 정도 휴식을 취할 수 있도록 당신의 호텔로 다시 안내할 것입니다. 우리의 극장 방문은 내일이 되어서야 있습니다. 오늘 우리는 19시에 호텔에서 만나고 함께 식당에 갑니다.

우리는 호텔에서부터 걸어서 레스토랑에 갑니다. 10분 정도 소요됩니다. 그곳에서 우리는 이 지역의 명물 요리로 기분을 좋게 할 것입니다. 그리고 저는 당신에게 식초에 절여 구운 고기 또는 감자 수프를 주문할 것을 추천합니다. 당연히 당신은 그곳에서 생선 특선 요리도 찾으실 수 있습니다. 내일은 9시에 버스를 타고 독일의 수도인 베를린으로 갑니다. 이제 저를 따라 교회로 오세요.

*프라우엔 교회 – 1488년 완공된 뮌헨의 후기 고딕 양식 건축물

어휘 **begrüßen** [v.] 환영하다 | **führen** [v.] 안내하다 | **strahlend** [a.] 반짝이는, 빛나는 | **der Himmel** [n.] 하늘 | **wurden...restauriert** [v.] 복원되었다 (restaurieren의 수동태 과거) | **besichtigen** [v.] 둘러보다, 구경하다 | **die Bombe** [n.] 핵폭탄 | **wurden...zerstört** [v.] 파괴되었다 (zersören의 수동태 현재완료) | **die Sehenswürdigkeit** [n.] 관광지 | **der Krieg** [n.] 전쟁 | **die Besichtigung** [n.] 구경 | **wurden...aufgebaut** [v.] 재건되었다 (aufbauen의 수동태 현재완료) | **bummeln** [v.] 산책하며 걷다, 유유자적 걷다 | **Teilnehmen** [v.] 참여하다, 참가하다 | **genießen** [v.] 즐기다 | **der Höhepunkt** [n.] 하이라이트, 정점 | **der Rundgang** [n.] 둘러봄, 순회 | **anschließend** [adv.] 그 후에 | **dauern** [v.] ~걸리다 | **die Spezialität** [n.] 잘하는 음식, 명물 | **verwöhnen** [v.] 호강하다, 기분 좋게 하다

11 Maria는...

ⓐ 도시 안내를 위하여 드레스덴으로 왔다.

☒ 드레스덴에서 태어났고 이곳 시내에서 살고 있다.

ⓒ 이전에 드레스덴에서 살았다, 그렇기 때문에 그녀는 도시에 대하여 잘 알고 있다.

> **어휘** die Innenstadt [n.] 시내

12 몇몇 관광지는...

ⓐ 전쟁 중에 전혀 파괴되지 않았다.

ⓑ 재건되지 않았으므로, 더 이상 관람할 수 없다.

☒ 마지막 전쟁 이후에 재건되었다.

> **어휘** der Krieg [n.] 전쟁 ∣ zerstören [v.] 파괴하다 ∣ aufbauen [v.] 재건하다, 설치하다

13 점심 식사 후에는...

ⓐ 모두가 함께 베를린으로 간다.

ⓑ 사람들은 잠시 쉬는 시간을 가지고, 그들은 그곳에서 기념품도 구매할 수 있다.

☒ 그들은 엘베강을 따라서 짧은 산책을 한다.

> **어휘** der Spaziergang [n.] 산책 ∣ entlang [adv.] ~을 따라서

14 Semper 오페라극장은...

☒ 유명한 건축가인 Gottfried Semper 이름을 따서 명명되었다.

ⓑ 오늘은 공연이 개최되지 않으므로, 관람하게 될 수 없다.

ⓒ 드레스덴에는 매우 많은 관광지가 있기 때문에 사람들이 잘 알지 못한다.

> **어휘** berühmt [a.] 유명한 ∣ der Architekt [n.] 건축가 ∣ wurden...benannt [v.] 지정되었다 (benennen의
> 수동태 현재완료) ∣ die Veranstaltung [n.] 공연, 행사

15 저녁에는...

a 약 10분 정도 산책을 하게 됩니다.

☒ 특선 요리를 즐기게 됩니다.

c (발효시킨) 소금에 절인 양배추와 감자를 먹습니다.

> **어휘** der Spaziergang [n.] 산책 ｜ die Spezialität [n.] 특선, 명물 ｜ das Sauerkraut [n.] (발효시킨) 소금에
> 절인 양배추

유형 3 ••••

MP3 02_03

당신은 이제 하나의 대화를 듣습니다. 대화는 **한 번** 듣게 됩니다. 이에 대해 7개의 문제를 풀어야 합니다. 선택 하세요. 진술이 맞습니까 아니면 틀립니까?

이제 16~22번까지의 문제를 읽어 보세요. 이것을 위하여 당신은 60초의 시간이 있습니다.

당신은 레스토랑에 앉아서 부모와 그들의 아들이 어떻게 인터넷 또는 가게에서 구매하는가에 대하여 대화하는 것을 듣는다.

16 가족 전체가 콘서트에 있었다. | Richtig | ~~Falsch~~

17 Michael의 셔츠는 좋은 품질일 뿐 아니라 가격도 저렴했다. | Richtig | ~~Falsch~~

18 Leodardo는 인터넷에서 무엇인가 비슷한 것을 더 좋은 가격에 구매할 수 있다고 생각한다. | ~~Richtig~~ | Falsch

19 Michael과 Rachel은 몇 번의 좋은 경험을 했다. 그들은 이제 이렇게 좋은 품질을 인터넷에서만 저렴한 가격에 살 수 있다고 생각한다. | Richtig | ~~Falsch~~

20 Michael도 이미 인터넷 사이트에서 주문했었다. | ~~Richtig~~ | Falsch

21 노인에게 온라인에서 구매하는 것은 더 이상 어렵지 않다. | Richtig | ~~Falsch~~

22 식사 후에 그들은 인터넷에서 구매를 하려고 한다. | Richtig | ~~Falsch~~

> **어휘** einkaufen [v.] 장을 보다 | haben...bestellt [v.] 주문했다 (bestellen의 현재완료)

📄 Skript

Michael	Hier sind schon mal die Getränke. Zwei Apfelschorlen für euch und ein Bier für mich.
Leonie	Danke, zum Wohl! Lass uns die Getränke genießen bis unser Essen kommt.
Michael	Du warst doch heute auf einem Konzert. Wie war das Konzert? Erzähl doch mal. Ich bin so neugierig.
Leonie	Es war unglaublich. So was habe ich noch nie erlebt. Das war eine richtige Erholung. Die brauchte ich dringend. Ich habe alles andere vergessen und es genossen.
Michael	Dann gehen wir nächtes Mal zusammen dort hin.
Leonie	Ja, gut. Du, Papa, wo hast du eigentlich das Hemd gekauft?
Michael	Na, das habe ich im Kaufhof gekauft. Warum bist du daran so interessiert?
Leonie	Das finde ich so toll. Sieht auch nach einer guten Qualität aus. Wie teuer war es denn?
Michael	Moment, ich habe es nicht mehr im Kopf. Aber ich denke es waren über 200 Euro. Das war ziemlich teuer, weil es ein Markenhemd ist.
Rachel	Ja, stimmt. Das ist teurer als ich gedacht habe. Für ein Hemd ist es etwas zu viel. Man könnte für das Geld ein ganzes Outfit kaufen.
Leonie	War es wirklich so teuer? Ich dachte, es hätte nicht mehr als 50 Euro gekostet.
Michael	Ach, Leonie, so günstig kann man so etwas nicht kaufen. So eine Qualität für unter 50 Euro gibt es doch gar nicht.
Leonie	Doch. Ich habe im Internet was ähnliches gesehen. Das kostete nur 40 Euro. Warum kaufst du nicht im Internet ein? Das ist doch viel günstiger und es gibt auch immer Rabattaktionen.
Rachel	Das sehe ich anders. Ich finde, dass man im Internet nicht so gut einkaufen kann, weil viele Artikel auf den Fotos ganz anders aussehen, findest du nicht?
Michael	Ja, Rachel hat Recht. Wir wissen auch, dass man im Internet günstiger einkaufen kann. Aber ich habe nur schlechte Erfahrungen gemacht. Zum Beispiel, hatte ich letztes Jahr zwei Hosen auf einer Internetseite bestellt. Aber in Wirklichkeit waren sie anders als auf dem Bild. Sie waren ziemlich eng, und die Farbe war auch nicht gleich. Daher habe ich sie deinem Bruder gegeben, Leonie. Erinnerst du dich daran?
Leonie	Ja, klar. Aber die beiden Hosen standen ihm gut. Ich kaufe meistens im Internet, weil ich mir dort viele Angebote anschauen kann. Ich war bisher immer zufrieden. Wie schon gesagt, werden die Sachen zu günstigeren Preisen als in den Geschäften angeboten. Und als Mitglied bekommst du es für noch günstiger.
Michael	Ja, ich habe auch einmal versucht, im Internet einzukaufen. Aber für ältere Leute ist das schwieriger, als du denkst. Da man nicht anprobieren kann, weiß man nicht genau, ob die Sachen passen oder nicht. Man ist immer unsicher bei der Größe und vergreift sich sehr oft.

Rachel	Ja, ich kaufe auch lieber im Laden. Erst anprobieren, ob es mir überhaupt steht. Dann bleibt mir ein Umtausch erspart.
Leonie	Ja, das macht auch Spaß. Ich bin auch nicht dagegen. Man kann selbst entscheiden, wo und was man kauft. Naja, Mama, ich möchte gern neue Sachen haben. Es ist Zeit, meine alten Sachen zu entsorgen.
Rachel	Warum nicht, dann essen wir zuerst, und gehen dann eine Runde shoppen.
Michael	Ja, gerne! Das wird bestimmt Spaß machen.
Leonie	Ach, hier kommt unser Essen. Ich habe großen Hunger. Lasst uns los gehen.

🔍 해석

Michael	여기 음료가 벌써 나왔어. 너희를 위한 사과 탄산수 두 잔과 나를 위한 맥주 한 잔.
Leonie	고마워요, 건배! 우리 음식이 올 때까지 음료를 즐겨요.
Michael	너는 오늘 콘서트에 갔었지. 콘서트는 어땠니? 어땠는지 이야기해 봐. 나는 너무 궁금해.
Leonie	엄청나게 대단했어요. 이런 것을 저는 한 번도 경험해 보지 못했어요. 그것은 진정한 휴식이었어요. 그리고 나는 그것이 간절하게 필요했어요. 저는 모든 것을 잊어버리고 즐겼어요.
Michael	그렇다면 다음번에는 우리 함께 그곳에 가자.
Leonie	네, 좋아요. 아빠, 도대체 어디에서 이 셔츠를 구매했어요?
Michael	음, 나는 이것을 백화점에서 구매했어. 너는 왜 이렇게 이것에 관심을 가지니?
Leonie	정말 멋진 것 같아요. 보기에도 좋은 품질인 것 같아요. 얼마였나요?
Michael	잠시만, 나는 그것이 더는 기억나지 않아. 하지만 내 생각에 200유로는 넘었을 거야. 그것은 꽤 비쌌어. 왜냐하면 브랜드 셔츠였거든.
Rachel	네, 맞아요. 그것은 제가 생각했던 것보다 비싸네요. 셔츠 한 장 치고는 조금 비싼 가격이죠. 이 돈으로 옷 한 벌을 살 수도 있을 것 같아요.
Leonie	정말 그렇게 비싸요? 저는 50유로보다는 비싸지 않을 거라고 생각했어요.
Michael	아, Leonie, 그렇게 저렴한 가격으로는 이런 것을 구매할 수 없어. 이런 품질은 50유로 아래로는 전혀 없어.
Leonie	아니에요. 저는 인터넷에서 비슷한 것을 봤어요. 그것은 40유로 정도밖에 하지 않았어요. 왜 인터넷에서 구매하지 않으세요? 그것은 훨씬 저렴하고 항상 할인 행사가 있어요.
Rachel	나는 그것을 다르게 생각해. 나는 인터넷에서 제대로 구매할 수 없다고 생각해. 왜냐하면 많은 물건이 사진에 보이는 것과는 완전히 달라. 그렇게 생각하지 않니?
Michael	그래, Rachel 말이 맞아. 우리도 인터넷에서 더 저렴하게 구매할 수 있다는 것을 알아. 하지만 나는 그것에 대하여 나쁜 경험만 했어. 예를 들어서, 작년에 나는 2개의 바지를 인터넷에서 주문했어. 하지만 실제로 그 바지들은 내가 사진에서 본 것과는 달랐어. 그것은 너무 꽉 끼었고, 색상도 동일하지 않았어. 그래서 내가 그것을 너의 오빠에게 줬잖아, Leonie. 너는 그것에 대해 기억하니?
Leonie	네, 맞아요. 하지만 그 두 바지는 그에게 잘 어울렸어요. 저는 거의 인터넷에서 구매해요. 왜냐하면 그 곳에서는 더 많은 상품을 볼 수 있거든요. 저는 지금까지 항상 만족했었어요. 이미 말했듯이, 그 물건들은 상점에서 사는 것보다 좋은 가격으로 제공돼요. 그리고 회원이면 더 저렴하게 살 수 있어요.

Michael	그래, 나도 인터넷에서 구매하는 것을 한 번 시도했었어. 하지만 나이 든 사람들에게 그것은 네가 생각하는 것보다 어려워. 입어 볼 수 없기 때문에, 그것이 잘 맞는지 아닌지를 정확하게 알 수 없어서. 사이즈도 확실하지 않고 잘못 사는 경우가 매우 자주 있어.
Rachel	그래, 나도 가게에서 구매하는 것이 더 좋아. 먼저 나에게 전반적으로 어울리는지 입어 보아야지. 그러면 교환할 일을 줄일 수 있어.
Leonie	네, 그것은 재미있기도 하죠. 저도 그것에 반대하는 것은 아니에요. 사람들은 어디에서 무엇을 살 것인지 스스로 결정할 수 있죠. 음, 엄마, 저도 새로운 물건들을 사고 싶어요. 제 오래된 물건들을 처리할 시간이 되었어요.
Rachel	왜 안 되겠어. 그럼 우리 먼저 음식을 먹은 후 한 바퀴 쇼핑하러 가자.
Michael	오, 좋아! 그건 분명히 재미있을 거야.
Leonie	아, 여기 우리의 음식이 나왔어요. 저는 매우 배고파요. 우리 먹기 시작해요!

어휘 neugierig [a.] 호기심이 있는, 기대에 찬 | unglaublich [a.] 엄청나게 큰, 매우 강렬한 | haben...erlebt 경험했다 (erleben의 현재완료) | die Erholung [n.] 회복 | haben...vergessen [v.] 잊었다 (vergessen의 현재완료) | haben...genossen [v.] 즐겼다 (genießen의 현재완료) | haben...gedacht [v.] 생각했다 (denken의 현재완료) | das Outfit [n.] 한 벌로 된 옷 | ähnlich [a.] 비슷한, 유사한 | die Rabattaktion [n.] 할인 행사 | eng [a.] 끼는, 답답한 | sich erinnern [v.] 기억하다 | standen [v.] 어울렸다 (stehen의 과거) | zufrieden [a.] 만족한 | anprobieren [v.] 입어 보다 | vergreifen [v.] 잘못 잡다 | der Umtausch [n.] 교환 | ersparen [v.] 줄이다 | entsorgen [v.] (폐기물을) 치우다 | die Runde [n.] 한 바퀴, 회전 | shoppen gehen [v.] 쇼핑하러 가다

유형 4 ••••

MP3 02_04

당신은 이제 하나의 토론을 듣습니다. 당신은 이 토론을 **두 번** 듣게 됩니다. 그것에 대한 8개의 문제를 풉니다. 당신은 질문들을 분류하세요. **누가 무엇을 말하고 있습니까?**
이제 23~30번까지의 진술을 읽어 보세요. 당신은 60초의 시간이 있습니다.

라디오 프로그램 "저녁에 토론"의 사회자는 부모인 Stiller 부인과 Bauer 씨와 함께 "어린아이들이 어린이집에 가야 하는가?" 라는 주제로 토론을 합니다.

		Moderatorin	Frau Stiller	Florian Bauer
Beispiel				
0	아이에게 처음 3년은 매우 중요한 의미가 있다.	a	☒	c
23	아이들은 어린이집에서 사회적인 태도를 배울 수 있다.	a	b	☒
24	아이들 때문에 3년의 휴직을 한다면, 3년뿐만 아니라 직업도 잃게 된다.	a	b	☒
25	직업이 자녀보다 중요하다고 평가한다면, 아이를 가질 필요가 없다.	a	☒	c
26	어린이집의 장점으로는, 아이들이 여러 가지 활동에 참여할 수 있다는 것이다.	☒	b	c
27	일부 어린이집의 교사는 각각의 어린이를 위해 충분한 시간을 가지지 못한다.	a	☒	c
28	유치원에는 모든 아이가 매우 즐기며 놀 수 있는 많은 장난감이 있다.	a	b	☒
29	일부 어린이집은 재정적인 문제를 가지고 있다.	a	b	☒
30	모두가 어린이집에 대하여 다양한 견해를 가지고 있다.	☒	b	c

어휘 sozial [a.] 사회적인 ㅣ verlieren [v.] 잃다 ㅣ die Kindertagesstätte [n.] 어린이집 ㅣ die Aktivität [n.] 활동 ㅣ die Erzieherin [n.] 교사 (여자) ㅣ das Verhalten [n.] 태도 ㅣ einzeln [a.] 개별의 ㅣ finanziell [a.] 재정적인 ㅣ unterschiedlich [a.] 여러 가지의

📄 Skript

Moderatorin	Liebe Hörerinnen und Hörer, hallo und willkommen bei der „Diskussion am Abend"! Das ist heute unser Thema. „Sollten Kinder in die Kindertagesstätte gehen oder nicht?". Dazu haben wir Herrn Bauer und Frau Stiller eingeladen. Könnten Sie sich zuerst vorstellen, Frau Stiller?
Fr. Stiller	Ich habe zwei Kinder zu Hause, die 2 und 5 Jahre alt sind. Ich habe als Verkäuferin in einem Schuhgeschäft gearbeitet. Die Arbeitszeit betrug 40 Stunden die Woche, verteilt auf sechs Tage.
Moderatorin	Außerdem ist Herr Bauer bei uns. Stellen Sie sich zunächst kurz vor.
Hr. Bauer	Ich und meine Frau sind beide vollzeitbeschäftigt. Unsere Kinder sind jetzt 4 und 5 Jahre alt.
Moderatorin	Frau Stiller, warum schicken Sie Ihre Kinder nicht in die Kindertagesstätte? Was ist der Grund?
Fr. Stiller	Als ich arbeitete, habe ich am Anfang morgens die Kinder in die Kindertagesstätte gebracht, aber das wurde zunehmend schwieriger. Ich habe in der Zeitung gelesen, dass die ersten drei Jahre für Kinder sehr wichtig sind. In dieser Zeit brauchen Kinder eine feste Bezugsperson. Ich wünschte mir viel mehr Unterstützung für die Mütter. Danach habe ich mit der Arbeit direkt aufgehört. Ich würde nicht wollen, dass meine Kinder zur Erzieherin „Mama" sagen.
Moderatorin	Tun Ihre Kinder das denn, Herr Bauer?
Hr. Bauer	Nein, natürlich nicht. Wenn einer von uns zu Hause wäre, wäre das sicher besser. Leider können wir keine Hilfe von meinen Eltern oder Schwiegereltern bekommen, da sie sehr weit weg wohnen. Deshalb gehen unsere Kinder in den Kindergarten. Aber unsere Kinder wissen genau, wer ihre „Mama" ist. Sie lernen dort soziales Miteinander usw.
Fr. Stiller	Ich finde, dass ein Kind seine ersten Jahren bei der Familie verbringen sollte, also bei - Mama, Papa, Oma, Opa, die den Kindern viel Aufmerksamkeit schenken. Das soziale Miteinander lernen die Kinder sowieso später.
Moderatorin	Kinder bis drei Jahre beschäftigen sich meist auch gut mit sich selbst und spielen lieber mit Gegenständen als mit anderen Kindern. Aber ist das nicht eher eine finanzielle Frage, Kinder in die Kindertagesstätte zu schicken, damit die Eltern arbeiten können? Herr Bauer, wie ist das bei Ihnen?
Hr. Bauer	Es ist weniger eine finanzielle Frage als einfach die Tatsache, dass weder ich noch meine Frau aus dem Beruf aussteigen können. Stellen Sie sich vor, Sie arbeiten drei oder vier Jahre nicht und wollen dann weiter Karriere machen. Dann gehen die 3 Jahre verloren, in denen Sie hart gearbeitet haben.
Fr. Stiller	Warum haben Sie überhaupt Kinder bekommen, wenn Ihnen Ihre Karriere so wichtig ist? Kinder sollten doch das Wichtigste in Ihrem Leben sein.

Hr. Bauer	Das mag sein. Aber muss man wirklich das Eine für das Andere aufgeben oder austauschen? Warum kann man nicht beides haben? Meine Frau und ich waren als Kind selber in der Kindertagesstätte und es hat uns nicht geschadet. Ich würde sehr gerne zu Hause bei meinen Söhnen bleiben, aber leider verdienen wir nicht genug. Heute ist alles so teuer.
Moderatorin	Ein Vorteil einer Kindertagesstätte, den Sie da ansprechen, ist, dass die Kinder beschäftigt sind, Spiele kennenlernen und Erfahrungen machen, die Eltern ihren Kindern zu Hause vielleicht nicht bieten können. Haben Sie dem etwas entgegenzusetzen, Frau Stiller?
Fr. Stiller	Nun ja, in einer idealen Kindertagesstätte wäre das vielleicht wirklich so. Aber ist es nicht eher so, dass die Erzieherinnen bei so vielen Kindern gar keine Zeit für jedes einzelne Kind haben? Mit mehr Zeit und Phantasie kann ich meinen Kindern deutlich mehr bieten, als die zwei Erzieherinnen mit den 10 Kindern in einer Gruppe.
Hr. Bauer	Das ist bei unserer Kindertagesstätte eigentlich kein Problem. Unsere Kinder sind in einer Gruppe mit 6 Kindern und bekommen genug Aufmerksamkeit. Sie sollen ja gerade lernen, sich allein zu beschäftigen und sich nur an die Erwachsenen zu wenden, wenn sie Hilfe brauchen. Außerdem gibt es dort gute Spiele, einen Garten mit Spielplatz und alles, was sie brauchen.
Fr. Stiller	Es kommt also auch auf die Kindertagesstätte an!
Hr. Bauer	Ja, das denke ich auch. In einige Kindertagesstätten gibt es schon Probleme. Bei uns in der Stadt ist das nicht so schlimm, aber in so manchen Kindertagesstätten fehlt die finanzielle Unterstützung. Ich kenne einige Kindertagesstätten, in denen die Eltern Materialien, wie Papier oder Bücher selbst besorgen müssen, damit die Kinder malen oder lesen können. Da fragt man sich, woran noch gespart wird!
Moderatorin	Also sollten Kindertagesstätten finanziell besser gefördert werden! Frau Stiller, wie stehen Sie dazu? Ist es sinnvoll, dass Kindertagesstätten von unseren Steuern bezahlt werden?
Fr. Stiller	Nun ja, das finanzielle Argument sehe ich schon ein. Wer nicht genug Geld hat, um zu Hause zu bleiben, soll ja trotzdem Kinder kriegen können. Daher würde ich den Bau und die Finanzierung von Kindertagesstätten nicht ablehnen, denn das kommt der ganzen Gesellschaft zugute. Aber ich finde es nicht gut, wenn Kinder in die Kindertagesstätte abgeschoben werden, damit die Eltern ihre persönlichen Ziele erreichen können.
Hr. Bauer	Wir schieben sie ja nicht ab! Die Kinder verbringen den ganzen Tag in einer kinderfreundlichen, bequemen pädagogischen Einrichtung mit anderen Kindern, anstatt sich zu Hause mit uns zu langweilen.
Moderatorin	Jeder hat eine andere Einstellung. Der Eine möchte die ersten Jahre seines Kindes intensiv miterleben, der Andere möchte oder kann nicht auf seine Arbeit verzichten und will dennoch dem Kind eine schöne Kindheit bieten.

Über dieses Thema könnten wir noch ewig weiter diskutieren, aber leider ist unsere Sendung nun zu Ende.

Fr. Stiller / Hr. Bauer　　Mmmm... Ja, richtig.

Moderatorin　　Herr Bauer, Frau Stiller, ich danke Ihnen für das interessante Gespräch. Meine lieben Hörerinnen und Hörer, ich wünsche Ihnen noch einen schönen Abend!

🔍 **해석**

Moderatorin　　친애하는 청취자 여러분, 안녕하세요 "저녁에 토론"에 오신 여러분들을 환영합니다. 오늘 우리의 주제는 "어린아이들이 어린이집에 가야 하는가 아니면 가지 말아야 하는가?"입니다. 토론을 위해 우리는 Bauer 씨와 Stiller 부인을 초대하였습니다. 먼저 자신을 소개해 주실 수 있을까요?

Fr. Stiller　　저는 집에 두 명의 아이들이 있습니다. 한 명은 2살이고 한 명은 5살입니다. 저는 신발 가게에서 판매원으로 일을 했습니다. 근무 시간은 한 주에 40시간이었으며, 6일로 나뉘었습니다.

Moderatorin　　그밖에도 Bauer 씨가 우리와 함께 있습니다. 먼저 짧게 당신 자신을 소개해 주세요.

Hr. Bauer　　저와 저의 아내는 양쪽 모두 풀타임으로 근무합니다. 우리의 아이들은 이제 4살과 5살입니다.

Moderatorin　　Stiller 부인, 당신은 당신의 아이들을 왜 어린이집에 보내지 않나요? 이유가 무엇인가요?

Fr. Stiller　　제가 일을 했을 때, 처음에는 아침마다 아이들을 어린이집에 데려다주었습니다만 점점 더 어려움이 증가했습니다. 저는 처음 3년이 아이에게 매우 중요하다는 것을 신문에서 읽었습니다. 아이들은 이 시기에 확실한 애착 인물을 필요로 합니다. 저는 엄마로서 더 많은 지원을 원했습니다. 그 후에 저는 바로 일을 그만두었습니다. 저는 저의 아이들이 선생님에게 "엄마"라고 부르는 것을 원하지 않았습니다.

Moderatorin　　당신의 아이들도 그렇게 행동하나요, Bauer 씨?

Hr. Bauer　　아니요, 당연히 그렇지 않습니다. 우리 중에 한 명이 집에 있었다면, 더 좋았겠지요. 유감스럽게도 우리는 저의 부모님 또는 장인 장모님과 아주 멀리 떨어져 살고 있기 때문에 아무런 도움을 받을 수 없습니다. 그러므로 우리 아이들은 유치원에 갑니다. 하지만 우리 아이들은 정확하게 알고 있어요, 누가 그들의 "엄마"인지요. 그들은 거기서 사회적인 상호관계 등에 대한 것을 배웁니다.

Fr. Stiller　　저는 아이는 첫 해에 가족들과 함께 시간을 보내야 한다고 생각합니다. 말하자면 아이에게 많은 관심을 선물해 줄 엄마, 아빠, 할머니, 할아버지요. 사회적인 상호관계는 아이들이 어차피 나중에 배우게 됩니다.

Moderatorin　　3살까지의 아이들은 대부분 스스로 잘 놀고 다른 친구들과 어울리기보다는 사물을 가지고 노는 것을 더 좋아합니다. 하지만 부모들이 일할 수 있도록 아이들을 어린이집에 보내는 것은 재정에 관한 문제가 아닌가요? Bauer 씨, 당신의 경우는 어떻습니까?

Hr. Bauer　　그것은 재정적인 문제가 아니라 저나 저의 아내도 일을 그만두지 못한다는 사실이에요. 당신이 3~4년 동안 일을 하지 않고 그 다음 다시 일하기를 원한다고 상상해 보세요. 그렇게 되면 당신은 열심히 일한 3년의 세월을 잃게 됩니다.

Fr. Stiller	당신에게 당신의 직업이 그렇게 중요한 거라면, 도대체 왜 아이를 가진 건가요? 아이들은 당신의 인생에서 가장 중요한 것이어야 해요.
Hr. Bauer	그럴 수도 있습니다. 하지만 하나를 위하여 다른 하나를 정말 포기하거나 교체해야 합니까? 왜 둘 다 가질 수 없나요? 저의 아내와 저는 어렸을 때 저희 자신도 어린이집에 있었습니다. 하지만 그것은 우리에게 해가 되지 않았습니다. 제가 집에서 저희 아들들과 함께 머물 수 있다면 정말 좋겠습니다. 하지만 유감스럽게도 우리는 충분한 돈을 벌지 못합니다. 요즘 모든 것은 비쌉니다. 그리고 우리 아이들도 어린이집에 가는 것을 좋아합니다.
Moderatorin	어린이집의 장점은 아이들이 계속 할 일이 많고, 부모가 집에서 제공할 수 없는 놀이를 아이들이 배우고 경험을 한다는 것입니다. 그것에 대하여 무언가 반대하여 의견을 내실 것이 있나요, Stiller 부인?
Fr. Stiller	음 네, 이상적인 어린이집이라면 어쩌면 정말 그럴 수도 있습니다. 하지만 교사들이 너무 많은 아이 때문에 개별적으로 아이를 볼 수 없는 곳이 더 많지 않나요? 저는 두 명의 교사가 한 그룹에 있는 10명의 아이에게 하는 것보다 더 많은 시간과 상상력을 가지고 저희 아이들에게 더 많은 것을 제공할 수 있습니다.
Hr. Bauer	그것은 우리 어린이집에서는 전혀 문제가 되지 않습니다. 우리 아이들은 한 그룹에 6명의 아이가 있고 충분한 관심을 받고 있습니다. 그들은 요즘 혼자서 무엇을 해야 하는지를 배우고 있고, 그들에게 무엇이 필요로 할 때에만 어른들에게 의논하는 것을 스스로 배우고 있습니다. 그밖에도 그 곳에는 좋은 장난감과 놀이터가 있는 정원 그리고 그들이 필요로 하는 것이 있습니다.
Fr. Stiller	그것은 어린이집에 따라서 다르다는 겁니다!
Hr. Bauer	네, 저도 그렇게 생각합니다. 일부 어린이집에는 문제들이 있습니다. 우리 도시에서 그것이 너무 나쁘지는 않습니다. 하지만 일부 어린이집에는 재정적인 지원이 부족합니다. 저는 아이들이 그림을 그리거나 책을 읽을 수 있도록 종이 또는 책등의 필요한 물건들을 부모들이 미리 마련하는 것으로 알고 있습니다. 도대체 어디에서 더 절약하는지에 대한 질문을 하게 되지요!
Moderatorin	그렇다면 어린이집은 재정적으로 더 잘 지원되어야 하겠네요! Stiller 부인, 그것에 대하여 어떤 입장이세요? 어린이집에 우리의 세금을 지불하는 것이 합리적인가요?
Fr. Stiller	음 네, 저는 재정적인 논증은 이해합니다. 집에 머물기에 충분한 돈이 없는 사람들도 아이를 가질 수 있어야 합니다. 그러므로 저는 어린이집의 건설과 보수를 위한 것을 거부하지 않겠습니다. 왜냐하면 그것은 전체 사회에 이익이 되기 때문입니다. 그러나 저는 부모들이 개인적인 목표를 이루려고 아이들을 어린이집으로 떠미는 것은 좋지 않다고 생각합니다.
Hr. Bauer	우리는 그들을 떠밀지 않습니다! 아이들은 온종일 가정에서 우리와 함께 하는 지루한 시간 대신에 아이들에게 친절하고, 편안하고 교육적인 자격을 갖춘 시설에서 다른 아이들과 함께 시간을 보냅니다.
Moderatorin	모두 다른 의견을 가지고 있습니다. 한 사람은 자신의 아이의 첫해를 집중적으로 경험하고 싶은 것이라면, 다른 사람은 일을 포기하고 싶어 하지 않거나 포기할 수 없지만 아이에게는 아름다운 어린 시절을 제공해 주기를 원하는 것 같습니다. 이 주제를 가지고 우리는 더 끝없이 토론을 할 수도 있겠네요. 하지만 유감스럽게도 우리 프로그램은 이제 끝날 시간입니다.
Fr. Stiller / Hr. Bauer	음... 네, 맞습니다.

Moderatorin   Bauer 씨, Stiller 부인, 흥미로운 토론에 함께해 주신 두 분께 감사드립니다. 친애하는 청취자 여러분, 오늘도 좋은 오후 되세요!

어휘 die Kindertagesstätte [n.] 어린이집 ⏐ betrug [v.] 어느 수치에 달했다 (betragen의 과거) ⏐ verteilen [v.] 나누다 ⏐ vollzeitbeschäftigt [a.] 풀타임으로 근무하는 ⏐ die Unterstützung [n.] 지원 ⏐ die Bezugsperson [n.] 애착 인물, (사고와 행동의 지침이 되는) 관련 인물 ⏐ die Schwiegereltern [n.] 장인 장모님, 시부모님 ⏐ sozial [a.] 사회의, 사회적인 ⏐ finanziell [a.] 재정상의 ⏐ die Aufmerksamkeit [n.] 집중 ⏐ die Gegenstände [n.] 상품, 물건 (pl.) ⏐ bedingungslos [a.] 무조건적인 ⏐ die Tatsache [n.] 사실 ⏐ überhaupt [adv.] 도대체 ⏐ aufgeben [v.] 포기하다 ⏐ austauschen [v.] 교환하다 ⏐ haben...geschadet [v.] 해가 되었다 (schaden의 현재완료) ⏐ ansprechen [v.] (문제를) 제기하다 ⏐ entgegensetzen [v.] 반대하여 내놓다 ⏐ werden...gefördert [v.] 지원되다 (fördern의 수동태) ⏐ die Steuer [n.] 세금 ⏐ der Bau [n.] 건설 ⏐ ablehnen [v.] 거부하다, 거절하다 ⏐ werden...abgeschoben [v.] 추방되다 (abschieben의 수동태) ⏐ die Einrichtung [n.] 시설 ⏐ die Einstellung [n.] 입장 ⏐ ewig [a.] 끝없이

과제 1 ••• 시험 시간: 20분

당신은 토요일에 콘서트에 갔었고 친구(남/여)에게 그것에 관하여 씁니다.

– 당신의 상황을 묘사하세요. 당신은 어떤 콘서트를 방문했나요?
– 이유를 설명하세요. 당신에게 콘서트는 마음에 들었나요?
– 당신의 친구(여/남)에게 다음 콘서트에 함께 가는 것을 제안하세요.

세 가지 요구 사항을 모두 충족하여 작성하세요.
텍스트 구조 (인사말, 소개, 내용 순서, 결론)에 주의하세요.

당신의 의견을 적으세요. (약 80개 단어)

예시답안

Hallo Doris,

wie geht es dir? Ich hoffe, du hattest ein schönes Wochenende. Ich war am Samstag auf einem Konzert in der Maria Halle. Die Band „The World" hat gespielt. Die machen wirklich gute Musik. Die Stimmung war super und alle haben getanzt. Du musst dir auch mal ihre Musik anhören! Sie kommen im Dezember wieder nach Deutschland. Wollen wir zusammen dorthin gehen? Hast du Lust dazu? Sag mir bitte Bescheid, wann du Zeit hast.

Viele Grüße
Jonathan

해석

안녕 Doris,

잘 지내니? 나는 네가 아름다운 주말을 지냈기를 바란다. 나는 토요일에 Maria 홀에서 하는 콘서트에 갔었어. "The World" 밴드 팀이 연주했어. 그들은 정말로 좋은 음악을 연주해. 분위기도 너무 좋았고 모두가 춤을 추었어. 너도 한 번 그들의 음악을 꼭 들어 보아야만 해! 그들은 12월에 다시 독일로 와. 우리 그곳에 함께 갈까? 너는 그것에 관심이 있니? 네가 언제 시간이 있는지, 나에게 알려줘.

많은 안부를 담아
Jonathan

어휘 hatten [v.] 가졌다 (haben의 과거형) | das Wochenende [n.] 주말 | auf einem Konzert 콘서트에서 | die Halle [n.] 홀 | haben...gespielt [v.] 연주했다 (spielen의 현재완료) | wirklich [a.] 진정한, 실제의 | die Stimmung [n.] 분위기 | haben...getanzt [v.] 춤췄다 (tanzen의 현재완료)

과제 2 ••• 시험 시간: 25분

당신은 라디오에서 "흡연"이라는 주제에 대한 토론 방송을 들었습니다. 당신은 온라인 방명록에서 아래의 의견을 보았습니다.

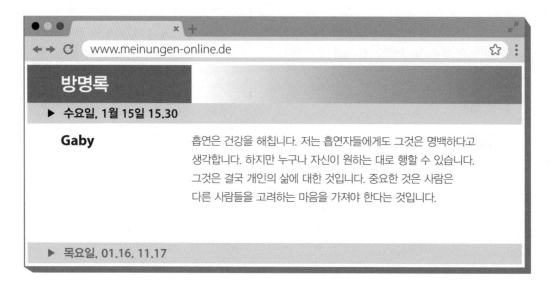

어휘 rauchen [v.] 흡연하다 | schaden [v.] 해치다, 상하게 하다 | die Gesundheit [n.] 건강 | es geht um... ~에 관한 것이다 | letztendlich [adv.] 결국, 마침내 | eigene [a.] 자신의, 자기의 | die Hauptsache [n.] 주요한 문제 | auf etwas Rücksicht nehmen [v.] 무엇을 고려(참작)하다

당신의 의견을 적으세요. (약 80개 단어)

① 예시답안1

Klar, es ist wichtig, dass man nicht süchtig nach Rauchen ist und dass man sich vor Rauchern schützt. Ich habe gelesen, dass „Lungenkrebs" in der Schweiz die häufigste Krebserkrankung ist, obwohl die Luft so sauber und klar ist. Ich kann es manchmal nicht verstehen, warum die Leute Geld für Tabak ausgeben und ihrer Gesundheit schaden. Die Erwachsenen müssen das selbst entscheiden, aber ich finde, Jugendliche sollten auf keinen Fall rauchen. Es gibt da so viele versteckte Gefahren.

🔍 해석

명백한 것은 흡연에 중독되지 않는 것과 흡연자로부터 자신을 보호하는 것은 중요합니다. 저는 스위스의 공기가 그렇게 깨끗하고 맑음에도 불구하고, "폐암"이 스위스에서 가장 흔한 암이라는 것을 읽었습니다. 저는 가끔 왜 많은 사람이 담배를 위해 돈을 지불하고 그들의 건강을 상하게 하는지 이해할 수가 없습니다. 성인은 그것을 스스로 결정해야 하지만 청소년들은 어떠한 경우에도 흡연하지 않아야 한다고 생각합니다. 거기에는 숨겨진 위험이 너무 많습니다.

어휘 süchtig [a.] 중독된 | schützen [v.] 보호하다 | obwohl [c.j] 비록 ~에도 불구하고 | die Luft [n.] 공기 | sauber [a.] 깨끗한 | ausgeben [v.] 소비하다 | schaden [v.] 상하게 하다 | der Erwachsene [n.] 성인 | selbst entscheiden [v.] 스스로 결정하다 | der Jugendliche [n.] 미성년자, 청소년 | sollen [m.v.] ~해야 한다 | auf keinen Fall 어떠한 경우에도 | versteckt [a.] 숨겨진 | die Gefahr [n.] 위험

📢 예시답안2

Das ist auch ein großes Thema in Korea. Ich denke, man muss Rücksicht auf die anderen nehmen. Auf der Straße haben viele Leute geraucht und das war sehr unangenehm für mich.

Zudem forderte die Regierung von Korea, eigene Regeln für das Rauchen in Kaffehäusern und Lokalen aufzustellen. Heutzutage darf man nur in vorgeschriebenen Raucherzonen rauchen.

Rauchen schadet der Gesundheit. Warum schaden die Raucher anderen Leuten? Ich habe Eltern gesehen, die neben ihren Kindern geraucht haben. Sie müssen sich um die Gesundheit ihrer Kinder kümmern und außerdem müssen die Eltern richtig aufpassen.

🔍 해석

그것은 한국에서도 큰 주제입니다. 저는 다른 사람들을 고려해야 한다고 생각합니다. 길에서 많은 사람들이 흡연을 했고 그것은 저에게는 매우 불쾌했습니다.

그것에 대하여 한국 정부는 흡연자를 위하여 카페나 레스토랑에서의 몇 가지 법을 고안했습니다. 요즘은 정해진 흡연 장소에서 담배를 피워야 합니다.

흡연은 건강을 상하게 합니다. 왜 흡연자들은 다른 사람들에게도 피해를 줄까요? 저는 아이들 옆에서 흡연하는 부모를 보았습니다. 그들은 자녀의 건강을 돌보아야만 하며 그 밖에도 부모들은 올바르게 주의해야만 합니다.

어휘 **auf jemanden Rücksicht nehmen** [v.] 누구를 고려(참작)하다 | **unangenehm** [a.] 불쾌한 | **schaden** [v.] 상하게 하다 | **der Raucher** [n.] 흡연자 | **sich kümmern um** [v.] ～을 돌보다 | **außerdem** [adv.] 그 밖에도 | **aufpassen** [v.] 주의하다

과제 3 ●●● 시험 시간: 15분

어제 당신의 독일어 강좌에서는 시험이 치러졌습니다, 하지만 당신은 그곳에 없었습니다. 당신의 강좌 선생님 **Fischer** 씨에게 적으세요. 당신의 부재에 대해 정중하게 사과를 전하고 당신이 나중에 시험을 다시 칠 수 있는 일정을 부탁하세요.

호칭과 마지막 안부를 잊지 마세요.

당신의 의견을 적으세요. (약 40개 단어)

⚠ 예시답안

Sehr geehrter Herr Fischer,

ich muss Ihnen leider mitteilen, dass ich gestern nicht zum Termin kommen konnte, weil ich an Grippe erkrankt bin. Es tut mir sehr leid und ich hoffe, dass Sie mir einen neuen Termin geben können. Ich muss unbedingt den Test nachschreiben.

Mit besten Grüßen
Miriam Becher

🔍 해석

존경하는 Fischer 씨,

저는 유감스럽게도 당신에게 어제 제가 독감에 걸려서 약속에 갈 수 없었던 것을 전해야만 합니다. 정말 죄송합니다. 그리고 저는 당신이 저에게 새로운 일정을 잡아 주시기를 부탁드립니다. 저는 무조건 그 시험을 다시 쳐야만 합니다.

최고의 안부를 담아
Miriam Becher

어휘 mitteilen [v.] 전하다, 알리다 | konnten [v.] ~할 수 있었다 (können의 과거형) | die Grippe [n.] 독감 | der Termin [n.] 일정 | unbedingt [a.] 무조건의, 절대적인 | nachschreiben [v.] 시험을 나중에 보다

유형 1 • • • 함께 무엇을 계획하기 시간: 약 3분   MP3 02_05

당신의 독일어 강좌 친구가 곧 생일을 맞이합니다. 당신은 그녀의 생일에 깜짝 파티를 하기 위해
다른 사람들과 함께 준비합니다.

그것을 위하여 당신은 당신의 친구 생일에 선물해야 할 몇 가지를 함께 계획하고 또한 생각해야
합니다.

아래에 제시된 관점에 대하여 이야기하세요. 제안을 하고 당신의 대화 상대(남/여)가 제안한 것들에
대해 반응하세요.
당신이 무엇을 원하는지를 함께 계획하고 결정하세요.

파티 준비하기 그리고 선물 고르기

– 언제 축제를 하는가?
– 어디에서 축제를 하는가?
– 무엇을 가지고 와야 하는가? (예를 들면. 음식)
– 무엇을 선물하는가?
– ...

어휘 organisieren [v.] 조직적(계획적)으로 준비하기 ⏐ aussuchen [v.] 선발하다. 골라내다 ⏐ feiern [v.] 축제하다 ⏐
mitbringen [v.] 가져오다 ⏐ schenken [v.] 선물하다

예시답안

Party organisieren und Geschenk aussuchen

Frau Am Samstag ist Evas Geburtstag. Ich finde, wir sollten eine Party für sie vorbereiten. Was denkst du?

Mann Das ist eine tolle Idee. Ich denke, dass es sie bestimmt glücklich machen wird. Am besten am Freitagabend. Wäre das möglich?

Frau Jeden Freitagabend singe ich im Chor. Deswegen denke ich, dass es am Wochenende besser wäre. Was findest du?

Mann Ok. Ich wollte am Samstag nach Hause fahren, aber das kann ich verschieben. Ich will auch andere Leute fragen und dann melde ich mich bei dir. Um wie viel Uhr soll die Party anfangen? Wann wäre es am besten?

Frau Ich glaube 19 Uhr ist eine gute Zeit für die Party.

Mann Vielleicht wäre es besser, wenn wir früher anfangen. 4 Uhr finde ich besser.

Frau Das ist zwar kein schlechter Vorschlag, aber ich komme erst gegen 4 Uhr nach Hause. Ab halb 5 stehe ich zur Verfügung.

Mann Dann fangen wir um 5 Uhr an. Aber ich weiß nicht genau, wo wir die Party organisieren können. Hast du eine gute Idee?

Frau Ich schlage vor, wir bereiten alles bei mir zu Hause vor. Ich habe viel Platz. Und du bringst das Geburtstagskind mit, ohne zu sagen, dass es eine Party gibt.

Mann Ja! Das wird bestimmt eine unvergessliche Überraschung für sie. Aber wir sollten woanders feiern, weil deine Nachbarin uns letztes Mal gewarnt hat.

Frau Ja, du hast recht. Wo sollen wir dann feiern?

Mann Wie wäre es mit unserer Sprachschule? Dann können wir alle Kursteilnehmer, unsere Lehrer und auch die Teilnehmer aus dem Nachmittagskurs einladen. Ebenso die Sekretärin und den Direktor. Habe ich noch jemanden vergessen?

Frau Das ist eine gute Idee. Der Platz ist für alle offen. Planen wir, was wir mitbringen sollen und was noch besorgt werden muss.

Mann Für das Essen schlage ich vor, dass wir Pizza und Salat essen. Wir kaufen einfach die Pizza und ich mache Salat.

Frau Gut. Dann bringe ich Obst und Kuchen mit. Wir müssen auch noch über Getränke reden. Ich denke wir brauchen nur Bier. Was meinst du?

Mann Ich bin anderer Meinung. Es gibt Leute, die kein Bier trinken. Wir brauchen auch noch Wasser und Saft. Tee und Bier habe ich zu Hause. Vielleicht wäre es gut, wenn du einen Wein mitbringst. Den Rest kaufen wir zusammen.

Frau Vielleicht könnte jeder aus unserem Kurs etwas mitbringen. Geschirr und Besteck können wir sicher von der Cafeteria ausleihen. Wir müssen das nur danach selbst aufwaschen.

Mann Was wollen wir ihr schenken? Ich glaube, sie liebt Kleider aus der Boutique am Marktplatz. Wir könnten Eva dort etwas kaufen, was meinst du?

Frau Die Sachen in der Boutique sind zu teuer. Wir könnten ein Geschenk in dem großen Geschäft am Bahnhof suchen. Dort haben sie immer Markenartikel im Angebot. Mina kennt das alles. Sie kann uns dabei behilflich sein.

Mann Dann rufe ich Mina an und sage den anderen auch Bescheid.

Frau Gut. Dann bis später.

🔎 해석

파티 준비하기 그리고 선물 고르기

여자 토요일은 Eva의 생일이야. 내 생각에, 우리가 그녀를 위해서 파티를 하는 것이 좋을 것 같아. 너는 어떻게 생각하니?

남자 그것은 좋은 생각이야. 나는 그것이 그녀를 분명히 행복하게 만들 것이라고 생각해. 가장 좋은 것은 금요일 저녁이야. 그것이 가능할까?

여자 매주 금요일 저녁에 나는 합창단에서 노래해. 그래서 나는 그것을 주말에 하면 더 좋을 거라고 생각해. 너는 어떻게 생각하니?

남자 좋아. 나는 토요일에 집에 가고 싶었어. 하지만 나는 그것을 연기할 수 있어. 나는 다른 사람들에게도 물어보고 그다음에 너에게 연락을 할게. 몇 시에 파티를 시작해야 할까? 언제가 가장 좋을까?

여자 내 생각에는 19시가 파티하기 좋은 시간인 것 같아.

남자 아니면 우리가 좀 더 일찍 시작하는 것이 더 좋을 수도 있어. 내 생각에는 4시가 더 좋을 것 같아.

여자 그것이 비록 나쁘지 않은 제안이지만, 내가 4시쯤에 집으로 와. 4시 반부터 나는 가능해.

남자 그럼 우리 5시에 시작하자. 하지만 어디에서 우리가 파티를 준비할 수 있는지 나는 정확하게 모르겠어. 너는 좋은 생각이 있니?

여자 나는 우리가 모든 것을 내 집에서 준비하는 것을 제안해. 나는 공간이 많아. 그리고 네가 파티가 있다는 말은 하지 말고, 생일 맞은 아이를 데리고 오는 거야.

남자 그래! 그건 분명히 그녀를 위해 잊을 수 없는 뜻밖의 선물이 될 것 같아. 하지만 우리 다른 곳에서 파티를 하는 것이 좋을 것 같아. 왜냐하면 너의 이웃 여자가 지난번에 우리에게 경고했잖아.

여자 네 말이 맞아. 그럼 우리 어디에서 파티를 할까?

남자 우리 어학원은 어때? 그럼 우리는 모든 강좌 참가자와 우리 선생님과 오후반 참가자들도 초대할 수 있어. 심지어 비서와 원장님도 말이야. 내가 잊은 사람이 더 있니?

여자 그거 좋은 생각이야. 장소도 모두를 위해 열려 있잖아. 우리는 우리가 무엇을 가지고 와야 하는지 그리고 무엇이 더 마련되어야 하는지 계획하자.

남자 나는 음식으로 우리가 피자와 샐러드를 먹는 것을 제안할게. 피자는 우리가 그냥 사고 샐러드는 내가 만들게.

여자 좋아. 그럼 내가 과일과 케이크를 가지고 갈게. 우리 음료에 관해서도 이야기를 해야 해. 내 생각에 우리는 맥주만 필요해. 너는 어떻게 생각해?

남자 나는 생각이 달라. 맥주를 마시지 않는 사람들도 있어. 우리는 물과 주스도 필요해. 그리고 차와 맥주는 내가 집에 가지고 있어. 혹시 네가 와인을 가져올 수 있다면 좋을 것 같아. 나머지는 우리 함께 사자.

여자	어쩌면 우리 강좌를 듣는 사람마다 또한 무언가를 가져올 수도 있을 거야. 우리는 그릇과 식사 도구를 매점에서 분명히 빌릴 수 있을 거야. 우리는 끝난 후에 직접 설거지만 하면 돼.
남자	우리 그녀에게 무엇을 선물할까? 나는 그녀가 마르크플라츠에 있는 부티크의 옷을 좋아한다고 생각해. 우리는 Eva에게 그곳에서 무언가를 사줄 수도 있을 거야. 너는 어떻게 생각해?
여자	부티크의 물건들은 너무 비싸. 우리는 역에 있는 큰 상점에서 선물을 찾아볼 수 있을 거야. 그곳에서는 항상 브랜드 상품을 할인해. Mina가 모든 것을 알아. 그녀가 우리를 도와줄 수 있을 거야.
남자	그럼 나는 Mina에게 전화할게 그리고 다른 사람들에게도 소식을 전할게.
여자	좋아. 그럼 나중에 보자.

어휘 vorbereiten [v.] 준비하다 ㅣ die Verfügung [n.] 처리, 규정 ㅣ organisieren [v.] (계획적으로) 준비하다 ㅣ unvergesslich [a.] 잊을 수 없는 ㅣ die Überraschung [n.] 뜻밖의 선물 ㅣ der Direktor [n.] 원장 ㅣ vergessen [v.] 잊다 ㅣ werden...besorgt [v.] 마련되다 (besorgen의 수동태) ㅣ das Geschirr [n.] 그릇 ㅣ das Besteck [n.] 식사 도구 ㅣ mitbringen [v.] 가지고 오다 ㅣ aufwaschen [v.] 설거지하다 ㅣ die Boutique [n.] 부띠끄 ㅣ der Markenartikel [n.] 브랜드 상품 ㅣ behilflich [a.] 도움이 되는 ㅣ der Bescheid [n.] 소식

유형 2 ••• 주제 발표하기 시간: 약 3분

MP3 02_06

하나의 주제(주제 1 또는 주제 2)를 고르세요.

당신은 청중에게 시사 문제에 대하여 프레젠테이션을 합니다. 그것에 대한 5개의 슬라이드가 있습니다. 왼쪽의 지시 사항을 따르고 오른쪽에 메모와 아이디어를 적으세요.

Stellen Sie Ihr Thema vor. Erklären Sie den Inhalt und die Struktur Ihrer Präsentation.

„Nach dem Abi an die Uni?"
Muss jeder studieren?
Folie 1

In meiner Präsentation möchte ich das Thema „Muss jeder studieren?" diskutieren. Ich finde das Thema sehr interessant, weil es um unsere Zukunft geht.
Ich spreche zuerst über meine eigenen Erfahrungen und dann über die Situation in Korea. Dann stelle ich die Vor- und Nachteile vor. Zum Schluss werde ich meine Schlussfolgerung erläutern.

Berichten Sie von Ihrer Situation oder einem Erlebnis im Zusammenhang mit dem Thema.

Muss jeder studieren?
Meine persönlichen Erfahrungen.
Folie 2

Als ich im Gymnasium, in der 12. Klasse war, mussten wir entscheiden, ob wir an die Uni gehen oder ein Praktikum machen wollen. Ich hatte großes Interesse an Biologie. Daher fiel es mir leicht, ein Studienfach auszuwählen. Mit dieser Entscheidung bin ich immer noch zufrieden. Dieses Jahr will ich auch als Austauschstudent nach Deutschland.
Ich habe einen Freund, der nicht gleich wusste, was er wirklich machen wollte. Er hatte sich viele Gedanken gemacht und bekam dadurch viel Stress.
Er ist schließlich zur Uni gegangen und hat mit dem Studium angefangen. weil die Eltern es wollten. Aber er sah nicht zufrieden aus.

Berichten Sie von der Situation in Ihrem Heimatland und geben Sie Beispiele.	*Muss jeder studieren?* **Die Situation in meinem Heimatland.** 	In Korea ist es so, dass alle Kinder in der Schule länger lernen als in Europa. Je höher die Jahrgangsstufe, desto mehr Unterricht hat man. Die meisten Schüler bekommen außerdem nach der Schule Nachhilfeunterricht. Das machen sie alles, damit sie später auf eine gute Uni gehen können. Viele Eltern wünschen sich das und investieren daher auch viel Aufwand und Geld. Es gibt auch Studenten, die gleich einen Job finden, aber das ist nicht so einfach.
Nennen Sie die Vor- und Nachteile und sagen Sie dazu Ihre Meinung, Geben Sie auch Beispiele.	*Muss jeder studieren?* **Für und gegen jeder zu studieren & meine Meinung.**	Sicherlich ist es ein Vorteil für die Gesellschaft, wenn die jungen Leute bereit sind zu arbeiten. Wenn man aber weiter studiert und sich mehr Fachwissen aneignet, ist es auch von Vorteil. An der Uni kann man auch vieles erleben z.B. ins Ausland gehen und eine neue Sprache lernen oder seine Sprachkenntnisse verbessern, reisen, neue Orte besuchen oder verschiedene Leute treffen. So können Studenten gute Erfahrungen für ihren zukünftigen Werdegang machen. Wenn man im Gymnasium nicht gut gelernt hat und keine Lust mehr hat, weiter zu lernen, ist es ein Nachteil. Es liegt daran, dass man an der Universität nicht nur allgemeine Sachen lernt, sondern auch das Fachgebiet erlernt. Dann wird es nur anstrengend. Für das Studium wird viel Geld bezahlt. Man braucht auch viel Geld für Wohnung, Lebensmittel oder Bücher. Vielleicht ist es danach nicht mehr so einfach, sich an das Universitätsleben anzupassen. Meiner Meinung nach, sollte man nur zur Uni gehen, wenn man Interesse am weiteren Lernen hat.

Beenden Sie Ihre Präsentation und bedanken Sie sich bei den Zuhörern.	*Muss jeder studieren?* **Abschluss & Dank** Folie 5	Sie haben bis jetzt meine Präsentation gehört. Nun, das ist alles, was ich für heute vorbereitet habe. Ich hoffe, ich konnte Ihnen klar machen, wie ich über das Thema denke. Ich danke Ihnen, dass Sie mir zugehört haben.

어휘 entscheiden [v.] 결정하다 ㅣ das Praktikum [n.] 실습 ㅣ auswählen [v.] 선택하다 ㅣ dadurch [adv.] 그것에 의하여 ㅣ die Nachhilfeunterricht [n.] 과외 ㅣ unterrichten [v.] 수업하다 ㅣ investieren [v.] 투자하다 ㅣ der Aufwand [n.] 소모, 소비 ㅣ das Fachwissen [n.] 전문 지식 ㅣ aneignen [v.] 취득하다 ㅣ die Sprachkenntnis [n.] 언어 능력 ㅣ verbessern [v.] 향상시키다 ㅣ zukünftig [a.] 미래의 ㅣ der Werdegang [n.] 발전, 성장 ㅣ allgemein [a.] 전반적인 ㅣ das Fachgebiet [n.] 전문 분야 ㅣ erlernen [v.] 학습하다, 습득하다 ㅣ anstrengend [a.] 아주 힘든 ㅣ sich anpassen [v.] 적응하다, 순응하다 ㅣ meiner Meinung nach 내 견해로는 ㅣ haben...zugehört 경청했다 (zuhören의 현재완료)

🔍 해석

당신의 주제를 소개하세요. 당신의 발표의 내용과 구조를 설명하세요.	"졸업시험 후 대학으로?" **누구나 대학에서 공부를 해야 하나요?** 	저는 저의 발표에서 "누구나 대학에서 공부해야 하는가?"라는 주제를 다루고 싶습니다. 제 생각에 이것은 아주 흥미로운 주제인 것 같습니다. 왜냐하면 그것은 우리의 미래에 관련된 것이기 때문입니다. 저는 먼저 저의 개인적인 경험과 그다음으로는 한국의 상황을 이야기하겠습니다. 그다음에 저는 장단점을 소개하겠습니다. 마지막으로는 저의 결론을 밝히겠습니다.
당신의 상황을 설명하거나, 주제와 관련된 경험을 이야기 하세요.	누구나 대학에서 공부를 해야 하나요? **나의 개인적인 경험**	제가 김나지움에서 12학년이었을 때 우리는 우리가 대학교에 가기를 원하는지 아니면 실습하기를 원하는지 결정해야만 했습니다. 저는 생물학에 큰 관심이 있었습니다. 따라서 저에게는 전공을 선택하기가 쉬웠습니다. 이 결정에 대하여 저는 지금까지도 만족합니다. 또한 올해에 교환학생으로 독일에 가고 싶습니다. 저는 진심으로 무엇을 원하는지 알지 못하는 친구가 있었습니다. 그는 그것에 대하여 많은 생각을 했고 그것을 통하여 많은 스트레스를

		받았습니다. 결국 그는 대학에 갔고 학업을 시작했습니다. 왜냐하면 부모가 그것을 원했기 때문입니다. 하지만 그는 만족스러워 보이지는 않습니다.
당신의 모국에서의 상황을 설명하고 예를 들어 주세요.	누구나 대학에서 공부를 해야 하나요? **나의 고국에서의 상황**	한국에서는 모든 아이가 학교에서 유럽에서보다 더 오랜 시간 공부를 합니다. 학년이 높아질수록 더 많은 수업을 받습니다. 대부분의 학생은 그 밖에도 학교 수업 후에 과외를 받습니다. 그들은 나중에 더 좋은 대학에 들어가기 위하여 이 모든 것을 합니다. 많은 부모가 그것을 소망하고 그런 이유로 큰 노력과 돈을 투자합니다. 바로 직업을 찾는 학생들도 있습니다만 그것은 그렇게 쉽지 않습니다.
장점과 단점들을 언급하고 당신의 생각을 이야기하세요.	누구나 대학에서 공부를 해야 하나요? **찬성과 반대 의견 & 나의 생각**	확실히 젊은이들이 이미 일할 준비가 되어있다는 것은 사회를 위해서는 이득입니다. 계속 공부하고 더 많은 전문 지식을 취득한다면 이것 또한 장점입니다. 대학에서도 많은 것들을 경험할 수 있습니다. 예를 들어 외국에 갈 수 있고 새로운 언어를 배우거나 자신의 언어 실력을 더 향상하고, 여행하고, 새로운 장소들을 방문하거나 다양한 사람들을 만날 수 있습니다. 따라서 그들은 그들의 미래의 발전을 위한 좋은 경험을 할 수 있습니다. 김나지움에서 제대로 배우지 않고 더 많은 공부를 하는 것에 관심이 없다면, 그것은 단점이 됩니다. 대학에서는 일반적인 것들만 배우는 것이 아니라 전문 분야를 학습하기 때문입니다. 그렇게 되면 스트레스만 받습니다. 학업을 위해서 많은 돈을 지불하게 됩니다. 사람들은 집, 생필품 또는 책을 위해서도 많은 돈이 필요합니다. 어쩌면 그다음에는 대학 생활에 적응하기가 더 이상 쉽지 않을 수도 있습니다. 저의 견해는 계속해서 공부하는 것에 흥미가 있는 사람들만 대학을 가야 한다는 것입니다.

| 당신의 발표를 마치고 청취자에게 감사의 말을 전하세요. | 누구나 대학에서 공부를 해야 하나요?

마침 & 감사 | 당신은 지금까지 저의 발표를 들었습니다. 이제 이것이 제가 오늘을 위해 준비한 전부입니다. 제가 이 주제에 대하여 어떻게 생각하는지를 당신에게 명확하게 전달했기를 바랍니다. 경청해 주셔서 감사드립니다. |

유형 3 ●●● 어떤 주제에 대해 말하기 ⟨MP3 02_07⟩

프레젠테이션 이후:

시험관(남/여)과 파트너(남/여)의 피드백과 질문에 반응하세요.

당신의 파트너(남/여)의 프레젠테이션 이후:

a) 당신의 파트너(남/여)의 프레젠테이션에 대해 피드백을 주세요. (예를 들어 당신에게 프레젠테이션이 마음에 들었는지, 무엇이 당신에게 새롭고 특별히 흥미로웠는지 기타 등등.)

b) 당신의 파트너(남/여)의 발표에 대해 질문을 하세요.

💬 예시답안

Vielen Dank für Ihre Presentation. Sie haben jetzt die Möglichkeit für eine Rückmeldung und zwei Fragen.

1) Das war ein interessantes Thema. Ich habe noch eine Frage. Sie haben gesagt, dass man zur Uni gehen sollte, nur wenn man Interesse am weiteren Lernen hat. Aber wenn man nicht weiß, ob man überhaupt studieren soll, oder wenn man das falsche Studienfach wählt, was würden Sie dann empfehlen?
   – Ja, das kann schon passieren. Man weiß oft nicht, was man will. Man sollte sich genug Zeit nehmen, um eine richtige Entscheidung zu treffen.

2) Für mich war diese Präsentation besonders wichtig, weil ich mir überlege, ob ich im Ausland studieren soll. Aber ich habe noch eine Frage. Wenn man im Ausland studiert, kann man einen besseren Job finden?
   – Ja, das kann sein, aber ich bin mir nicht sicher. Denn es gibt viele Leute, die noch keinen Job haben, obwohl sie im Ausland studiert haben.

3) Herzlichen Dank für die interessante Präsentation.
   Wussten Sie schon als Schüler, ob Sie studieren möchten oder nicht?
   – Ja, ich habe mit meinen Eltern oft darüber gesprochen, was mir sehr geholfen hat.

4) Die Präsentation hat mir sehr gut gefallen. Danke schön. Wie würden Sie sich entscheiden, wenn Sie noch eine Chance hätten?
   – Ich würde die gleiche Entscheidung treffen. Mit dem Studium bin ich wirklich zufrieden.

해석

발표해 주셔서 매우 감사합니다. 당신은 피드백과 두 개의 질문을 하실 수 있습니다.

1) 그것은 흥미로운 주제였습니다. 저는 한 가지 더 질문이 있습니다. 당신은 계속해서 배우는 것에 흥미가 있는 사람들이 대학에 가야 한다고 했습니다. 하지만 도대체 대학 공부를 해야 하는 건지 모르거나 잘못된 학과 전공을 선택한 경우에는 무엇을 추천하시겠습니까?
   -네, 그것은 일어날 수 있는 일입니다. 사람들은 자주 무엇을 원하는지 알지 못합니다. 올바른 결정을 내리기 위해서 충분한 시간을 가져야 합니다.

2) 저에게 이 프레젠테이션은 특별히 중요했습니다. 왜냐하면 저는 외국에서 대학 공부를 해야 하는지에 대해 고민하고 있기 때문입니다. 하지만 저는 질문이 하나 더 있습니다. 외국에서 공부하면, 더 좋은 직업을 얻을 수 있나요?
   -네, 그럴 수도 있습니다. 하지만 확신하지는 않아요. 왜냐하면 외국에서 대학 공부를 했음에도 불구하고 직업을 갖지 못한 많은 사람들이 있기 때문입니다.

3) 흥미로운 프레젠테이션에 대하여 진심으로 감사드립니다. 당신은 이미 학생일 때 당신이 대학 공부를 원하는지 알고 있었습니까?
   -네, 저는 저의 부모님과 함께 무엇이 저에게 많은 도움이 되는지에 대하여 자주 이야기하였습니다.

4) 이 프레젠테이션은 저에게 매우 좋았습니다. 감사합니다. 당신에게 다시 한 번의 기회가 주어진다면, 당신은 어떤 결정을 하시겠습니까?
   -저는 다시 같은 결정을 하게 될 것 같습니다. 저는 대학 공부를 하는 것에 매우 만족합니다.

어휘 interessant [a.] 흥미가 있는 | empfehlen [v.] 추천하다 | passieren [v.] 일어나다, 발생하다 | die Entscheidung [n.] 결정 | sich überlegen [v.] 고민하다 | wussten [v.] 알았다 (wissen의 과거) | haben...gesprochen [v.] 말했다 (sprechen의 현재완료) | haben...geholfen [v.] 도움이 되었다 (helfen의 현재완료) | sich entscheiden [v.] 결정하다 | die Entscheidung [n.] 결정 | zufrieden [a.] 만족한, 흡족한

유형 2 ●●● 주제 발표하기 시간: 약 3분 $\boxed{\text{MP3 02\_08}}$

당신은 청중에게 시사 문제에 대하여 프레젠테이션을 합니다. 그것에 대한 5개의 슬라이드가 있습니다. 왼쪽의 지시 사항을 따르고 오른쪽에 메모와 아이디어를 적으세요.

Stellen Sie Ihr Thema vor. Erklären Sie den Inhalt und die Struktur Ihrer Präsentation.		Ich möchte das Thema „Ist es besser bei den Eltern zu wohnen?" präsentieren. Zuerst werde ich von meinen eigenen Erfahrungen erzählen und dann darüber, wie es in Korea ist. Ich werde meine Meinung zum sogenannten „Hotel Mama" präsentieren und dann zum Schluss mein Fazit erläutern.
Berichten Sie von Ihrer Situation oder einem Erlebnis im Zusammenhang mit dem Thema.		Meine Familie wohnt in Seoul. Ich wohne jetzt bei meinen Eltern. Ich denke, dass ich weiterhin hier wohnen werde, solange ich nicht verheiratet bin. Aber ein paar Freunde, die zur Uni, in eine andere Stadt gegangen sind, sind ausgezogen und haben jetzt eine eigene Wohnung. Ich will aber mit meiner Familie wohnen und das wünscht sich meine Mutter bestimmt auch.
Berichten Sie von der Situation in Ihrem Heimatland und geben Sie Beispiele.		In der letzten Zeit hat sich in Korea viel verändert. Viele junge Leute ziehen aus und wohnen in einer eigenen kleinen Wohnung. Einige Eltern möchten jedoch nicht, dass ihre Kinder ausziehen. Sie wollen, dass ihre Kinder von ihnen abhängig sind. Korea ist in dieser Hinsicht leider noch ein bisschen konservativ.

Nennen Sie die Vor- und Nachteile und sagen Sie dazu Ihre Meinung, Geben Sie auch Beispiele.

Ist es besser bei ihren Eltern zu wohnen?

Für und gegen Hotel Mama & meine Meinung.

Folie 4

Bei den Eltern leben hat sowohl Nachteile, als auch Vorteile.
Ein Vorteil ist, dass junge Leute, die bei ihren Eltern wohnen, sich die Miete sparen. Das Wohnen ist so günstiger bzw. kostet nichts. Eigentlich macht das viel aus, denn die Mieten sind meistens teuer. Gleichzeitig ist es praktisch und angenehm, weil die Mutter kocht und oft auch die Hausarbeit macht.
Aber auf der anderen Seite ist es sehr anstrengend für die Mutter. Die Eltern brauchen auch mal eine Pause. Sie haben sich jahrelang um ihre Kinder gekümmert und ihre Kinder konnten nicht lernen, unabhängig zu sein.
Ich finde, es ist besser, so lange wie möglich bei den Eltern zu bleiben, um wesentliche Kosten zu sparen. Aber dafür sollte man etwas beim Haushalt helfen.

Beenden Sie Ihre Präsentation und bedanken Sie sich bei den Zuhörern.

Ist es besser bei ihren Eltern zu wohnen?

Abschluss & Dank

Folie 5

Damit bin ich am Ende meiner Präsentation angekommen. Ich danke Ihnen für Ihre Aufmerksamkeit. Möchten Sie vielleicht noch etwas fragen?

어휘 **das Fazit** [n.] 결론 ┊ **erläutern** [v.] 밝히다 ┊ **vor allem** 무엇보다도 ┊ **heiraten** [v.] 결혼하다 ┊ **sein... ausgezogen** [v.] 이사 나왔다 (ausziehen의 현재완료) ┊ **die Hinsicht** [n.] 관점 ┊ **konservativ** [a.] 보수적인 ┊ **günstiger** 더 저렴한 (günstig의 비교급) ┊ **normalerweise** [adv.] 대게, 일반적으로 ┊ **die Miete** [n.] 집세 ┊ **praktisch** [a.] 실질적으로 ┊ **gleichzeitig** [adv.] 동시에 ┊ **angenehm** [a.] 쾌적한 ┊ **anstrengend** [a.] 아주 힘든 ┊ **haben...gekümmert** [v.] 돌보았다 (kümmern의 현재완료) ┊ **umgehen** [v.] 다루다, 취급하다 ┊ **wünschen** [v.] 소망하다 ┊ **bestimmt** [adv.] 확실히, 단호히 ┊ **wesentlich** [a.] 본질적인 ┊ **Kosten** [n.] 비용 (pl.) ┊ **sparen** [v.] 절약하다 ┊ **der Haushalt** [n.] 가사(노동)

🔍 해석

당신의 주제를 소개하세요. 당신의 발표의 내용과 구조를 설명하세요.	"호텔 엄마" **"부모님과 사는 것이 더 좋습니까?"**	저는 "부모님과 사는 것이 더 좋습니까?" 라는 주제에 관해 발표하고 싶습니다. 맨 먼저 저는 저의 개인적인 경험을 이야기하고 그다음 한국에서는 어떠한지에 대하여 이야기하고 싶습니다. 저는 이른바 "호텔 엄마"에 대한 저의 생각에 대하여 프레젠테이션을 하려고 합니다. 그리고 그다음 끝으로 결론을 밝히겠습니다.
당신의 상황을 설명하거나, 주제와 관련된 경험을 이야기하세요.	"부모님과 사는 것이 더 좋습니까?" **나의 개인적인 경험**	우리 가족은 서울에 살고 있습니다. 저는 지금 저의 부모님 집에서 살고 있습니다. 제 생각에 제가 결혼을 하지 않는 한 계속해서 이곳에 살게 될 것이라고 생각합니다. 하지만 다른 도시에서 대학을 다니는 몇 명의 친구들은 이사를 하였고 이제 자신의 집이 있습니다. 하지만 저는 우리 가족과 함께 살 것이고 그것을 저의 어머니도 분명히 그것을 원할 것입니다.
당신의 모국에서의 상황을 설명하고 예를 들어 주세요.	"부모님과 사는 것이 더 좋습니까?" **나의 고국에서의 상황**	최근에 한국은 많이 변했습니다. 많은 젊은이들은 집을 떠나 자신의 작은 집에서 삽니다. 하지만 몇몇 부모는 그들의 자녀가 집을 나가는 것을 원치 않습니다. 그들은 자녀들이 그들에게 의존하기를 원합니다. 한국에서는 유감스럽게도 이런 관점에서 아직도 조금은 보수적입니다.

| 장점과 단점들을 언급하고 당신의 생각을 이야기하세요. | "부모님과 사는 것이 더 좋습니까?"

찬성과 반대 의견 & 나의 생각 | 부모님과 집에서 사는 것은 장점도 있고 단점도 있습니다.
하나의 장점으로는 부모와 함께 사는 젊은 이는 집세를 절감할 수 있습니다. 생활비가 덜 들거나 비용이 전혀 들지 않습니다. 대부분의 집세가 비싸기 때문에 원래 그것은 많은 돈이 지불됩니다. 동시에 어머니께서 가족을 위하여 요리를 하시고 또한 자주 집안일을 해주시기 때문에 그것은 실용적이고 쾌적합니다.
하지만 다른 한편으로 그것은 어머니에게는 아주 힘듭니다. 부모님도 한 번 쉼이 필요합니다. 그들은 여러 해 동안 그들의 자녀를 돌보았고, 그들의 자녀는 독립적으로 사는 것을 배울 수가 없습니다.
저는 본질적인 비용을 절감하기 위하여 가능한 한 부모님과 함께 지내는 것이 더 좋다고 생각합니다. 하지만 그것을 위해서는 어느 정도 집안일을 도와야 합니다. |
| 당신의 발표를 마치고 청취자에게 감사의 말을 전하세요. | "부모님과 사는 것이 더 좋습니까?"

마침 & 감사 | 이제 저는 저의 프레젠테이션의 마지막 부분에 도착했습니다. 집중해 주셔서 감사합니다. 당신은 혹시 더 질문하기를 원하십니까? |

유형 3 ••• 어떤 주제에 대해 말하기 （MP3 02_09）

프레젠테이션 이후:

시험관(남/여)과 파트너(남/여)의 피드백과 질문에 반응하세요.

당신의 파트너(남/여)의 프레젠테이션 이후:

a) 당신의 파트너(남/여)의 프레젠테이션에 대해 피드백을 주세요. (예를 들어 당신에게
   프레젠테이션이 마음에 들었는지, 무엇이 당신에게 새롭고 특별히 흥미로웠는지 기타 등등.)

b) 당신의 파트너(남/여)의 발표에 대해 질문을 하세요.

💬 예시답안

Vielen Dank für Ihre Presentation. Sie haben jetzt die Möglichkeit für eine Rückmeldung und zwei Fragen.

1) Für mich war diese Präsentation besonders wichtig, weil ich mir überlege, ob ich bei meinen Eltern bleibe oder nicht. Was würden Sie mir empfehlen?
   –Wenn ich Sie wäre, würde ich bei den Eltern bleiben, solange ich nicht verheiratet bin. Da wir nicht so viel Zeit haben, um mit den Eltern eine schöne Zeit zu verbringen.

2) Woran liegt es, dass Sie sich so entschieden haben?
   –Vor allem kann man Geld sparen und ich fühle mich bei meiner Familie viel wohler. Deshalb habe ich mich so entschieden.

3) Was würden Sie sagen, wenn Ihre Kinder bei Ihnen weiter wohnen wollen würden?
   –Ich würde mich mit meinen Kindern darüber unterhalten, was sie wirklich wollen, und was für uns alle das Beste ist.

4) Woher wissen Sie, dass Ihre Mutter sich auch wünscht, zusammen zu wohnen? Haben Sie mit Ihrer Mutter gesprochen?
   –Ja, klar. Wir haben sehr viel geredet. Meine Mutter schlug ein paar Pläne vor. Wir haben uns schließlich darauf geeignet, dass ich bis zum Studienabschluss zu Hause wohnen bleiben werde. Denn ewig kann ich auch nicht bei meinen Eltern bleiben.

🔍 **해석**

발표해 주셔서 매우 감사합니다. 당신은 피드백과 두 개의 질문을 하실 수 있습니다.

1) 이번 프레젠테이션은 저에게 특별히 중요했습니다. 왜냐하면 저도 제가 부모님 집에서 살 것인지 아닌지 신중하게 생각했기 때문입니다. 당신은 저에게 무엇을 추천해 주고 싶으신가요?
 -제가 당신이라면, 저는 제가 결혼을 하지 않는 한 부모님 집에 머무를 것입니다. 제 생각에는, 우리가 부모님과 함께 아름다운 시간을 보낼 수 있는 시간은 그렇게 많지 않기 때문입니다.

2) 당신이 이렇게 결정한 것은 어떤 이유에서인가요?
 -무엇보다도 돈을 절약할 수 있고 저는 가족과 함께 있을 때 더 편안함을 느낍니다. 그렇기 때문에 저는 이렇게 결정했습니다.

3) 당신의 자녀가 당신 집에서 계속 살기를 원한다면, 당신은 어떤 말씀을 하시겠습니까?
 -저는 저의 자녀들이 진정으로 무엇을 원하는지, 그리고 무엇이 우리 모두를 위하여 가장 좋은 것인지에 대하여 그들과 대화를 나눌 것입니다.

4) 당신은 당신의 어머니도 함께 사는 것을 원한다는 것을 어떻게 알 수 있습니까? 당신은 어머니와 함께 이야기해 보았습니까?
 -네, 그럼요. 우리는 아주 많은 대화를 했습니다. 저의 어머니는 몇 가지 계획들을 제안했습니다. 우리는 제가 학업을 마칠 때까지 집에서 머무르는 것으로 최종적인 결론을 지었습니다. 왜냐하면 저도 영원히 부모님 곁에서 머무를 수는 없기 때문입니다.

어휘 besonders [a.] 특별한 | sich überlegen [v.] 숙고하다 | verbringen [v.] (시간을) 보내다 | sich entscheiden [v.] 결정하다 | sparen [v.] 절약하다 | sich unterhalten [v.] 대화를 나누다 | haben...gesprochen [v.] 말했다 (sprechen의 현재완료) | haben...geeignet [v.] 획득했다, 적합했다 (eignen의 현재완료) | der Studienabschluss [n.] 학업을 마침 | ewig [a.] 영원히

제3회

실전모의고사
정답 및 해설

B1

유형 1 • • • • •

본문과 1~6번까지의 문제를 읽으세요.
다음 진술이 옳은지 틀린지 선택하세요.

www.miastag.blog.de

MiasAlltagsBlog.de
Mein Alltag, meine Gedanken, mein Leben...

Hallo Leute,

ich habe zum ersten Mal eine schlechte Erfahrung beim Onlineshoppen gemacht. In den letzten drei Jahren habe ich schon oft im Internet eingekauft, und ich war immer ganz zufrieden. Aber dann passierte das, was ich bisher nur in den Nachrichten gehört habe. Ich hätte nie gedacht, dass es mir passieren könnte. Vor einem Monat bin ich auf einen Onlineshop gestoßen, bei dem man Markenartikel günstig kaufen kann.

Man kann dort ohne ein Benutzerkonto Waren bestellen. Wenn man aber Preisvergünstigungen erhalten möchte, muss man sich registrieren. Ich wollte natürlich günstig einkaufen, daher habe ich mich registriert. Es gab die Möglichkeit, für 5 Euro ein Abonnement abzuschließen, wofür man versandkostenfrei einkaufen konnte. Normalerweise muss man bei jeder Bestellung Versandkosten zahlen, außer bei Bestellungen von mehr als 100 Euro. Nach sorgfältiger Überlegung habe ich mich für das Abonnement entschieden, und ein schönes preiswertes Kleid für nur 19 € bestellt.

Ich wartete auf das Paket, aber es kam nie an. Ich fragte die Nachbarn, ob sie mein Paket gesehen hätten. Aber keiner wusste von dem Paket. Nach 3 Tagen habe ich eine Rechnung per E-Mail bekommen, obwohl ich noch kein Paket erhalten hatte. Ich war sehr überrascht, denn die Rechnung enthielt eine Zahlungsaufforderung über 50 Euro.

In der Rechnung stand, dass ich einen Abonnenmentvertrag abgeschlossen hätte und einen Betrag von 50 Euro überweisen müsse. Ich ärgerte mich sehr und schrieb dem Anbieter. Ich sagte ihnen, dass ich das Abonnement über die angegebenen 5 Euro abgeschlossen hätte.

Weiterhin schrieb ich, dass ich meine Bestellung und den Vertrag stornieren wolle. Ich fühlte mich sehr unglücklich und ich wollte nie wieder auf dieser Webseite

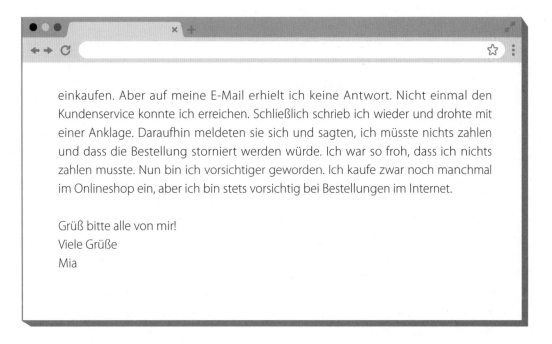

einkaufen. Aber auf meine E-Mail erhielt ich keine Antwort. Nicht einmal den Kundenservice konnte ich erreichen. Schließlich schrieb ich wieder und drohte mit einer Anklage. Daraufhin meldeten sie sich und sagten, ich müsste nichts zahlen und dass die Bestellung storniert werden würde. Ich war so froh, dass ich nichts zahlen musste. Nun bin ich vorsichtiger geworden. Ich kaufe zwar noch manchmal im Onlineshop ein, aber ich bin stets vorsichtig bei Bestellungen im Internet.

Grüß bitte alle von mir!
Viele Grüße
Mia

어휘 | **bisher** [adv.] 지금까지 | **die Nachricht** [n.] 뉴스 | **das Benutzerkonto** [n.] 사용자 계정 | **die Ware** [n.] 상품 | **die Versandkosten** [n.] 배송비 (pl.) | **versandkostenfrei** [a.] 무료 배송으로 | **Nach sorgfältiger Überlegung** 심사숙고한 후에 | **die Preisvergünstigung** [n.] 가격 할인 | **sich registrieren** [v.] 가입하다 | **das Abonnement** [n.] 정기 회원권 | **der Abonnenmentvertrag** [n.] 정기 회원권 계약 | **entschieden** [v.] 결정했다 (entscheiden의 과거) | **abschließen** [v.] 체결하다 | **hatten...erhalten** [v.] 받았었다 (erhalten의 과거완료) | **sein...überrascht** [v.] 무엇에 깜짝 놀라다 | **erhielt** [v.] 포함했다, 유지했다 (erhalten의 과거) | **der Betrag** [n.] 금액, 액수 | **überweisen** [v.] 송금하다 | **sich ärgerten** [v.] 화가 났다 (ärgern의 과거) | **der Anbieter** [n.] 제공자 | **weiterhin** [adv.] 그 밖에도 | **stornieren** [v.] 해약하다, 취소하다 | **der Kundenservice** [n.] 고객 서비스 | **erreichen** [v.] (연락이) 닿다 | **drohte** [v.] 협박했다 (drohen의 과거) | **die Anklage** [n.] 고소 | **stets** [adv.] 항상 | **vorsichtiger** [a.] 더 조심하는 (vorsichtig의 비교급)

🔍 **해석**

Mia의 일상블로그
나의 일상, 나의 생각, 나의 삶

안녕하세요, 이웃 여러분,

저는 처음으로 온라인 쇼핑을 하면서 좋지 않은 경험을 했어요. 저는 최근 3년 동안 인터넷에서 자주 구매를 했고 매번 아주 만족했어요. 하지만 그 후에 지금까지 제가 뉴스에서만 들었던 일이 일어났어요. 저는 저에게 그런 일이 일어날 수 있다고 전혀 생각하지 않았어요. 한 달 전에 저는 브랜드 상품을 저렴하게 구매할 수 있는 온라인 상점을 발견했어요.

그곳에서는 사용자 계정이 없이도 물건을 주문할 수 있었어요. 하지만 더 많은 할인을 받기 원한다면 가입을 해야만 했어요. 저는 당연히 저렴하게 구매하고 싶었고, 그래서 가입을 했어요. 5유로로 정기 회원권을 체결 하면 배송비 없이 구매할 수 있는 기회가 있었어요. 일반적으로는 100유로 이상의 주문을 할 때를 제외하고, 주문할 때마다 배송료를 지불해야만 해요. 심사숙고한 후에 저는 정기 회원권을 하는 것으로 결정했고 예쁘고 합리적인 가격의 원피스를 단지 19유로로 주문했죠.

저는 소포를 기다렸어요, 하지만 그것은 전혀 오지 않았어요. 저는 이웃에게도 혹시 그들이 나의 소포를 보았는지 물어보았어요. 하지만 아무도 소포에 대하여 알지 못했어요. 3일 후에는 제가 아직 소포를 받지 못했음에도 불구하고 메일로 계산서 한 장을 받았어요. 저는 정말 깜짝 놀랐어요, 왜냐하면 계산서에 50유로가 넘는 지급 청구 요구가 있었기 때문이죠.

계산서에는 제가 정기 회원권 계약을 체결했으므로 50유로의 금액을 송금해야만 한다고 쓰여 있었어요. 저는 그것에 대하여 화가 났고 판매자에게 메일을 보냈어요. 저는 그들에게 5유로짜리 정기 회원권을 계약체결 했다고 말했어요.

그 밖에도 저는 덧붙여 저의 주문과 계약 또한 해약하기를 원한다고 적었어요. 저는 정말 기분이 나빴고 더는 그 사이트에서 다시는 구매를 하고 싶지 않았어요. 하지만 저는 저의 메일에 대해서 답장을 받지 못했어요. 고객 서비스와 한 번도 연락이 닿지 않았어요. 결국 저는 다시 편지를 적었고 고소할 것이라고 위협했어요. 그로 인해서 그들은 연락을 주었고 제가 더는 아무 것도 지불하지 않아도 되고 주문은 해약될 것이라고 말했어요. 저는 제가 아무 것도 지불하지 않아도 된다고 해서 기뻤어요. 이제 저는 이전보다 더 조심하게 되었어요. 저는 비록 아직도 가끔 온라인 숍에서 구매하지만 인터넷에서 주문할 때에는 항상 조심합니다.

여러분들에게도 저의 안부를 전합니다!
많은 안부를 담아
Mia

Beispiel

0   Mia는 지금까지 모든 것을 온라인 숍에서 주문했었다.   Richtig   ~~Falsch~~

1   Mia는 사용자로 등록하기를 원하지 않았다.   Richtig   ~~Falsch~~

2   그녀는 배송을 받을 수 있도록, 정기 회원권을 체결하기를 원했다.   ~~Richtig~~   Falsch

3   Mia가 이웃들에게 그녀의 소포를 봤는지 물었을 때, 그녀는 아무런 대답을 받지 못했다.   Richtig   ~~Falsch~~

4   그 온라인 가게는 전화로 연결이 되지 않았다.   ~~Richtig~~   Falsch

5   Mia는 이제 이미 알고 있는 상점에서만 구매한다.   Richtig   ~~Falsch~~

6   Mia는 이제 온라인에서 구매하는 것을 두려워한다.   ~~Richtig~~   Falsch

어휘 hatten...bestellt [v.] 주문했었다 (bestellen의 과거완료) ⎮ sich registrieren [v.] 가입하다 ⎮ wollten [m.v.] ~하고 싶었다 (화법조동사 wollen의 과거) ⎮ abschließen [v.] 체결하다 ⎮ die Lieferung [n.] 배송 ⎮ erhalten [v.] 받다 ⎮ erreichbar [a.] 연락이 되는 ⎮ das Geschäft [n.] 상점

유형 2 ● ● ● ● ●

기사에서 발췌한 본문과 7~9번까지의 문제를 읽으세요.
각 문제에서 a, b, c 중 알맞은 정답을 고르세요.

Lasst uns zusammen spielen!

Wissen Sie, wann man begonnen hat Spiele zu spielen? Spielen gehört zum Leben dazu. Und manche Spiele, die wir heute noch lieben, haben die Menschen schon vor 4.000 Jahren entwickelt. Das ist eigentlich kein Wunder, weil schon unsere Vorfahren begeisterte Spieler waren. Selbst die kleinen Tierfiguren, die man in Steinzeithöhlen gefunden hat, sehen wie Spielzeuge aus.

Des Weiteren behaupten manche Philosophen, dass Spiele von Menschen für Menschen gemacht wurden. Das zeigt sich daran, dass sich unsere Spiele über Jahrtausende zu dem entwickelt haben, was wir jetzt noch spielen: Brettspiele wie Mühle und andere Spiele, die von Spiele-Forschern schon in Gräbern in China, Troja, Sri Lanka und Ägypten gefunden wurden.

Die Bilder auf antiken Vasen beweisen, dass die alten Griechen, schon vor 2.500 Jahren mit Jo-Jos gespielt haben.

Das Spielen ist wie ein Instinkt, der bei den Menschen genau, wie bei den Tieren angeboren ist. Tiere spielen, um sich auf den Ernstfall im Kampf oder bei der Jagd vorzubereiten. Auch Kinder sollen spielen, damit sie sich auf ihr späteres Leben vorbereiten können. Oft merkt man nicht, wie wichtig Spielen für die Entwicklung des Kindes ist. Im Spiel mit der Babypuppe lernen Kinder, wie man ein Baby pflegt. Mit Bauklötzchen lernen wir komplizierte Bewegungsabläufe. Spielen hilft bei der Entwicklung lebensnotwendiger Fähigkeiten.

aus einer deutschen Zeitung

어휘 **haben...begonnen** [v.] 시작했다 (beginnen의 현재완료) ┊ **gehören** [v.] ~에 속하다 ┊ **das Wunder** [n.] 놀라움 ┊ **der Vorfahre** [n.] 선조, 조상 ┊ **begeistert** [a.] 열광한, 감격한 ┊ **der Spieler** [n.] 게임을 하는 사람 ┊ **die Steinzeithöhle** [n.] 석기시대 동굴 ┊ **behaupten** [v.] 주장하다 ┊ **der Philosoph** [n.] 철학자 ┊ **das Brettspiel** [n.] 보드게임 (오목, 체스등과 같은) ┊ **der Spiele-Forscher** 게임 연구자 ┊ **das Grab** [n.] 무덤 ┊ **antik** [a.] 고대의, 그리스 로마시대의 ┊ **die Vase** [n.] 꽃병, 단지 ┊ **beweisen** [v.] 증명하다, 입증하다 ┊ **der Instinkt** [n.] 본능 ┊ **angeboren** [a.] 타고난, 천성의 ┊ **der Kampf** [n.] 다툼 ┊ **der Jagd** [n.] 사냥 ┊ **der Ernstfall** 위급한 경우 ┊ **vorbereiten** [v.] 준비하다 ┊ **der Bauklotz** [n.] 쌓아올리는 나무 조각 (장난감) ┊ **der Bewegungsablauf** [n.] 움직임의 경과 ┊ **lebensnotwendig** [a.] 생활에 필요한 ┊ **die Fähigkeit** [n.] 능력

🔍 해석

우리 함께 놀이해요!

당신은 언제부터 사람들이 놀이를 하기 시작했는지 알고 있습니까? 놀이는 삶에 속해 있습니다. 그리고 우리들이 오늘날 여전히 좋아하는 많은 게임들은 4000년 전에 이미 인간이 발전시킨 것입니다. 이것은 사실 놀랄 일이 아닙니다. 왜냐하면 이미 우리의 선조들은 놀이에 열광했던 선수들이기 때문입니다. 석기시대 동굴에서 발견되었던 그 작은 동물 피규어도 장난감처럼 보입니다.

그 밖에 일부 철학자들은 인간의 놀이는 인간을 위해 만들어진 것이라고 주장합니다. 이것은 우리들의 놀이가 수천 년에 걸쳐서 우리가 아직도 하는 놀이로 발전했다는 것을 분명합니다. 뮐레와 같은 보드게임은 중국, 트로이, 스리랑카, 이집트의 무덤에서 이미 놀이 연구자들에 의해 발견된 것입니다. 고대의 고풍스러운 화병의 그림은 고대 그리스인이 2500년 전 이미 요요 게임을 했음을 증명합니다.

놀이는 마치 동물과 같이 인간에게 있어 타고난 본능과 같습니다. 동물들은 싸우는 것과 사냥으로 긴급 상황을 준비하기 위하여 놀이합니다. 또한 아이들도 그들의 미래의 삶을 준비하기 위하여 놀이를 해야 합니다. 사람들은 대개 놀이가 아이들의 발전에 있어서 얼마나 중요한지를 인지하지 못합니다. 아기 인형을 가지고 놀면서 아이들은 어떻게 아기를 돌보는지를 배웁니다. 나무 조각 블록 (장난감)으로 우리는 복잡한 움직임의 경과를 배웁니다. 놀이는 삶에 필요한 능력을 발전시키는 데 도움을 줍니다.

독일 신문에서

Beispiel

0 몇몇의 놀이는,...

[a] 금지된다.

[X] 4000년 전부터 행해졌다.

[c] 아이들에게 적합하다.

> **어휘** das Verbot [n.] 금지

7 이 본문은,...

[X] 놀이는 이미 오래전부터 존재했다는 것에 관한 것이다.

[b] 아이들이 놀이하면서 인형을 가지고 어떻게 아기들을 돌보는지 배워야 한다는 것이다.

[c] 어떤 놀이가 아이들을 위하여 가장 좋은지에 대한 것이다.

> **어휘** existieren [v.] 존재하다

8 고대의 꽃병은...

☐a 이 놀이에서 승리하면 얻을 수 있다.

☒ 이전에도 놀이를 했었다는 것을 보여준다.

☐c 놀이를 위해 항상 중요했다.

> **어휘** gewinnen [v.] 얻다 ┊ haben...gewonnen [v.] 승리했다 (gewinnen의 현재완료)

9 새끼 동물들은,...

☐a 그들의 생존을 보증하기 위하여 놀이한다.

☐b 그들의 부모에게 꾸중을 받지 않기 위해서 놀이한다.

☒ 그들의 삶을 준비하기 위해서 놀이한다.

> **어휘** die Existenz [n.] 생존 ┊ Ärger bekommen [v.] 꾸중 받다

유형 2 ●●●○○○

기사에서 발췌한 본문과 10〜12번까지의 문제를 읽으세요.
각 문제에서 a, b, c 중 알맞은 정답을 고르세요.

Wo ist Ihr Glück?

Haben Sie schon einmal darüber nachgedacht, wo die glücklichsten Menschen leben? Das Ergebnis einer Länderstudie zeigt, dass man dort am glücklichsten ist, wo Reichtum und Armut gleichmäßig verteilt sind. Bei der Studie der Rotterdamer Erasmus-Universität kam heraus, dass Deutschland im Mittelbereich liegt.

Die Glücklichsten sind der Umfrage zufolge die Mexikaner. An zweiter Stelle werden die Dänen genannt. Fast 95 Prozent der Dänen sagen, sie seien „sehr oder ziemlich glücklich." Im Vergleich dazu waren nur 76 Prozent der Griechen zum Zeitpunkt der Umfrage „sehr oder ziemlich glücklich."

Das subjektive Glücksempfinden und Lebenserwartung der Dänen ist stärker, als in anderen Industrieländern. Die Dänen rauchen und trinken im Durchschnitt mehr als andere Europäer. Vielleicht sind die Dänen glücklicher, weil sie überwiegend in ländlichen Gebieten leben und weil sie sozial besser abgesichert sind.

aus einem österreichen Magazin

어휘 haben...nachgedacht [v.] 곰곰이 생각했다 (nachdenken의 현재완료) | der Reichtum [n.] 부, 재력 | gleichmäßig [a.] 균형적으로 | verteilen [v.] 분배되다, 나누다 | die Rotterdamer Erasmus-Universität [n.] 로테르담 에라스무스 대학교 | der Mittelbereich [n.] 중부 지역 | die Umfrage [n.] 설문조사 | subjektiv [a.] 주관적인 | das Glücksempfinden [n.] 행복한 기분 | das Industrieland [n.] 산업국가 | die Lebenserwartung [n.] 인생의 기대 | der Durchschnitt [n.] 평균치 | überwiegend [a.] 주로, 우세한 | das Gebiet [n.] 영역 | sozial [a.] 사회적인, 사회의 | absichern [v.] 안전하다

해석

당신의 행복은 어디에 있습니까?

당신은 가장 행복한 사람들이 어디에 사는지 한 번쯤 곰곰이 생각해 본 적이 있습니까? 국가 연구 결과에 따르면 가장 행복한 곳은 부와 빈곤이 균등하게 잘 분배되어 있는 곳입니다. 로테르담의 에라스무스 대학교의 연구 결과에 의하면, 독일은 중간쯤에 있습니다.

설문조사에 따르면 가장 행복한 사람들은 멕시코인이라고 합니다. 두 번째로는 덴마크인이 지목되었습니다. 거의 95%의 덴마크인이 "매우 또는 상당히 행복하다"고 답했습니다. 그것과 비교하여 그리스인은 76%만이 설문조사 당시에 "매우 또는 상당히 행복하다"고 답했습니다.

덴마크인의 주관적인 행복감과 인생의 기대는 다른 산업국가의 사람들보다 더 강합니다. 덴마크인은 평균적으로 다른 유럽인보다 많이 흡연하고 많이 음주를 합니다. 어쩌면 덴마크인은 주로 농촌 지역에서 살고 있으며 사회적으로 비교적 더 안전하기 때문에 더 행복한 것일 수 있습니다.

---

10 설문조사에 따르면

⊠ 맥시코인들이 세계에서 가장 행복하다.

b 거의 95%의 멕시코인은 그들이 매우 행복하거나 꽤 행복하다고 생각한다.

c 부자들은 행복감을 더 강하게 느낀다.

> **어휘** die Umfrage [n.] 설문조사

---

11 덴마크 사람들은 매우 만족한다,...

a 왜냐하면 그들은 그들이 원하는 대로 살기 때문이다.

⊠ 왜냐하면 그들은 삶에 상대적으로 강한 행복감을 갖기 때문이다.

c 그들이 다른 유럽인들과 다르게 그렇게 오래 살지 못함에도 불구하고 말이다.

> **어휘** zufrieden [a.] 만족한, 흡족한 | der Europäer [n.] 유럽인

12   설문조사는,...

[a] 그리스인의 76%가 자신이 덴마크인보다 행복하다는 것을 보여준다.

[x] 대부분의 덴마크인들이 스스로가 행복하다고 생각한다는 것을 보여준다.

[c] 독일은 명단에서 아주 뒤처져 있다는 것을 보여준다.

어휘 zeigen [v.] 보여주다 | halten [v.] ~라고 생각하다. 간주하다

유형 3 •••••

13~19번까지의 상황과 a부터 j에 해당하는 다양한 독일어의 미디어 광고를 읽으세요.
어떤 광고가 어떤 상황에 적합한가요? **각 광고는 한 번만** 사용할 수 있습니다.

예시에서 사용된 광고는 더 이상 사용할 수 없습니다. 하나의 상황에 대해서는 **적합한 광고가 없습니다.** 여기에는 0이라고 적으세요.

당신의 지인은 여행을 하기 원하고 적절한 기회를 찾고 있다.

Beispiel

0   Miriam은 작년에 아테네에 있었다. 그리고 이번에는 그리스의 다른 지역을   Anzeige: d
     알고 싶다.

---

13   Anna는 올해 매우 바빴다. 그래서 그녀는 그녀의 건강을 위해서 특별한   Anzeige: j
     일을 하고 싶다.

14   Tina는 10명의 친구와 함께 베를린으로 가기로 결정했다. 하지만 항공   Anzeige: e
     여행은 모두에게 너무 비싸다.

15   Jara는 낭만적인 사람이다. 그녀는 가족과 함께 6월에 휴가를 보내고 싶어   Anzeige: i
     하고 유럽에 있는 잘 알려지지 않은 장소를 발견하고 싶다.

16   Lilly는 이국적인 여행을 계획하고 있다.   Anzeige: f

17   빈에서 온 Lena와 Jan은 베를린으로 가기를 원한다. 하지만 거리가 멀어서   Anzeige: c
     그들은 기차 여행은 하지 않으려고 한다.

18   Schneider 씨는 올해 그의 학생들과 그리스에 가기를 원한다. 그는 비행과   Anzeige: b
     숙소를 위한 상품을 찾고 있다.

19   Wagner 부인은 그녀의 딸이 환경 문제에 대하여 배울 수 있는 상품을 찾고   Anzeige: 0
     있다.

어휘 Griechenland [n.] 그리스 | **viel zu tun** 할 일이 많다 | **haben...beschlossen** [v.] 결정했다 (beschließen의 현재완료) | **unbekannt** [a.] 잘 알려지지 않은 | **entdecken** [v.] 발견하다 | **exotisch** [a.] 이국적인 | **unternehmen** [v.] 계획하다 | **wegen** [prp.] ~때문에 (2격 전치사) | **die Entfernung** [n.] 먼 거리 | **die Bahnreise** [n.] 기차 여행 | **die Unterkunft** [n.] 숙소 | **die Umwelt** [n.] 환경

[a]

Supersonderangebot:

149 Euro pro Person
London

– Busreise - 5 Tage
– Übernachtung im Mehrbettzimmer inkl. Frühstücksbüffet
– Bus vor Ort inkl. für Ausflüge
– 2 stündige Stadtrundfahrt

Gültig nur von November bis Februar
Buchung 0213-34243-532

 해석

최고의 특별 제공

1인당 149유로
런던

– 버스 여행 – 5일
– 다인실에서 숙박, 조식 뷔페 포함
– 소풍을 위한 현장 버스 포함
– 2시간의 도시 시내 관광

11월부터 2월까지만 적용
예약 0213-34243-532

> **어휘** **die Übernachtung** [n.] 숙박 ｜ **das Mehrbettzimmer** [n.] 다인실 ｜ **die Stadtrundfahrt** [n.] 시내 관광 ｜ **die Buchung** [n.] 예약

[b]

Athen - Flugreise CHF 245 pro Pers. 5 Tage

– Die beliebtesten Orte in Griechenland
– Hin- und Rückflug (Steuern und Gebühren inkl.)
– Bustransfer vom Flughafen zum Hotel
– 4 x Übernachtung in einem Hotel im Zentrum von Athen inkl. Frühstück

Info & Beratung (0213-34243-532)

 해석

**아테네 항공편 1인당 245 CHF
5일간**

– 그리스에서 가장 인기 있는 장소
– 왕복 비행 (세금 및 수수료 포함)
– 공항에서 호텔까지 버스 이동
– 아테네 중심지에 있는 호텔 4박 조식 포함

정보 및 상담 (0213-34243-532)

> **어휘** **Athen** [n.] 아테네 ｜ **Griechenland** [n.] 그리스 ｜ **die Gebühr** [n.] 요금 ｜ **die Beratung** [n.] 상담

C

Nur 229 Euro pro Person

– Flugreise 5 Tage in Berlin
– Hin- und Rückflug (Steuern / Gebühren inkl.)
– 4 x Übernachtung mit Frühstücksbuffet
– 3 stündige Stadtführung

www.reise-werden.de

 해석

1인당 오직 229유로

– 베를린에서 비행기 여행 5일
– 왕복 (세금/ 수수료 포함)
– 4박 조식 뷔페 포함
– 3시간 도시 관광

www.reise–werden.de

어휘 **das Frühstücksbuffet** [n.] 조식 뷔페 ┆ **stündig** [a.] ~시간 걸리는 ┆ **die Stadtführung** [n.] 시티투어, 도시 관광

d

162 Euro pro Pers.
Rundreise in Griechenland
4 tägige Fahrt in modernem Reisebus

Thessaloniki - vergina- Pindosgebirge-
Thesalloniki

3 Nächte, Frühstück inbegriffen

Hansalle 12, 65327 Frankfurt
0211-34243-532

 해석

1인당 162유로
그리스 순회 여행
4일 동안 신식 버스로

테살로니키 – 버지니아 – 핀도스산맥 –
테살로니키

3박 조식 포함

Hansalle 12, 65327 프랑크푸르트
0211–34243–532

어휘 **die Rundreise** [n.] 일주 여행 ┆ **der Reisebus** [n.] 관광버스 ┆ **inbegriffen** [adv.] ~을 포함하여, 가산하여

e

Berlin-Bahnreise

– Hin- und Rückfahrt
  (Reservierungsgebühren inkl.)
– 4 Nächte mit Frühstück
– 2 stündige Stadtführung

**129 Euro pro Person
(aber erst ab 10 Personen)**

www.klassen-reise.de
+42343242333

 해석

베를린 기차 여행

– 왕복 (예약 수수료 포함)
– 4박 조식 포함
– 2시간의 시티투어

**1사람당 129유로
(하지만 10명 이상부터)**

www.klassen-reise.de
+42343242333

> **어휘** **die Reservierungsgebühr** [n.] 예약 수수료 | **die Stadtführung** [n.] 시티투어, 도시 관광

f

Vietnam

Pionier-Reise
Bootsfahrt im Halong Bay.
Trekking im Bergland des Südens.
Dschungel

▶ Besuch relativ unbekannter Märkte
▶ In kleiner Gruppe

Beratung & Buchung (0213-34243-532)

 해석

베트남

개척자 여행
하롱베이에서 보트 타기.
남쪽의 산악지대에서 트레킹.
정글

▶ 상대적으로 잘 알려지지 않은 마켓들
▶ 소그룹으로

상담 및 예약 (0213-34243-532)

> **어휘** **der Pionier** [n.] 개척자 | **die Bootsfahrt** [n.] 보트 타기 | **das Trekking** [n.] 트레킹 | **das Bergland**
> [n.] 산악지대 | **der Dschungel** [n.] 정글

g

Romantischer Bauernhof

Im Ortskern Grunern mit großem Innenhof und Außenbereich.

– Grundstück 1.107 m2
– Bj.1959 (sanierungsbedürftig)
– Ideal für Handwerker
– 0213-34243-532

 해석

낭만적인 농장

그루넌 중심에 큰 안뜰과 야외 공간이 있습니다.

– 대지 1.107 m2
– Bj.1959 (개조가 필요함)
– 수공업자에게 이상적임
– 0213-34243-532

어휘 **romantisch** [a.] 로맨틱한 | **der Bauernhof** [n.] 농장 | **der Innenhof** [n.] 안뜰 | **der Außenbereich** [n.] 야외 공간 | **die Sanierung** [n.] 개조, 개선 | **bedürftig** [a.] 필요한 | **der Handwerker** [n.] 수공업자

h

München – Klassenfahrt
nur 99 Euro pro Person

▷ Sehenswürdigkeiten, die Ihre Schüler interessieren werden
▷ günstige Hotels
▷ günstige Restaurants
▷ mit Frühstück

Info & Buchung
www.prima.klassenreise.de

 해석

뮌헨 – 학급 소풍
1인당 단지 99 유로

▷당신의 학생들이 흥미로워 하게 될 명소
▷저렴한 호텔
▷저렴한 레스토랑
▷조식 포함

정보 및 예약
www.prima.klassenreise.de

어휘 **die Klassenfahrt** [n.] 학급 소풍 | **die Buchung** [n.] 예약

[i]

Mallorca

Romantisches Ferienhaus „Märchenland" auf der Insel.

Frei von Mai bis Juni

Für 900 Euro pro Woche

Infos unter www.maison-de

 해석

마요르카

섬에 있는 낭만적인 휴가를 위한 별장 "동화 나라"

5월부터 6월까지 비어 있음

한 주당 900유로

정보 아래 www.maison-de

어휘 romantisch [a.] 낭만적인 ⏐ das Ferienhaus [n.] 별장 ⏐ das Märchenland [n.] 동화 나라

[j]

Urlaub am Meer

Erholen Sie sich im Hotel & Medical Spa.

Nachhaltiges Wohlfühlen bei Wellness unter ärztlicher Beaufsichtigung: Akupunktur, Osteopathie, Sauerstoff-Therapie, Naturkosmetik

Beratung 0176/23043823

 해석

바다에서의 휴가

호텔 및 의료 스파에서 휴식을 취하세요.

의료 감독 하에 지속할 수 있는 쾌적한 자연식: 침술, 정골 치료, 산소 요법, 천연 화장품

상담 0176/23043823

어휘 sich erholen [v.] 휴식을 취하다 ⏐ nachhaltig [a.] 지속적인 ⏐ die Beaufsichtigung [n.] 감독, 감시 ⏐ die Akupunktur [n.] 침술 ⏐ die Osteopathie [n.] 정골치료 (약물 사용을 피하고 자연치유력을 회복해야 한다고 주장하는 치료법) ⏐ die Sauerstoff-Therapie [n.] 산소 요법 ⏐ die Naturkosmetik [n.] 천연 화장품

유형 4 •••••

20~26번의 본문을 읽으세요.

선택하세요. **그 사람이 비닐봉지의 사용에 대하여 찬성합니까?** 예 또는 아니요로 대답하세요.

당신은 한 잡지에서 플라스틱으로 인해 발생하는 환경 오염에 관련된 사설에 대한 견해를 읽습니다.

Beispiel

0	Marius	Ja ~~Nein~~		

20	Oskar	Ja ~~Nein~~	**24**	Franz ~~Ja~~ Nein
21	Anna	Ja ~~Nein~~	**25**	Luisa ~~Ja~~ Nein
22	Miriam	Ja ~~Nein~~	**26**	Tim Ja ~~Nein~~
23	Charlotte	~~Ja~~ Nein		

Leserbriefe (신문, 잡지 따위의) 독자란

Beispiel　Lässt sich die reduzierte Nutzung von Plastiktüten gesetzlich vorschreiben? Mit Plastiktüten verursacht man nicht nur viel Müll, sondern sie bringen uns auch um! Jeder muss für sich selbst entscheiden, wie man sich für die Umwelt einsetzen will.
Marius, 37, Hamburg

🔍 해석

비닐봉투 사용의 절감을 법적으로 규정할 수 있나요? 비닐봉투는 더 많은 쓰레기를 초래할 뿐 아니라 우리를 죽일 것입니다! 모두가 환경을 위하여 어떻게 전력을 다할 것인지 스스로 결정해야만 합니다.
Marius, 37, 함부르크

어휘 reduzieren [v.] 절감시키다 | vorschreiben [v.] 규정하다 | verursachen [v.] 초래하다 | umbringen [v.] 죽이다 | sich entscheiden [v.] 결정하다 | sich einsetzen [v.] 전력을 다하다

20   Ist das Verbot der Tüten die beste Lösung?

Man könnte die Geschäfte dazu zwingen, sie nicht mehr kostenlos rauszugeben, so wie in den Supermärkten.

Dann werden sich viele Leute genau überlegen, ob jede Tüte in jedem Geschäft wirklich sein muss oder ob sie lieber darauf verzichten möchten.

Ich würde mich freuen, wenn auf dem Gebiet des Umweltschutzes endlich etwas geschieht.

Oskar, 26, Berlin

🔍 **해석**

봉투 사용을 금지하는 것이 가장 좋은 해결 방안일까요?

슈퍼마켓에서처럼 상점에서도 더는 그것을 무료로 나누어 주지 않도록 강요할 수는 있습니다.

그렇다면 많은 사람이 모든 상점에서 정말 모든 봉투가 필요한지 아니면 그것을 차라리 포기할 것인지를 신중하게 생각하게 될 것입니다.

저는 환경 보호 분야에서 결정적으로 무슨 일이 일어난다면 기쁠 것 같아요.

Oskar, 26, 베를린

어휘   **das Verbot** [n.] 금지 | **die Lösung** [n.] 해결 방안 | **zwingen** [v.] 강요하다 | **ausgeben** [v.] 나누어 주다 | **verzichten** [v.] 포기하다 | **das Gebiet** [n.] 분야 | **der Umweltschutz** [n.] 환경 보호 | **geschehen** [v.] 일어나다, 생기다

---

21   In diesem Artikel steht, dass der Vorschlag von der Europäischen Union kommt. Das ist mal wieder typisch EU. Warum erfinden die etwas Neues, anstatt die Bürger zu fragen, was ihre Meinung ist?

Ich denke, es geht nur ums Geld. Wenn es keine Plastiktüten mehr gibt, werden andere Taschen verkauft. z.B. Stofftaschen oder Papiertaschen usw.

Natürlich bin ich damit einverstanden, dass man weniger Plastiktüten benutzen sollte. Aber jedes Mal zum Markt Taschen mitnehmen zu müssen, finde ich auch ein bisschen Unsinn. Das macht doch keinen Sinn.

Anna, 22, Bamberg

🔍 **해석**

이 기사에는 유럽연합의 제안이라고 쓰여 있습니다. 이것은 다시 전형적인 유럽연합의 모습입니다. 왜 그들은 시민들에게 그들의 생각을 물어보는 것 대신 새로운 무언가를 고안하는 것일까요?

제 생각에, 그것은 오직 돈과 관련이 있습니다. 비닐봉지가 더 이상 없다면, 다른 가방이 판매될 것입니다. 예를 들어 에코백 또는 종이가방 등등이요.

당연히 저는 비닐봉지의 사용을 더욱 절감하는 것에 대하여 찬성합니다.

하지만 매번 마트를 갈 때 가방을 가지고 가야 한다는 것은 또한 조금은 터무니없는 일이라고 생각합니다. 그것은 정말 무의미합니다.

Anna, 22, 밤베르크

어휘 die Europäische Union (=EU) [n.] 유럽연합 | erfinden [v.] 고안하다 | die Stofftasche [n.] 옷감으로 만들어진 가방, 에코백 | die Papiertasche [n.] 종이가방 | einverstanden [a.] 동의한 | der Unsinn [n.] 무의미함, 터무니없는 일 | der Unsinn [n.] 무의미함, 넌센스

---

22 Den Plastiktüten den Kampf anzusagen, finde ich lächerlich. Was sollen wir benutzen, wenn Plastiktüten schlecht für die Umwelt sind?

Viele sagen, dass sie gerne etwas für den Umweltschutz tun möchten. Warum also nicht einmal beim Einkaufen anfangen, an die Umwelt zu denken?

Darum habe ich mich wirklich bemüht, immer eine kleine Tasche dabei zu haben. Anfangs war es wirklich stressig. Aber jetzt ist es schon eine Gewohnheit geworden. Man braucht sowieso etwas, um Dinge zu transportieren. So können wir eine Kleinigkeit für die Umwelt beitragen.

Miriam, 17, Frankfurt

🔍 해석

비닐봉지에 대하여 논쟁하는 것은 어리석은 일이라고 생각합니다. 비닐봉지가 환경에 좋지 않다면 우리는 무엇을 이용해야 할까요?

많은 사람은 그들이 무엇인가 환경 보호를 위하여 무엇인가 하고 싶다고 말합니다. 왜 먼저 장을 볼 때부터 환경을 생각하는 것을 시작하지 않을까요?

그런 이유로 저는 항상 작은 가방을 가지고 다니기 위하여 정말 노력하였습니다. 처음에는 정말 스트레스였습니다. 하지만 이제는 벌써 습관이 되었습니다. 사람들은 어차피 물건을 운반하기 위하여 무엇인가를 필요로 합니다. 우리는 환경을 위해 작은 것이라도 기여할 수 있습니다.

Miriam, 17, 프랑크푸르트

어휘 der Kampf [n.] 싸움 | ansagen [v.] 알리다, 논쟁하다 | lächerlich [a.] 어리석은 | sich bemühen um [v.] 노력하다 | anfangs 처음에는 | die Gewohnheit [n.] 습관 | transportieren [v.] 운반하다 | beitragen [v.] 기여하다

---

23 Ich habe Fotos von Delfinen und Wasserschildkröten gesehen, die an Plastiktüten erstickt sind. Spätestens dann sollte jedem klar sein, dass wir uns umstellen müssen und andere Formen der Verpackung benutzen sollten.

Es gibt heutzutage ganz andere Umweltprobleme. Ist es dann besser Tüten aus Papier herzustellen?

Wären Papiertüten wirklich besser? Das ist auch nicht gut, weil dafür viele Bäume gefällt werden. Es ist besser Plastiktüten zu benutzen, als dass es in Deutschland keine Bäume mehr gibt.

Charlotte, 19, Salzburg

🔍 **해석**

저는 돌고래와 거북이가 비닐봉투에 숨이 막혀 질식하는 사진들을 보았습니다. 늦더라도 우리가 태도를 바꾸고 다른 형태의 포장을 사용해야 한다는 것을 모두에게 분명하게 해야 합니다.

오늘날에는 매우 다른 환경 오염 문제가 있습니다. 종이봉투를 만드는 것이 정말 더 나은 방법입니까?

종이봉투가 정말 더 좋을까요? 그것 또한 좋지 않습니다. 왜냐하면 그것을 위하여 많은 나무들이 베어지기 때문입니다. 독일에 나무가 더 이상 없는 것보다 비닐봉투를 사용하는 것이 더 낫습니다.

Charlotte, 19, 잘츠부르크

어휘 der Delfin [n.] 돌고래 | die Wasserschildkröte [n.] 바다거북이 | ersticken [v.] 질식하다 | umstellen [v.] 태도를 바꾸다 | heutzutage [adv.] 오늘날 | das Umweltproblem [n.] 환경 오염 문제 | herstellen [v.] 생산하다. 만들다

---

24 Früher wurden die Plastiktüten in den Supermärkten praktisch vollständig als Mülltüten weiter verwendet. Seit es sie nicht mehr kostenlos gibt, muss man sich nun Mülltüten kaufen, um den Müll wegwerfen zu können. Im Vergleich zu dem ganzen anderen Plastikmüll sind die Tüten übrigens nur ein relativ kleiner Teil.

Darum sollte nicht so viel Wirbel gemacht werden. Die paar Geschäfte, die Plastiktüten noch so rausgeben, können das meiner Meinung nach weiterhin tun.

Franz, 50, Erlangen

🔍 **해석**

과거에는 슈퍼마켓의 비닐봉지가 실질적인 쓰레기봉투로 완전히 사용되어 왔습니다. 그것이 더는 무료가 아닌 이후로, 사람들은 쓰레기를 버리기 위해서 이제는 쓰레기봉투를 구매해야만 합니다. 전체 플라스틱 폐기물과 비교해 볼 때 봉투는 덧붙여 말하자면 상대적으로 작은 부분일 뿐입니다. 그렇기 때문에 그렇게 많은 소동을 벌이지 말아야 합니다. 아직도 그렇게 제공하는 몇몇 상점들은. 제 생각에는 앞으로도 계속 그럴 수 있습니다.

Franz, 50, 에어랑엔

어휘 praktisch [a.] 실질적으로 | vollständig [a.] 완전한 | verwenden [v.] 사용하다 | die Mülltüte [n.] 쓰레기봉투 | wegwerfen [v.] 버리다 | übrigens [adv.] 덧붙여 말하자면 | relativ [a.] 상대적으로 | der Wirbel [n.]

소동, 소란

---

25 In Deutschland wird der Verpackungsmüll gründlich gesammelt, weiter verarbeitet und zu Blumenkübeln, Gartenbänken oder anderen Gegenständen gepresst.
Deshalb liegen Strände und Wiesen bei uns nicht voller Tüten. Also ist das hier kein großes Problem. Noch ein Gesetz dafür brauchen wir nicht.
Luisa, 46, Köln

🔍 **해석**

독일에서는 포장 폐기물을 철저히 수거하여 가공하고 화분, 정원 벤치 또는 기타 물건에 압착합니다.
그래서 우리 동네 있는 해변과 초원에는 봉투들이 가득 있지 않습니다. 그래서 그것은 이곳에서 큰 문제가 아닙니다. 아직 우리는 그것을 위한 법이 필요하지 않습니다.
Luisa, 46, 쾰른

> **어휘** der Verpackungsmüll [n.] 포장 폐기물 | gründlich [a.] 철저히 | sammeln [v.] 수거하다 | verarbeiten [v.] 가공처리하다 | der Blumenkübel [n.] 화분 | pressen [v.] 압착하다 | die Gartenbank [n.] 정원 벤치 | der Gegenstand [n.] 물건, 사물

---

26 Vor ein paar Tagen habe ich gelesen, dass es Leute gibt, die Plastik ganz aus ihrem Leben verbannt haben. Sie haben also zu Hause keinen einzigen Gegenstand mehr aus Plastik. Ich denke, das sollte unser Ziel sein. So können wir sowohl die Umwelt schützen, als auch die Rohstoffe der Erde sparen. Ein Verbot von Plastiktüten wäre ein erster Schritt in die richtige Richtung.
Tim, 27, Essen

🔍 **해석**

며칠 전에 저는 플라스틱을 그들의 삶에서 완전히 없앤 사람들이 있다는 것을 읽었습니다. 그들은 집에 더 이상 플라스틱 제품이 단 하나도 없습니다. 제 생각에는 그것이 우리들의 목표가 되어야 한다고 생각합니다. 이러한 방식으로 우리는 환경도 보호할 수 있으며, 지구의 천연 자원을 보호할 수 있습니다. 비닐봉지의 금지는 올바른 방향으로 가는 첫 번째 걸음이 될 것입니다.
Tim, 27, 에쎈

> **어휘** verbannen [v.] 추방하다 | der Gegenstand [n.] 물건 | das Ziel [n.] 목표 | die Rohstoffe [n.] 천연자원 | die Erde [n.] 지구 | das Verbot [n.] 금지 | der Schritt [n.] 발걸음 | die Richtung [n.] 방향

유형 5 •••••

27~30번까지의 문제와 그에 따른 본문을 읽으세요.

a, b, c 중 각 문제에 대한 알맞은 정답을 고르세요.

당신은 어학 시험에 참여하기 원하기 때문에, 시험 규정을 읽어 보세요.

27 시험의 참가자들은 신분증을...

    ☒ 시험이 진행되는 동안 책상 위에 놓아두어야 한다.

    ⓑ 가지고 오는 것이 아니고, 그것의 사본을 가지고 와야만 한다.

    ⓒ 시험 시작 전에 제출해야만 한다.

    어휘 liegen [v.] 놓아두다 | mitbringen [v.] 가지고 가다

28 시험지는,...

    ⓐ 답안지에 포함된다.

    ⓑ 시험이 끝난 후에 집으로 가지고 갈 수 있다.

    ☒ 답안지와 함께 제출해야 한다.

    어휘 der Antwortbogen [n.] 답안지 | abgeben [v.] 제출하다

29 사람들은...

    ⓐ 개인적으로 적은 기록만 참고 자료로 사용할 수 있다.

    ⓑ 허용되지 않는 참고 자료를 시험장에 가지고 오는 것은 금지이다.

    ☒ 시험장에서 배포된 펜과 연습장만 사용한다.

    어휘 unerlaubt [a.] 허가되지 않은 | das Hilfsmittel [n.] 참고 자료

30 허가되지 않은 참고 자료를 사용할 시에는,...

a 다른 장소에서 혼자 시험을 봐야 한다.

☒ 아무 점수를 받을 수 없다.

c 시험이 끝난 후 바로 시험장을 떠나야 한다.

Prüfungsordnung

Feststellung der Identität

1. Alle Prüfungsteilnehmer und -teilnehmerinnen müssen vor dem Einlass in den Prüfungsraum einen Ausweis vorlegen, so dass die Namen und persönlichen Angaben mit der Liste der Anmeldungen kontrolliert werden können. Die Identität muss zweifelsfrei festgestellt werden.

2. Während der Prüfung muss der Ausweis für den Lehrer jederzeit einsehbar am Platz liegen.

Prüfungsunterlagen

Man darf die Aufgabenblätter nicht nach Hause mitnehmen. Bevor die Teilnehmer und Teilnehmerinnen den Platz verlassen, muss die Vollständigkeit der Unterlagen überprüft werden.

Unerlaubte Hilfsmittel

1. Während der Prüfung darf man selbstverständlich keine unerlaubten Hilfsmittel benutzen. Auf den Tischen dürfen nur lediglich Aufgabenblätter, Antwortbogen, Stifte und Notizpapier (Diese werden vom Prüfungszentrum verteilt) liegen.

2. Als unerlaubte Hilfsmittel gelten auch persönliche Aufzeichnungen, Druckerzeugnisse, Wörterbücher, sowie Geräte, die zur Speicherung oder Übermittlung von Informationen geeignet sind (elektronische Kalender, Mobiltelefone, Kameras u. ä.).

Täuschung

Wer bei der Prüfung unerlaubte Hilfsmittel verwendet, und versucht von anderen Teilnehmern abzuschreiben, wird sofort von der Prüfung ausgeschlossen. In diesem Fall werden die Prüfungsleistungen nicht bewertet. Jeder Täuschungsversuch wird protokolliert. Der Ausschluss von der Prüfung ist unter Angaben der Gründe, die zum Ausschluss geführt haben, ausführlich vom Lehrer auf dem Prüfungsprotokoll zu vermerken. Wenn es zur Verwendung unerlaubter Hilfsmittel, zu einer Täuschung oder zu einer anderen Störung des Prüfungsablaufs gekommen ist, wird die jeweilige Prüfungsleistung nachträglich für ungültig erklärt.

어휘 der Einlass [n.] 입장 허가 | die Angabe [n.] 정보, 진술, 언명 | die Identität [n.] 신원 | zweifelsfrei [a.] 의문 없이 | werden...festgestellt [v.] (신원이) 규명되다 (feststellen의 수동태) | jederzeit [adv.] 언제나 | einsehbar [a.] 식별 가능한 | werden...überprüft [v.] 검사되다 (überprüfen의 수동태) | unerlaubt [a.] 불법의, 허가되지 않은 | lediglich [adv.] 다만, 전혀 | die Aufgabenblätter [n.] 시험지 (pl.) | das

Druckerzeugnis [n.] 인쇄된 증명서 ｜ die Übermittlung [n.] 전달 ｜ geeignet [a.] 적당한, 유용한 ｜ abschreiben [v.] 컨닝하다 ｜ werden...ausgeschloßen [v.] 제명되다 (ausschließen의 수동태) ｜ bewerten [v.] 평가하다 ｜ der Täuschung [n.] 부정행위 ｜ die Prüfungsleistung [n.] 시험 성적 ｜ protokollieren [v.] 기록하다, 조서를 꾸미다 ｜ vermerken [n.] 메모하다 ｜ ausführlich [adv.] 상세한, 자세한 ｜ jeweilig [a.] 그때마다의 ｜ nachträglich [a.] 나중의

 해석

시험 규정

신원 확인

1. 모든 시험 참가자는 시험 장소에 입장하기 전에 등록 명단에 있는 이름과 개인 정보를 확인할 수 있도록 신분증을 제시해야 합니다. 신원은 의심의 여지 없이 확인되어야만 합니다.

2. 시험이 진행되는 동안에 신분증은 선생님이 매 시간마다 볼 수 있도록 자리에 놓아두어야 합니다.

시험 관련 서류

시험지는 집으로 가지고 갈 수 없습니다. 참가자들은 자리를 떠나기 전에 문서가 완성되었는지 확인해야 합니다.

허용되지 않는 참고 자료

1. 시험이 진행되는 동안 당연히 허용되지 않은 참고 자료들은 사용이 금지되어 있습니다. 책상 위에는 단지 시험지, 답안지, 연필 그리고 연습장(시험장에서 배포할 것임)만 올려놓을 수 있습니다.

2. 허용되지 않는 참고 자료로는 개인적으로 적은 기록, (사전 같은) 인쇄물, 정보 저장 및 전송에 적합한 장치들(전자 달력, 핸드폰, 카메라 등 비슷한 것)도 포함됩니다.

부정행위

시험 도중 허용되지 않은 참고 자료를 사용하고, 다른 참가자를 컨닝하는 것을 시도하는 사람은 시험에서 바로 제명됩니다. 이 경우에는 시험 성적이 평가되지 않습니다. 모든 부정행위의 시도는 기록하게 됩니다. 시험에서 제명되는 경우는 제명되어야 하는 이유를 선생님으로부터 시험 보고서에 자세히 기록되어야 합니다. 허용되지 않은 참고 자료를 사용하여, 부정행위 또는 시험 진행의 또 다른 방해가 있을 경우, 각 시험 성적은 추후에 무효화됩니다.

유형 1 ●●●●

 (MP3 03_01)

이제 당신은 5개의 짧은 본문을 듣습니다. 본문은 **두 번** 듣게 됩니다. 각 본문에 해당하는 2개의 문제를 풀어야 합니다. 각 문제에 알맞은 답을 선택하세요.

먼저 보기를 읽어 보세요. 이것을 위하여 당신은 10초의 시간이 있습니다.

Beispiel

📄 Skript

Sie hören eine Nachricht auf dem Anrufbeantworter.

Hallo Jan, hier ist Frank. Wir wollten doch im Sommer eine Woche ans Meer fahren. Ich bin gerade im Internet: im Juni gibt es noch günstige Flüge nach Sizilien. Die Übernachtung müssen wir noch klären. Meine Tante wohnt doch dort. Bei ihr könnten wir vielleicht schlafen. Ansonsten bieten die hier auch noch billige Hotelzimmer an – oder wir gehen campen, das fände ich am besten. Ich schicke dir den Link, schau es dir doch mal an. Tschüss.

🔍 해석

당신은 자동응답기에서 하나의 메시지를 듣습니다.

안녕 Jan, 나는 Frank야. 우리 여름에 한 주 동안 바다에 가기로 했잖아. 나는 방금 인터넷 하는 중이었어. 6월에는 아직 시칠리아로 가는 저렴한 비행기들이 있어. 우리는 숙박을 어떻게 할지 이제 정해야해. 나의 숙모가 그곳에 살고있어. 우리는 어쩌면 그녀의 집에서 잘 수 있어. 아니면 우리 저렴한 호텔을 이용하자. 그렇지 않으면 우리 캠핑을 하러가자. 그게 가장 좋을 것 같아. 내가 너에게 내가 찾았던 호텔 링크를 보내줄게. 너도 한번 살펴봐. 안녕.

> **어휘** günstig [a.] 저렴한, 형편이 좋은 │ die Übernachtung [n.] 숙박 │ ansonsten [adv.] 그렇지 않으면 │
> anschauen [n.] 바라보다, 응시하다

01 Frank는 Jan에게 시칠리아로 가는 것을 제안했다. *Falsch*

02 Frank가 가장 숙박하기를 원하는 곳은 어디인가?

　　ⓐ 친척집에서

　　ⓑ 호텔에서

　　☒ 텐트에서

> **어휘** vorschlagen [v.] 제안하다 │ übernachten [v.] 숙박하다, 묵다

Text 1

 Skript

Sie hören eine Werbung im Radio.

In unserer Sendung, geben wir wie immer 5 Vorschläge für unsere Zuhörer, die mal wieder ins Kino gehen möchten. Montag am 01.10. um 15 Uhr im Cinemaxx am Berlinerplatz 6 läuft „Sprich mit ihr", ein für das beste Drehbuch Oscar-nominierter Film.

Dieser läuft auch in der Abendvorstellung um 20:30 Uhr. Am Dienstag gibt es drei Vorstellungszeiten für „The green Papa", eine Action-Komödie in 3-D, um 10:45 Uhr, 16:45 Uhr und 19:45 Uhr im Plaza am Breitscheidplatz. Versäumen Sie nicht am Mittwoch, den 03.10., den Film „I can speak", ausgezeichnet mit dem Koreanischen Filmpreis. Der Vorstellungsbeginn ist um 15:15 Uhr, 18:00 Uhr und 20:25 Uhr am Rimmbecker Platz im „Area Kino". Für diesen Film bekommen Sie 30% Ermäßigung.

🔍 **해석**

당신은 라디오에서 광고를 듣습니다.

우리 프로그램에서는 영화관에 가기를 원하는 청취자들에게 언제나 그랬던 것처럼 다섯 가지의 제안을 합니다. 월요일 10월 1일 15시에 베를리너플라츠 6에 있는 씨네막스에서는 오스카영화제에서 최고의 각본상으로 후보로 지명된 "Sprich mit ihr"가 상영됩니다. 이 영화는 20시 30분 저녁 상영 시간에도 상영됩니다. 화요일에는 3번의 상영 시간이 있는데 브라이트샤이트 광장에 있는 쇼핑몰에서 액션코미디 영화 "The green Papa" 3D영화로 10시 45분, 16시 45분 그리고 19시 45분에 상영됩니다. 10월 3일 수요일일에 있는 한국영화상을 받은 우수한 영화 "I Can Speak"을 놓치지 마세요. 상영 시작은 림베커 광장에 있는 "Area Kino"에서 15시 15분, 18시 그리고 20시 25분입니다. 당신은 이 영화를 30% 할인 받으실 수 있습니다.

어휘 das Drehbuch [n.] 시나리오 | Oscar-nominierter Film 오스카영화제에서 임명된 | die Vorstellungszeit [n.] 상영 시간 | versäumen [v.] 놓다, 놓치다 | ausgezeichnet [a.] 뛰어난, 탁월한 | der Vorstellungsbeginn [n.] 상영 시작 | die Ermäßigung [n.] 할인

1 그 프로그램은 우리에게 몇몇의 영화에 대한 정보를 준다. ~~Richtig~~ | Falsch

2 10월 3일 수요일에는...

☐ ⓐ 오스카영화제에서 후보로 지명된 영화를 볼 수 있다.

☐ ⓑ "The green Papa"가 상영된다.

☒ 티켓을 저렴하게 구매할 수 있다.

어휘 die Sendung [n.] 프로그램 | informieren über [v.] ~에 대해 조사하다. 정보를 주다 | nominieren [v.] (후보로) 지명하다 | werden...vorgeführt [v.] 상영되다 (vorführen의 수동태)

Text 2

📄 Skript

Sie hören den Wetterbericht im Radio.
Am Montagmorgen ist es bewölkt. Um die Mittagszeit ist mit Schneefall zu rechnen. Die Tagestemperaturen liegen zwischen -2 und 6 Grad. Am Dienstag lockert es sich im Laufe des Tages auf und zeitweise zeigt sich die Sonne. Danach wird ein leichter Temperaturanstieg erwartet.

🔍 해석

당신은 라디오의 일기예보를 듣습니다.
월요일 아침에는 날씨가 흐립니다. 점심에는 강설이 예상됩니다. 오늘 기온은 영하 2도와 영상 6도 사이에 있습니다. 화요일에는 낮에 날씨가 풀리고 한때 햇빛이 비치겠습니다. 그다음에는 가벼운 기온 상승이 예상됩니다.

어휘 **bewölkt** [a.] 흐린 | **der Schneefall** [n.] 강설 | **auflockern** [v.] 풀어지다 | **zeitweise** [adv.] 한때, 때때로 | **der Temperaturanstieg** [n.] 기온 상승 | **erwarten** [v.] 기대되다

---

3 오늘 날씨는 영하 2도까지 추워질 수 있다. | *Falsch*

4 화요일에는...

☒ 기온이 오를 수 있다.

b 강설이 예상된다.

c 가장 높은 기온은 6도가 될 것이다.

어휘 **die Temperatur** [n.] 기온 | **minus** [a.] 영하의 | **ansteigen** [v.] 오르다 | **der Schneefall** [n.] 강설 | **rechnen** [v.] 예상되다

Text 3

 Skript

Sie hören eine Nachricht auf dem Anrufbeantworter.

Hallo Frau Schülz, hier spricht Peter Bauer vom Modehaus „Ecke". Leider ist das Hemd, das Sie gestern in Größe 38 bestellt haben, nicht mehr lieferbar. Der Hersteller hat schon mit der Winterkollektion begonnen, deswegen ist es nicht mehr produzierbar.

Wir bedauern das sehr und wir möchten Ihnen die Möglichkeit geben, ein anderes Modell bei uns auszusuchen. Da Sie eine Stammkundin sind, würden wir Ihnen einen Nachlass von 20% gewähren, wenn Sie ein anderes Modell nehmen. Bis bald!

🔍 **해석**

당신은 자동응답기에 녹음된 하나의 소식을 듣습니다.

안녕하세요 Schülz 부인. 저는 "Ecke" 패션 전문점의 Peter Bauer입니다. 유감스럽게도 어제 당신이 주문하신 38 사이즈의 셔츠를 더는 공급해 드릴 수가 없습니다. 제조사에서는 이미 겨울 컬렉션을 시작했습니다. 그래서 그 제품은 더이상 생산할 수 없습니다.

우리는 그것에 대해 매우 유감스럽게 생각하고, 당신에게 우리 가게에 다른 모델을 선택하실 수 있도록 기회를 드리려고 합니다. 당신은 단골 고객이므로 다른 모델을 구매하시기 원하신다면, 저희가 20% 할인을 해드릴 수 있습니다. 곧 만나요!

어휘 lieferbar [a.] 공급할 수 있는 | produzierbar [a.] 생산할 수 있는 | bedauern [v.] 유감으로 생각하다 | die Stammkundin [n.] (여자) 단골 고객 | der Nachlass [n.] 할인 | gewähren [v.] 제공하다

---

5 Schülz 부인은 사이즈를 교환해야 한다.   Richtig   ~~Falsch~~

6 Schülz 부인이 주문한 셔츠는,....

   a 교환을 위해 그녀가 직접 가지러 가야만 한다.

   ☒ 유감스럽게 더는 생산되지 않는다.

   c 손상되었다. 그래서 그녀는 20% 할인을 받을 수 있다.

   어휘 die Größe [n.] 사이즈 | wechseln [v.] 교환하다 | haben...hergestellt [v.] 생산하다 (herstellen의 현재완료) | der Rabatt [n.] 할인 | erhalten [v.] 받다

Text 4

📄 Skript

Sie hören eine Ansage auf dem Anrufbeantworter einer Arztpraxis.

Hier ist Zahnarztpraxis Dr. Berner. Die Praxis ist im Moment wegen der Sommerferien geschlossen. Die Praxis ist vom 1.9. bis 8.9. geschlossen. Nach den Ferien sind wir wieder von 9:00 Uhr bis 16:30 Uhr erreichbar. In dringenden Fällen wenden Sie sich bitte wie immer an unseren Vertreter, Dr. Wittek, Tel. 0223 998 83 79. Unsere Praxis bleibt Freitag und Samstag geschlossen. Termine nur nach telefonischer Vereinbarung.

🔎 해석

당신은 자동응답기에 녹음되어있는 병원의 고지를 듣습니다.

여기는 Berner박사 치과입니다. 우리 병원은 현재 여름 휴가로 인하여 닫혀있습니다. 병원은 9월 1일부터 9월 8일까지 문을 닫습니다. 우리는 휴가 이후에 다시 9시부터 16시 30분까지 연락이 가능합니다. 위급한 상황에는 언제나처럼 우리의 대리인 Wittek 박사님에게 전화번호 0223 998 83 79로 연락하세요. 우리 병원은 금요일과 토요일에는 문을 닫습니다. 예약은 전화로만 협의가 가능합니다.

> **어휘** geschlossen [a.] 닫힌 | erreichbar [a.] 연락이 되는 | dringend [a.] 위급한 | der Vertreter [n.] 대리인 |
> die Vereinbarung [n.] 협의

7 Berner박사 개인 치과 병원은 위급한 경우에 연락이 되지 않는다.   Richtig

8 휴가 후에는...

    a   금요일 9시부터 16시 30분까지 예약이 가능하다.

    b   금요일과 토요일에는 비상시에 연락이 가능하다.

    ☒   진료 시간은 월요일부터 목요일까지이다.

> **어휘** die Zahnarztpraxis [n.] 개인 치과 병원 | der Notfall [n.] 위급한 경우 | erreichbar [a.] 연락이 되는 |
> vereinbaren [v.] 협의하다 | im Notfall 비상시에

Text 5

 Skript

Sie hören eine Durchsage am Bahnhof.
Achtung, Achtung an Gleis 6. Wegen der Verspätung des ICE 5322 von Frankfurt nach Berlin, planmäßige Abfahrtszeit 9:56 Uhr von Gleis 6, bitten wir Sie, sich umgehend an das gegenüberliegende Gleis 8 zu begeben. Der ICE 5322 nach Berlin über Hannover wird in etwa 10 Minuten von Gleis 8 abfahren. Auf Gleis 6 erwarten wir die Durchfahrt des ICE 545 nach Würzburg. Seien Sie bitte vorsichtig! Ich wiederhole...

해석

당신은 역에서 안내 방송을 듣습니다.
주의해 주세요, 6번 게이트는 주의해 주세요. 6번 게이트에서 9시 56분 출발할 예정인 분들은 프랑크푸르트로부터 베를린으로 가는 ICE 5322의 연착으로 인해 즉각 건너편에 있는 8번 게이트로 이동해 주실 것을 부탁드립니다. 베를린으로 가는 ICE 5322 기차는 하노버를 지나 약 10분 안에 8번 게이트에서 출발합니다. 6번 게이트에서는 뷔어츠부르크로 통과하는 ICE 545를 기다립니다. 부디 조심하세요! 다시 반복합니다...

> **어휘** wegen [prp.] ~ 때문에 (2격전치사) | planmäßig [a.] 예정대로의 | umgehend [a.] 즉각, 지체 없이 | sich begeben [v.] 어떤 장소로 가다 | die Durchfahrt [n.] 통과

9 오늘 ICE 5322 기차는 취소되었다.  Richtig ~~Falsch~~

10 베를린으로 가는 ICE 5322는...

[a] 20분이 연착 되었다.

[b] 오늘 뷔어츠부르크를 지나간다.

☒ 오늘 8번 게이트에서 출발하게 된다.

> **어휘** sein...ausgefallen [v.] 취소되었다 (ausfallen의 현재완료) | die Verspätung [n.] 연착 | abfahren [v.] 출발하다

유형 2 ● ● ● ●

MP3 03_02

당신은 하나의 본문을 듣습니다. 본문은 **한 번** 듣게 됩니다. 5개의 문제를 풀어 보세요.

각 문제에 알맞은 답을 a, b 또는 c에서 선택하세요.

이제 11번부터 15번의 문제를 읽어 보세요. 이것을 위하여 당신은 60초의 시간이 있습니다.

당신은 베토벤 시티투어에 참가합니다. 그리고 관람하기에 앞서 설명을 듣습니다.

📄 Skript

Liebe Gäste, ich darf Sie herzlich zur Beethoven-City-Tour begrüßen. Alle Touristen sind schon da. Wir gehen heute eine Viertelstunde früher als geplant los. Mein Name ist Linda Strauss und ich begleite Sie auf der circa dreistündigen Reise, durch Bonn, auf der Sie alle wichtigen Sehenswürdigkeiten der Stadt sehen werden. Auf den Spuren von Ludwig van Beethoven erfahren Sie alles Wissenswerte aus dem Leben des berühmtesten Sohnes der Stadt. In 5 Minuten werden wir zuerst Beethovens Denkmal besichtigen. Anschließend besuchen wir Beethovens Wohnhaus. Dort kann man viele Dinge besichtigen, die Beethoven zu Lebzeiten benutzt hat, zum Beispiel sein Klavier und seine Partituren. Wie schon gesagt, Bonn ist die Geburtsstadt von Ludwig van Beethoven.

Er lebte über 20 Jahre in Bonn, bevor er nach Wien zog. Den Abschluss unserer Tour bildet der Besuch von Beethovens Konzerthalle. Diese wurde im Jahr 1959 von den Bürgern der Stadt gegründet. Wenn Sie heute Abend ein Konzert besuchen möchten, sagen Sie mir bitte gleich Bescheid. Heute gibt es ein Konzert, bei dem Werke von Beethoven gespielt werden. Bei uns können Sie eine Ermäßigung bekommen. Beethoven ist nicht der einzige Komponist, der in Bonn gewohnt hat. Robert Schumann ist neben Beethoven ein weltbekannter Musiker und Komponist, dem Bonn den Ruf einer Musikstadt zu verdanken hat. Robert Schumann ist auf dem Alten Friedhof in Bonn beerdigt worden. Wir gehen heute nicht dorthin. Aber wenn Sie wollen, können Sie diesen später besuchen. Aber dort kann man nicht zu Fuß hingehen. Nehmen Sie lieber den Bus Nr 3. Jetzt können Sie die Rundfahrt auf dem Fluss Rhein genießen.

Und nun einige Informationen über die Souvenirs von Bonn! In Bonn können Sie den Haribo-Fabrikverkauf besuchen. Dort finden Sie Klassiker und Neuheiten aus anderen europäischen Ländern. Haribo wurde 1920 von Hans Riegel gegründet und der Name Haribo stammt auch von ihm. Hans Riegel hat Haribo 70 Jahre lang geleitet. Für zu Hause haben wir auch ein kleines Geschenk für Sie vorbereitet. Das wäre im Moment alles. Genießen Sie die Reise!

🔍 해석

친애하는 손님 여러분, 저는 당신이 베토벤 시티투어에 오신 것을 진심으로 환영합니다.

모든 관광객은 벌써 오셨습니다. 우리는 오늘 계획보다 15분 일찍 출발하도록 하겠습니다. 제 이름은 Linda Strauss이고 당신에게 대략 세 시간의 여행을 안내하며 본의 모든 중요한 관광명소들을 볼 수 있도록 안내하겠습니다. 루트비히 판 베토벤의 흔적을 따라 당신은 이 도시의 가장 유명한 아들의 삶을 통하여 모든 정보를 경험할 수 있습니다. 5분 안에 우리는 먼저 베토벤의 동상을 보게 됩니다. 이어서 우리는 바로 베토벤의 생가를 방문합니다. 그곳에서는 베토벤이 스스로 사용했던 많은 물건을 볼 수 있습니다. 예를 들어 그의 피아노와 악보들을요. 이미 말했듯이 본은 루트비히 판 베토벤이 태어난 도시입니다.

그는 그가 빈으로 옮기기 전에 20년이 넘게 본에서 살았습니다. 우리들의 투어는 베토벤 콘서트홀을 방문함으로써 끝이 납니다. 이 건물은 1959년 도시의 시민들에 의하여 설립되었습니다. 당신이 오늘 저녁 콘서트를 방문하기를 원하신다면 저에게 바로 알려주세요. 오늘은 베토벤의 작품이 연주되는 콘서트가 있습니다. 당신은 우리에게서 할인을 받으실 수 있습니다. 베토벤은 본에 살았던 유일한 작곡가가 아닙니다. 로버트 슈만도 베토벤과 함께 본에게 음악도시의 명성을 가져다 준 세계적으로 유명한 음악가이자 작곡가입니다. 로버트 슈만은 본에 있는 오래된 묘지에 매장되었습니다. 우리는 오늘 그곳에는 가지 않습니다. 하지만 당신이 원하신다면 나중에 잠깐 방문할 수 있습니다. 하지만 그곳은 걸어서 방문할 수 있는 곳은 아닙니다. 차라리 3번 버스를 이용하세요. 그 밖에도 당신은 라인강을 지나는 유람선 관광을 즐길 수 있습니다.

그리고 이제 본의 기념품에 대한 몇 가지 정보입니다! 당신은 본에서 하리보 아웃렛을 방문할 수 있습니다. 그곳에서 당신은 기본 제품과 다른 유럽에서 온 신제품을 발견할 수 있습니다. 하리보는 1920년 Hans Rigel을 통하여 설립되었으며 하리보라는 이름은 Hans Rigel (Bonn)에서 유래되었습니다. Hans Rigel은 하리보를 70년 동안 이끌었습니다. 우리는 당신을 위하여 집에 가져갈 수 있는 작은 선물도 준비했습니다. 자 이제, 여기까지였습니다. 여행을 즐기세요!

어휘 die Viertelstunde [n.] 15분 | begleiten [v.] 안내하다 | die Spur [n.] 흔적, 발자취 | wissenswert [a.] 알 만한 가치가 있는 | das Denkmal [n.] 동상 | anschließend [adv.] 그 후에 | das Partitur [n.] 악보 | wurden...gegründet [v.] 설립되었다 (gründen의 수동태 현재완료) | weltbekannt [a.] 세계적으로 유명한 | verdanken [v.] (누구의) 덕택이다 | der Friedhof [n.] 묘지 | beerdigen [v.] 매장하다 | der Fabrikverkauf [n.] 아웃렛 | stammen [v.] 유래하다 | haben...geleitet [v.] 이끌었다 (leiten의 현재완료) | haben...vorbereitet [v.] 준비했다 (vorbereiten의 현재완료)

11 오늘 그녀는 안내를...

☒ 계획보다 일찍 진행한다.

ⓑ 한 시간 반 동안 한다.

ⓒ 15분 늦게 한다.

> **어휘** die Führung [n.] 안내 | geplant [a.] 계획된

12 루트비히 판 베토벤은...

ⓐ 본에서 태어나고 빈에서 20년 동안 살았다.

☒ 빈으로 이사하기 전 본에서 약 20년 동안 살았다.

ⓒ 베토벤 콘서트홀에서 연주하기를 즐겼다.

> **어휘** hatten...gespielt [v.] 연주했었다 (spielen의 과거완료)

13 베토벤 콘서트홀에서는...

ⓐ 대체로 베토벤의 곡이 연주된다.

ⓑ 할인이 되지 않는다.

☒ 오늘 베토벤의 곡이 연주된다.

> **어휘** das Werk [n.] 작품, 곡

14 로버트 슈만은..

☒ 베토벤과 더불어 작곡가로 유명하다.

ⓑ 살아있을 때 한번 루트비히 판 베토벤을 만나기 위하여 본에 방문했었다.

ⓒ 빈에 묻혔다.

> **어휘** der Komponist [n.] 작곡가 | beerdigen [v.] 매장하다

15 사람들은...

a 70년 전부터 하리보를 좋아한다.

b 베토벤의 콘서트홀에서 베토벤의 악보를 볼 수 있다.

⊠ 투어 중에 기념품을 위한 몇 가지 정보를 받을 수 있다.

> **어휘** die Rundfahrt [n.] 투어, 순회 ᵢ die Partitur [n.] 악보

유형 3 ••••

MP3 03_03

당신은 이제 하나의 대화를 듣습니다. 대화는 **한 번** 듣게 됩니다. 이에 대해 7개의 문제를 풀어야 합니다. 선택 하세요. 진술이 맞습니까 아니면 틀립니까?

이제 16~22번까지의 문제를 읽어 보세요. 이것을 위하여 당신은 60초의 시간이 있습니다.

당신은 버스 정류장에서 젊은 남자와 여자가 직업과 학업에 대하여 이야기하는 것을 듣고 있습니다.

16	Julia는 다음 주에 시험이 있다.	~~Richtig~~	Falsch
17	Julia의 실습은 내년까지이다.	Richtig	~~Falsch~~
18	Julia는 시험을 위하여 예전처럼 수학과 물리학을 공부해야만 한다.	Richtig	~~Falsch~~
19	졸업시험에서 David은 기준 미달 평균 점수를 받았다.	Richtig	~~Falsch~~
20	David은 대학 입학 자리를 얻지 못했다.	~~Richtig~~	Falsch
21	최근에 졸업시험은 더 어려워졌다.	Richtig	~~Falsch~~
22	David은 병원에서 실습하기를 원한다.	Richtig	~~Falsch~~

> **어휘** das Praktikum [n.] 실습, 세미나 | die Mathe [n.] 수학 | die Physik [n.] 물리학 | die Durchschnittsnote [n.] 평균 점수 | der Studienplatz [n.] 대학교 정원 자리

📄 Skript

David	Hi, Julia. Wie geht's? Wo warst du? Letzte Woche habe ich dich gar nicht gesehen.
Julia	Ich hatte in den letzten Wochen keine Zeit fürs Training. Ich musste mich auf Prüfungen vorbereiten.
David	Welche Prüfungen? Setz dich zu mir, hast du Zeit?
Julia	Ja aber nur kurz, ich mache zurzeit eine Ausbildung als Friseurin und nächste Woche sind die Prüfungen.
David	Ach so, dann hast du wahrscheinlich viel zu tun. Dauert es noch lange, bist du mit der Ausbildung fertig?
Julia	Nö, das sind jetzt die letzten Prüfungen. Die Ausbildung ist ganz schön anstrengend, aber Friseurin zu werden ist echt toll. Da ich sehr gerne lerne, hatte ich bis jetzt gute Noten.
David	Warst du in der Schule auch immer so fleißig?
Julia	Nee, dann wäre ich nicht auf die Hauptschule gegangen. Ich fand Schule immer blöd. Erst in der Ausbildung habe ich Spaß am Lernen bekommen. Hier ist alles viel praktischer. Ich brauche nicht wie früher Mathe oder Physik zu lernen.
David	Na dann, viel Glück!
Julia	Danke. Aber sag mal. Wie läuft es denn bei dir? Piona hat mir erzählt, dass du dein Abitur bestanden hast.
David	Das Abitur war super. Ich hab einen Notendurchschnitt von 1.0 bekommen.
Julia	Wow, das reicht ja dann fürs Medizinstudium. Du wolltest doch immer Arzt werden, nicht wahr?
David	Ja. Das will ich auch immer noch. Aber heutzutage machen sehr viele Leute ein sehr gutes Abitur, weil die Prüfungen nicht mehr so schwer sind wie früher.
Julia	Ist das ein Problem?
David	Ja klar, die Studienplätze werden verlost, weil viele sehr gute Noten haben. Daher gibt es ein Losverfahren. Leider hatte ich kein Glück.
Julia	Das ist doch ungerecht. Bist du nicht sauer?
David	Schon, aber ich kann dagegen nichts machen. Ich hoffe nur, dass ich nächstes Jahr mehr Glück habe.
Julia	Und was machst du jetzt?
David	Ich mache ein Praktikum in einem Krankenhaus. Das ist auch interessant.
Julia	Ach, da kommt mein Bus. Wenn die Prüfungen vorbei sind, komme ich auch wieder zum Training.
David	Ja, bis dann. Tschüs! Und noch mal, viel Glück!
Julia	Okay. Mach's gut. Ich rufe dich an.

🔍 해석

David	안녕, Julia. 잘 지냈니? 너 어디에 있었니? 지난주에 나는 너를 전혀 보지 못했어.
Julia	나는 지난주에 운동할 시간이 없었어. 나는 시험을 준비해야만 했어.
David	어떤 시험들? 여기 앉아봐. 너 시간이 있니?
Julia	응, 하지만 잠시만 있어. 나는 요즘에 미용사로 교육을 받고 있고 다음 주에 시험이 있어.
David	아 그렇구나. 그럼 너는 분명 할 일이 많겠다. 네가 직업 교육을 마칠 때까지 더 오래 걸리니?
Julia	아니, 이제 마지막 시험이야. 직업 교육은 꽤 힘들지만, 미용사가 되는 일은 정말 멋진 일이야. 나는 정말 즐겁게 배웠기 때문에 지금까지 좋은 점수를 받았어.
David	너 학교에서도 항상 이렇게 열심히 했었니?
Julia	아니, 그랬다면 내가 실업학교에 가지 않았을 거야. 나는 학교가 늘 짜증난다고 생각했어. 직업 교육을 받으면서 나는 처음으로 배우는 것에 즐거움을 느낄 수 있었어. 이곳에서는 모든 것이 훨씬 실용적이야. 예전처럼 수학이나 물리학을 배우는 것이 나에게 필요하지 않아.
David	그래 그럼. 행운을 빌어!
Julia	고마워. 하지만 말해봐. 너는 어떻게 되어가고 있어? Piona는 나에게 네가 졸업시험에 합격했다고 이야기했어.
David	졸업시험은 아주 잘 쳤어. 나는 평균 점수 1.0점을 받았어.
Julia	와, 그럼 의대에 가기에 충분하네. 너는 항상 의사가 되고 싶어 했잖아, 그렇지 않니?
David	응, 나는 아직도 그 일을 하고 싶어. 하지만 요즘은 졸업시험 때 많은 사람이 아주 좋은 점수를 받아, 왜냐하면 시험이 더 이상 예전처럼 그렇게 어렵지 않거든.
Julia	그것이 문제가 되니?
David	응, 당연하지, 왜냐하면 모두가 좋은 점수를 가지고 있기에 대학 입학 자리를 잃게 돼. 그런 이유로 추첨 절차가 있어. 유감스럽게도 나는 운이 없었어.
Julia	하지만 그건 불공평해. 너는 화나지 않니?
David	화나지, 하지만 나는 그것에 대항해서 아무것도 할 수가 없어. 나는 단지 내가 내년에는 더 많은 행운이 있기를 바랄 뿐이야.
Julia	그럼 너는 지금 무엇을 하니?
David	나는 병원에서 실습하고 있어. 그것도 아주 흥미로워.
Julia	아, 저기 내 버스가 온다. 시험이 끝난다면, 다시 운동하러 올게.
David	그래, 나중에 보자. 안녕! 그리고 다시 한 번, 행운이 있기를 바라!
Julia	그래, 잘 지내. 내가 전화할게.

어휘 die Ausbildung [n.] (직업) 실습 | wahrscheinlich [adv.] 아마 | anstrengend [a.] 아주 힘든 | die Friseurin [n.] (여자) 미용사 | echt [a.] 진짜의 | der Notendurchschnitt [n.] 평균 점수 | der Studienplatz [n.] 대학 정원 자리 | das Losverfahren [n.] 추첨 절차 | ungerecht [a.] 불공평한, 부당한 | sauer [a.] 화가 난, 불쾌한 | dagegen ~에 반대하여 | Mach's gut 잘 지내

유형 4 ••••

MP3 03_04

당신은 이제 하나의 토론을 듣습니다. 당신은 이 토론을 **두 번** 듣게 됩니다. 이에 대해 8개의 문제를 풀어야 합니다. 선택 하세요: 누가 무엇을 말합니까?

이제 23~30번까지의 문제를 읽어보세요. 이것을 위하여 당신은 60초의 시간이 있습니다.

라디오의 진행자는 "테마 환경"에 대하여 Günther Wagner와 17살의 환경 보호가 여학생인 Lisa Fischer와 "더 나은 세상을 위해 무엇을 할 수 있을까."라는 주제로 토론을 합니다.

		Moderatorin	Lisa Fischer	Günther Wagner
Beispiel				
0	환경은 우리의 삶에서 중요한 주제이다.	☒	b	c
23	에너지 담당자는 실내의 조명이 꺼져있고, 히터가 꺼졌는지 확인해야 한다.	a	☒	c
24	모든 사람이 환경 보호에 대한 책임이 있고, 생각해야 한다는 것을 분명히 해야 한다.	a	b	☒
25	한 그룹에서 활동적인 젊은이들을 환경을 위해 독립적으로 고용한다.	a	b	☒
26	젊은 사람들이 환경과 정치 문제에 대하여 생각하는 것은 중요하다.	☒	b	c
27	전기 절약은 실행하기 그렇게 어려운 일은 아니다.	a	b	☒
28	그린피스 청소년에 가입하면, 자신의 생각을 잘 통찰할 수 있다.	a	☒	c
29	환경 보호라는 주제에 대하여 토론할수록 어렵게 여기기 때문에 더 적은 실천을 한다.	a	b	☒
30	자동차와 비닐봉지의 사용에 대하여 생각하는 것은 제대로 된 방법이다.	☒	b	c

어휘 der Energiebeauftragte [n.] 에너지 담당자 | aufpassen [v.] 주의하다 | die Heizung [n.] 라디에이터 | die Verantwortung [n.] 책임 | der Umweltschutz [n.] 환경 보호 | sich überlegen [v.] 숙고하다, 고려하다 | unabhängig [a.] 독립적으로 | anstellen [v.] 임명하다 | die Politik [n.] 정치 | diskutieren [v.] 토론하다 | die Plastiktüte [n.] 비닐봉지 | nachdenken [v.] 숙고하다

Skript

Moderatorin	Hallo, liebe Zuhörerinnen und Zuhörer! Willkommen zu unserer heutigen Sendung „Themen Umwelt". Heute geht es um Umwelt, die ganz wichtig in unserem Leben ist. Dazu haben wir als Gäste, Herr Günther Wagner, ein Lehrer im Gymnasium und Lisa Fischer, die schon vieles versucht hat, eingeladen.
Lisa, Wagner	Hallo!
Moderatorin	Lisa, ich habe gehört, dass Sie schon seit langem versucht haben, die Umwelt zu schützen. Wie haben Sie daran gedacht?
Lisa	Unsere Schule war eine von etwa 30 Umweltschulen in Europa, weil an meiner Schule sich viel um den Umweltschutz dreht. Daher haben wir den Titel bisher jedes Jahr verliehen bekommen.
Moderatorin	Ach so. Das ist sehr interessant. Was braucht man dafür? Erzählen Sie ein bisschen mehr darüber.
Lisa	Es geht darum, die Schülern über Umweltthemen zu informieren. Zum Beispiel so viel CO_2 wie möglichst einzusparen u.s.w. Zuerst würde ich über meine Erfahrung erzählen. Drei Jahre lang war ich eine Energiebeauftragte. Es gab zwei Energiebeauftragten pro Klasse und ich war eine davon. Es hat mir von Anfang an gut gefallen, dabei zu helfen, die Klassen über Umweltverschmutzung aufzuklären und Recycling-Schulhefte zu verkaufen. Darüber hinaus habe ich darauf geachtet, ob das Licht im Raum ausgemacht wurde und die Heizungen heruntergedreht und die Fenster geschlossen waren.
Moderatorin	Herr Wagner, nun zu Ihnen: Stellen Sie sich mal vor.
Wagner	Ich bin Lehrer. Und jeden Tag versuche ich mit meinen Schülern viele Dinge für die Umwelt zu probieren und zu schaffen. Ich finde es wichtig, zu tun, was wir können. Zum Beispiel, wenn wir mehr laufen, werden wir fit. Das ist doch ganz logisch. Und wir stoßlüften stündlich für einige Minuten. So heizt man nicht zum Fenster raus, die Schüler können sich aber trotzdem weiterhin gut konzentrieren, und es wird im Klassenzimmer nicht zu kalt. Vielleicht muss man sich manchmal klarmachen, dass jeder die Verantwortung dafür trägt und umdenken muss, dass es nicht nur für die großen Konzerne gilt.
Moderatorin	Da stimme ich zu. Meiner Meinung nach ist es extrem wichtig, dass sich junge Leute auch für den Umweltschutz und die Politik interessieren. Was für eine Meinung haben Sie noch?
Wagner	Ich denke auch genau so wie Sie, weil wir genau die Generation sind, die schon bald die wichtigen Entscheidungen treffen wird. Es kommt darauf an, ob man Bescheid weiß oder nicht, was gerade passiert.

Lisa	Damit bin ich einverstanden, deshalb wollte ich bei Greenpeace mitmachen. Meine Eltern haben mir auch empfohlen, dass ich bei Greenpeace mitmache. Sie haben mit mir immer viel über Nachhaltigkeit gesprochen. Sie stimmen zu, dass ich was tun soll, was ich machen kann. Daher fanden sie es natürlich toll, dass ich zu Greenpeace gegangen bin. Und sie sind immer darauf gespannt, was ich als Nächstes vorhabe.
Moderatorin	Herr Wagner, machen Sie auch so etwas wie Lisa?
Wagner	Ja, klar. In der Schule haben wir eine Gruppe, die sich jede Woche trifft, um über aktuelle Themen und Aktionen zu diskutieren. Circa 20 aktive Jugendliche geben mir immer positive Energie, danach kochen wir oft selbst und versuchen, Vegetarisch zu essen. Sie organisieren sich selbst, werden nicht von Erwachsenen geleitet. Wenn wir zum Beispiel eine Aktion gegen Kohlekraft machen wollen, planen wir alle Schritte gemeinsam.
Moderatorin	Gibt es sonst noch etwas, das wir beachten sollten?
Wagner	Strom sparen und keinen Müll in den Wald werfen, es sind keine großen Gesten. Oder wir können einen Teil vom Taschengeld dem Umweltschutz spenden.
Lisa	Ja, das ist auch eine gute Idee. Aber ich bin die einzige, die sich bei Greenpeace engagiert, obwohl es in meiner Schule tausende von Schülern gibt. Wie schon erwähnt finde ich es schade, dass sich so wenige Jugendliche für den Umweltschutz engagieren.
Moderatorin	Eben! Erzählen Sie bitte ein bisschen mehr davon!
Lisa	Durch mein Engagement bei der Greenpeace-Jugend bin ich in meinem Auftreten selbstsicherer geworden. Und ich traue mir inzwischen mehr zu, weil ich dort gelernt habe, für meine Meinung einzustehen. Kommen Sie dieses Jahr und schreiben Sie sich ein. Ich war anfangs in der Gruppe relativ schüchtern, aber man kann dort lernen, seine Meinung deutlich zu äußern.
Wagner	Je tiefer man in das Thema Umweltschutz einsteigt, desto schwieriger wird es, nichts zu tun. Wir müssen lernen, dass unsere täglichen Entscheidungen den Unterschied machen um sie in die Praxis umzusetzen.
Moderatorin	Muss ich unbedingt Auto nutzen? Brauche ich wirklich Plastiktüten? Sollte ich versuchen, vegetarisch zu essen? Wer sich diese Fragen stellt, ist aus meiner Sicht schon auf dem richtigen Weg. Was könnten wir noch sagen? Wir könnten ja noch viel darüber sprechen. Aber die Zeit ist leider um. Meine Damen und Herren, ich bedanke mich und wünsche Ihnen noch einen schönen Nachmittag!

🔍 **해석**

Moderatorin	안녕하세요, 친애하는 청취자 여러분! 오늘의 프로그램 "환경 문제"에 오신 것을 환영합니다. 오늘은 우리의 삶에서 매우 중요한 환경에 대해 이야기할 것입니다. 손님으로는 고등학교 선생님인 Günther Wagner 씨와 이미 많은 것을 시도해 본 Lisa Fischer를 초대했습니다.
Lisa, Wagner	안녕하세요!
Moderatorin	Lisa, 저는 당신이 환경을 보호하기 위해서 이미 오랫동안 노력했다고 들었습니다. 당신은 어떻게 그것에 대한 생각을 했습니까?
Lisa	저희 학교는 환경 보호를 위해 많은 것을 하는 유럽에 있는 약 30개의 학교 중 하나였습니다. 그래서 우리는 지금까지 매년 이 타이틀을 수상했습니다.
Moderatorin	그렇군요. 매우 흥미롭네요. 그것을 위해서 필요한 것이 무엇입니까? 그것에 대하여 조금 더 말씀해 주세요.
Lisa	그것은 환경 문제에 대하여 학생들에게 정보를 주는 것에 관련된 것입니다. 예를 들어 가능한 많은 양의 이산화탄소를 줄이는 것 등등이요. 먼저 저는 저의 경험에 대하여 이야기하겠습니다. 3년 동안 저는 에너지 담당자였습니다. 한 반에 두명의 에너지 담당자가 있었고 저는 그중에 하나였어요. 처음부터 저는 오염에 관한 수업을 가르치고 재활용 학교 노트를 판매하는 것이 매우 마음에 들었습니다. 또한 방의 조명이 꺼지고 히터가 꺼지고 창문이 닫혔는지 확인했습니다.
Moderatorin	Wagner 씨, 이제 당신 차례입니다. 당신을 소개해 주세요.
Wagner	저는 교사입니다. 저는 매일 학생들과 함께 환경을 위해 많은 것을 해내는 것을 시도합니다. 저는 우리가 할 수 있는 일을 하는 것이 중요하다고 생각합니다. 예를 들어 더 많이 달리면 건강해질 것입니다. 그것은 아주 당연한 일입니다. 그리고 우리는 매 시간마다 몇 분 동안 환기시킵니다. 이것은 창가를 따뜻하게 하지는 않지만 학생들은 계속해서 잘 집중할 수 있으며 교실 안이 너무 춥지는 않습니다. 때로는 모든 사람에게 책임이 있으며 그것이 여러 기업에만 해당하는 것이 아니라는 생각을 분명히 해야만 합니다.
Moderatorin	저도 그 말에 동의합니다. 저는 젊은이들 또한 환경과 정치에 관심을 가지는 것이 매우 중요하다고 생각합니다. 그것에 대하여 또 어떤 생각을 가지고 계신가요?
Wagner	저도 당신처럼 생각합니다. 왜냐하면 우리가 곧 중요한 결정을 내려야 할 세대이기 때문입니다. 그것은 최근 일어나는 일에 대하여 알고 있는지 모르고 있는지에 따라 다릅니다.
Lisa	저도 그 말에 동의합니다. 그래서 저는 그린피스를 함께 하고 싶었습니다. 저의 부모님이 저에게 그린피스에 동참하는 것을 추천했습니다. 그들은 항상 나와 함께 지속적인 영향에 대하여 이야기했습니다. 그들은 내가 할 수 있는 것을 해야 한다는 말에 동의하였습니다. 그래서 내가 그린피스에 갔다는 것을 당연히 좋게 생각했습니다. 그리고 그들은 항상 내가 다음에 하고자 하는 것에 대해 기대합니다.
Moderatorin	Wagner 씨, 당신도 리사처럼 무언가를 하시나요?

Wagner	네, 그럼요. 우리는 매주 학교에서 만나 현재의 문제와 행동에 대하여 토론하는 그룹이 있습니다. 약 20명의 활동적인 청소년들이 저에게 항상 긍정적인 에너지를 주고, 그 다음에는 스스로 요리를 하고 채식을 하는 것을 시도합니다. 그들은 스스로 계획하고, 어른들에 의해 이끌어지지 않습니다. 예를 들어 우리가 석탄 전력에 대하여 조치를 취하기 원할 때, 우리는 모든 단계를 함께 계획합니다.
Moderatorin	우리가 명심해야 하는 무엇이 더 있습니까?
Wagner	전기를 절약하는 것과 쓰레기를 숲에 내던지지 않는 것, 그것은 어려운 행동이 아닙니다. 또한 우리는 용돈의 일부를 환경 보호를 위해 기부할 수도 있습니다.
Lisa	네, 그것 또한 하나의 좋은 생각이네요. 하지만 저희 학교에 천 명의 학생들이 있음에도 불구하고, 제가 유일하게 그린피스에서 활동하는 사람이에요. 이미 언급했듯이 저는 이렇게 적은 청소년들이 환경 보호에 대하여 활동하는 것을 매우 유감스럽게 생각해요.
Moderatorin	그러니까요! 그것에 대해 조금 더 말해 주세요!
Lisa	저는 그린피스 청소년 활동을 통해서 저의 태도에 자신감이 생겼어요. 그곳에서 저는 저의 의견을 대변하는 것을 배웠기 때문에 그사이에 더 많은 일을 감당하고 있습니다. 올해에 오셔서 신청하세요. 저는 처음에는 그룹 내에서 상대적으로 수줍음이 많았지만, 그곳에서 나의 의견을 명확하게 표명하는 것을 배울 수 있었습니다.
Wagner	환경 보호에 더 깊이 들어가면 아무것도 하지 않는 것이 더 어렵습니다. 우리는 매일의 선택이 실제로 실천을 위한 차이를 만든다는 것을 배워야만 합니다
Moderatorin	내가 자동차를 무조건 사용해야만 하는가? 내가 정말 비닐봉투가 필요한가? 내가 채식으로 음식을 먹는 것을 시도해야 하는가? 누군가 스스로에 대한 질문을 한다면 제 생각에 그것은 이미 올바른 길로 가고 있다고 생각됩니다. 우리가 무엇을 더 말할 수 있을까요? 우리는 여전히 그것에 대하여 더 많은 이야기를 할 수도 있습니다. 하지만 시간이 다 되었네요. 청취자 여러분, 매우 감사합니다 그리고 좋은 오후 되세요!

어휘 die Umwelt [n.] 환경 ∣ haben...versucht [v.] 시도했다 (versuchen의 현재완료) ∣ schützen [v.] 보호하다 ∣ der Umweltschutz [n.] 환경 보호 ∣ haben...verliehen [v.] 부여되었다 (verleihen의 현재완료) ∣ möglichst [adv.] 될 수 있는 대로 ∣ einsparen [v.] 절약하다 ∣ der Energiebeauftragte [n.] 에너지 담당자 ∣ pro Klasse 학급마다 ∣ haben...geachtet [v.] 주의했다 (achten의 현재완료) ∣ wurden...ausgemacht [v.] 꺼졌다 (ausmachen의 수동태) ∣ die Heizung [n.] 라디에이터 ∣ geschlossen [a.] 닫힌 ∣ probieren [v.] 시험 삼아 해 보다 ∣ schaffen [v.] ~행하다 ∣ stoßlüften [v.] 환기하다 ∣ stündlich [a.] 시간마다 ∣ sich konzentrieren [v.] 집중하다 ∣ klarmachen [v.] 명확하게 하다 ∣ der Konzern [n.] 여러 기업의 결합 ∣ zustimmen [v.] 동의하다 ∣ die Politik [n.] 정치 ∣ sich interessieren für [v.] 관심을 갖다 ∣ die Generation [n.] 세대 ∣ die Entscheidung [n.] 결정 ∣ einverstanden [a.] 동의한 ∣ Greenpeace 그린피스 (국제환경단체) ∣ vorhaben [v.] 계획하다 ∣ die Aktion [n.] 행동, 활동 ∣ diskutieren [v.] 토론하다 ∣ aktiv [a.] 적극적인, 활발한 ∣ der Jugendliche [n.] 청소년 ∣ organisieren [v.] 조직하다 ∣ werden...geleitet 지도받게 되다 (leiten의 수동태) ∣ die Kohlekraft [n.] 화력발전 ∣ beachten [v.] 준수하다, 지키다 ∣ werfen [v.] 던지다 ∣ spenden [v.] 기부하다 ∣ engagieren [v.] (소신을 가지고) 참여하다, 활동하다 ∣ das Engagement [n.] 사회참여, 의무 ∣ das Auftreten [n.] 태도 ∣ äußern [v.] 표명하다 ∣ der Unterschied [n.] 차이, 구별 ∣ umsetzen [v.] 변화시키다 ∣ die Plastiktüte [n.] 비닐봉지

유형 4 번외편 ● ● ● ●

MP3 03_04_02

듣기 4번을 어려워하시는 분들을 위한 추가 연습!

당신은 이제 하나의 토론을 듣습니다. 당신은 이 토론을 **두 번** 듣게 됩니다. 이에 대해 8개의 문제를 풀어야 합니다. 선택 하세요: 누가 무엇을 말합니까?

이제 23~30번까지의 문제를 읽어보세요. 이것을 위하여 당신은 60초의 시간이 있습니다.

"만남의 장소 베를린"의 라디오 프로그램 사회자는 "이렇게 건강한 삶을 살아 보세요"에서 건강 박람회 방문자인 Sabine Lauren와 Alexander Pfeiffer가 함께 이야기를 나눕니다.

		Moderatorin	Sabine Lauren	Alexander Pfeiffer
Beispiel				
0	사람들은 박람회에서 건강한 삶에 관한 새로운 아이디어를 얻을 수 있었다.	a	☒	c
23	선생으로서 책임 말고도 더 많은 것을 챙겨야만 한다.	a	b	☒
24	박람회에서는 "건강한 교실"에 관련된 것도 있었다.	a	b	☒
25	건강한 영양 섭취에 관해서는 요즘에 새로운 소식이 없다.	☒	b	c
26	무엇이 좋은 섭취를 의미하는지 알고 있음에도 불구하고, 사람들은 그것의 반대로 행한다.	a	☒	c
27	많은 사람이 일상생활에서 건강하게 영양을 섭취하지 못한다는 것을 누구나 알고 있다.	a	☒	c
28	우리 구내식당에는 건강한 음식들만 있다.	a	b	☒
29	대체 가능한 방법에 대하여 사람들은 다른 방송에서 토론할 수 있다.	☒	b	c
30	"만족하는 삶"은 하나의 치료에 속한다.	a	☒	c

어휘 die Messe [n.] 박람회 | die Verantwortung [n.] 책임 | sich ernähren [v.] 섭취하다 | die Ernährung [n.] 영양(섭취) | die Kantine [n.] 구내식당 | alternativ [a.] 대체 가능한 | diskutieren [v.] 토론하다

Skript

Moderatorin	Hallo, liebe Zuhörerinnen und Zuhörer! Herzlich willkommen zu unserer heutigen Sendung „Treffpunkt Berlin", der täglichen Nachmittagssendung mit interessanten Themen aus und über Berlin. Während der jetzt laufenden Gesundheitsmesse präsentieren wir eine Sondersendung zum Thema „So führen Sie ein gesundes Leben". Dazu haben wir als Gäste, die Ernährungsberaterin einer großen Firma Sabine Lauren, und den Lehrer Alexander Pfeiffer eingeladen. Frau Lauren, woher kennen Sie die Gesundheitsmesse?
Fr. Lauren	Aus beruflichen Gründen. Ich habe im Internet gelesen, dass die Gesundheitsmesse stattfindet. Ich arbeite in meiner Firma als Ernährungsberaterin. Daher versuche ich, den Kollegen deutlich zu machen, wie wichtig es ist, gesund zu leben. Was man dafür tun kann und soll, dazu habe ich mir neue Ideen von der Messe geholt.
Moderatorin	Auf die neuen Ideen kommen wir später noch zurück. Herr Pfeiffer, nun zu Ihnen: Sie kommen ja aus einem anderen Berufsfeld, nicht wahr?
Hr. Pfeiffer	Richtig. Ich unterrichte in einem Gymnasium, die achte Klasse. Als Lehrer trage ich für meine Schülerinnen und Schüler nicht nur die Verantwortungen für einen guten Unterricht, sondern auch für ihre Gesundheit.
Fr. Lauren	Deshalb müssen Sie als Lehrer auch dafür sorgen, dass die Schülerinnen und Schüler leistungsfähig, motiviert und gesund bleiben. Und was haben Sie dazu auf der Gesundheitsmesse erfahren?
Hr. Pfeiffer	Ich fand die Messe sehr interessant. Vieles war natürlich bekannt, besonders die Präsentationen zum Thema „Das gesunde Klassenzimmer": rückenfreundliche Stühle und Schreibtische, gute Ernährungsgewohnheiten usw. Das sind Dinge, auf die wir in unserer Schule schon lange achten. Das finde ich super, denn wir sitzen heutzutage viel zu viel und das ist nicht gut für den Rücken und auch schlecht für die Konzentration.
Moderatorin	Herr Pfeiffer, Gymnastik und Entspannungsübungen während des normalen Unterrichts, wäre das auch für Sie in der Schule interessant?
Hr. Pfeiffer	Ja, natürlich!
Moderatorin	Ein anderer wichtiger Punkt auf der Messe war die gesunde Ernährung! Eigentlich gibt es heutzutage doch kaum noch Neuigkeiten in diesem Gebiet, oder?
Fr. Lauren	Stimmt, eigentlich wissen die meisten Menschen heute, wie wichtig gute Ernährung ist und was das bedeutet. Aber im Alltag verhalten sie sich trotzdem oft anders. Da siegt meistens der billige Snack vom Imbiss an der Ecke. An gesundes Essen wird da weniger gedacht. Wir haben mal versucht in der Kantine gesündere Gerichte, mit weniger Fleisch und mehr Gemüse und Salat anzubieten, aber das fanden viele Mitarbeiter nicht gut.

Hr. Pfeiffer	Also in unserer Schule waren wir erfolgreicher. Wir haben in unserer Kantine dafür gesorgt, dass den Schülern nur gesunde Speisen und Getränke angeboten werden: viel Obst und Gemüse, nicht so viel Fleisch, keine Pommes, Mineralwasser und Obstsäfte statt Limonade.
Fr. Lauren	Und sind die Schüler damit zufrieden?
Hr. Pfeiffer	Ich glaube ja.
Moderatorin	Noch einmal zurück zur Messe: Gab es noch etwas wirklich Neues für Sie?
Hr. Pfeiffer	Bei mir ja! Ich habe eine Menge merkwürdige Methoden gesehen, zum Beispiel: „Leben nach der „Lachtherapie", „Märchen Therapie" usw. Ich fand das auch nicht total negativ. Aber ich halte diese Dinge einfach nicht für sinnvoll. Man muss doch nicht alles ausprobieren.
Fr. Lauren	Ich glaube da irren Sie sich. Ich denke, dass es ein Fehler ist, wenn man im Leben nicht auch mal etwas Neues ausprobiert.
Moderatorin	Ja, die alternativen Methoden wären ganz sicher ein Diskussionsthema für eine ganze Sendung, aber wir müssen leider langsam zum Ende kommen. Können Sie beide uns zum Schluss noch sagen, welche Ratschläge Sie persönlich zum Thema „Gesund leben" haben? Frau Lauren, wollen Sie anfangen?
Fr. Lauren	Gerne. Also ich meine ein „zufrieden Leben" ist die beste Medizin. Vor allem ist es wichtig, dass man Zeit für Erholung an den Abenden, am Wochenende und im Urlaub haben sollte. Außerdem sollte man gut essen und trinken, aber dabei sollte man nicht so streng sein.
Hr. Pfeiffer	Die Freizeit gehört auch zu einem zufrieden Leben. Man sollte sich die Zeit so einteilen, dass man nicht nur seine Arbeit, sondern auch Dinge macht, die Spaß machen. Und dazu immer in Bewegung sein.
Moderatorin	Ich sehe schon, da gibt es noch einiges, worüber wir noch sprechen könnten, aber die Zeit ist leider um. Wir müssen jetzt Schluss machen. Bis zur nächsten Sendung, auf Wiederhören!

🔍 해석

Moderatorin	안녕하세요, 친애하는 청취자 여러분! 매일 오후 프로그램으로 베를린에서 온 흥미로운 주제와 함께 하는 우리의 프로그램 "만남의 장소 베를린"에 오신 것을 진심으로 환영합니다. 지금 건강 박람회가 열리는 동안에 우리는 "이렇게 건강한 삶을 살아 보세요"라는 주제로 특별한 프로그램을 알려드리려고 합니다. 이를 위해 우리는 대기업에서 영양상담사로 일하고 있는 Sabine Lauren와 교사인 Alexander Pfeiffer를 손님으로 초대했습니다. Lauren 부인, 어디에서 이 건강 박람회를 알게 되셨나요?
Fr. Lauren	직업적인 이유로 알게 되었죠. 저는 인터넷에서 이 정보를 건강 박람회가 개최된다는 것을 읽었습니다. 저는 우리 회사에서 영양상담사로 일하고 있습니다. 그렇기 때문에 동료들에게 건강하게 사는 것이 얼마나 중요한지를 정확하게 알려주려고 노력합니다.

	그것을 위해 사람들이 무엇을 할 수 있고 해야 하는지에 대하여 저는 박람회에서 새로운 아이디어를 얻어갑니다.
Moderatorin	새로운 아이디어에 대하여는 조금 있다가 다시 돌아오도록 하도록 하겠습니다. Pfeiffer 씨, 이제 당신 차례입니다. 당신은 다른 직업 분야에서 오셨죠, 그렇지 않나요?
Hr. Pfeiffer	맞습니다. 저는 김나지움에서 8학년을 가르치고 있습니다. 선생님으로서 학생들을 위하여 좋은 수업뿐만 아니라, 그들의 건강을 위해서도 당연히 몇 가지 책임을 가지고 있습니다.
Fr. Lauren	그래서 당신은 선생님으로서 여학생과 남학생이 좋은 성적을 성취할 수 있고 동기를 주고 건강하게 지낼 수 있도록 돌봐야만 하는군요. 그리고 당신은 건강 박람회에서 무엇을 경험하셨나요?
Hr. Pfeiffer	저는 박람회가 매우 흥미롭다고 생각했습니다. 많은 것들이 당연히 잘 알려진 것들이었는데 특별한 것은 "건강한 교실"이라는 좋은 의자와 책상, 좋은 영양 습관 등에 대한 주제의 프레젠테이션이었습니다. 그것들은 우리 학교에서 이미 오래전부터 관심을 가지던 것입니다. 제 생각에 그것은 정말 좋은 것 같아요, 왜냐하면 우리는 요즘 많아도 너무 많이 앉아 있고 그것은 등에 정말 좋지 않으며, 집중을 위해서도 나쁩니다.
Moderatorin	Pfeiffer 씨, 일반 정규 수업 시간에 체조와 이완하는 훈련을 하는 것이 당신의 학교에서도 흥미로운 것인가요?
Hr. Pfeiffer	네, 당연하죠!
Moderatorin	박람회의 다른 중요한 관점은 건강한 영양 섭취였습니다! 사실 오늘날 이 영역에서 새로운 것이 전혀 없습니다, 그렇지 않나요?
Fr. Lauren	맞아요, 사실 거의 모든 사람이 오늘날 좋은 식습관이 얼마나 중요한지 그리고 그것이 무엇을 의미하는지 알고 있습니다. 하지만 일상에서는 그럼에도 불구하고 자주 다르게 행동합니다. 그럴 때는 대부분 모퉁이 매점에 있는 저렴한 스낵이 이깁니다. 건강한 음식에 대하여는 적게 생각하게 됩니다. 우리는 구내식당에서 적은 고기 그리고 더 많은 야채와 샐러드와 같은 건강한 요리들을 제공하는 것을 한번 시도해 보았습니다만 많은 동료가 그것을 좋아하지 않았습니다.
Hr. Pfeiffer	말하자면 우리 학교에서는 훨씬 성공적이었습니다. 우리는 우리들의 식당에서 학생들에게 건강한 메뉴와 음료들만을 제공하기 위하여 노력했습니다. 많은 과일과 채소, 그렇게 많지 않은 고기, 감자튀김은 빼고, 미네랄 물 또는 레몬에이드 대신 과일주스를 제공했습니다.
Fr. Lauren	그리고 학생들은 그것에 만족했나요?
Hr. Pfeiffer	제 생각엔 그렇습니다.
Moderatorin	다시 박람회로 돌아가겠습니다. 당신을 위하여 정말로 더 새로운 것이 있었습니까?
Hr. Pfeiffer	저는 있었어요! 저는 "웃음 요법", "치유 동화"와 같이 다수의 눈에 띄는 방법들을 보았습니다. 저도 그것을 절대 부정적으로 보지 않았습니다. 하지만 저는 그것이 정말 의미가 있다고 생각하지는 않습니다. 모든 것을 다 시도해 볼 필요는 없으니까요.
Fr. Lauren	저는 당신이 잘못 생각하고 있다고 생각합니다. 저는 인생에서 새로운 것을 한번 시도해 보지 않는 것은 실수라고 생각합니다.
Moderatorin	네, 대체 방법들은 확실히 전체의 프로그램에 대한 토론의 주제일 것입니다. 하지만 우리는 유감스럽게도 천천히 끝을 내야 합니다. 두 분 모두 끝으로 우리에게 "건강한 삶"이라는 주제로 어떤 개인적인 조언들을 더 말해 주실 수 있습니까? Laura 부인, 먼저 시작하시겠습니까?

Fr. Lauren	기꺼이요. 말하자면 제 생각에는 "만족하는 삶"이 가장 좋은 치료라고 생각합니다. 그밖에도 잘 먹고 마셔야 합니다. 그러나 그것에 대해 그렇게 엄격하게 해서는 안 됩니다.
Hr. Pfeiffer	여가시간 또한 만족하는 삶에 속합니다. 사람들은 이렇게 자기 일뿐 아니라, 즐거움을 가질 수 있는 무언가에 시간을 분배해야 합니다. 그리고 항상 움직이세요.
Moderatorin	저는 아직 우리가 말해야 할 것들이 남아있다는 것을 알고 있습니다. 하지만 시간이 다 되었습니다. 우리는 이제 끝내야 합니다. 다음 방송까지, 안녕히 계세요!

어휘 die Ernährungsberaterin [n.] 영양 상담사 (여) ┆ das Berufsfeld [n.] 직업 분야, 활동 분야 ┆ die Verantwortung [n.] 책임 ┆ leistungsfähig [a.] 능력이 좋은 ┆ rückenfreundlich [a.] 등에 좋은 ┆ der Stühl [n.] 의자 ┆ die Ernährungsgewohnheit [n.] 영양 섭취 습관 ┆ die Entspannungsübung [n.] 긴장을 완화하는 연습 ┆ die Neuigkeit [n.] 처음 듣는 소리, 새로운 사건 ┆ das Gebiet [n.] 영역 ┆ der Alltag [n.] 평일, 일상 ┆ die Kantine [n.] 구내식당 ┆ haben...gesorgt [v.] 공급했다 (sorgen의 현재완료) ┆ merkwürdig [a.] 이상한 ┆ sich irren [v.] 잘못 생각하다 ┆ der Ratschlag [n.] 충고, 조언, 경고 ┆ die Erholung [n.] 회복 ┆ einteilen [v.] 분배하다

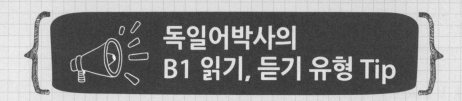

독일어박사의
B1 읽기, 듣기 유형 Tip

★ 읽기 유형

처음 읽기 시험을 접하면 낯선 어휘들 때문에 문장이 이해가 안 되어서 당황하는 경우가 많습니다. 읽기 영역은 어휘력이 약하면 문제를 풀 수 없으므로 무조건 어휘를 많이 외워야 합니다. 모의고사에 나온 어휘들을 차근히 공부해 보세요. 더 나아가 문제를 풀 때 단어의 품사와 뜻을 정확히 이해하는 연습을 함께 한다면 읽기 영역의 문제는 쉽게 넘어갈 수 있을 겁니다.

B1 읽기(Lesen) 영역은 총 5개의 유형으로 나누어져 있습니다.

Lesen Teil 1 블로그 형태로 개인의 실생활과 관련된 상황을 전달하는 글.

Lesen Teil 2 기사, 잡지, 보도 자료의 형태로 새로운 소식을 전달하는 글.

Lesen Teil 3 각 사람마다 원하는 목표에 따라 관련된 광고, 안내문, 공지를 찾는 글.

Lesen Teil 4 하나의 토론 주제를 다루는 신문이나 잡지의 독자란 글.

Lesen Teil 5 사설 시설 이용 규칙에 관한 글.

Plus Tip 사전에서 어휘를 검색할 때 찾는 어휘가 나오지 않는 경우를 경험해 보셨을 거예요. 동사일 경우에는 독일어의 원형을 찾아서 검색해야 합니다. 또한 명사일 경우에는 복합어가 많으므로 각 단어를 따로 검색해야 알맞은 뜻을 찾을 수 있습니다.

예를 들어 Energiebeauftragte라는 단어는 독일어 사전에 나오지 않을 것입니다. 이 단어는 Energie + Beauftragte 이렇게 두 개의 단어가 합쳐진 복합어입니다. Energie는 에너지 그리고 Beauftragte는 대리인, 담당자라는 뜻을 가집니다. 두 개의 단어가 하나로 합쳐져서 에너지 담당자라는 뜻이 됩니다.

★ 듣기 유형

한국에 살면서 독일어를 글로 더 많이 접하기 때문에 많은 분들이 듣기 영역에서 어려움을 겪는 것을 보았습니다. 또한 B1의 경우는 A2 영역에 비해 지문이 매우 길어지고 문제가 많아지다 보니 당연히 오랜 시간 집중하기가 어려우실 수 있습니다. 듣기의 정석은 듣는 귀를 열어야 하는 것입니다. 문제를 푼 다음 최대한 많이 듣고 따라 하는 것이 중요합니다. 만약 듣기 실력이 많이 부족하다고 느끼시는 경우, 한 단계 낮은 A2 모의고사 듣기로 독일어 듣기 능력을 향상시킨 다음, B1 단계로 돌아오시는 방법을 추천드립니다. 또한 시중에 나와 있는 듣기 교재나, 유튜브 영상 등의 활용도 추천드립니다. B1 듣기는 평소에 자주 사용하는 회화에서부터 가이드 장면, 또는 자주 다루어지는 주제의 짧은 토론까지 독일 현지에서 자주 사용하는 형태의 대화들로 이루어져 있습니다.

B1 듣기(Hören) 영역은 총 4개의 유형으로 나누어져 있습니다.

Hören Teil 1 실생활에서 자주 접하는 공공기관에서의 안내 방송, 라디오 교통정보, 일기예보 등에 대한 지문 듣기.

Hören Teil 2 주로 전문 직업에 관한 강연, 설명 또는 가이드 투어를 독백으로 듣기.

Hören Teil 3 두 사람이 나누는 일상의 대화 듣기.

Hören Teil 4 토론 내용을 듣고, 세 사람의 입장 및 상황을 파악하며 듣기.

과제 1 ●●● 시험 시간: 20분

당신은 어제 누군가를 알게 되었습니다. 당신은 그/그녀를 매우 친절하다고 생각했고 또한 휴대폰 번호도 교환했습니다. 당신의 친구(남/여)에게 그것에 관하여 이야기하세요.

– 당신의 상황을 묘사하세요: 당신의 어디에서 그리고 어떻게 그/그녀를 알게 되었나요?
– 이유를 설명하세요: 당신은 그/그녀의 어떤 점이 바로 마음에 들었나요?
– 당신이 이제 무엇을 해야 하는지에 대한 조언을 구하세요.

세 가지 요구 사항을 모두 충족하여 작성하세요.
텍스트 구조(인사말, 소개, 내용 순서, 결론)에 주의하세요.

당신의 의견을 적으세요. (약 80개 단어)

예시답안

Lieber Jakob,

ich muss dir etwas sagen. Ich habe zurzeit großes Interesse an Jazzmusik. Deswegen war ich gestern in der Bücherei im Zentrum, damit ich dort etwas aussuchen kann. Dort gab es so viele Jazz CDs. Daher konnte ich mich nicht entscheiden. Dann hat mich jemand angesprochen. Er hat mich gefragt, was ich suche und hat mir bei der Auswahl geholfen. Er sah so gut aus und war nett. Er hat mir sofort gut gefallen. Wir haben unsere Nummern ausgetauscht. Aber ich weiß nicht, wie ich weiterhin mit ihm in Kontakt bleiben kann. Ich muss dich treffen!

Liebe Grüße
Hanna

해석

친애하는 Jakob,

나는 너에게 무엇인가 할 말이 있어. 나는 요즘 재즈 음악에 큰 흥미가 있어. 그래서 어제 나는 무엇인가 고르기 위해 시내에 있는 책방에 있었어. 그곳에는 너무 많은 재즈 CD들이 있었어. 그런 이유로 나는 선택할 수가 없었어. 그때 누군가가 나에게 말을 걸었어. 그는 내가 무엇을 찾고 있는지, 나에게 물어봤어 그리고 찾을 수 있도록 도와주었어. 그는 아주 잘생겼고 친절했어. 그는 바로 나의 마음에 들었어. 우리는 우리들의 전화번호를 교환했어. 하지만 나는 어떻게 그와 계속해서 연락해야 할지 모르겠어. 나는 너를 만나야 해!

사랑의 안부를 담아
Hanna

어휘 sagen [v.] 말하다 | in der Bücherei (작은) 도서관에서 | im Zentrum 시내에서 | kaufen [v.] 사다 | aussuchen [v.] 선택하다 | haben...angesprochen [v.] 말을 걸었다 (ansprechen의 현재완료) | haben...gefragt [v.] 물었다 (fragen의 현재완료) | die Auswahl [n.] 선발 | haben...ausgetauscht [v.] 교환했다 (austauschen의 현재완료) | weiterhin [adv.] 계속해서 | der Kontakt [n.] 관계, 교제 | bleiben [v.] 머무르다 | sich treffen [v.] 만나다

과제 2 ••• 시험 시간: 25분

당신은 인터넷에서 "아이들을 위한 텔레비전 광고"라는 주제에 대한 하나의 기사를 읽었습니다.
당신은 온라인 방명록에서의 아래의 의견을 보았습니다.

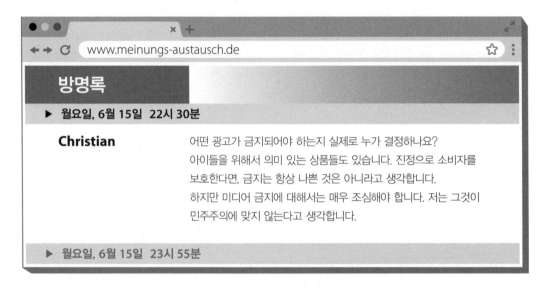

> www.meinungs-austausch.de
>
> **방명록**
>
> ▶ **월요일, 6월 15일 22시 30분**
>
> **Christian**
> 어떤 광고가 금지되어야 하는지 실제로 누가 결정하나요?
> 아이들을 위해서 의미 있는 상품들도 있습니다. 진정으로 소비자를
> 보호한다면, 금지는 항상 나쁜 것은 아니라고 생각합니다.
> 하지만 미디어 금지에 대해서는 매우 조심해야 합니다. 저는 그것이
> 민주주의에 맞지 않는다고 생각합니다.
>
> ▶ **월요일, 6월 15일 23시 55분**

어휘 entscheiden [v.] 결정하다 ǀ eigentlich [a.] 실제로 ǀ die Werbung [n.] 광고 ǀ verboten [a.] 금지된 ǀ
werden [v.] ~되다 ǀ sinnvoll [a.] 의미 있는, 중요한 ǀ das Verbot [n.] 금지 ǀ der Verbraucher [n.] 소비자 ǀ
schützen [v.] 보호하다 ǀ in den Medien 매체에서 ǀ die Demokratie [n.] 민주주의

당신의 의견을 적으세요. (약 80개 단어)

예시답안1

Es gibt zu viel Werbung im Fernsehen. Wenn man ein Programm sehen will, muss man ungefähr 10 Werbespots ansehen. Ich finde die Kinder werden mehr von der Werbung beeinflusst als die Eltern.

In der Werbung stellen sie neue Produkte vor, die die Kinder dann haben wollen. Aber die Eltern können nicht alles kaufen. Ein Verbot der Werbung in Kindersendungen, wird nicht ausreichend sein, um die Kinder daran zu hindern, dass sie die Eltern um neue Sachen bitten. Ich finde, es lässt sich nicht vermeiden, aber es ist ein sinnvoller Anfang für die Kinder.

해석

텔레비전에는 너무 많은 광고가 있습니다. 하나의 프로그램을 보기 위해서는 대략 10편이 넘는 짧은 광고들을 보아야 합니다. 저는 아이들이 부모보다 더 많이 광고에 영향을 받는다고 생각합니다.

광고에서는 아이들이 갖고 싶어 하는 새로운 제품들을 소개합니다. 하지만 부모는 모든 것을 구매해 줄 수는 없습니다. 어린이 프로그램의 광고를 금지하는 것은 아이들이 부모에게 새로운 물건에 대하여 부탁하는 것을 저지하기에는 충분하지 않습니다. 제 생각에 그것은 피할 수 없습니다. 하지만 그것은 아이들을 위해 의미 있는 시작입니다.

어휘 **ungefähr** [adv.] 대략 | **von der Werbung** 광고로부터 | **der Werbespot** [n.] 짧은 광고 | **werden... beeinflusst** [v.] 영향을 받는다 (beeinflussen의 수동태) | **ausreichend** [a.] 충분한 | **hindern** [v.] 저지하다, 방해하다 | **vermeiden** [v.] 피하다

⚛ 예시답안2

Ich kann nicht glauben, dass man mit einem Werbeverbot viel ändern kann. Heutzutage gibt es Werbung nicht nur im Fernsehen, sondern auch in Zeitschriften und im Internet usw. Wir sprechen oft über die Werbung im Fernsehen. Meiner Meinung nach, sind Diskussionen immer besser als Verbote. Außerdem kann man oft zusammen vor dem Fernseher sitzen und darüber diskutieren. Ich denke, bei den neuen Medien Internet und Smartphone ist es nicht möglich, die Situation zu ändern. „Keine Fernsehwerbung" würde nichts bringen.

🔍 해석

저는 광고 금지로 그렇게 많은 것을 변화시킬 수 있다고 생각하지는 않습니다. 요즘에는 텔레비전 뿐만 아니라, 잡지와 인터넷 등에서도 광고를 볼 수 있습니다. 저희는 자주 텔레비전에 나오는 광고에 대하여 이야기합니다. 저는 토론이 항상 금지보다 더 좋다고 생각합니다. 그밖에도 자주 텔레비전 앞에 앉아서 그것에 대해 이야기 할 수 있습니다. 제 생각에 새로운 매체 인터넷과 스마트폰의 상황을 바꾸는 것은 가능하지 않습니다. "텔레비전 광고 없음"은 아무것도 가져다주지 못할 것입니다.

어휘 **ändern** [v.] 변화하다, 바꾸다 | **die Werbung** [n.] 광고 | **das Fernsehen** [n.] 텔레비전 | **die Zeitschrift** [n.] 잡지 | **das Verbot** [n.] 금지 | **außerdem** [adv.] 그밖에도 | **diskutieren** [v.] 토론하다

과제 3 ••• 시험 시간: 15분

당신은 버스정류장에서 Börlach 부부가 개를 잃어버렸다는 것을 실종 신고문에서 읽었습니다.
당신은 오늘 아침 그 개를 발견했습니다.

당신은 Börlach 씨와 부인에게 적으세요. 당신은 어디에서 그 개를 발견했는지 전달하시고 어떻게
그리고 언제 당신에게 연락이 가능한지 정중하게 전달하세요.

호칭과 마지막 안부를 잊지 마세요.

당신의 의견을 적으세요. (약 40개 단어)

예시답안

Sehr geehrte Frau Börlach und sehr geehrter Herr Börlach,
ich möchte Ihnen eine gute Nachrricht mitteilen. Heute Morgen um 9 Uhr, an der Bushaltestelle, habe ich Ihren Hund gefunden. Jetzt ist er bei mir zu Hause. Ich werde ab 18 Uhr zu Hause sein. Bis Sie Ihren Hund abholen, werde ich mich um ihn kümmern. Wenn Sie meine Email lesen, rufen Sie mich bitte an.

Mit freundlichen Grüßen
Martin Dürrenmat

해석

존경하는 Börlach 부인 그리고 Börlach 씨,
저는 당신에게 좋은 소식을 전하고 싶습니다. 오늘 아침 9시 버스정류장에서 저는 당신의 개를 발견했습니다. 그 개는 지금 저의 집에 있습니다. 저는 18시부터 집에 있을 것입니다. 당신이 개를 찾아갈 때까지 제가 당신의 개를 돌봐드리겠습니다. 제 메일을 읽으시면, 전화를 주십시오.

친절한 안부를 담아
Martin Dürrenmat

어휘 mitteilen [v.] 전하다, 알리다 | die Bushaltestelle [n.] 버스정류장 | die Vermisstenanzeige [n.] 실종 신고문 | das Ehepaar [n.] 부부 | haben...verloren [v.] 잃어버렸다 (verlieren의 현재완료) | haben... gefunden 발견했다 (finden의 현재완료) | mitteilen [v.] 알리다 | höflich [a.] 예의 있게 | werden...erreicht 연락이 되다 (erreichen의 수동태) | die Nachrricht [n.] 소식 | sich kümmern um [v.] 돌보다, 신경 쓰다

유형 1 ••• 함께 무엇을 계획하기 시간: 약 3분

MP3 03_05

독일어 강좌는 끝나갑니다. 그리고 당신은 송별회를 위해 무언가를 조직해야 합니다.

당신은 독일어 강좌에서 당신과 함께 공부하는 학생들과 함께 무엇인가 계획하려고 합니다.

파티에는 약 30명의 사람이 옵니다. 어떤 준비에 대하여 의논해야 하는지 신중하게 생각해 보세요.

아래에 제시된 관점에 대하여 이야기하세요, 제안을 하고 당신의 대화 상대(남/여)가 제안한 것들에 대해 반응하세요. 당신이 무엇을 원하는지를 함께 계획하고 결정하세요.

급우들을 위한 저녁 계획하기

– 무엇을 하는가?
– 어디서 그리고 언제?
– 무엇을 준비하는가?
– 누가 무엇을 맡는가?
– ...

어휘 planen [v.] 계획하다 | besorgen [v.] 준비하다 | übernehmen [v.] (의무, 책임 따위를) 맡다

예시답안

Für die Mitschüler einen Abend planen

Mann Unser Deutschkurs ist fast vorbei! Wollen wir zum Abschied etwas unternehmen?

Frau Ja, das finde ich prima! Ich bin froh, dass wir endlich Ferien haben. Hast du eine gute Idee?

Mann Ich muss mal nachdenken, was wir alles zusammen machen könnten.

Frau Wollen wir einen Kochwettbewerb machen? Das wird bestimmt Spaß machen.

Mann Einen Kochwettbewerb? Das ist ja etwas neues. Aber da brauchen wir zu viele Sachen. Wollen wir lieber einen gemeinsamen Filmabend organisieren?

Frau Das finde ich auch nicht schlecht. Wir sollten unsere Lehrerin nicht vergessen.

Mann Du hast Recht. Machen wir das so. Aber wann wollen wir uns treffen? Ich finde, der kommende Freitag wäre toll. Hast du darüber schon nachgedacht?

Frau Leider habe ich am Freitag keine Zeit. An dem Tag habe ich eine wichtige Prüfung. Wenn ich die Prüfung nicht bestehe, muss ich den Kurs wiederholen. Nach der Prüfung wäre es besser.

Mann Das ist ja blöd. Wann endet deine Prüfung dann?

Frau Meine letzte Prüfung ist am Freitag. Sollen wir am Wochenende den DVD-Abend organisieren?

Mann Ok. Dann wäre Samstag gut, weil ich am Sonntag in die Kirche gehen muss.

Frau Gut, könntest du die anderen Freunde anrufen und fragen, ob sie am Samstag Zeit haben?

Mann Ja, wo treffen wir uns denn? Kennst du einen guten Ort?

Frau Vielleicht können wir bei mir den Film sehen. Was denkst du?

Mann Das ist zwar eine gute Idee, aber deine Wohnung ist zu klein. Und sie liegt nicht in der Nähe.

Frau Ja, richtig. Aber meine Eltern werden sich freuen und meine Mutter wird für uns bestimmt etwas Leckeres kochen.

Mann Super! Aber ich denke immer noch, dass die Sprachschule besser wäre. In der Sprachschule gibt es einen DVD-Player und ein größeres Zimmer. Unser Klassenzimmer ist besonders groß.

Frau Ja, in Ordnung. Dann müssen wir den Raum reservieren. Wenn wir das zu spät machen, gibt es keinen Platz mehr und wir stehen ohne einen Raum da.

Mann Das werde ich machen. Zuerst müssen wir einen Film wählen, der allen gefallen würde.

Frau Hmm... Das ist nicht einfach.

Mann Ich finde, einen Film auf Deutsch wäre sehr gut. Wie wäre es Harry Potter?

Frau	Aber den habe ich schon gesehen. Vielleicht können wir 'Die Schöne und das Biest' auf Deutsch ansehen. Das hilft uns auch bei unseren Deutschkenntnissen. Den habe ich zu Hause.
Mann	Das gefällt mir auch gut. Ich habe den nur auf Englisch gesehen. Den Film auf Deutsch zu sehen, ist bestimmt interessant.
Frau	Wir brauchen auch etwas zu Essen. Mein Vorschlag wäre, dass wir Pizza und Kuchen vorbereiten.
Mann	Wir sollten die Getränke auch nicht vergessen, z.B. Cola und Saft.
Frau	Alles klar, einverstanden. Dann besprechen wir alles weitere morgen mit den anderen im Kurs weiter.
Mann	Ja, dann bis morgen!
Frau	Bis morgen!

 해석

급우들을 위한 저녁 계획하기

남자	우리들의 독일어 강좌가 거의 끝났어! 우리 작별을 위해 무언가를 계획해 보는 건 어때?
여자	그래, 내 생각에 그거 아주 좋은 것 같아! 나는 우리가 드디어 방학을 가질 수 있어서 기뻐. 너는 좋은 생각이 있니?
남자	나는 우리 모두가 무엇을 함께 할 수 있을지를 한 번 생각해 봐야 해.
여자	우리 요리 경연대회를 하면 어때? 그것은 분명히 재미있을 거야.
남자	요리 경연대회? 그것은 뭔가 새롭다. 하지만 우리는 그걸 하려면 너무 많은 물건이 필요해. 우리 차라리 함께 하는 영화의 밤을 계획하면 어떨까?
여자	그것도 내 생각에는 나쁘지 않은 것 같아. 우리는 (여자) 선생님을 잊으면 안 돼.
남자	네 말이 맞아. 그건 우리 그렇게 하자. 그런데 우리 언제 만나지? 내 생각에는 다가오는 금요일이 좋은 것 같아. 너 그것에 대하여 이미 생각해 봤니?
여자	유감스럽게도 나는 금요일에 시간이 없어. 그날 나는 중요한 시험이 있거든. 내가 그 시험에 합격하지 못하면, 나는 그 강좌를 다시 들어야 해. 시험이 끝난 후가 더 좋을 것 같아.
남자	그건 정말 짜증나는 일이야. 그럼 너의 시험은 언제 끝나니?
여자	나의 마지막 시험은 금요일이야. 우리 주말에 DVD 밤을 계획할까?
남자	그래. 그럼 토요일이 좋겠다. 왜냐하면 나는 일요일에 교회에 가야 하거든.
여자	좋아, 네가 다른 친구들에게 전화해서 그들이 토요일에 시간이 있는지 물어봐 줄 수 있니?
남자	그래, 그런데 우리는 어디에서 만나지? 너는 좋은 장소를 알고 있니?
여자	어쩌면 우리는 우리 집에서 영화를 볼 수 있어.
남자	그것은 비록 좋은 생각이긴 하지만, 너희 집은 너무 작아. 그리고 근처에 있지도 않잖아.
여자	그래, 맞아. 하지만 나의 부모님께서 기뻐하실 거야. 그리고 나의 엄마는 우리를 위해 분명히 맛있는 것을 요리해 주실 거야.
남자	멋지다! 하지만 나는 여전히 어학원이 더 좋을 것 같다고 생각해. 어학원에는 DVD 플레이어도 있고 큰 방도 있잖아. 우리 반이 특별히 크지.
여자	그래, 알았어. 그럼 우리는 방을 예약해야 해. 우리가 그것을 너무 늦게 하면, 더 이상 자리가 없어서 방 없이 그곳에 서 있을 거야.

남자	그건 내가 할게. 먼저 우리는 모두에게 마음에 들 만한 영화를 선택해야 해.
여자	음... 그것은 쉽지 않아.
남자	내 생각에는, 독일어로 영화를 보면 좋을 것 같아. 너는 해리포터를 보는 것을 어떻게 생각해?
여자	하지만 나는 그것을 벌써 보았어. 우리는 어쩌면 '미녀와 야수'를 독일어로 볼 수 있을 거야. 그건 우리의 독일어 능력에도 도움을 줄 거야. 그건 내가 집에 가지고 있어.
남자	그것도 나의 마음에 들어. 나는 그것을 영어로만 보았어. 그 영화를 독일어로 보는 것은 확실히 흥미로워.
여자	우리는 무엇인가 먹을 것도 필요해. 나의 제안은 우리가 피자와 케이크를 준비하는 거야.
남자	우리는 콜라와 주스 같은 음료도 잊지 말아야 해.
여자	좋아, 동의해. 그럼 다른 모든 것들은 내일 강의에서 다른 사람들과 함께 상의하자.
남자	그래, 그럼 내일 만나!
여자	내일 만나자!

어휘 der Abschied [n.] 작별 ǀ der Kochwettbewerb [n.] 요리 경연대회 ǀ gemeinsam [a.] 공동의 ǀ wählen [v.] 선택하다 ǀ bestehen [v.] 합격하다 ǀ etwas Leckeres [n.] 무엇인가 맛있는 것 (pl.) ǀ Deutschkenntnisse [n.] 독일어 지식 (die Kenntnis는 보통 복수로 사용) ǀ besprechen [v.] 상의하다

유형 2 ••• 주제 발표하기 시간: 약 3분

MP3 03_06

하나의 주제(주제 1 또는 주제 2)를 고르세요.

당신은 청중에게 시사 문제에 대하여 프레젠테이션을 합니다. 그것에 대한 5개의 슬라이드가 있습니다. 왼쪽의 지시 사항을 따르고 오른쪽에 메모와 아이디어를 적으세요.

Stellen Sie Ihr Thema vor. Erklären Sie den Inhalt und die Struktur Ihrer Präsentation.		Ich habe das Thema „Essen wir zu viele Süßigkeiten?" gewählt, weil es mich sehr interessiert. Meine Präsentation besteht aus folgenden Teilen: Zuerst werde ich über meine persönlichen Erfahrungen sprechen. Danach werde ich beschreiben, wie die Situation in meinem Heimatland ist. Dann werde ich die Vor- und Nachteile nennen und Ihnen erklären wie ich darüber denke. Zum Schluss werde ich zu einer Schlussfolgerung kommen.
Berichten Sie von Ihrer Situation oder einem Erlebnis im Zusammenhang mit dem Thema.		Es gibt verschiedene Arten von Süßigkeiten. Kuchen, Torten, Eis, Schokolade, Bonbons usw. Ich selbst esse eigentlich alle Süßigkeiten gern, aber am liebsten esse ich Schokolade. Im Sommer esse ich auch sehr gerne Eis. Manchmal denke ich: „Hab ich heute zu viel gegessen?". Wenn es heiss ist und wenn ich Stress bekomme, kann ich mich einfach nicht von Süßigkeiten fernhalten.
Berichten Sie von der Situation in Ihrem Heimatland und geben Sie Beispiele.		Fast alle Kinder und Erwachsene mögen Süßigkeiten. Das ist in meiner Heimat selbstverständlich auch so. Hier isst man viele Süßigkeiten. Man isst sie als Nachspeise oder zum Kaffee, beim Fernsehen oder zwischendurch. Wenn man Freunde besucht, kann man Süßigkeiten auch als Geschenk mitbringen.

Nennen Sie die Vor- und Nachteile und sagen Sie dazu Ihre Meinung, Geben Sie auch Beispiele.	*Essen wir zu viele Süßigkeiten?* **Für und gegen zu viele Süßigkeiten essen & meine Meinung.** Folie 4	Über das Thema richtige Ernährung wird heute viel diskutiert. Immer wieder wird betont, dass wir uns gesund ernähren sollen. Schokolade und Süßigkeiten gehören aber nicht zur gesunden Ernährung. Noch ein Nachteil ist, dass Süßigkeiten nicht nur den Zähnen schaden, sondern auch die Leute dick machen können, weil sie viele Kalorien enthalten. Darum sollte man sie nicht zu oft essen. Andererseits machen uns Süßigkeiten glücklich. Schließlich schmecken all die süßen Sachen sehr gut. Meiner Meinung nach schaden wenige Süßigkeiten nicht, aber man sollte sich gesund ernähren und auf zu viele Süßigkeiten möglichst verzichten.
Beenden Sie Ihre Präsentation und bedanken Sie sich bei den Zuhörern.	*Essen wir zu viele Süßigkeiten?* **Abschluss & Dank** Folie 5	Ich bin jetzt am Ende meiner Präsentation gelangt. Vielen Dank für Ihre Aufmerksamkeit. Möchten Sie noch etwas Fragen?

어휘 haben...gewählt [a.] ~을 선택했다 (wählen의 현재완료) ׀ die Süßigkeit [n.] 단 것 ׀ bestehen [v.] ~로 이루어져 있다 ׀ folgenden Teilen 다음의 부분으로 ׀ der Kuchen [n.] 케이크 ׀ die Torte [n.] 타르트 ׀ haben...gegessen [v.] 먹었다 (essen의 현재완료) ׀ fernhalten [v.] 멀리 떼어 놓다 ׀ zwischendurch [adv.] 이따금씩 ׀ die Ernährung [n.] 섭취, 영양 ׀ betonen [v.] 강조하다 ׀ die Kalorie [n.] 칼로리 ׀ enthalten [v.] 함유하다, 포함하다 ׀ sich ernähren [v.] 먹다 ׀ möglichst 가능한 한 ׀ verzichten [v.] 포기하다, 단념하다

🔍 **해석**

당신의 주제를 소개하세요. 당신의 발표의 내용과 구조를 설명하세요.	초콜릿은 나를 행복하게 합니다. **"우리가 단 것을 너무 많이 먹습니까?"**	저는 "우리는 단것을 너무 많이 먹습니까?"라는 주제를 선택하였습니다. 왜냐하면 저에게 그것은 아주 흥미롭기 때문입니다. 저의 프레젠테이션은 다음의 부분으로 이루어져 있습니다. 먼저 저는 저의 개인적인 경험에 대하여 이야기할 것입니다. 그다음 저는 저의 고국에서의 상황이 어떤지 묘사할 것입니다. 그다음에 저는 장점들과 단점들을 언급하고, 그것에 대하여 제가 어떻게 생각하는지 이야기할 것입니다. 끝으로 저는 하나의 결론에 도달할 것입니다.
당신의 상황을 설명하거나, 주제와 관련된 경험을 이야기 하세요.	"우리가 단 것을 너무 많이 먹습니까?" **나의 개인적인 경험**	여러 가지 종류의 달콤한 것들이 있습니다. 케이크, 타르트, 아이스크림, 초콜릿, 사탕 기타 등등. 저도 원래 모든 달콤한 것들을 즐겨 먹습니다. 하지만 가장 즐겨 먹는 것은 초콜릿입니다. 여름에는 아이스크림도 아주 즐겨 먹습니다. 가끔 "오늘 내가 너무 많이 먹었나?"라고 생각합니다. 날씨가 매우 덥거나 제가 스트레스를 받을 때 저는 단 것을 쉽게 멀리할 수가 없습니다.
당신의 모국에서의 상황을 설명하고 예를 들어 주세요.	"우리가 단 것을 너무 많이 먹습니까?" **나의 고국에서의 상황**	거의 모든 아이와 성인은 단것을 좋아합니다. 그것은 저의 고향에서도 당연히 마찬가지입니다. 이곳에서는 사람들이 달콤한 것을 많이 먹습니다. 사람들은 그것을 후식으로 또는 커피와 함께, 텔레비전을 보면서 중간에 먹습니다. 친구들을 방문할 때, 달콤한 것을 선물로 가지고 갈 수도 있습니다.

| 장점과 단점들을 언급하고 당신의 생각을 이야기하세요. | "우리가 단 것을 너무 많이 먹습니까?"

찬성과 반대 의견 & 나의 생각 | 올바른 영양 습관에 대하여 오늘날 많이 논의됩니다.
항상 다시 강조되는 것은, 우리는 건강한 영양을 섭취해야 한다는 것입니다. 초콜릿과 달콤한 것들은 하지만 건강한 식품에 해당하지 않습니다.
또 다른 단점으로는, 달콤한 것은 치아를 상하게 할 뿐만 아니라, 고열량을 함유하고 있기 때문에 사람들이 살찌게 할 수도 있습니다.
그렇기 때문에 사람들은 그것을 그렇게 자주 먹으면 안 됩니다. 다른 한편으로는 달콤한 것들은 우리를 행복하게 해 줍니다. 모든 달콤한 것 들은 아주 맛있습니다.
제 생각에는 소량의 달콤한 것들이 그렇게 해를 끼치지는 않습니다. 하지만 사람들은 건강한 섭취를 해야 합니다. 그리고 너무 잦은 당류의 섭취는 가능한 피해야 합니다. |
| 당신의 발표를 마치고 청취자에게 감사의 말을 전하세요. | "우리가 단 것을 너무 많이 먹습니까?"

마침 & 감사 | 저는 이제 프레젠테이션의 마지막에 도달했습니다. 집중해 주셔서 매우 감사드립니다. 혹시 질문이 더 있으신가요? |

유형 3 ••• 어떤 주제에 대해 말하기

MP3 03_07

프레젠테이션 이후:

시험관(남/여)과 파트너(남/여)의 피드백과 질문에 반응하세요.

당신의 파트너(남/여)의 프레젠테이션 이후:

a) 당신의 파트너(남/여)의 프레젠테이션에 대해 피드백을 주세요. (예를 들어 당신에게
   프레젠테이션이 마음에 들었는지, 무엇이 당신에게 새롭고 특별히 흥미로웠는지 기타 등등.)

b) 당신의 파트너(남/여)의 발표에 대해 질문을 하세요.

💬 예시답안

Vielen Dank für Ihre Presentation. Sie haben jetzt die Möglichkeit für eine Rückmeldung und zwei Fragen.

1) Das Thema fand ich gut, aber ich bin davon nicht überzeugt, dass Schokolade uns glücklich macht. Das denkt nicht jeder, oder? Ich mag sie nicht.
   –Das stimmt. Schokolade mag vielleicht nicht jeder. Aber Schokolade enthält Phenylethylamine, die uns glücklich machen.

2) Ich weiß nicht so genau, ob Schokolade den Zähnen schadet. Haben Sie Erfahrungen damit? Bei mir ist bisher nichts passiert, obwohl ich schon so oft Schokolade gegessen habe.
   –Ja, das kann sein. Wenn man nach dem Essen gut die Zähne putzt, muss sie nicht schlecht für die Zähne sein. Das stimmt. Ich habe auch keine Erfahrung damit gemacht.

3) Was machen Sie noch für die gesunde Ernährung?
   –Wie bereits erwähnt, verzichte ich auf Süßigkeiten. Und etwas Fettiges nehme ich auch nicht zu mir.

4) Was sind die schlimmsten Nachteile von Schokolade?
   –Wenn man Schokolade regelmäßig isst, wird man in kurzer Zeit zunehmen. Das ist weder gesund, noch schön.

🔍 해석

발표해 주셔서 매우 감사합니다. 당신은 피드백과 두개의 질문을 하실 수 있습니다.

1) 저는 이 주제가 마음에 들었습니다. 하지만 초콜릿이 우리들을 행복하게 한다는 것에 대하여 납득이 되지 않았습니다. 누구나 그렇게 생각하는 것은 아닙니다. 그렇지 않나요? 저는 그것을 좋아하지 않습니다.
   −맞습니다. 어쩌면 모두가 초콜릿을 좋아하는 것은 아닐 것입니다. 하지만 초콜릿은 우리를 행복하게 만드는 페닐에틸아민을 성분으로 가지고 있습니다.

2) 저는 초콜릿이 치아를 상하게 하는지는 정확하게 알지 못합니다. 당신은 그것에 대한 경험들이 있으신가요? 저는 이미 자주 초콜릿을 먹었음에도 불구하고, 지금까지는 저에게 아무 일도 일어나지 않았습니다.
   −네, 그럴 수도 있습니다. 먹은 후에 치아를 깨끗하게 닦는다면, 그것은 그렇게 치아에 유해하지 않을 수도 있습니다. 그것은 맞습니다. 저도 그것에 대한 실제 경험은 하지 않았습니다.

3) 당신은 건강한 식습관을 위하여 무엇을 더 하시나요?
   −이미 언급했듯이, 저는 단 것을 먹는 것을 포기합니다. 그리고 무엇인가 기름진 것도 저는 먹지 않습니다.

4) 초콜릿의 가장 나쁜 단점은 무엇입니까?
   −초콜릿을 규칙적으로 먹으면, 짧은 시간 안에 살이 찌게 될 것입니다. 그것은 건강하지도 아름답지도 않습니다.

어휘 überzeugt [a.] 납득이 가는 | Phenylethylamine 페닐에틸아민 (초콜릿에 포함된 300여 화학물질 중에서 기분을 좋게 하는 물질) | schädlich [a.] 유해한 | schaden [v.] 상하게 하다. 손상시키다 | wie bereits erwähnt 이미 언급했듯이 | verzichten [v.] 포기하다. 단념하다 | in kurzer Zeit 짧은 시간 안에 | weder...noch ~아니고 ~도 아닌

유형 2 ••• B 주제 발표하기 시간: 약 3분

MP3 03_08

당신은 청중에게 시사 문제에 대하여 프레젠테이션을 합니다. 그것에 대한 5개의 슬라이드가 있습니다. 왼쪽의 지시 사항을 따르고 오른쪽에 메모와 아이디어를 적으세요.

Stellen Sie Ihr Thema vor. Erklären Sie den Inhalt und die Struktur Ihrer Präsentation.		Heute werde ich über das Thema „Sind Bio- Lebensmittel viel besser?" sprechen. Zuerst werde ich von meinen eigenen Erfahrungen erzählen und dann darüber, wie es in Korea ist. Danach werde ich die Vor- und Nachteile von Bio- Lebensmittel erläutern. Mit einer Schlussfolgerung werde ich meine Präsentation beenden.
Berichten Sie von Ihrer Situation oder einem Erlebnis im Zusammenhang mit dem Thema.		Ich habe bisher nicht viel über Bioprodukte nachgedacht. Als ich klein war, wollte ich nur süße Sachen oder Pizza essen. Mein Lieblingsessen war Pizza, also wollte ich alles andere als gesundes Essen. Heute esse ich mehr Gemüse und Obst, aber keine Bioprodukte. Da Bioprodukte teuer sind, kann ich sie mir nicht leisten. Ich kaufe lieber große Mengen und normales Essen ein. Ich weiß auch noch nicht genau, was der Unterschied zwischen Bioprodukten und normalen Produkten ist. Wenn ich wüsste, was der Unterschied ist, hätte ich es vielleicht manchmal gekauft.

Berichten Sie von der Situation in Ihrem Heimatland und geben Sie Beispiele.

In Korea isst man viel Gemüse und Obst. Sie werden zu jedem Gericht serviert. Für Koreaner ist gutes Essen sehr wichtig. Aber man kauft nicht oft Bioprodukte ein. Wichtig ist, dass die Lebensmittel ganz frisch sind. Frische Sachen heißt nicht, dass es Bioprodukte sein müssen.
Die Bioprodukte sind im Supermarkt teurer als die anderen Lebensmittel. Vielleicht ist das der Grund für den geringen Konsum von Bioprodukten und den Mangel an Bioläden. Es gibt nicht so viele Bioläden in Korea, wie in Deutschland oder in Amerika.

Nennen Sie die Vor- und Nachteile und sagen Sie dazu Ihre Meinung, Geben Sie auch Beispiele.

Ein großer Vorteil der Bioprodukte ist, dass sie nicht mit Chemikalien behandelt werden. Obst und Gemüse kommen aus ökologisch kontrolliertem Anbau ohne künstliche Zusatzstoffe. Und Bio-Lebensmitteln tun auch der Umwelt und den Tieren etwas Gutes.
Bioprodukte haben jedoch auch Nachteile.
Man kann nicht genau wissen, ob es wirklich Bioprodukte sind. Ebenso sind Bioprodukte bei weitem nicht so lange haltbar, da auf die Zugabe von Konservierungsstoffen verzichtet wird. Es ist jedem selbst überlassen, worauf er wert legt, aber meine Meinung ist, dass Bioprodukte nicht unbedingt viel besser sind. Man sollte genau den Preis, die Frische und die Herkunft, etc. kennen, von den Lebensmitteln, die man kauft.

| Beenden Sie Ihre Präsentation und bedanken Sie sich bei den Zuhörern. |  „Ist Bio Essen viel besser?" **Abschluss & Dank** Folie 5 | Das bringt mich nun zum Ende meiner Präsentation. Herzlichen Dank für Ihre Aufmerksamkeit. Stellen Sie mir fragen. |

어휘 äußern [v.] 발표하다, 진술하다 | die Lebensmittel [n.] 식료품 (pl.) | haben...nachgedacht [v.] 숙고했다 (nachdenken의 현재완료) | leisten [v.] 행하다 | die Menge [v.] 다량 | der Unterschied [n.] 차이 | die Chemikalien [n.] 화학제품 (die Chemikalie) (pl.) | behandeln [v.] 다루다, 취급하다 | ökologisch [a.] 생태학의 | der Anbau [n.] 재배 | der Zusatzstoff [n.] 첨가물 | haltbar [a.] 보관이 가능한 | der Konservierungsstoff [n.] 방부제 | werden...verzichtet [v.] 단념하게 되다 (verzichten의 수동태) | überlassen [v.] 맡기다 | die Herkunft [n.] 출처

🔍 **해석**

| 당신의 주제를 소개하세요. 당신의 발표의 내용과 구조를 설명하세요. | "엄마는 비싼 유기농 제품만 구매합니다." **"유기농 음식/식품이 훨씬 좋은가요?"** | 오늘 저는 "유기농 식품이 훨씬 좋은가요?"에 대한 주제를 가지고 이야기하려고 합니다. 먼저 저는 저의 개인적인 경험을 이야기하고 그다음 그것이 한국에서는 어떠한지에 대해 이야기할 것입니다. 그 다음에 유기농 식품의 장단점에 대하여 이야기할 것입니다. 결론과 함께 저는 저의 프레젠테이션을 마칠 것입니다. |
| 당신의 상황을 설명하거나, 주제와 관련된 경험을 이야기하세요. | "유기농 음식/식품이 훨씬 좋은가요?" **나의 개인적인 경험** | 저는 지금까지 유기농 식품에 대하여 많이 생각해 보지 않았습니다. 제가 어렸을 때, 저는 오직 달콤한 것이나 피자를 먹고 싶어 했습니다. 제가 가장 좋아하는 음식은 피자입니다. 즉 저는 건강한 음식과는 완전히 다른 것을 먹고 싶었어요. 오늘날엔 더 많은 야채와 과일을 먹습니다. 하지만 그것들은 유기농 생산품들은 아닙니다. 유기농 생산품들이 비싸기 때문에 저는 그렇게 할 수 없습니다. 저는 차라리 많은 양을 구매하는 것을 선호하며 일반적인 음식을 구매합니다. |

		아직 유기농 제품과 일반 제품의 차이가 무엇인지 잘 모르겠습니다. 제가 차이를 알았다면, 가끔은 그것들을 구매했을 거예요.
당신의 모국에서의 상황을 설명하고 예를 들어 주세요.	"유기농 음식/식품이 훨씬 좋은가요?" **나의 고국에서의 상황**	한국에서는 사람들이 야채와 과일을 많이 먹습니다. 대부분 그것은 모든 음식과 함께 제공됩니다. 한국인에게 좋은 음식은 매우 중요합니다. 하지만 사람들은 자주 유기농 제품을 구매하지 않습니다. 중요한 것은 식료품이 아주 신선하다는 것입니다. 신선한 제품이 유기농 제품이어야만 한다는 것은 아닙니다. 유기농 제품은 마트에서도 다른 식료품보다 비쌉니다. 어쩌면 소비량이 적은 이유는 유기농 제품과 유기농 제품을 판매하는 가게들이 부족해서일 수도 있습니다. 한국에는 유기농 제품을 판매하는 가게가 독일이나 미국처럼 그렇게 많지는 않습니다.
장점과 단점들을 언급하고 당신의 생각을 이야기하세요.	"유기농 음식/식품이 훨씬 좋은가요?" **찬성과 반대 의견 & 나의 생각**	유기농 생산품의 큰 장점은 그것들은 화학물질로 처리되지 않는다는 것입니다. 과일과 채소는 생태학적으로 인공 첨가물 없이 통제된 재배에서 옵니다. 그리고 유기농 식품은 환경과 동물에게도 어느 정도 좋은 작용을 합니다. 유기농 제품도 단점이 있습니다. 그것이 정말 유기농 상품인지 정확하게 알 수 없다는 것입니다. 심지어 유기농 제품은 방부제를 첨가하지 않으므로 그렇게 오래 보관을 할 수 없습니다. 어디에 가치를 두는지는 스스로 결정하는 것이지만 제 생각에는 유기농 제품이 무조건 더 우수하지는 않다고 생각합니다. 어떤 물건을 구매할 때에 가격과 신선도와 원산지 등을 정확하게 알아야 합니다.

당신의 발표를 마치고 청취자에게 감사의 말을 전하세요.	"유기농 음식/식품이 훨씬 좋은가요?" **마침 & 감사**	이것으로 저의 발표를 마칩니다. 집중해 주셔서 진심으로 감사드립니다. 저에게 질문해 주세요.

유형 3 ••• 어떤 주제에 대해 말하기 `MP3 03_09`

프레젠테이션 이후:

시험관(남/여)과 파트너(남/여)의 피드백과 질문에 반응하세요.

당신의 파트너(남/여)의 프레젠테이션 이후:

a) 당신의 파트너(남/여)의 프레젠테이션에 대해 피드백을 주세요. (예를 들어 당신에게
   프레젠테이션이 마음에 들었는지, 무엇이 당신에게 새롭고 특별히 흥미로웠는지 기타 등등.)

b) 당신의 파트너(남/여)의 발표에 대해 질문을 하세요.

💬 예시답안

Vielen Dank für Ihre Presentation. Sie haben jetzt die Möglichkeit für eine Rückmeldung und zwei Fragen.

1) Das war sehr interessant, aber ich habe noch eine Frage. Glauben Sie, dass es viele Sachen in hoher Qualität gibt, die nicht biologisch hergestellt wurden?
   –Natürlich gilt das nicht für alles. Heutzutage gibt es viele Sachen, die wirklich gut und auch günstig sind. Das müssen nicht unbedingt Bioprodukte sein.

2) Für mich war diese Präsentation besonders interessant, weil ich immer Bioprodukte kaufe. Wissen Sie, wo man gute Lebensmittel im Internet kaufen kann?
   –Ja, ich kaufe Bio-Lebensmittel zwar nicht so oft, aber ich kenne einige Online-Shops, wo man gute Lebensmittel kaufen kann. Im Allgemeinen muss man bei Internetbestellungen gut aufpassen, weil einige Verkäufer im Internet betrügen.

3) Das Thema wurde schon lange diskutiert. Das war interessant aber ich habe noch eine Frage: Wie wäre es, wenn man alles vom Bauernhof direkt bekommt? Das kann ganz frisch sein, oder?
   –Das kann ja sein, aber man weiss nicht genau, ob es wirklich länger halten würde oder nicht.

4) Für mich war diese Präsentation nicht so interessant, weil ich fast nie Bioprodukte kaufe. Wie oft kaufen Sie Bio-Lebensmittel? Wie können Sie sich sicher sein, ob es da eine Garantie gibt oder nicht.
   –Ich kaufe Bio-Lebensmittel zweimal die Woche. Ich kenne einige Shops, wo man preiswert gute Lebensmittel kaufen kann. Aber beim Kaufen sollte man immer aufpassen.

🔍 해석

발표해 주셔서 매우 감사합니다. 당신은 피드백과 두개의 질문을 하실 수 있습니다.

1) 그것은 매우 흥미로웠습니다. 하지만 저는 질문이 더 있습니다. 당신은 유기농으로 생산되지 않았어도 높은 품질을 가진 제품들이 많이 있다고 생각하십니까?
   - 당연히 그것은 모든 제품에 해당하지는 않습니다. 요즘에는 정말 좋고 저렴한 제품들 또한 많이 있습니다. 그것은 무조건 유기농 생산품이어야만 하는 것은 아닙니다.

2) 저에게 이 프레젠테이션은 특별히 흥미로웠습니다. 왜냐하면 저도 항상 유기농 생산품을 구매하기 때문입니다. 당신은 온라인에서 좋은 식료품을 구매할 수 있는 곳을 알고 계신가요?
   - 네, 저는 유기농 식료품을 자주 구매하지는 않지만, 좋은 식료품을 구매할 수 있는 몇 개의 온라인 가게를 알고 있습니다. 일반적으로 온라인으로 주문을 할 때는 주의해야 합니다. 왜냐하면 몇몇 상점은 온라인상에서 속이기 때문입니다.

3) 이 주제는 이미 오랫동안 토론되었습니다. 그것은 흥미로웠습니다만 저는 질문이 더 있습니다. 농장에서 직접 모든 것을 받는 것은 어떨까요? 그것은 아주 신선하지 않을까요, 그렇지 않나요?
   - 그럴지도 모릅니다만, 그것이 실제로 더 잘 유지되는지 아닌지를 정확하게 알 수는 없습니다.

4) 저에게 이 프레젠테이션은 특별히 흥미로웠습니다. 왜냐하면 저도 거의 유기농 생산품을 구매하지 않기 때문입니다. 당신은 얼마나 자주 유기농 생산품을 구매하시나요? 당신은 그것을 보증할 수 있는지 어떻게 확신할 수 있나요?
   - 저는 매주 두 번 유기농 생산품을 구매합니다. 저는 값싼 좋은 유기농 생산품을 구매할 수 있는 몇몇의 가게를 알고 있습니다. 그러나 구매를 할 때는 항상 주의를 해야 합니다.

> **어휘** biologisch [a.] 생물학의 | wurden...herstellt [v.] 생산되었다 (herstellen의 수동태 과거) | im Allgemeinen 보편적으로 | aufpassen [v.] 주의하다 | der Verkäufer [n.] 판매자 | betrügen [v.] 속이다

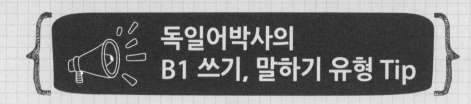

독일어박사의 B1 쓰기, 말하기 유형 Tip

★ 쓰기 유형

쓰기 유형은 문제를 정확하게 이해하고 문제에서 요구하는 내용으로 정확한 문법으로 작문하는 것이 중요합니다. 감이 잡히지 않는다면 이 책의 쓰기 영역 예시 답안을 그대로 외워 보는 것도 한 가지 방법입니다. 정확한 어순을 알아야지 글쓰기가 가능하므로 문장 외우기 연습을 많이 하셔야 합니다.

먼저 문제를 파악한 다음에 한국어 내용을 요약해서 시험지에 적어 놓으세요. 그러면 문제를 반복해서 읽을 필요가 없습니다. 글쓰기를 할 때는 마지막에 "무엇인가 반드시 틀렸을 것이다."라는 생각을 하면서 틀린 부분을 찾아보세요. 틀린 부분이 발견되면 고치고, 없다면 그냥 제출하면 됩니다.

시작할 때 적절한 호칭 그리고 마지막에 안부 인사와 이름도 잊지 말아 주세요!

B1 쓰기(Schreiben) 영역은 3개의 유형으로 나누어져 있습니다.

Schreiben Teil 1 ◀ 실제 상황에서 일어날 수 있는 상황에 대해 친구에게 약 80단어로 편지쓰기.

Schreiben Teil 2 ◀ 온라인 사이트 게시판에 토론 주제와 관련된 공개 토론에 참여하여 자신의 의견을 약 80단어로 작성하기.

Schreiben Teil 3 ◀ 비즈니스 상황에서 이메일로 정중하게 예의를 갖춰 거절하거나 문의하는 내용으로 작성하기.

★ 말하기 유형

말하기 시험은 2명이 한 조가 되어 시험장에 들어갑니다. 동양북스에서 준비한 모의 시험 영상의 QR 코드로 들어가셔서 모의시험 영상을 보시면 도움이 될 거예요.

말하기 샘플영상 ▶

B1 말하기(Sprechen) 영역은 총 3개의 유형으로 나누어져 있습니다.

Sprechen Teil 1 ◀ 파트너와 함께 파티 혹은 생일 등 계획 세우기.

Sprechen Teil 2 ◀ 하나의 주제에 대하여 주제를 설명하거나, 자신의 경험을 표현하고, 고국에서의 상황을 예를 들어 제시하고, 장점과 단점을 논하고, 개인적 의견으로 마무리하기.

Sprechen Teil 3 ◀ 발표를 마친 후 감독관이나 상대 응시자의 발표에 대해 적절하게 반응하고, 상대방의 발표에 대해 질문하기 및 나의 발표에 대해 답변하기.

일 단 합 격 하 고 오 겠 습 니 다

ZERTIFIKAT
DEUTSCH

독 일 어 능 력 시 험

실전모의고사

B1

일 단 합 격 하 고 오 겠 습 니 다

ZERTIFIKAT DEUTSCH

독 일 어 능 력 시 험

B1

실전모의고사

정답 및 해설

동양북스 채널에서 더 많은 도서
더 많은 이야기를 만나보세요!

 ▶ 유튜브

 🔘 인스타그램

 🔳 블로그

 📱 포스트

 🇫 페이스북

 💬 카카오뷰

외국어 출판 45년의 신뢰
외국어 전문 출판 그룹
동양북스가 만드는 책은 다릅니다.

45년의 쉼 없는 노력과 도전으로 책 만들기에 최선을 다해온
동양북스는 오늘도 미래의 가치에 투자하고 있습니다.
대한민국의 내일을 생각하는 도전 정신과 믿음으로 최선을 다하겠습니다.

📖동양북스